行政体制改革论

■ 魏礼群　著

人民出版社

作者近影

作者简介

魏礼群，江苏睢宁人。1963年至1968年在北京师范大学历史系学习。1968年至1977年在内蒙古牙克石林业管理局工作。1978年2月至1994年8月，先后任国家计委政策研究室副处长、处长、副主任、主任，体制改革和法规司司长，国家计委副秘书长、党组成员兼秘书长。1994年8月至1998年2月任中央财经领导小组办公室副主任。1998年3月至2008年5月任国务院研究室副主任、党组成员，主任、党组书记。2008年5月至2011年1月任国家行政学院党委书记、常务副院长（正部长级）。第十一届全国政协委员、文史和学习委员会副主任；中国共产党第十六届、十七届中央委员会委员。

参加或主持过党中央、国务院大量重要文件和党中央、国务院领导同志重要讲话等文稿的起草工作，包括：参加1985年中国共产党全国代表会议文件和中国共产党十三大、十四大、十五大、十六大、十七大、十八大政治报告以及一系列中央全会重大决定起草，1999年至2008年连续十年负责国务院总理在全国人民代表大会上《政府工作报告》起草，参加中华人民共和国国民经济和社会发展第六、第七、第八、第九、第十、第十一、第十二个五年计划（规划）文件起草；还负责或参与了大量推进中国改革开放和现代化建设重大课题的研究，取得一大批有重要价值的科研、咨询成果。

主要社会兼职有：全国社会科学基金领导小组成员兼应用经济学组组长，马克思主义理论研究和建设工程咨询委员会委员，中国行政体制改革研究会会长，中国国际经济交流中心执行副理事长，国际行政院校联合会副主席，国家行政学院、中国人民大学、北京师范大学教授、博士生导师等。

前　言

　　行政体制是国家体制的重要组成部分。行政体制改革是政治体制改革的重要内容,是上层建筑适应经济基础客观规律的必然要求,贯穿于我国改革开放和社会主义现代化建设的全过程。深化行政体制改革,加快建立中国特色社会主义行政体制,既是深化整个改革的重要环节,也是全面发展中国特色社会主义的迫切需要。因此,研究中国行政体制改革理论与实践,意义重大而深远。

　　我长期在党中央、国务院综合部门从事宏观管理和政策研究工作,在主要从事宏观经济理论和政策研究的同时,也进行行政体制改革理论和政策研究工作。近些年来特别是到国家行政学院工作以后,主要精力从事行政体制改革理论和实践创新研究,主持了许多有关行政体制改革的重大课题研究和公共行政教育培训活动,并领导中国行政体制改革研究会工作。在这个过程中,我不断加深对行政体制改革问题的认知和思考。摆在读者面前的这部《行政体制改革论》,就是我近些年来关于行政体制改革问题的部分文集,是不断思考、深入研究行政体制改革理论和实践的成果。

　　为清晰反映自己研究和思考行政体制改革问题的进展情况,这部文集在编排上大体以专题分类,以时间排序。全书分为七部分:(一)行政体制改革理论与进展;(二)深化行政体制改革目标与任务;(三)政府自身改革与建设;(四)加强和创新社会管理;(五)提高应急管理能力与水平;(六)国际金融危机与公共行政改革;(七)推进行政体制改革研究与创新。

需要说明一点,这次汇集的有些文稿,由于写作的时间不同,虽然是主题相同的,但论述的角度、思考的深度和阐述的重点不尽相同,后来写的则反映了我国行政体制改革理论和实践的新发展。例如,党的十七届五中全会将以往的"行政管理体制改革"改为"行政体制改革",这一变化是我国行政体制理论和政策的重大创新。为了尊重历史,本文集在编排时,除了作个别文字上的改动外,主要内容、基本观点以及一些提法都保持了原貌,这样也可以如实地反映我对这些问题的认识深化过程。

本文集中部分文稿已经公开发表或出版,也有不少文稿尚属首次面世。本书若能对读者有所裨益,则是我的衷心期望。

魏礼群

2013 年 3 月

目　录

一、行政体制改革理论与进展

二、深化行政体制改革目标与任务

三、政府自身改革与建设

四、加强和创新社会管理

五、提高应急管理能力与水平

六、国际金融危机与公共行政改革

七、推进行政体制改革研究与创新

一、行政体制改革理论与进展

构建中国特色社会主义
行政体制的理论与实践[*]

（2011 年 5 月 1 日）

行政体制是国家体制的重要组成部分。我们党历来高度重视行政体制的理论创新和实践创新。在隆重纪念中国共产党成立 90 周年之际,深入学习我们党关于行政体制的理论体系,回顾新中国行政体制创立和变革的伟大历程,研究行政体制改革未来走势,对于发展中国特色社会主义伟大事业具有重要意义。

一、我们党关于中国特色社会主义行政
体制理论体系的创立与发展

马克思主义认为:"行政是国家的组织活动。"①一个国家的社会经济制度及其发展阶段,决定着一定的行政体制。行政体制包括行政权力结构、行政管理制度、行政手段方式等,这些方面又是由行政理念、行政思想决定的。建党 90 年来,我们党历代中央领导集体,继承和发展了马克思

　＊ 本文系作者为纪念中国共产党成立 90 周年撰写的论文,原载中央文献出版社 2011 年 5 月 1 日出版的《中国共产党 90 年研究文集》。

　① 《马克思恩格斯全集》第一卷,人民出版社 1956 年版,第 479 页。

主义国家学说和行政理论,一脉相承、与时俱进,创立和发展了富有中国特色的社会主义行政体制理论体系。

以毛泽东同志为核心的党的第一代中央领导集体,在中国新民主主义革命、社会主义革命和社会主义建设事业中,坚持把马克思主义基本原理同中国具体实际相结合,创立了新中国行政体制理论。主要内容包括:一是建设人民政府。强调"全心全意为人民服务"。毛泽东历来认为,革命和建设都是人民的事业,人民政府"就是要全心全意为人民服务"①。二是要让人民监督政府。早在1945年7月,毛泽东在延安回答民主人士黄炎培有关中国共产党能否跳出"其兴也浡焉,其亡也忽焉"这个历史兴亡周期率时指出:"我们已经找到了新路,我们能跳出这周期率。这条新路,就是民主。只有让人民来监督政府,政府才不敢松懈。只有人人起来负责,才不会人亡政息。"②三是坚持中国共产党的领导。早在井冈山时期毛泽东就指出,"以后党要执行领导政府的任务"③,明确提出了党领导政府的思想。新中国成立后,中国共产党成了执政党,毛泽东说:"工、农、商、学、兵、政、党这七个方面,党是领导一切的。"④四是实行民主集中制。1937年10月,毛泽东就指出,我们"政府的组织形式是民主集中制,它是民主的,又是集中的,将民主和集中两个似乎相冲突的东西,在一定形式上统一起来"⑤。他强调说,"只有采取民主集中制,政府的力量才特别强大"⑥。毛泽东阐明的民主集中制原则,对我国行政体制的构建奠定了重要理论基石,也是在政权建设方面具有独创性的思想。五是正确处理集权与分权的关系。毛泽东认为,把权力统统集中在中央,不给地方和企业相应的权力,是不利于调动积极性的。他在著名的《论十大关系》中

---

① 《毛泽东文集》第七卷,人民出版社1999年版,第285页。
② 黄炎培:《八十年来》,文汇出版社2000年版,第205页。
③ 《毛泽东选集》第一卷,人民出版社1991年版,第73页。
④ 《毛泽东文集》第八卷,人民出版社1999年版,第305页。
⑤ 《毛泽东选集》第二卷,人民出版社1991年版,第383页。
⑥ 《毛泽东选集》第二卷,人民出版社1991年版,第383页。

指出："要发展社会主义建设，就必须发挥地方的积极性。中央要巩固，就要注意地方的利益。"①他要求在行政权力的处理上，"可以和应当统一的，必须统一，不可以和不应当统一的，不能强求统一。正当的独立性，正当的权利，省、市、地、县、区、乡都应当有，都应当争"②。这种充分发挥中央和地方两个积极性的重要思想对我国行政体制的建设和改革具有重要指导意义。六是机构设置"精兵简政"。1942年9月，毛泽东提出："党中央提出的精兵简政的政策，是一个极其重要的政策。"③精兵简政"必须达到精简、统一、效能、节约和反对官僚主义五项目的"④。新中国成立后，毛泽东依然坚持精简机构的主张。七是反对政出多门。1953年，毛泽东就已经注意到政出多门会导致党政领导机关官僚主义、命令主义、分散主义，从而使党政工作脱离群众，脱离实际。他认为，机构庞大、部门重叠、人浮于事，势必滋生官僚主义。八是加强干部队伍建设。毛泽东要求国家干部不仅要廉洁奉公，努力工作，还要严格遵守国家法律。1954年6月，他在作《关于中华人民共和国宪法草案》讲话时说，宪法"通过以后，全国人民每一个人都要实行，特别是国家机关工作人员要带头实行，首先在座的各位要实行。不实行就是违反宪法"⑤。从总体上看，毛泽东同志的行政体制理论富有鲜明的中国特色，是我们党和国家的巨大的精神财富。

党的十一届三中全会以后，以邓小平同志为核心的党的第二代中央领导集体，在领导改革开放和推进中国特色社会主义伟大事业的进程中，深刻总结新中国成立以后行政体制建设正反两方面的经验，在新的实践基础上进一步发展了我们党的行政体制理论。主要内容包括：一是转变政府职能和经济管理方式，实现政府职能配置科学化。在党的十一届三

① 《毛泽东文集》第七卷，人民出版社1999年版，第31页。
② 《毛泽东文集》第七卷，人民出版社1999年版，第33页。
③ 《毛泽东选集》第三卷，人民出版社1991年版，第882页。
④ 《毛泽东选集》第三卷，人民出版社1991年版，第895页。
⑤ 《毛泽东文集》第六卷，人民出版社1999年版，第328页。

中全会前后,邓小平反复强调,现阶段政府的根本职责"就是一心一意地搞四个现代化"①,"最主要的是搞经济建设,发展国民经济,发展社会生产力"②。同时,他指出:政府以经济社会管理职能为中心,不等于政府直接指挥生产和管理生活,必须改变"国家对工农业企业的管理方式,使之适应于现代化大经济的需要"③。正是根据邓小平的改革思路,我国逐步展开了以"政企分开"、"政事分开"为主要内容的转变政府管理职能的深刻变革。二是行政体制改革主要是增强活力、效率、积极性。邓小平特别强调,"党和行政机构以及整个国家体制要增强活力,就是说不要僵化,要用新脑筋来对待新事物"④;"要真正提高效率"⑤;"要充分调动人民和各行各业基层的积极性"⑥。为此,他认为必须下决心进行行政体制改革。三是调整权力结构,实现权力结构横向和纵向的合理配置。邓小平指出,解决权力过分集中的基本思路是横向合理分权和纵向合理放权。他认为:"什么东西该更加集中,什么东西必须下放"⑦,应具体研究。邓小平反复强调:"不能否定权威,该集中的要集中。"⑧如果把权力下放与中央拥有必要的权威对立起来,或者破坏了集中统一领导,那也不会有什么行政的高效率,相反,会导致"乱哄哄"⑨,"各顾各,相互打架,相互拆台"⑩。邓小平认为,"宏观管理要体现在中央说话能够算数","中央要有权威",不过,"中央行使权力,是在大的问题上,在方向问题上"。⑪ 邓小平强调要处理好中央与地方、地方各级之间,以及集中与分散的关系,

① 《邓小平文选》第二卷,人民出版社 1994 年版,第 276 页。
② 《邓小平文选》第二卷,人民出版社 1994 年版,第 276 页。
③ 《邓小平文选》第二卷,人民出版社 1994 年版,第 135—136 页。
④ 《邓小平文选》第三卷,人民出版社 1993 年版,第 241 页。
⑤ 《邓小平文选》第三卷,人民出版社 1993 年版,第 241 页。
⑥ 《邓小平文选》第三卷,人民出版社 1993 年版,第 241 页。
⑦ 《邓小平文选》第二卷,人民出版社 1994 年版,第 200 页。
⑧ 《邓小平文选》第三卷,人民出版社 1993 年版,第 319 页。
⑨ 《邓小平文选》第三卷,人民出版社 1993 年版,第 277 页。
⑩ 《邓小平文选》第三卷,人民出版社 1993 年版,第 278 页。
⑪ 《邓小平文选》第三卷,人民出版社 1993 年版,第 277—278 页。

以实现行政组织结构合理化。四是改革人事管理制度。邓小平指出,我们的"机构臃肿重叠、职责不清……确实到了不能容忍的地步,人民不能容忍,我们党也不能容忍"①。如果不进行精简机构这场革命,"不只是四个现代化没有希望,甚至于要涉及到亡党亡国的问题,可能要亡党亡国"②。他认为,精简机构不是单纯的撤并机构和减少人员,必须与改革干部人事制度结合起来。他提出,要根据变化了的新形势与新任务,按照"革命化、年轻化、知识化、专业化"的标准来选拔干部。五是行政管理必须实行严格的责任制。邓小平认为,党政机关必须减少层次,明确职责,建立严格的责任制和严明赏罚。坚决杜绝无人负责、互相推诿的官僚主义。这为政府机关建立行政首长负责制、岗位责任制、目标管理责任制提供了理论指导。六是加强法制建设。加强行政法制建设,是实现行政管理科学化、法制化、现代化的一个重要标志。邓小平指出:"为了保障人民民主,必须加强法制。必须使民主制度化、法律化,使这种制度和法律不因领导人的改变而改变,不因领导人的看法和注意力的改变而改变。"③七是加强行政监督。邓小平认为,要清除政府工作中的腐败现象,必须进一步加强行政监督。他指出:"有一些干部,不把自己看作是人民的公仆,而把自己看作是人民的主人,搞特权,特殊化,引起群众的强烈不满。"④因此,既要建立"群众监督制度,让群众和党员监督干部,特别是领导干部"⑤,还要"有专门的机构进行铁面无私的监督检查"⑥。改革开放后,根据邓小平的倡议,重新恢复了中央和地方党的各级纪律检查委员会,恢复了国家监察部和地方各级行政监察机关,人民检察机关的力量也得到了加强。

---

① 《邓小平文选》第二卷,人民出版社 1994 年版,第 396 页。
② 《邓小平文选》第二卷,人民出版社 1994 年版,第 397 页。
③ 《邓小平文选》第二卷,人民出版社 1994 年版,第 146 页。
④ 《邓小平文选》第二卷,人民出版社 1994 年版,第 332 页。
⑤ 《邓小平文选》第二卷,人民出版社 1994 年版,第 332 页。
⑥ 《邓小平文选》第二卷,人民出版社 1994 年版,第 332 页。

　　党的十三届四中全会以后,以江泽民同志为核心的党的第三代中央领导集体,在推进改革开放和建设社会主义市场经济体制的伟大实践中,为发展中国特色社会主义行政体制理论作出了新贡献。主要内容包括:一是明确提出行政体制改革是政治体制改革的重要组成部分。江泽民同志说:"机构改革,是党和国家领导制度改革的重要任务,也是政治体制改革的重要内容。"①他指出:"现在,进行机构改革不但势在必行,而且条件已经具备,时机已经完全成熟,必须坚定不移地搞好。"②二是进一步提出行政体制改革主要目标。1993 年,江泽民同志在全国机构改革工作会议上的讲话中指出:"转变职能、理顺关系、精兵简政、提高效率是这次机构改革的目标。"③1998 年在谈到政府机构改革时,他又强调:"政府机构改革总的目标是,适应经济发展和社会全面进步的要求,建立办事高效、运转协调、行为规范的行政管理体系,完善国家公务员制度,建设高素质、专业化的国家行政干部队伍,提高为人民服务水平。"④三是阐述行政体制改革基本原则。江泽民同志在党的十六大报告中强调:按照精简、统一、效能的原则和决策、执行、监督相协调的要求,继续推进政府机构改革,科学规范部门职能,合理设置机构,优化人员结构,实现机构和编制的法定化,切实解决层次过多、职能交叉、人员臃肿、权责脱节和多重多头执法等问题;按照政事分开原则,改革事业单位管理体制。四是要"深化人事制度改革,引入竞争激励机制,完善公务员制度,建设一支高素质的专业化国家行政管理干部队伍"⑤。五是坚持依法治国与以德治国相结合。江泽民同志多次强调,加强社会主义法制建设,依法治国,是中国特色社会主义理论的重要组成部分,是我们党和政府管理国家和社会事务的重要方针。江泽民同志还创造性地提出了以德治国的观点,深刻阐述了坚

---

① 《江泽民文选》第二卷,人民出版社 2006 年版,第 107 页。
② 《江泽民文选》第二卷,人民出版社 2006 年版,第 108 页。
③ 《江泽民论有中国特色社会主义(专题摘编)》,中央文献出版社 2002 年版,第 317 页。
④ 《江泽民文选》第二卷,人民出版社 2006 年版,第 108 页。
⑤ 《江泽民文选》第二卷,人民出版社 2006 年版,第 31 页。

持依法治国与以德治国相结合的重大意义。他指出："我们在发展社会主义市场经济的过程中，要坚持不懈地加强社会主义法制建设，依法治国，同时也要坚持不懈地加强社会主义道德建设，以德治国。"①江泽民同志对中国特色社会主义行政体制理论的新贡献，丰富了中国特色社会主义行政体制理论。

党的十六大以来，以胡锦涛同志为总书记的党中央，在全面推进中国特色社会主义伟大事业进程中，提出科学发展观和构建社会主义和谐社会等一系列重大战略思想，全方位推进行政体制改革的理论创新。主要内容包括：一是把提高执政能力作为党的建设的重点。胡锦涛同志指出："加强党的执政能力建设，是我们党充分利用所面临的难得机遇、正确应对所面临的严重挑战，从而完成所担负的历史使命的现实需要，也是关系到全面建设小康社会进程、关系到社会主义事业兴衰成败、关系到党和国家长治久安的重大课题。"②执政能力建设是执政党的一项根本建设，也是行政体制建设的根本任务。在提高党的执政能力问题上，提出了科学执政、民主执政、依法执政的执政理念，并作出了深入、系统地论述。二是提出了以人为本的执政理念。胡锦涛同志多次阐述，坚持以人为本，就要"为民、务实、清廉"。他强调指出："为民，就是要坚持立党为公、执政为民，就是要把实现好、维护好、发展好人民群众的根本利益作为自己思考问题和开展工作的根本出发点和落脚点，忠实地贯彻执行党的群众路线，当好人民的公仆，做到权为民所用，情为民所系，利为民所谋。"③这就将以人为本这一人类文明的积极成果赋予了崭新的时代内容，并且与我们党的立党为公、执政为民的宗旨融合在一起。三是要求树立求真务实的政绩观。胡锦涛同志指出："树立正确的政绩观，说到底就是要忠实实践党的宗旨，真正做到权为民所用、情为民所系、利为民所谋。要实事求是，

---

① 《江泽民论有中国特色社会主义（专题摘编）》，中央文献出版社 2002 年版，第 337 页。
② 《胡锦涛同志重要论述学习辑要》，山东人民出版社 2005 年版，第 13 页。
③ 《胡锦涛同志重要论述学习辑要》，山东人民出版社 2005 年版，第 3—4 页。

按客观规律办事,坚持讲真话、办实事、求实效,不盲目攀比;要深入实际,深入群众,脚踏实地,艰苦奋斗,不搞花架子;要顾全大局、统筹兼顾,立足当前、着眼长远,不急功近利。一切工作都要经得起实践、群众和历史的检验。"①四是提出并深刻阐述科学发展观。为行政体制改革的理念、思路、目标和任务提供了根本依据。胡锦涛同志一再要求,要切实把思想和行动统一到科学发展观的要求上来,并体现到具体工作中。行政体制建设和改革贯彻科学发展观,就必须深入分析行政体制存在的不适应科学发展观的突出问题,并且把是否为贯彻落实科学发展观提供了体制保障作为检验改革成效的标准。从总体上看,党的十六大以来,我国行政体制改革的理论体系突出表现在"四个转向"方面,即:一是从注重"适应经济体制改革的需要"转向更加注重"贯彻落实科学发展观,为经济社会协调发展提供体制保障";二是从注重"转变职能"转向更加注重"全面履行职能,强化社会管理和公共服务";三是从注重"明确职能"转向更加注重"有权必有责,权责相统一";四是从注重"政府自身改革"转向更加注重"改革对社会各方面需求的回应"。行政体制改革理论的这些新发展,既是全面贯彻落实科学发展观和构建社会主义和谐社会等一系列重大战略思想的需要,也是行政体制改革自身规律发展演变的必然结果;既是以往改革的进一步深化,同时也指明了今后行政体制改革的基本走向。

我们党关于中国特色社会主义行政体制的理论体系,丰富和发展了马克思主义关于国家学说和行政理论,是马克思主义中国化的毛泽东思想、邓小平理论、"三个代表"重要思想和科学发展观等一系列重大思想的重要组成部分,是我们党科学理论宝库中光辉灿烂的篇章。

---

① 《胡锦涛同志重要论述学习辑要》,山东人民出版社 2005 年版,第 18—19 页。

二、新中国成立以来行政体制变革的历史进程

新中国成立以来行政体制构建和变革,大体上以党的十一届三中全会为标志,经历了两大历史时期。

第一个历史时期:从1949年新中国成立到1978年实行改革开放,中国特色社会主义行政体制奠定基础。

中华人民共和国成立后,首要的任务是建立各级政权,制定各项行政管理制度。1949年,根据中国人民政治协商会议通过的《共同纲领》,我国确立了议行合一的行政体制。1951年政务院作出《关于调整机构紧缩编制的决定(草案)》,进行了新中国成立后第一次精兵简政工作。这次机构改革在精兵简政的同时,加强了中央集权。1954年,第一届全国人民代表大会颁布了我国第一部《宪法》,选举了国家主席,成立了国务院,形成了新中国基本的行政框架。

随着中国政权组织形式的确定和各级政权机关的建立,从1954年年底,用了一年多的时间,对中央和地方各级机关进行了一次较大规模的精简。中央一级机关的精简包括:在划清业务范围的基础上,调整精简了机构,减少了层次;各级机关根据业务需要,紧缩了编制,明确了新的编制方案。地方各级机关也进行了精简,专员公署和区公所分别是省、县政府的派出机关,精简幅度较大。

1956年开始重新调整中央与地方的权限关系。为适应社会主义改造取得了决定性的胜利的新形势,必须适当扩大地方的行政管理职权,以充分发挥地方的积极性。国务院于1956年召开全国体制会议,对于当时存在着的中央集权过多的现象作了检查,对于改进国家行政体制问题进行了讨论。会议确立:改进国家行政体制的首要步骤,是先划分中央和各省、自治区、直辖市的行政管理职权,并且对地方的行政管理权予以适当

扩大,然后再逐步划分省和县、县和乡的行政管理职权。这次改革一直持续到 1960 年。

60 年代初期,为适应国民经济调整的需要,进行了"精简加集中"的行政体制改革:一是在中央和地方各级机关进行了两次比较大的干部精简运动。第一次精简是 1960 年至 1961 年,主要集中在中央一级机关,以事业单位为重点,对行政部门和事业单位同时进行精简;第二次精简从 1962 年至 1964 年,范围包括中央和地方各级机关,精简下来的干部大多数充实到基层和生产第一线。二是中央收回 50 年代后期下放给地方的部分权力并恢复已被撤销的机构。到 1965 年底,国务院的机构数达到 79 个。此后,由于十年"文革"动乱和国际形势复杂,新中国行政体制被严重破坏,直到 1978 年党的十一届三中全会召开,才逐步恢复正常。

这一历史时期,我国行政体制建设取得了重要进展:一是初步构建了与社会主义国家性质要求相适应的行政管理模式,二是创建了与计划经济体制相适应的行政体制,三是积累了中国行政体制建设的正反两方面经验。可以说,这一历史时期的行政体制发展历程尽管有不少曲折,但探索了中央与地方的权限关系,实施了精兵简政,调整了政府机构设置,建立了社会主义行政体制基本框架,促进了经济社会发展。这一历史时期的行政体制建设为改革开放后的行政体制改革提供了基本前提和重要借鉴,其中最根本的教训就是不能超越经济社会发展水平及相应的客观条件,而一定要从本国国情和实际情况出发,着眼于适应生产力发展需要,稳步加以调整和变革。

第二个历史时期:从 1979 年到现在,中国特色社会主义行政体制不断改革与完善。

党的十一届三中全会以后,我国改革开放和社会主义现代化建设进入了一个新的历史时期。这一时期行政体制变革大体经历了三个阶段。

从党的十一届三中全会召开到党的十四大之前,主要是冲破高度集中的计划经济体制和行政管理模式,对完善中国特色社会主义行政体制进行积极探索。改革开放之前,我国实行高度集中的行政管理模式,国家统得过多、管得过死,严重压抑了广大企业和干部群众的积极性与创造性,制约了社会生产力发展。实行改革开放决策后,为适应经济体制改革的需要,展开了以简政放权为重点的行政体制改革。这一阶段于1982年和1988年实施了两次集中的行政体制改革。

1982年进行的国务院机构改革,重点是适应工作重点转移,提高政府工作效率:一是减少副总理人数,设置了国务委员职位。二是精简调整机构,撤销了大量临时性机构。三是精干领导班子,紧缩编制。四是废除实际存在的领导干部职务终身制,实行干部离退休制度。国务院部门机构改革完成后,进行了地方机构改革,重点是精简庞大臃肿的机构,选拔大批优秀中青年干部,轮训在职干部,克服官僚主义,提高工作效能。同时,积极试行地、市合并,实行市管县体制;改变农村人民公社"政社合一"体制,设立乡政府等。

1988年实施了新一轮行政体制改革,改革的任务是进一步转变职能,理顺关系,精简机构和人员,提高行政效率。这次改革首次提出必须抓住转变职能这个关键,紧密地与经济体制改革相结合;按照经济体制改革和政企分开的要求,合并裁减专业管理部门和综合部门内设专业机构;从机构设置的科学性和整体性出发,适当加强决策咨询和调节、监督、审计、信息部门,转变综合部门的工作方式,提高政府对宏观经济的调控能力;贯彻精简、统一、效能原则,清理整顿行政性公司,撤销因人设事的机构,裁减人浮于事的部门和人员;为了巩固机构改革的成果,并使行政管理走上法制化道路,提出用法律手段控制机构设置和人员编制;改革中第一次实行定职能、定机构、定编制的"三定"工作。

总体上看,通过这一阶段的改革,初步摆脱了与高度集中的计划经济体制相适应的行政管理模式的羁绊,激发了经济社会活力,促进了生产力的解放和发展。

从党的十四大召开到党的十六大之前,主要是按照发展社会主义市场经济的要求全面推进改革,中国特色社会主义行政体制改革取得重大进展。这一阶段于 1993 年和 1998 年实施了两次集中的行政体制改革。

1993 年国务院机构改革方案的主要内容:一是转变职能,坚持政企分开。要求把属于企业的权力下放给企业,把应该由企业解决的问题交由企业自己去解决,减少具体审批事务和对企业的直接管理。二是理顺关系。理顺国务院部门之间、尤其是综合经济部门之间以及综合经济部门与专业经济部门之间的关系,合理划分职责权限,避免交叉重复。理顺中央与地方关系,合理划分管理权限,使地方在中央方针政策的指导下因地制宜地发展本地区经济和各项社会事业。三是精简机构编制。对专业经济部门,一类改为经济实体,不再承担政府行政管理职能;一类改为行业总会,作为国务院的直属事业单位,保留行业管理职能;还有一类是保留或新设的行政部门。对国务院直属机构、办事机构,除保留的外,一部分改为部委管理的国家局,一部分并入部委,成为部委内设的职能司局。四是规范机构类别。明确原由部委归口管理的 15 个国家局不再作为国务院直属机构,而是部委管理的国家局,作为一个机构类别,并进一步规范了国家局与主管部委的关系。从 1993 年开始,地方政府机构改革在全国展开,以转变政府职能为关键,较大幅度地精简了机构和人员,特别是大幅度精简专业经济管理部门。

1998 年进行了力度最大的一次行政体制改革。改革的主要内容:一是调整部门职能。明确划分政府综合调控部门与专业管理部门的主要职能。按照权责一致的原则,在部门之间划转了 100 多项职能,相同或相近的职能尽可能交由一个部门承担,过去长期存在而没有解决的职能交叉、多头管理、政出多门、权责不清等问题有了很大改进。二是精简机构编制。主要是大力精简工业经济部门,将煤炭、冶金、机械等 9 个工业部先改成国家经贸委管理的国家局,2000 年底全部撤销。同时,将电子部与邮电部合并组成信息产业部,将广播电影电视部改组为广播电影电视总局、国家体委改组为国家体育总局,列为国务院直属机构。省、市、县、乡级机构也进行了相应改革。

总体上看,这一阶段的行政体制改革,努力与建立社会主义市场经济体制相适应,在一些重点领域和关键环节取得了重大突破和实质性进展。

党的十六大以来,主要是推进服务型政府和法治政府建设,中国特色社会主义行政体制改革全方位深化。这一阶段于2003年和2008年实施了两次集中的行政体制改革。

2003年改革的主要内容:一是深化国有资产管理体制改革,设立了国务院国有资产监督管理委员会,作为国务院直属特设机构,由国务院授权代表国家履行出资人职责。二是完善宏观调控体系。将国家发展计划委员会改组为国家发展和改革委员会,将国务院体改办的职能和国家经贸委的部分职能并入发展和改革委。三是健全金融监管体制,设立中国银行业监督管理委员会,负责拟订有关银行业监管的政策法规,负责市场准入和运行监督,依法查处违法违规行为等。四是继续推进流通管理体制改革,组建商务部,主管国内外贸易和国际经济合作等。五是加强食品安全和安全生产监管体制建设,在国家药品监督管理局的基础上,组建国家食品药品监督管理局,作为国务院直属机构,将原国家经贸委管理的国家安全生产监督管理局改为国务院直属机构。这次改革继续强调要进一步转变政府职能,要求按照政企分开原则,结合国有资产管理体制改革,政府部门不再承担直接管理国有企业的职能;继续推进行政审批制度改革,明确审批范围,减少审批事项,规范审批行为;规范中央和地方的职能权限,正确处理中央垂直管理部门和地方政府的关系;探索完善综合行政执法工作,加强行政执法队伍组织建设;规范和发展行业协会、咨询组织、鉴定机构等社会中介组织和专业服务组织;改进政府管理方式,规范行政行为,推进电子政务,提高行政效率。国务院机构改革完成后,进行了地方政府机构改革。地方政府机构改革的特点,一是对口设置省级国有资产管理机构。二是有关机构调整和职能整合不强调上下对口。三是严格控制机构和编制。

2008 年改革的主要任务是,围绕转变政府职能和理顺部门职责关系,探索实行职能有机统一的大部门体制,合理配置宏观调控部门职能,加强能源环境管理机构,整合完善工业和信息化、交通运输行业管理体制,以改善民生为重点加强与整合社会管理和公共服务部门。这次国务院机构改革是在以往改革基础上的继续和深化,突出了三个重点:一是加强和改善宏观调控,促进科学发展;二是着眼于保障和改善民生,加强社会管理和公共服务;三是对一些职能相同或相近的部门进行整合,实行综合设置,理顺部门职责关系。地方各级政府机构改革主要是着力转变政府职能,理顺职责关系,调整优化组织结构,规范机构设置,完善管理体制。

新中国成立后第二个历史时期的行政体制改革,是在推进经济体制改革、社会体制改革、文化体制改革和政治体制改革的情况下,对行政体制的性质、特点、规律、关系、目标和任务不断深化认识和逐步推进的探索过程,也是对建设中国特色社会主义规律的重大探索过程。实践证明,这个时期的改革和探索取得了很大成功,从根本上摒弃了高度集中的计划经济体制和行政管理模式,基本建立了与发展社会主义市场经济相适应的行政体制。一是转变政府职能取得实质性进展。政府对微观经济运行的干预明显减少,企业作为市场竞争主体地位得到确立,市场配置资源的基础性作用明显增强,新型宏观调控体系逐步健全,社会管理和公共服务职能不断加强。二是政府组织结构不断优化。建立了以宏观调控部门、市场监管部门、社会管理和公共服务部门为主体的政府机构框架,机构设置和职责体系趋于合理。三是依法行政全面推进。明确了依法行政、建设法治政府的指导思想、基本原则和总体要求,依法行政成为各级政府的基本准则。四是管理方式创新取得重要进展。科学民主决策水平不断提高,普遍建立重大问题集体决策制度、专家咨询制度、社会公示制度和听证制度,政务公开制度逐步完善。五是政府自身建设不断加强。服务政府、责任政府、法治政府、廉洁政府建设迈出重要步伐;公务员管理法律法规体系逐步健全,中国特色的国家公务员制度基本建立;政风建设和廉政建设不断推进,公务员队伍整体素质和能力明显提高。所有这些,都为进一步建成完善的中国特色社会主义行政体制奠定了坚实基础。

三、我国行政体制变革的重要经验和启示

几十年来,构建中国特色社会主义行政体制历程艰难而辉煌,积累了正反两方面经验,给我们以深刻的启示,其中最为重要的有以下几点。

一是,必须坚持以科学思想理论体系为指导。在推进行政体制改革的整个过程中,必须坚持以马克思列宁主义、毛泽东思想、邓小平理论、"三个代表"重要思想以及科学发展观等重大战略思想在内的科学理论体系为指导,以此统一思想认识,思考行政体制改革思路和制定改革措施。要始终遵循生产关系变化必须与生产力发展相适应、上层建筑改革必须与经济基础变革相适应的基本原理,始终把坚持社会主义基本制度同发展市场经济结合起来,保证行政体制改革的方向、思路、措施有利于巩固和完善社会主义制度,有利于解放和发展社会生产力,有利于发挥社会主义制度的优越性。

二是,必须坚持中国共产党的领导。我国是人民当家做主的社会主义国家,国家的性质决定了必须坚持党对国家行政和行政改革的领导。中国共产党是社会主义事业的领导核心。离开了中国共产党的领导,稳定、发展、欣欣向荣的中国就会变成动乱和四分五裂的中国。没有稳定的政治和社会,不仅改革开放搞不下去,既有的改革和发展成果也会丧失。历史事实已经充分证明了这一点。只有坚持党的领导,才能始终保持行政体制改革的社会主义方向,才能为行政体制改革创造稳定的政治环境,才能调动各方面的积极因素共同推进行政体制改革深入发展。因此,深化行政体制改革,必须有利于加强和改善党的领导、有利于巩固和完善党

的执政地位、有利于保证党领导人民有效治理国家。

三是，必须坚持从中国国情和实际出发。这是改革和完善行政体制的客观要求。我们国家历史悠久、幅员广阔、人口众多，各地经济、文化、社会发展很不平衡，这些基本国情规定了和规定着行政体制改革过程中必须高度重视和正确处理一系列重大关系，包括集中与分散的关系、统一性和灵活性的关系、中央与地方的关系、条条与块块（部门垂直领导与地方领导）的关系，以充分发挥中央和地方的积极性，充分发挥国家和企业、单位、个人的积极性，同时又确保必要的集中和国家的统一性、权威性。从我国几十年来的实践看，什么时候注重处理好这些重大关系，什么时候建设和改革事业就顺利推进，否则，就出现困难甚至挫折。同时，要重视研究借鉴世界上一些国家行政体制的成功做法与经验，以拓宽行政体制改革思路，汲取现代公共行政新理念、新知识，但必须充分考虑我国的基本国情和现实情况，绝不能照抄照搬。

四是，必须坚持以人为本、执政为民。人民是国家的主人，也是国家行政管理的主体，人民的意志始终决定着国家行政管理的内容和形式。行政体制变革必须着眼于推进经济和社会发展，不断提高人民群众物质文化生活水平，促进人的全面和自由发展；坚持充分尊重人民群众的主体地位，充分体现广大人民群众的利益和诉求，充分尊重人民首创精神，高度重视发挥人民群众的积极性、主动性和创造性，增强社会经济活力和创造力；着力解决广大群众最关心最直接最现实的利益问题；正确处理权力与权利、权力与责任的关系，既赋予行政机关、行政人员必要的权力，又加强对权力的行使加以规范、制约和监督，切实维护公民、法人和其他组织的合法权益。

五是，必须坚持统筹规划、协调推进。行政体制改革是整个改革的重要内容，与经济、政治、文化、社会等方面的体制改革都有密切关系，不可能单独深入，而必须与其他方面的改革一起统筹规划部署，协调推进。必须把行政体制改革作为全面深化改革的关键环节，深入研究行政体制改革与经济体制改革、政治体制改革、文化体制改革、社会体制改革的相互关系,把握好各方面改革相互适应、相互促进的规律性。必须按照建立完善的中国特色社会主义行政体制的总体目标,明确改革的方向和路径,防止改革左右摇摆或急于求成,避免走弯路。必须有长远目标下的近期目标,在总体规划下体现一个时期的重点安排,做到长远目标和近期目标相结合、全面推进和重点突破相结合。

六是,必须坚持积极稳步推进、注重科学性。行政体制改革涉及方方面面利益格局的调整,是一项政治性和政策性都很强的工作,必须综合考虑社会各方面的需求和各种因素,把改革的力度、发展的速度与各方面的承受程度统一起来,处理好改革、发展、稳定的关系,审时度势,循序渐进,不能企求毕其功于一役。要提倡探索试验,鼓励和支持地方和部门进行改革创新,为全国性的改革积累经验。要重视总结经验,注意推广经过实践检验的成功经验,努力提高推进行政体制改革的科学化水平。

四、继续深入推进行政体制改革的若干思考

我国行政体制改革虽然取得了重大进展,但与建立完善的中国特色社会主义行政体制的目标要求,还任重道远,必须继续推进。特别要着力解决以下几个重要问题。

——更加注重转变政府职能,推进政企分开。转变政府职能是行政体制改革的核心。尽管多年来政府职能转变取得了很大进展,但这个问题还没有得到根本解决,政府职能缺位、越位、错位现象依然存在,有些地方还相当突出。主要表现为:政府仍然管了不少不该管也管不好的事,行政审批事项仍然过多;一些地方政府仍然没有把属于企业的权力交给企业、没有把该由市场管的事交给市场,直接干预微观经济运行和市场行为;政府的市场监管、社会管理和公共服务等职能还比较薄弱。因此,要

加快推进政企分开,让企业真正成为市场主体,充分行使投资决策和生产经营自主权。要继续深化行政审批制度改革,下放和规范审批权力,减少政府对微观经济活动的干预。要进一步完善宏观调控体系和制度,包括发挥国家规划、计划、政策、信息服务的导向作用和市场准入制度、标准规范的规制作用。要进一步完善市场体系,加强市场监管,维护公平竞争的市场秩序。要着力强化政府社会管理和公共服务职能,完善体制、政策,全面加强社会建设,注重保障和改善民生,特别是在促进就业、卫生、教育、社保、住房等方面将加大工作力度,提高公共服务水平。

——更加注重优化政府组织结构,理顺行政关系。首先,要继续优化政府结构。合理界定政府部门职能,明确部门责任,确保权责一致。坚定推进大部门制改革,对职能相近、管理分散的机构进行合并。对职责交叉重复、相互扯皮,长期难以协调解决的机构进行合并、调整,以利于权责统一、提高整体效能。对职能范围过宽、权力过分集中的机构进行适当分设,以改变部门结构失衡和运行中顾此失彼的现象。其次,要逐步减少行政层级。在有条件的地方探索省直接管理县(市)体制的基础上,及时总结经验,加以正确引导;认真研究和正确处理中央和省级政府一些部门实行垂直管理体制的关系,完善垂直管理机制。再次,要妥善处理中央政府和地方政府的权限、职能与责任;科学合理界定省以下地方不同层级政府职能与权责关系,努力发挥地方各级政府的积极性、创造性。同时,还要加快建立决策、执行、监督相互协调又相互制约的运行机制,这也是深化行政体制改革的要求。

——更加注重健全政府决策机制,提高决策水平。坚持科学决策、民主决策、依法决策,合理定决策权限,规范决策行为。推进政务公开,增强公共政策制定透明度和公众参与度;凡是涉及经济社会发展的重大决策,都应当坚持调查研究和集体决策制度,并充分听取社会各界的意见;凡是与人民群众利益密切相关的重大事项,都应当实行社会公示或者听证。着力做好重大问题前瞻性、对策性研究,发挥咨询研究机构、专家学者、社会听证在决策过程中的作用。完善决策信息系统和决策智力支持系统，建立健全专家咨询制度。完善和落实社会听证制度和公示制度，为公众参与行政决策提供制度保障。制定严格的决策规则和科学的决策程序，形成决策前有调研、决策中有论证、执行中有监督、执行后有评价、决策失误有追究的全程制约机制。

——更加注重推进依法行政，建设法治政府。完善的行政法制体系是行政体制的重要保障。多年来，为推进依法行政，建设法治政府，我国先后制定和实施了一系列法律制度，包括行政复议和行政诉讼制度。同时，由于多种原因，我国行政法制还不完备，各种矛盾特别是行政争议增加，人民群众对行政复议和行政诉讼工作期待也不断增强，现行行政复议和行政诉讼制度的一些内容与新形势不相适应。要加快建设法治政府，用法律法规调整政府、市场、企业的关系，依法管理经济和社会事务，推进政府工作制度化、规范化、程序化。要改进行政复议和行政诉讼体制机制，处理好行政复议与行政诉讼之间的衔接；更加全面准确地定位行政复议的功能，依法纠正违法或不当的行政行为；创新行政复议体制机制，使之更加便民、高效；强化行政诉讼解决争议的功能，避免"案了事未了"；降低诉讼门槛、拓展受案范围，有效解决"告状难"的问题；完善证据制度，科学分配举证责任；完善诉讼程序，避免司法不公；加大生效判决和裁定的执行力度，有效解决"执行难"的问题。

——更加注重提高行政效率，降低行政成本。这是中国特色社会主义行政体制的重要特征，也是建设人民满意政府的必然要求。从根本上说，就是在切实优化政府组织结构、减少行政层级、理顺权责关系的同时，加强电子政务建设，改进政府管理方式，优化政府工作流程，创新公共服务提供模式。认真实行公共建设项目的公开招投标制度，严格规范招标程序，调整完善并切实执行政府采购制度。按照节俭、高效、廉洁的原则，通过核定标准、加强监督、改革制度等措施严格控制各种职务消费。改革财政预算制度，特别是要推行财务公开，把政府财政资金的来源、分配、管理、使用、审计等情况置于群众和社会监督之下,以有效地减少浪费,遏制腐败现象的发生。

——更加注重加强行政问责制,完善政府绩效评估制度。随着改革开放不断深入和社会法治意识的不断提高,迫切需要健全以行政首长为重点的行政问责制度,明确责任范围,规范问责程序,加大责任追究力度,提高政府执行力和公信力。近些年来,不少地方政府在这方面做了许多有益的探索,应认真总结经验,逐步全面推行。政府绩效评估制度,是引导政府及其公务员树立正确导向、尽职尽责做好各项工作的一项重要制度,也是实行行政问责制的前提和基础。要更加积极推进政府绩效评估制度建设和统计制度改革,建立科学合理的政府绩效评估指标体系和评估机制,促进树立与科学发展观相适应的政绩观。

行政管理体制改革 30 年回顾与前瞻[*]

（2008 年 12 月 1 日）

在全国隆重纪念改革开放 30 周年之际,回顾总结 30 年来我国行政管理体制改革的伟大历程和宝贵经验,研究探讨继续推进改革需要解决的重点问题,对于我们深刻认识改革开放的伟大成就,深入贯彻落实科学发展观,深化行政管理体制改革,具有重要意义。

一、30 年来行政管理体制改革的重大进展

1978 年底召开的党的十一届三中全会,开启了我国改革开放和社会主义现代化建设的历史新时期。30 年的大改革大开放,使我国成功实现了从高度集中的计划经济体制到充满活力的社会主义市场经济体制、从封闭半封闭到全方位开放的伟大历史转折,经济和社会发展取得了举世瞩目的巨大成就。在这个过程中,按照建设中国特色社会主义的总体目标,根据上层建筑适应经济基础、解放和发展生产力的根本要求,坚持不懈地推进行政管理体制改革,并不断取得新突破和重大进展,有力地促进了改革开放和现代化建设事业的发展。纵观 30 年的历史进程,我国行政

---

　　* 本文系作者在"全国深化行政管理体制改革研讨会"上的主旨演讲,发表于《求是》2009 年第 2 期。

管理体制改革大体经历了三个阶段。

从 1978 年党的十一届三中全会召开到 1992 年党的十四大之前,主要是冲破高度集中的计划经济体制和行政管理模式,这一时期为行政管理体制改革积极探索的阶段。改革开放之前,我国实行高度集中的计划经济体制和行政管理模式,国家统得过多、管得过死,严重压抑了广大企业和干部群众的积极性与创造性,制约了社会生产力发展。实行改革开放决策之后,邓小平同志就十分重视行政管理体制改革与创新问题。他特别强调了三点:第一,"党和行政机构以及整个国家体制要增强活力,就是说不要僵化,要用新脑筋来对待新事物";第二,"要真正提高效率";第三,"要充分调动人民和各行各业基层的积极性"。按照这些要求,全国逐步展开了以简政放权为重点的经济体制和行政管理体制改革。主要是:废除人民公社"政社"体制,推进乡镇基层政权建设;扩大企业生产经营自主权,放宽地方和城市经济社会管理权限;积极推进政府机构改革,合并一些职能交叉重叠的机构,撤销一些工业经济管理部门,精简人员和编制;推进干部队伍革命化、年轻化、知识化、专业化,废除实际存在的领导职务终身制,提出并开始探索建立国家公务员制度。1982 年和 1988 年两次政府机构改革,都迈出了重要步伐。在 1982 年的改革中,国务院各类机构由 100 个减为 61 个,其中部委由 52 个裁并为 43 个,人员编制由 5.1 万人减为 3.8 万人。在 1988 年的改革中,除了继续简政放权,解决机构臃肿、人浮于事等问题以外,还对一些经济管理部门进行了调整,提高了工作效率,同时开始提出了转变政府职能这个关键性问题。通过这些改革,初步摆脱了与高度集中的计划经济体制相适应的行政管理模式的羁绊,激发了社会经济活力,促进了生产力解放和发展。

从 1992 年党的十四大召开到 2002 年党的十六大之前,主要是按照发展社会主义市场经济的要求全面推进改革,这一时期为行政管理体制改革取得重大进展的阶段。党的十四大确立了建立社会主义市场经济体制的目标。随着经济体制改革加快推进和取得实质性进展,行政管理体制改革也随之向适应建立社会主义市场经济体制的要求转变。改革的重点是,加快实行政企分开、转变政府职能。一是着力推进国有企业改革,培育市场体系,推进计划、投资、财政、金融、商贸等宏观经济部门和专业部门的管理体制改革,撤并了一些部门管理的国家局。二是下放权力,减少行政审批事项,各级政府都较多地减少了对企业生产经营活动的直接干预和管理,实行党政机关与所办经济实体脱钩。三是逐步调整政府部门之间关系,明确划分职责权限,解决了一些长期存在的部门职责交叉、权责不清、多头管理等问题。四是着力理顺中央与地方关系,明确中央与地方管理权限,特别是实行了分税制。五是进一步精简机构编制。在1998 年进行的政府机构改革中,国务院组成部门由 40 个减为 29 个,人员编制减少一半。总体上看,这一时期的行政管理体制改革努力与建立社会主义市场经济体制相适应,在一些重点领域和关键环节取得了重大突破和实质性进展。

从 2002 年党的十六大召开到现在,主要是推进服务型政府和法治政府建设,这一时期为行政管理体制改革全方位深化的阶段。党的十六大以后,我们党提出了科学发展观、构建社会主义和谐社会等一系列重大战略思想。行政管理体制改革也随之全方位推进。重点围绕构建有利于推动科学发展、促进社会和谐的体制机制,着力进行制度机制创新和管理方式创新。主要包括:更加注重以人为本,促进经济社会全面协调可持续发展和人的全面发展;更加注重发展社会主义民主政治,大力推进科学民主决策,完善决策信息和智力支持系统,增强决策透明度和公众参与度;更加注重转变和全面履行政府职能,强化社会管理和公共服务职能,加快以改善民生和公共服务为重点的社会建设,增强社会创造活力;更加注重规范政府行为,全面推进依法行政,加快建设法治政府;更加注重改进管理方式,大力推进政务公开和电子政务,探索实行行政绩效管理制度。2008年的国务院机构改革,取得了新突破。一是政府职能转变取得明显进展,共取消、下放、转移职能 60 余项,同时加强了 90 余项职能。二是理顺部门关系取得重要突破,在探索实行职能有机统一的大部门体制方面迈出新步伐,集中解决了在宏观调控、资源环境、市场监管、文化卫生等方面70余项部门职责交叉和关系不顺的问题。三是部门责任得到明显强化,通过制定和完善"三定"规定,在赋予部门职权的同时,规定了相关部门应当承担的责任,共明确和强化了200多项责任,力求做到有权必有责、权责对等。四是机构编制得到有效控制,涉及调整变动的机构近20个,正部级机构减少了6个,国务院行政编制总数没有突破。

经过30年的不懈努力,我国行政管理体制改革取得重大进展。主要标志为:一是摒弃了高度集中的计划经济体制和行政管理模式,基本建立了与发展社会主义市场经济相适应的行政管理体制。二是转变政府职能取得实质性进展。企业作为市场竞争主体地位得到确立,市场配置资源的基础性作用明显增强,新型宏观调控体系逐步健全,社会管理和公共服务职能不断加强。三是政府组织结构不断优化。建立了以宏观调控部门、市场监管部门、社会管理和公共服务部门为主体的政府机构框架,机构设置和职责体系趋于合理。四是依法行政全面推进。2004年国务院颁布《全面推进依法行政实施纲要》,提出经过10年左右时间努力,基本实现建设法治政府的目标,依法行政成为各级政府的基本准则,政府立法工作不断改进,行政执法体制逐步健全,对行政权力的规范、制约和监督进一步加强。五是管理方式创新取得重要进展。科学民主决策水平不断提高。普遍建立重大问题集体决策制度、专家咨询制度、社会公示制度和听证制度,政务公开制度逐步完善。六是政府自身建设不断加强。服务政府、责任政府、法治政府、廉洁政府建设迈出重要步伐;公务员管理法律法规体系逐步健全,中国特色的国家公务员制度基本建立;政风建设和廉政建设不断推进,公务员队伍整体素质和能力明显提高。所有这些,都为建立和完善中国特色社会主义行政管理体制奠定了重要基础。

二、认真总结行政管理体制改革的宝贵经验

30 年来,我国行政管理体制改革不仅取得了显著成效,而且在实践中积累了宝贵经验,主要有以下五个方面。

一是坚持以人为本、执政为民、依靠人民。全心全意为人民服务是党和政府的根本宗旨,做到一切为了人民、一切依靠人民,是推进各项改革的根本出发点和动力所在。要推进 30 年来的行政管理体制改革,始终着眼于推进经济和社会发展,不断提高人民群众物质文化生活水平,促进人的全面发展;坚持尊重人民群众的主体地位,维护人民群众的各项权益;充分体现广大人民群众的利益和诉求,使全体人民共享改革发展成果;高度重视发挥人民群众的积极性、主动性和参与性,增强社会经济活力和创造力。实践证明,行政管理体制改革只有符合人民利益,反映人民呼声,紧紧依靠人民,建设人民满意的政府,才能得到广大人民群众的真心拥护和有力支持。

二是坚持解放思想、实事求是、与时俱进。行政管理体制改革既是对原有行政权力结构和利益格局的重大调整,也是一场深刻的观念变革和思想革命,必须以解放思想为先导,把创新精神贯穿于改革的全过程和每个环节。随着经济社会发展和经济体制、政治体制改革不断深入,行政管理体制改革也必须及时跟进,做到与之相适应。实践证明,30 年来行政管理体制改革在理论和实践上的每一个进步,都是坚持解放思想、与时俱进的结果。只有不断解放思想,切实更新观念,一切从实际出发,敢于冲破不合时宜的观念和做法,大胆探索,勇于实践,不断创新,才能排除各种困难和障碍,使行政管理体制不断适应改革发展和对外开放的新形势,也才能坚持从中国国情出发,不盲目照搬国外模式,同时又善于研究借鉴国际上公共治理方面有益成果,顺应时代发展和变革的潮流。

三是坚持把握大局、统筹兼顾、协调推进。行政管理体制是国家体制的基本组成部分,是经济体制、政治体制、社会体制以及其他体制的结合点,并且有着密切的联系。政府机构设置和职能调整,涉及国家经济、政治、文化和社会生活的各个方面,涉及中央与地方、政府与社会、政府与企业、整体利益与局部利益等一系列重要关系。因此,行政管理体制改革必须放到党和国家发展的大局中统筹谋划,服从并服务于促进经济社会发展的需要,做到与完善社会主义市场经济体制进程相适应,与建设社会主义民主政治和法治国家相协调。同时,还要正确处理改革与发展稳定的关系,正确处理政府机构与党委、人大、政协机构设置的关系。只有这样,行政管理体制改革才能有效推进,保障中国特色社会主义各项事业协调发展。

四是坚持发挥两个积极性,统筹中央与地方关系。行政管理体制改革涉及行政权力关系的调整和政府组织结构的变动,必须在中央的统一领导下进行。同时,我国地域辽阔,各地情况差异性很大,发展很不平衡,因而也必须注意充分发挥地方的积极性。中央制订改革方案,既需要从全局出发,统一部署,也要充分考虑各地特点,分类指导,鼓励和支持地方探索试验;地方要认真贯彻落实中央的决策和部署,并结合本地实际,敢于实践,勇于创新。实践证明,只有充分发挥中央和地方两个积极性,行政管理体制改革才能顺利推进。

五是坚持审时度势、积极稳妥、循序渐进。行政管理体制改革是深化整个改革的重要环节,是建立和完善社会主义市场经济体制、发展社会主义民主政治的必然要求,同时也是一个渐进式的改革过程,不能企求毕其功于一役。推进行政管理体制改革,要有长远目标和总体规划,明确改革的路径与方向,又要确定每个时期的重点任务;既要充分利用各方面的有利条件,正确把握有利时机,坚决果断地推进改革措施,在一些重要领域迈出较大步伐,又要全面分析面临的矛盾和风险,充分考虑各方面的承受能力,积极稳妥实施。凡属于涉及全局性的重大改革举措,都应先行试点,取得经验后再加以推行。既要毫不动摇地坚持改革方向,又要提高改革决策的科学性,增强改革措施的协调性。

以上五条,是我们对 30 年来行政管理体制改革基本经验的认识。这些经验归结起来,就是坚定不移地走中国特色社会主义道路,始终不渝地坚持中国共产党的领导,坚持以邓小平理论和"三个代表"重要思想为指导,深入贯彻落实科学发展观,积极探索和遵循党的执政规律,正确认识和把握改革开放发展规律,妥善处理和协调各方面改革关系。我们要认真总结经过艰辛探索积累的丰富经验,继续深化和自觉运用这些成功经验,不断把行政管理体制改革引向深入。

三、深化行政管理体制改革的重点任务

当前,我国改革发展正处于关键阶段。要更好地推进改革开放和社会主义现代化建设,就必须把加快行政管理体制改革放在更加突出的位置。党的十七大和十七届二中全会站在新的历史起点上,作出了加快行政管理体制改革、建设服务型政府的战略部署,明确提出"到 2020 年建立起比较完善的中国特色社会主义行政管理体制"的总体目标,为继续深化行政管理体制改革指明了方向。综观未来发展趋势,推进行政管理体制改革需要充分考虑到"四个方面的要求":即充分考虑深入贯彻落实科学发展观的要求,充分考虑完善社会主义市场经济体制和提高对外开放水平的要求,充分考虑发展社会主义民主政治和依法行政的要求,充分考虑建设创新型国家的要求。全面推进体制机制创新、制度创新和管理创新,努力建设服务型、现代化政府。为此,要着重研究解决以下六个问题。

(一)进一步转变和正确履行政府职能。这仍然是深化行政管理体制改革的核心。要坚持以人为本的施政理念,实施人本管理,以服务人民为根本宗旨,以广大人民群众为根本依靠力量,切实保障人民群众各项权益,积极解决群众最关心、最直接、最现实的利益问题。要围绕推动科学

发展、促进社会和谐,在政府职能方面实现四个根本性转变。一是政府职能要向大力创造良好发展环境转变。在宏观环境方面,主要是制定和执行宏观调控政策,搞好基础设施建设和公共服务,加强对生态环境和资源保护,注重运用经济手段、法律手段并辅之以必要的行政手段管理和调节经济社会活动。在微观环境方面,要强化市场监管职能,健全行政执法、行业自律、舆论监督、群众参与相结合的监管体系,创新监管方式,提高监管能力,维护统一开放、竞争有序、安全健康的市场秩序。二是政府职能要向有效提供优质公共服务转变。要更新管理理念,强化服务意识,做到在服务中实施管理、在管理中体现服务,不断提高公共服务水平。随着经济社会的持续发展,要以不断满足人民群众对公共产品、公共服务日益增长的需求为着眼点,着力解决公共产品供给短缺、公共服务能力不强等问题,推进城乡、区域基本公共服务均等化;加快完善公共财政制度,扩大公共产品和公共服务的覆盖范围,切实保障农村、基层和欠发达地区人民群众基本公共服务的需要。实行更加有力的政策措施,推进教育、卫生、文化等社会事业加快发展。三是政府职能要向注重维护社会公平正义转变。维护社会公平正义,是社会文明进步的重要标志。要正确认识和处理效率与公平的关系,当前和今后一个时期,更加注重社会公平和社会管理,强化政府促进就业和调节收入分配的职能,整顿和规范收入分配秩序,建立科学合理的收入分配调节机制;加快完善社会保障体系,调节社会利益关系,大力发展社会保险、社会救助、社会福利等事业。更加注重突发事件应急管理体系建设,健全社会矛盾疏导调处和安全预警机制,构筑社会安全网,维护社会和谐稳定。四是履行政府职能要向实行科学化的公共治理转变。公共治理相对于传统的公共管理而言,它更强调以规范的、民主的、法治的行政方式来管理公共事务。推行这种管理模式,符合建设服务型、现代化政府的要求。要树立新的公共治理理念,由以行政控制为主向以服务公众为主转变,由"全能型政府"向"有限型政府"转变;逐步完善公共治理机制,建立健全公开、参与、评价和责任制度;建立健全公共治理结构,改进公共治理方式,综合运用现代管理方法和科技手段,不断推进政府管理创新。

(二)进一步简政放权和规范市场、社会秩序。经过多年努力,我们在简政放权方面取得了很大进展,但现实中仍然存在一些政府不该管、管不了,也管不好的现象,同时又存在着一些政府该管而没有管或者没有管好的问题,需要继续认真研究解决。要着眼于增强经济社会发展活力和提高效率,充分调动企业事业单位和各方面的积极性、创造性,从制度上更好地发挥市场在资源配置中的基础性作用,继续深化企业改革、深化行政审批制度改革、深化事业单位改革,完善现代市场体系,切实推进政企分开、政资分开、政事分开、政府与中介组织分开。要适应人民群众政治参与和社会活动参与积极性不断提高的新形势,更好地发挥公民和社会组织的作用,鼓励、支持、引导公民和社会组织依法有序参与社会公共事务管理,扩大基层民主。在进一步调整政府与市场、企业、社会组织权责关系的同时,更加注重提高政府科学管理水平,正确有效履行政府职责,不断加强和改善宏观调控,有效实施监管,克服和纠正"市场缺陷"、"市场失效"、"社会无序"等现象,引导和规范市场主体行为,维护社会正常秩序。要正确认识和处理简政放权与加强管理的关系,做到活而不乱、管而不死。要注重发挥国家法令政策、行政规制、行政指导和行政合同在行政管理中的积极作用,引导社会经济发展既充满活力、富有效率,又规范有序、持续稳健运行。

(三)进一步优化行政组织结构。机构是职能的载体,职能配置需要科学的机构设置来履行。在优化行政组织结构中,关键是要实现政府组织机构及人员编制向科学化、规范化、法制化的根本转变。要根据经济社会发展变化和全面履行政府职能的需要,科学规范部门职责,合理调整机构设置,优化人员结构,既要解决有些部门机构臃肿、人浮于事的问题,也要解决有些部门编制过少、人员不足的问题,做到职能与机构相匹配、任务与人员编制相匹配。要按照精简、统一、效能的原则和决策权、执行权、监督权既相互制约又相互协调的要求,继续探索实行职能有机统一的大部门体制,精简和规范各类议事协调机构及其办事机构,健全部门间协调配合机制,继续解决机构设置过多、职责分工过细、权责脱节等问题。要严格执行机构编制审批程序和备案制度,加快政府机构编制管理科学化、规范化、法制化进程。

(四)进一步推进制度创新和管理创新。制度具有全局性、根本性、稳定性的作用。推进制度和管理创新,主要是加快实现行政运行机制和政府管理方式向规范有序、公开透明、便民高效、权责一致的根本转变,这是建设人民满意政府的重要环节。做到规范有序,就要继续全面推进依法行政,完善有关法律法规体系,规范政府的立法行为;健全科学民主决策体系,规范政府的决策行为;完善行政执法体制,规范政府的执法行为;进一步健全行政监督制度,切实用制度管权、管事、管人。做到公开透明,就要进一步完善政务公开制度,建立健全信息发布制度,提高政府信息质量,及时、全面、真实地发布政务信息,畅通人民群众了解公共信息的渠道;要实行民主管理,保障人民群众依法管理国家和社会事务、管理经济和文化事业,保障人民群众的知情权、参与权、表达权和监督权;要加快"阳光政府"建设,提高政府工作透明度,让权力在阳光下运行,同时加快电子政务建设,充分利用现代信息技术,推进公共管理和服务信息化。做到便民高效,主要是规范和发展行政服务性机构,改进和完善政府各类审批制度和办事制度,简化程序,减少环节,提高政府效能,为社会、企业和群众提供更加方便、快捷、有效的服务。做到权责一致,就要强化责任意识,推动政府从"权力本位"向"责任本位"转变,坚持有权必有责、用权受监督、违法要追究;要建立科学合理的绩效管理制度,推行行政目标责任制,健全并认真实施质询、问责、经济责任审计、引咎辞职、罢免等制度。通过多方面推进管理制度创新,努力实现政府管理现代化。

(五)进一步理顺政府职责关系。既要重视在横向上理顺同级政府各部门之间的职责关系,也要重视从纵向上理顺不同层级政府之间的职责关系。理顺各级政府的职责关系,关键是做到财权与事权相对应、权力与责任相统一。要合理划分不同层级政府的职权,根据各自不同的地位和功能确定权力与责任,突出管理和服务重点,形成责任明确、各有侧重、相互衔接、高效运行的职责体系。要研究探索不同层级政府关系的调整方式,综合运用立法规范、政策指导、行政协调、司法裁决以及财政转移支付等方式,逐步实现各层级政府关系调整的规范化、制度化和程序化。积极探索减少行政层级。在我国的行政区划和治理结构中,县级行政区域是一个重要的层次,在国民经济和社会发展中起着重要作用。要扩大县域发展自主权,推进省直接管理县财政体制,依法积极探索省直接管理县的体制。同时,加快推进乡镇机构改革。继续发挥大中城市作用,赋予符合条件的小城镇相应的行政管理权限。要调整和健全垂直管理体制,完善市场经济条件下的中央与地方关系,规范垂直管理部门与地方管理的事权范围和权责关系,建立健全协调配合机制。

(六)进一步加强公务员队伍建设。公务员队伍是政府管理的主体,其素质和能力直接影响政府的执行力和公信力。要进一步完善公务员管理配套制度和措施,实现公务员队伍管理的制度化、规范化、法制化。严格规范公务员行为,健全公务员激励、约束机制和进入、退出机制,强化对权力运行的监督和制约。建设爱岗敬业、忠于职守、素质优良、作风过硬、勤政廉政的公务员队伍。要按照党的十七大作出的继续大规模培训干部、大幅度提高干部素质的战略决策,切实把干部教育培训放在先导性、基础性、战略性地位抓紧抓好,充分发挥干部教育培训机构的作用,努力提高干部教育培训的针对性和实效性,为改革开放和社会主义现代化建设提供强有力的人才保证和智力支持。

深入研究和推动行政管理体制改革,促进行政管理学创新和发展,是摆在我们面前的一项重要任务。我们要高举旗帜,勇于创新,为建立和完善中国特色社会主义行政管理体制、形成和发展中国特色社会主义行政管理学做出不懈的努力。

总结经验　面向未来
继续深化行政管理体制改革[*]

（2010 年 2 月 20 日）

回顾总结 60 年中国行政管理体制变革的伟大历程和宝贵经验，深入探讨下一步行政管理体制改革的重点任务，明确全国行政学院的作用和任务，对全面深化行政管理体制改革、做好行政学院的工作，具有十分重要的意义。

一、60 年行政管理体制演变的历史回顾

新中国成立 60 年是不断探索中国特色社会主义行政管理体制的伟大历程，也是探索有中国特色社会主义道路的一种伟大实践。这个过程始终围绕"上层建筑必须适合经济基础、必须顺应生产力发展需要"的基本原理来进行；虽然也走了一些弯路，有过一些失误，但成绩是主要的，成就是伟大的。认真回顾总结这个历史进程，有利于把行政管理体制改革更好地推向前进。

纵观 60 年，以党的十一届三中全会为标志，我国行政管理体制演变

＊　本文发表于《国家行政学院学报》2010 年第 1 期。

大体经历了前后两个 30 年的两大阶段。

第一阶段：与计划经济体制相配套的社会主义行政管理体制创立和发展阶段（1949—1978）

从新中国成立到党的十一届三中全会的 30 年，是一个探索中国特色社会主义行政管理体制的早期阶段。1949 年，依据中国人民政治协商会议通过的《共同纲领》，我国确立了议行合一的行政管理体制。此后到"文革"前的十多年间，为适应生产力发展的需要，国家对行政管理体制进行了四次改革，即 1951 年改革、1954 年改革、1956 年改革和 1960 年改革。其中，前两次改革重在精兵简政；1956 年改革重在根据《关于改进国家行政体制的决议（草案）》由中央向地方放权；1960 年改革持续到 1964 年，重在适应国民经济调整的需要而进行"精简加集中"：一是在中央和地方各级机关进行了两次比较集中的干部精简运动，二是中央收回 50 年代后期下放给地方的部分权力并恢复已被撤销的机构。此后，由于十年"文革"动乱和国际形势复杂，行政管理体制被严重破坏，直到 1978 年党的十一届三中全会召开，才逐步恢复正常。

可以说，这 30 年历程尽管有过曲折，但却建立了与计划经济体制相配套的行政管理体制，促进了经济社会发展，初步改变了中国社会一穷二白的面貌。所以，邓小平同志指出：这个 30 年，尽管犯过一些错误，但还是"取得了旧中国几百年、几千年所没有取得过的进步"。前 30 年的行政管理体制变革为后 30 年的行政管理体制改革提供了基本前提和重要借鉴。概括起来，其基本经验主要是：行政管理体制改革不能脱离经济发展水平及相应的客观条件，而一定要适应生产力发展需要，不断加以调整和变革。

第二阶段：探索中国特色社会主义行政管理体制的变革创新阶段（1978—2009）

从 1978 年底党的十一届三中全会召开到 2009 年，我国改革开放和社会主义现代化建设进入了一个新的历史时期。原来高度集中的计划经济体制成功地转变为充满活力的社会主义市场经济体制。与此同时,行政管理体制改革也不断深化,大体说来,开展了六次较大的改革。其中,1982 年改革和 1988 年改革,主要是废除了人民公社体制,推进了乡镇基层政权建设,扩大了企业生产经营自主权,放宽了地方和城市经济社会管理权限,开展了机构改革和干部制度改革,开始改变适应计划经济的行政管理模式,激发了社会经济活力,促进了生产力解放和发展。1993 年改革和 1998 年改革,主要以政企分开为重点,培育市场体系,改革经济管理部门和经济管理方式,下放权力,减少行政审批,转变政府职能,调整政府系统关系特别是中央和地方的关系,进一步精简机构编制和人员,初步建立了与社会主义市场经济相适应的行政管理体制。2003 年改革和 2008 年改革,更加注重以人为本,着力构建有利于推动科学发展和社会和谐的体制机制;更加注重全面履行政府职能,规范政府行为,加强政府自身建设,推进服务型政府和法治政府建设。

可以说,改革开放以来的六次行政管理体制改革,是在推进经济体制改革、社会体制改革、文化体制改革和政治体制改革的情况下,对行政管理的性质、特点、规律、关系、目标和任务不断深化认识和逐步推进的探索过程,也是对建设中国特色社会主义规律的重大探索过程。实践证明,这个过程非常成功,极大促进了中国特色社会主义行政管理体制的建立与发展;概括起来,突出表现在如下四个方面:

一是转变政府职能取得实质性进展。政府对微观经济运行的干预明显减少,企业作为市场竞争主体地位得到确立,市场配置资源的基础性作用明显增强,新型宏观调控体系逐步健全,社会管理和公共服务职能不断加强。

二是依法行政全面推进。颁布了《全面推进依法行政实施纲要》,明确了依法行政、建设法治政府的指导思想、基本原则和总体要求,依法行政成为各级政府的基本准则。

三是政府科学民主决策水平不断提高。普遍建立了重大问题集体决策制度、专家咨询制度、社会公示制度和听证制度,政务公开和问责制度逐步完善。

四是政府自身建设不断加强。公务员管理法律法规体系逐步健全,中国特色公务员制度基本建立。

总之,改革开放 30 多年来,行政管理体制改革解决了大量影响经济社会发展的体制性问题,基本形成了一套与社会主义市场经济相适应的行政管理体制;同时也积累了重要经验,就是必须不断调整变革上层建筑中不适应经济基础的部分,调整生产关系中不适应生产力发展要求的部分。这样,才能不断解放和发展生产力,推动经济社会协调、全面发展。

二、深化行政管理体制改革的战略思考

在对新中国 60 年行政管理体制变革回顾的基础上,我们要面向未来,深入探讨推进行政管理体制改革的一些战略问题。

(一)要按照中央的要求和部署,明确行政管理体制改革的战略目标。党的十七届二中全会通过的《关于深化行政管理体制改革的意见》提出:"到 2020 年建立起比较完善的中国特色社会主义行政管理体制。通过改革,实现政府职能向创造良好发展环境、提供优质公共服务、维护社会公平正义的根本转变,实现政府组织机构及人员编制向科学化、规范化、法制化的根本转变,实现行政运行机制和政府管理方式向规范有序、公开透明、便民高效的根本转变,建设人民满意的政府。"这为深化行政管理体制改革提出了总目标和总方向。我们要坚定不移地按照中央的这一战略决策来大力推进行政管理体制改革,最终建成比较成熟、定型的中国特色行政管理体制。

(二)要抓住关键环节,明确深化行政管理体制改革的战略重点。行政管理体制是政治体制、经济体制、文化体制、社会体制以及其他体制的

结合点,其中许多体制机制之间的关系和问题相当复杂,有的问题已经成为经济社会和谐发展的严重障碍。最突出的是,政企不分、政府职能交叉的问题依然存在,政府行为越位、错位、缺位的问题还比较突出。这些情况是影响经济社会发展的深层次问题和矛盾。显然,下一步深化行政管理体制改革,仍然是要坚持抓住政府职能转变和政府自身建设这个关键环节,大力促进行政管理体制改革实现新的、重大的进展。

(三)要坚持以人为本的施政理念,着力推进服务型政府建设。坚持以人为本,就是要以实现人的全面发展为目标,从人民群众的根本利益出发谋发展、促发展,不断满足人民群众日益增长的物质文化需要,切实保障人民群众的经济、政治、文化和社会权益,让发展的成果惠及全体人民。可以说,以人为本的施政理念要求,要以解决民生问题为重点,建设服务型政府,不断提高公共服务水平,积极推进惠及全民的基本公共服务均等化,促进经济社会全面协调可持续发展和人的全面发展;要完善社会管理制度,加强和改进社会管理,做到在服务中实施管理,在管理中体现服务,维护社会公平正义,注重发展社会主义民主政治。

(四)要坚持统筹考虑、综合协调,从战略上全面把握好改革发展进程。深化行政管理体制改革要按照整体推进经济体制改革、社会体制改革、文化体制改革、政治体制改革的需要,切实解决约束生产力发展的各种深层次问题,特别是不符合生产力发展和现代化需要的行政管理体制问题。要运用战略思维,整体考虑,根据行政管理体制的内在联系和外部关系来综合协调改革措施和改革进程,进行科学的战略规划和总体部署。

(五)要坚持循序渐进、逐步深化,实行重点突破带动全局的改革方略。深化行政管理体制改革,要坚定正确方向,坚持不懈推进,同时要坚持科学态度,按规律办事。实践证明,渐进式改革是一条符合客观规律的、成功的改革模式。因此,未来的行政改革一定要积极而稳妥地推进。应该说,深化行政管理体制改革要做的事情有很多,要抓住关键和核心问题,重点突破,以带动全局,逐步取得整体推进的成效。

总之,深化行政管理体制改革要按照科学发展观的要求,站在新的历史起点,着眼全局,把握未来,统筹兼顾,协调配套,全面推进,使各项改革得到整体促进,使各项事业得到全面发展。

三、深化行政管理体制改革的重点任务

基于以上战略思考,我们认为,下一步深化行政管理体制改革的重点任务应包括如下几个方面:

第一,进一步转变政府职能,优化行政职能结构。要科学调整政府职能的范围和构成。要从同一角度,按照同一维度和标准,把性质相同或近似、内容类似或接近的职能合并起来,形成"大职能",从根本上推进行政管理科学化、规范化。要切实促进政府职能向加强公共服务转变。一方面,要把公共服务确立为与公共管理并重的行政职能;另一方面,要完善公共财政职能。这是建设服务型政府的关键。合理调整各级政府职责与资源的配置。要围绕确保有效提供基本公共服务,合理设定和调整各级政府的责任与义务、事权与财权,优化各级政府之间的财政资源配置,整体提高各级政府的公共服务能力,确保全体人民共享改革发展成果。

第二,进一步探索大部门制,推进行政机构改革。要结合推进政府职能转变,稳步实行大部门制的机构改革。按照精简、统一、效能的原则,设置更具综合性、权威性的行政机构,逐步建成科学合理、顺畅高效的"大部门制"行政机构体系;实现政府机构的科学化、规范化和法制化。要结合事业单位改革,切实推进政事分开。要科学厘清政府性质的公共事务,把准行政机构纳入政府系统,把非政府机构从政事不分的体制下剥离出去;由此确保政府按其公共行政的特点和规律去科学确定和履行政府职责。也就是说,要结合大力推动事业单位改革来全面深化行政管理体制改革。

第三，进一步理顺行政层级关系，调整行政层级结构。要进一步理顺中央与地方的行政关系和行政结构。现实生活中存在不同程度的地方保护主义，影响了政令的统一执行；一些地方搞"下有对策"和"诸侯经济"，扭曲了中央的政策法令和全国统一大市场的健康发展。因此，中央加强垂直管理和对地方各级的监督是必要的；但也应该控制在科学、合理的范围内，确保不会产生内耗与低效。要解决好垂直管理适度合理、科学有效的问题，消除纵向行政关系不顺和矛盾的问题。要进一步理顺地方各级间的行政关系和行政结构。随着经济发展和城乡一体化进程，行政层级关系和行政结构的基础已经发生了很大变化，加以改革的动力与空间很大。要调整改革开放初期确立的市管县体制，而探索实行省管县。很多复杂问题还要在今后的改革中摸索出新的解决思路。

第四，进一步推进政府管理创新，优化行政体制机制。要按照科学、合理、效能的原则，规范和优化行政程序。以政府决策的科学化、民主化为重点，系统调整、科学配置决策权、执行权、监督权以及其他行政权力，探索新的政府运行机制和行政权力运作模式，完善行政流程，确保行政管理过程和政府管理方式变得更加科学规范、公开透明、便民高效。要以集约、统一、高效为原则，尽快建立健全政府应急体制和危机管理体制。要针对突发事件频发高发的情况，建立和完善政府应急管理和应急服务一体化的体制；要针对各种危机现象及其特点和规律，建立和完善具有更大全面性、长期性和科学性的危机管理机制；尽快弥补原来对应急管理、危机管理的体制缺陷和机制空白。要完善和发展现代行政平台。引入先进的现代行政理念、行政手段、政策分析技术、绩效考评技术和信息网络技术，改变行政方式，实施绩效管理，提高行政效率，建设效能政府。

第五，进一步规范行政行为，加强法治政府建设和公务员队伍建设。要着眼于科学规范行为，加强行政运作、行政行为的规范化、法制化建设，推进依法行政，建设法治政府；加强对整个行政权力的监督，建设廉洁政府；强化政府责任，建立和完善行政问责制，建设责任政府。要加强公务员队伍建设,改革和完善干部人事制度,优化人才选拔机制,加强公务员培训,全面开展公务员能力建设,建成高素质、高水平的国家公务员队伍。

四、行政学院要充分发挥在深化
行政管理体制改革中的作用

深化行政管理体制改革是一个理论和实践相互促进良性互动的过程,也是一项需要各方面积极贡献智慧和力量的事业。行政学院是培训公务员、培养公共管理人员和政策研究人员的新型学府,也是开展社会科学研究特别是公共行政理论和政府管理创新研究的重要机构,在深化行政管理体制改革中担当着义不容辞的职责。多年来,行政学院在学习、研究和贯彻行政管理体制改革理论、推进政府管理创新,建设高素质公务员队伍方面发挥了重要作用,形成了自己的优势和特色。要适应我国深化行政管理体制改革的新形势新任务新要求,进一步解放思想,发挥优势,突出特色,勇于创新,将推进行政管理体制改革研究贯穿于教学、科研、咨询各项工作之中,把我国行政管理体制改革事业不断推向前进。

第一,把行政管理体制改革作为公务员培训的重要内容之一,使行政学院成为公务员学习、探讨深化行政管理体制改革的重要基地。为此,要根据深化行政管理体制改革的新任务新要求,充实和更新教学培训内容,使最新改革成果及时进入课堂,增强教学培训的针对性和实效性,不断丰富和发展更具鲜明特色的培训课程体系和方法体系;要适时举办各级各类深化行政管理体制改革专题研讨班,与有关部门和单位合作建设深化行政管理体制改革理论的教学科研基地;要调动教师和学员两个方面的积极性,研讨深化行政管理体制改革中的重大问题,不断推动学习实践行政管理体制改革理论向广度和深度发展。

第二,深入开展理论研究,为行政管理体制改革理论创新服务,为行政管理体制改革决策咨询服务。理论是行动的先导。科学研究作为理论创新的主要途径和手段,为深化行政管理体制改革、推进政府管理创新提供必要的理论支持。行政学院应当紧密围绕政府工作和教学培训的需要,发挥教学、研究人才密集的优势,不断丰富和发展具有鲜明特色的公共行政理论科研体系。要加强与国内政府相关部门、高等院校、科研机构、企业事业单位以及与国(境)外有关机构的科研合作,集中力量,大力开展行政管理体制改革研究,多出高质量、有价值的科研成果;要加强行政管理体制改革研究平台建设,把行政学院打造成深入开展行政管理体制改革研究和政府管理创新的重要基地。

第三,大力加强关于行政管理体制改革的决策咨询服务,把行政学院打造成政府决策的思想库。深化行政管理体制改革决策之前的咨询工作十分重要,直接影响着行政管理体制改革的方向、战略、路径和方法,也是行政学院决策咨询服务的一个重要优势和特色。行政学院应当紧扣改革热点,抓住改革关键,聚焦重点问题,积极组织教研人员和学员深入基层、深入实际、调查研究,突出前瞻性、应用性和对策性,提出对策建议,主动为党委、政府提供高质量的咨询服务。要重视发挥学员来源广、层次高和有理论、有实践经验的优势,鼓励学员参与行政管理体制改革决策咨询活动。要利用行政学院研究系统资源,加强内部咨询平台建设,推进咨询服务组织创新,形成行政管理体制改革决策咨询合力。

深化行政改革　促进科学发展[*]

（2010 年 4 月 18 日）

科学发展观是以胡锦涛同志为总书记的党中央，继承党的三代中央领导集体关于发展的重要思想，准确把握国内外形势变化和我国发展的阶段性特征，提出的发展中国特色社会主义必须坚持和贯彻的重大战略思想。科学发展观，第一要义是发展，核心是以人为本，基本要求是全面协调可持续，根本方法是统筹兼顾。走科学发展之路，是贯彻落实科学发展观的根本要求和重要体现。

一、促进科学发展必须深化行政改革

发展是当代中国的主题，发展必须是科学发展，这反映了我们党对社会主义现代化建设规律的深刻认识。近几年来，在科学发展观的指导下，党和政府坚持以人为本，着力推动经济社会发展转入科学发展的轨道，取得了重要进展，行政改革和政府自身建设成效明显。为取得国民经济社会发展的重大成就以及成功应对国际金融危机和各种重大应急事件提供了有力保障。这些是人们的共识。但应该看到，当前经济社会发展中仍

---

　　* 本文系作者在"首届中国行政改革论坛"上的主旨演讲，并以《从实现科学发展的高度深化行政体制改革》为题发表于 2010 年 5 月 24 日《人民日报》。

然存在不少违背科学发展要求的做法和现象,突出表现为:一是有些地方仍然片面追求经济建设规模和增长速度,盲目上项目、铺摊子,忽视优化结构、提高质量和效益,依然走粗放型发展经济的老路,生产要素投入多、经济效益和效率不够高,资源消耗过度、环境破坏严重;二是不少地方仍然偏重于经济发展,对教育、卫生、文化等社会事业发展和社会保障体系建设重视不够,公共服务体系特别是基本公共服务体系建设滞后;三是城乡、地区发展仍然不协调,总体上看,城乡、地区发展差距还呈扩大之势;四是收入分配仍然不合理,部分社会成员之间贫富差距悬殊;五是在一些地方人民群众的合法权益得不到有效维护,甚至有的地方不惜损害人民群众利益,一味追求所谓的"政绩"。这些问题,使经济社会发展付出的代价过大,这样的发展也难以为继。

上述问题的存在,原因固然是多方面的,但症结在于体制机制不合理。这里既有原来计划经济体制的弊端尚未完全革除的老问题,也有改革进程中产生的一些新问题。解决这些问题,关键是要进一步解放思想,进一步深化改革开放,破除一切影响和制约科学发展的思想观念,破除一切影响和制约科学发展的制度规定,破除一切影响和制约科学发展的体制机制。如果没有体制机制上的重大突破,就难以从根本上实现科学发展。为了推动科学发展,不仅要深化经济体制改革,还必须深化政治体制、社会体制、文化体制等各方面体制改革,特别是要深化行政体制改革。因为行政体制与各方面体制密切相关,是连接各方面体制的重要环节,行政体制改革的进展和成效直接影响着经济体制、政治体制、社会体制、文化体制等其他各方面的体制改革进程。

行政改革,包括行政理念、行政体制、行政机制、行政方式、行政管理等方面的改革与创新。只有进一步转变行政理念,才能坚持以人为本,始终把实现好、维护好、发展好最广大人民的根本利益作为一切工作的出发点和落脚点,尊重人民主体地位,发挥人民首创精神,保障人民各项权益,走共同富裕道路,促进人的全面发展。只有进一步改革行政体制机制,才能合理界定和健全政府职责体系,政府才能正确履行职能,优化组织结构,理顺权责关系,规范行政权力运行;也才能创新发展模式、提高发展质量、落实"五个统筹",形成有利于转变经济发展方式的机制和利益调节机制,有效维护社会公平正义,促进经济社会集约发展、全面发展、协调发展、可持续发展。只有进一步创新行政管理方式,才能使行政行为更加公开透明、规范有序、便民高效,建立起体现科学发展要求的综合评价体系、政绩评价考核制度和奖惩制度。只有进一步加快推进行政领域改革,才能带动和促进经济、政治、社会、文化等其他各个领域改革不断深化,从多方面构筑有利于科学发展的体制机制和制度环境,全面提高科学发展的能力。总之,我们应当从全面贯彻落实科学发展观、从根本上实现科学发展的高度,更加重视研究和促进行政改革。

二、深化行政改革必须着力抓住重要环节

要为促进科学发展提供体制保障,就必须坚持社会主义市场经济的改革方向和完善中国特色社会主义行政管理体制的总体目标,全面推进行政改革。我认为,当前和今后时期,应着力抓好以下几个重要环节:

第一,着力加快政府职能转变和定位。转变政府职能是深化行政改革的核心,也是贯彻落实科学发展观、促进科学发展的关键。政府应正确全面履行职能,不能错位,不能越位,也不能缺位。从目前的情况看,政府职能转变滞后是制约科学发展的重要原因。突出问题是:一些地方政府及其部门仍然管了不少不该管也管不好的事,行政审批事项还过多;有些地方政府并没有把该由企业管的事交给企业、该由市场管的事交给市场,仍然代替企业招商引资,直接干预企业投资和生产经营活动,仍然忽视市场和竞争机制作用,不计生产成本,不讲经济效益;政府的市场监管、社会管理和公共服务这三个方面职能还比较弱。促进科学发展,必须加快政

府职能转变和定位,使政府的职能和定位与科学发展的方向和要求相一致。

转变政府职能的基本方向,就是进一步加强和改进宏观调控和市场监管,从制度上更好发挥市场在资源配置中的基础性作用;就是更加注重社会管理和公共服务,促进社会公平正义,加强和谐社会建设。要遵循社会主义市场经济规律,完善宏观调控体系和制度,着力提高宏观调控和管理水平。在当前应对国际金融危机影响、加快经济结构战略性调整和转变经济发展方式的情况下,尤其要加强宏观调控和政策引导,包括发挥国家规划、计划、产业政策和信息服务的导向作用,完善市场准入制度和标准规范,纠正盲目扩大建设规模和片面追求增长速度,而忽视结构、质量和效益的现象,正确运用政府和市场这"两只手",加快淘汰落后产能,防止一些行业产能过剩,促进自主创新和技术进步,鼓励发展战略性新兴产业,促进城乡、地区协调发展。企业是市场的主体,是优化结构、节约资源、提高效益的基础,必须使企业充分行使生产经营和投资的自主权。要更加注重完善市场体系,加强市场监管,维护公平竞争的市场秩序,充分发挥市场机制对经济发展方式转变的有力推动作用。要强化社会管理和公共服务职能。关键是进一步深化改革,增加投入,优化政府组织结构和人员结构,全面加强社会建设,更加注重保障和改善民生,特别是在扩大和促进就业、卫生、教育、社保、住房等方面加大工作力度,完善制度机制。要切实加强和改进公共危机管理,提高政府应对突发事件的能力。全面履行政府各项职能、促进科学发展的一个重要举措,是改革和建立有利于发展方式转变、科技进步和资源能源节约的财税制度,建立能够充分反映市场供求关系、资源稀缺程度、环境损害成本的资源要素价格形成机制。要进一步优化财政支出结构,创新公共服务供给机制,更大力度地支持经济结构调整和自主创新,支持社会管理和社会建设。

第二,着力理顺行政层级体系和权责关系。合理、协调的行政层级体系是国家行政权力顺畅运行的重要基础,也是促进科学发展的重要保障。

目前影响科学发展的一个突出问题,是中央和地方的关系以及地方各级政府之间的关系还没有完全理顺,主要表现为:各级政府的财权事权不对称,权责脱节;有的地方各自为政,地方保护主义比较严重。这些既影响了行政效率,也妨碍了科学发展。深化行政改革,必须正确认识和处理好各级政府之间的关系。首先,要科学、清晰地界定中央政府和地方政府的职能与责任。中央政府要着眼于促进全国科学发展,加强经济社会发展的宏观调控、引导和管理,制定好战略规划、政策法规和标准规范,并切实维护国家法制统一、政令统一和市场统一。地方政府要确保中央方针政策和国家法律法规的有效实施,搞好对本地区经济社会事务的统筹协调,强化执行力和执法监管职责,维护市场秩序和社会安定,注重加强社会建设和公共服务,促进经济社会协调发展。要健全中央和地方财力与事权相匹配以及权责统一的体制,特别要调整和完善现行的分税制度。其次,要科学界定和明确省以下地方不同层级政府职能与权责关系,充分发挥地方各级政府的积极性。再次,要在明确和减少行政层级上取得突破。近几年来,中央提出扩大县域发展自主权、推进省直接管理县(市)财政体制改革,在有条件的地方依法探索省直接管理县(市)的行政体制改革。不少地方在这些方面都进行了积极探索,应及时总结经验,加以正确引导。此外,还要认真研究和正确处理中央和省级政府一些部门实行垂直管理体制的做法,及时解决存在的问题。

第三,着力完善行政决策科学化民主化。行政决策水平直接影响到发展的成效,对贯彻落实科学发展观、促进科学发展至关重要。目前,一些地方政府和领导干部在决策时,不尊重市场经济发展规律,不考虑经济增长质量和效益,不顾及群众的呼声和利益,往往造成严重的经济损失和社会后果。解决这些问题,必须推行行政决策的科学化民主化。行政决策要更加注重科学性、有效性,增强公信力。要制定科学的决策规则和决策程序,以规范行政权力的运行。要完善社会听证制度和公示制度,为公众参与行政决策提供制度保障。要完善专家咨询制度,保证专家咨询的规范性、独立性和公正性。要建立决策中有论证、执行中有监督、执行后有评价、决策失误有追究的全程制约机制。

第四，着力推行行政绩效管理制度。行政绩效评价考核对于科学发展具有导向作用，评价考核内容是否科学、规则和程序是否合理、结果如何使用，直接影响到有关政府和行政人员对发展的行为。当前，要加快建立体现科学发展要求的综合评价体系，加强和改进对各级政府和领导干部的政绩考核。要按照全面、协调、可持续发展的要求，把经济增长质量和效益、资源节约和环境保护、精神文明和生态文明建设、社会管理和公共服务、民生改善、民主法治、公平正义、综合竞争力等指标作为行政绩效考核的重要内容。要积极推进行政绩效管理制度建设和统计制度改革。要保障人民群众参与行政绩效考核，把人民群众满意不满意作为评判政绩的重要标准。要健全和严格执行行政问责制度，对那些违背科学发展要求、造成严重损失和危害的，应切实严肃追究行政责任。这样，才能促使政府和行政人员一心一意谋求科学发展。

第五，着力创新行政管理方式。这是建设为民、务实、高效、廉洁政府的重要环节，也是各级政府和行政人员增强科学发展能力的重要途径。要树立现代行政管理理念，善于运用市场机制、社会力量，善于利用现代科学技术，创新管理手段，推行电子政务，优化管理流程，使行政管理富有成效。要把刚性管理与柔性管理结合起来，更加注重以人为本的柔性管理；要把直接管理与间接管理结合起来，更加注重运用经济手段和服务手段实施间接管理；要把经济管理与社会管理结合起来，更加注重关注民生的社会管理；要把政府治理与社会治理结合起来，更加注重公民参与的社会治理。要大力建设"阳光政府"，推进政务公开，完善政务公开制度，扩大政务公开范围，保障公众对公共事务的知情权、参与权、表达权和监督权，创造条件让人民群众更好地了解政府、监督政府。当前，特别要完善财政预算制度，推进预算公开透明，把公共资金的来源、分配、管理、使用、审计等情况置于群众和社会监督之下。这样，既可以保证公共资金的使用更加合理、更有效益，又可以有效地减少浪费、防止腐败。

第六，着力加强法治政府建设。依法行政是建设法治政府的必然要求，也是实现科学发展的有力保障。目前，一些地方和部门行政行为缺乏规范，有法不依、执法不严、执法不公甚至执法违法。要进一步加强行政立法、执法和监督工作，加强行政程序制度建设，依法科学规范行政运作和行政行为，全面推进依法行政。要进一步把促进科学发展、保护人民合法权益作为立法工作的根本标准。要严格规范行政执法，加强执法监督和检查，坚决克服行政执法中的违法违规现象。要强化对行政行为的法律监督，使各级政府部门和人员自觉依法办事，确保推进科学发展的各项任务和举措得到有效执行。

三、需要深入研究的几个重大问题

深化行政改革、促进科学发展，任重道远。这将贯穿改革开放和社会主义现代化建设的全过程。随着中国特色社会主义事业的不断推进，随着国内外形势的发展变化，有大量的问题需要我们去研究、去探讨。就当前来说，我认为，以下四个方面的重大问题需要深入研究、探讨。

第一，关于实现深化行政管理体制改革总体目标的战略与路径。党的十七届二中全会通过的《关于深化行政管理体制改革的意见》，提出了深化行政管理体制改革的总体目标，就是到2020年建立起比较完善的中国特色社会主义行政管理体制。实现这一总体目标，需要科学认识我国社会主义初级阶段的基本国情，深入研究中国特色社会主义行政管理体制的基本特征，准确把握行政改革的特点和规律，努力按照协调推进经济建设、政治建设、文化建设、社会建设和生态文明建设的新要求，科学制定推进行政改革的整体战略和长远规划，确定推进改革的主要内容、策略方法和战略步骤。要坚持紧迫性和可能性相统一，既要增强推进改革的紧迫感,抓住有利条件,把握有利时机,坚决果断地推进改革,又要考虑推进改革的时机和条件,充分估计改革的难度和风险,注意处理好发展改革稳定的关系,积极稳妥地推出改革措施。当然,推进行政改革既需要智慧,也需要勇气,在某些关键时刻,胆略、意志、勇气尤为珍贵。要坚持全面推进和重点突破相统一,既要把握全局,统筹部署,全方位地推进改革,又要有步骤地前进,合理确定每个时期的各项任务,突出重点,克服难点,选择重点领域和关键环节着力实现突破。要坚持理论和实践相统一,既要积极进行理论探索和创新,用科学发展观及相关理论成果指导改革实践,又要鼓励大胆实践探索和创新,用改革实践经验丰富和发展理论,以指导和推动新的实践。要把握改革进程的阶段性,提高改革决策的科学性,增强改革措施的协调性。这样,才能确保深化行政体制改革的目标如期顺利实现。

第二,关于正确处理行政改革与其他改革的关系。随着我国改革事业的全面深入推进,各个领域的改革越来越紧密地联系在一起,任何一项改革都难以单独深入。行政体制改革涉及政治、经济、社会、文化等方面的体制,如何妥善处理好行政改革与其他改革的关系,是需要认真研究的问题。一方面,不能以行政领域的改革代替其他领域的改革;另一方面,行政领域的改革又不能脱离其他领域的改革。要把行政体制改革放到党和国家工作的大局中统筹谋划,服从并服务于促进经济社会发展的需要,行政体制改革还必须与完善社会主义市场经济体制的进程相适应,与发展社会主义民主政治和建设法治国家相协调。同时,要坚定不移地推进经济体制改革、文化体制改革、社会体制改革,积极稳妥地推进政治体制改革,努力形成各方面体制改革良性互动、协调前进的局面。为此,必须深入研究行政体制改革与经济体制改革、政治体制改革、文化体制改革、社会体制改革的相互关系,把握好各方面改革相互适应、相互促进的规律性。

第三,关于提高政府自身建设的科学化水平。党的十七届四中全会通过的《中共中央关于加强和改进新形势下党的建设若干重大问题的决定》站在时代和全局的战略高度,提出了在新形势下提高党的建设科学化水平的要求。同样,科学发展必须科学行政。要适应新形势和新任务,深入贯彻落实科学发展观,促进科学发展,政府建设也必须大力提高科学化水平。这里包括在政府建设中进一步树立科学思想、弘扬科学精神、掌握科学方法、强化科学管理、完善科学制度,尊重和运用科学规律,把加强行政能力建设建立在更加自觉运用客观规律的基础之上。要把行政能力建设与作风建设结合起来,不断提高行政的决策力、公信力和执行力。我们应当深入学习和研究政府建设的科学理论,认真研究和总结我国多年来政府自身建设的丰富经验,积极研究和借鉴世界各国的有益做法,把握政府建设的特点,为提高政府建设的科学化水平建言献策。

第四,关于探索中国特色社会主义行政学理论。我国的行政改革需要有科学的理论,包括科学的行政学理论作指导。现在国外主流的现代行政学诞生和发展于西方国家,其理论体系和观点反映的也主要是西方发达国家的经济、政治、社会和文化观念与制度。尽管各国之间行政管理的某些方面有共同性,但由于基本国情、社会制度和思想文化的差异,所以我们可以研究借鉴,绝不能盲目照搬西方行政学理论。我们要认真总结新中国建设60多年特别是改革开放30多年行政管理体制变革的实践和经验,还要深入研究我国过去长期历史上行政管理体制的演变进程和行政文化;同时,广泛研究其他发达国家、发展中国家、转型国家的行政管理理论和实践,吸收和借鉴世界上一切科学的行政管理理念、管理制度与行政经验,研究和吸收现代行政学有益的理论观点和方法。在进行综合分析研究的基础上,博采众长,提出符合我国基本国情和现阶段经济社会发展特征的行政学理论,指导我们的行政管理和行政改革实践。因此,研究和探索中国特色社会主义行政学理论,是我国行政理论工作者肩负的一项光荣使命。我们应为此作出辛勤和不懈努力。

当前,中国特色社会主义伟大事业蓬勃向前发展,深化行政改革方面的许多重要问题摆在我们面前。显然,任何一个重要问题都没有简单的答案。着眼于贯彻落实科学发展观、促进科学发展,深入、系统地研究问题,推动行政改革的不断深化,是我们面临的重要任务。我们应当以中国特色社会主义理论体系为指导,坚持解放思想,勤于思考,勇于创新,敢于实践,为深化行政改革、促进科学发展作出积极贡献。

加快建立中国特色社会主义行政体制[*]

（2012 年 11 月）

行政体制是国家体制的重要组成部分,行政体制改革是政治体制改革的重要内容。党的十八大报告对深化行政体制改革,加快建立中国特色社会主义行政体制,提出了明确的任务。这是着眼于党和国家事业发展全局,坚定不移沿着中国特色社会主义道路前进、全面建成小康社会作出的重要决策部署。我们一定要认真学习领会,切实贯彻执行。

一、加快建立中国特色社会主义
行政体制的重大意义

（一）这是坚持和发展中国特色社会主义,推动上层建筑适应经济基础的必然要求

马克思主义认为,上层建筑与经济基础是辩证统一的关系。一方面,经济基础决定上层建筑,有什么样的经济基础,就要求建立什么样的上层建筑。经济基础发展变化,上层建筑也要随之不断变化。另一方面,上层

　＊　本文原载《十八大报告辅导读本》,人民出版社 2012 年 11 月出版。

建筑对经济基础具有巨大反作用,上层建筑适应经济基础,就会促进经济基础的发展、巩固;反之,就会影响、制约经济基础的发展、壮大。邓小平同志曾经指出:行政管理属于上层建筑,总是要不断改进的。党的十八大报告明确指出:"行政体制改革是推动上层建筑适应经济基础的必然要求。"这从马克思主义基本原理和发展中国特色社会主义的高度,阐述了深化行政体制改革的必要性。改革开放以来,我国经济基础发生着广泛而深刻变化,适应经济基础的变化,行政体制改革不断推进,为改革开放和现代化建设提供了重要保障。但总的看,我国现行行政体制与经济社会发展变化还很不适应,必须通过深化行政体制改革,加快建立与发展社会主义市场经济和发展中国特色社会主义民主政治相适应的中国特色社会主义行政体制,使行政体制与经济体制、政治体制、文化体制、社会体制以及其他体制相协调,这是发展中国特色社会主义伟大事业的重要任务。

(二)这是全面深化改革开放,形成更加成熟制度体系的关键环节

改革开放是推动我国经济社会发展的强大动力,是实现国家现代化和中华民族伟大复兴的必由之路和成功之路。30多年来,我们党有领导有步骤地推进了经济体制、政治体制、文化体制、社会体制以及其他方面体制的改革,形成了全方位对外开放的格局,各个领域改革开放都取得了重大进展。但总的看,当前改革开放仍处于攻坚时期,制约经济社会发展的一些体制机制问题仍然存在,必须加快推进重要领域和关键环节的改革,不断完善经济、政治、文化、社会等各个方面的体制和制度。这是全面建成小康社会的强大动力,也是形成更加成熟的中国特色社会主义制度体系的迫切要求。邓小平同志1992年在南方谈话中指出:"恐怕再有三十年的时间,我们才会在各方面形成一整套更加成熟、更加定型的制度。在这个制度下的方针、政策,也将更加定型化。"行政体制改革既是整个体制改革的重要组成部分,又对整个改革开放起着重大作用。只有继续推进行政体制改革,才能更好地为其他体制改革和进一步对外开放创造

行政体制制度环境,促进经济、社会、文化等各领域体制改革持续深化,以利于在各方面形成一整套更加成熟、更加定型的制度和方针政策。

(三)这是加快转变经济发展方式,全面建成小康社会的重要部署

党的十八大报告提出了到 2020 年实现全面建成小康社会目标的新要求。过去 10 年,我国在全面建设小康社会道路上迈出了重要步伐,经济社会发展取得了举世瞩目的巨大成就,但经济发展方式转变仍然落后,成为经济社会生活中的突出问题。主要表现是:经济结构调整进展缓慢,经济增长质量和效益不高;教育、卫生、收入分配、社会保障等社会建设和社会管理领域矛盾较多;公共服务体系特别是基本公共服务体系建设滞后;城乡、区域发展差距较大。这些问题固然有多方面的原因,但都与行政体制存在缺陷和弊端有关。只有深入推进行政体制改革,加快建立中国特色社会主义行政体制,才能促进经济发展方式的加快转变,胜利实现全面建成小康社会。

(四)这是实现行政体制改革总体目标的迫切需要

党的十七届二中全会对深化行政体制改革作出了全面部署,提出了到 2020 年建立起比较完善的中国特色社会主义行政管理体制的总体目标。近几年来,通过采取一系列改革措施,我们朝着这个总体目标迈出了坚实步伐,取得了重要进展。但是,对照这个总体目标要求,我国现行的行政体制还有不小差距,包括政府职能转变不到位,对微观经济主体干预过多,社会管理和公共服务比较薄弱;政府结构不合理,职责关系不顺;政府管理方式需要改进,行政效率有待提高。从现在到 2020 年只有 8 年时间,深化行政体制改革的时间紧、任务重。必须增强推进改革的紧迫感和使命感,加快深化行政体制改革步伐,确保既定的行政体制改革总体目标的顺利实现。

二、今后一段时期推进行政体制改革的重点任务

党的十八大报告提出了今后一段时期行政体制改革的目标要求,这就是:"要按照建立中国特色社会主义行政体制目标,深入推进政企分开、政资分开、政事分开、政社分开,建设职能科学、结构优化、廉洁高效、人民满意的服务型政府。"按照这一目标要求,加快建立中国特色社会主义行政体制,要着重抓好以下方面的改革。

(一)继续简政放权,加快政府职能转变

转变政府职能是行政体制改革的核心,也是处理好政府与市场关系的关键。政府职能转变的基本方向和目标,是实现三个方面的转变,即推动政府职能向创造良好发展环境、提供优质公共服务、维护社会公平正义转变。为此,一要深化行政审批制度改革,继续简政放权。加快推进政企分开、政资分开、政事分开、政社分开,切实减少对微观经济活动的干预,更大程度更广范围发挥市场在资源配置中的基础性作用。要遵循社会主义市场经济规律,加强和改进国家宏观调控,完善宏观调控体系,着力提高宏观调控和管理水平。二要进一步加强和改进市场监管,不断完善市场体系,创造良好市场环境,维护公平竞争的市场秩序。三要更加注重社会管理和公共服务,从体制、法制、政策、能力、人才和信息化方面全面加强社会建设,创新社会管理,保障和改善民生,提高公共服务水平;营造既有活力又有秩序的社会环境,切实维护社会公平正义,促进和谐社会建设。

(二)稳步推进大部门制改革,健全部门职责体系

大部门制是一种合理设置机构、优化职能配置的政府组织模式。实

行大部门制改革,不仅可以优化政府组织结构和行政运行机制,有效克服行政体制中机构重叠、职能交叉,权责脱节、职责不清,推诿扯皮、效率低下等弊端,而且有利于推进决策科学化、民主化、规范化,提高决策水平,有利于整合公务员队伍,优化人员结构。因此,稳步推进大部门制改革是完善社会主义市场经济体制的客观要求,也是实现政府管理科学化的重要途径。党的十七大提出,要"加大机构整合力度,探索实行职能有机统一的大部门体制";党的十七届五中全会进一步强调,要"坚定推进大部门制改革";党的十八大报告更加明确要求,要"稳步推进大部门制改革,健全部门职责体系",这体现了中央对深化行政体制改革、优化政府组织结构的决心。推进大部门制改革,要对职能相近、管理分散的机构进行合并,对职责交叉重复、相互扯皮、长期难以协调解决的机构进行合并调整,以利于权责统一、提高整体效能。同时,要对职能范围过宽、权力过分集中的机构进行适当分设,以改变部门结构失衡和运行中顾此失彼的现象。建立健全部门职责体系,是政府全面正确履行职能的基础。要科学划分、合理界定政府各部门职能,包括综合部门与专业部门、专业部门与专业部门的职责关系,明确各部门责任,确保权责一致。要进一步理顺部门关系,健全部门间协调配合机制。

(三)优化行政层级和行政区划设置

党的十八大报告提出,要"优化行政层级和行政区划设置,有条件的地方可探索省直接管理县(市)改革,深化乡镇行政体制改革"。按照这一要求,必须适应经济社会发展以及政府职能转变的新要求,认真解决我国当前行政层级和行政区划方面存在的一些问题。一要进一步优化行政层级。合理、协调的行政层级是国家行政权力顺畅、高效运行的重要条件和基础。要合理确定中央与地方政府的职能与责任,健全中央和地方财力与事权相匹配的体制。要科学界定和明确省以下不同层级地方政府职能与权责关系,充分发挥地方各级政府的积极性。近几年,一些省实行省直接管理县(市)的改革,这是减少行政层级、提高行政效率的重要探索。但由于我们国家大,各地发展不平衡,也由于历史的和当前的情况不同,这方面的改革要积极而慎重地进行,不搞一个模式,不能一刀切。要坚持从实际出发,因地制宜决策,有条件的地方可以继续进行探索,要及时总结经验,加以正确引导。二要进一步优化行政区划设置。行政区划是国家行政管理的基础,区划设置是否科学合理直接关系行政管理的效能。近些年来,我国经济体制改革、政府职能转变以及城市化发展对行政区划设置提出了新要求,要按照有利于促进科学发展、有利于优化配置资源、有利于提高社会管理水平和更好提供公共服务的原则,合理调整行政区划。要简化行政管理层级,适时适度地调整行政区规模和管理幅度。通过优化行政区划设置,合理配置行政资源,提高行政能力与效率。三要深化乡镇行政体制改革。乡镇政府等基层政权组织是国家政权的基石,乡镇行政体制直接关系到农村经济发展和社会稳定。要按照因地制宜、精简效能、权责一致的原则,转变政府职能,优化机构设置,精简机构人员,创新服务方式,提高行政效率,建立行为规范、运转协调、公正透明、廉洁高效的基层行政体制和运行机制。探索对经济总量较大、吸纳人口较多的县城和小城镇,赋予其与经济总量和管理人口规模相适应的经济社会管理权限。同时,各级机构都要严格控制机构编制,减少领导职数,降低行政成本。这是深化行政体制改革的重要方面。

(四)创新行政管理方式,提高政府公信力和执行力

这是加快建立中国特色社会主义行政体制的重要方面。一要树立现代行政理念,创新服务和管理模式。善于运用市场机制、社会力量,善于利用现代信息技术,推行电子政务,优化管理流程,创新公共服务提供方式,使行政管理富有成效。二要全面推行依法行政,着力建设法治政府。进一步加强行政立法、执法和监督工作,加强行政程序和行政监督制度建设,规范政府行为,推进政府建设和行政工作法治化、制度化。三要大力

推进政务公开。完善政务公开制度,扩大政务公开范围,保障公众对公共事务的知情权、参与权、表达权和监督权,创造条件让人民群众更好地了解政府、监督政府、支持政府。四要提高科学决策水平。健全科学决策、民主决策、依法决策机制,合理界定决策权限,规范决策行为。完善决策信息系统和决策智力支持系统。五要加快电子政务建设。充分利用现代信息和通信技术,推进公共管理和服务的信息化、现代化。六要推进政府绩效管理。加快完善行政绩效评估标准、指标体系和评估机制、评估方法,有效引导和督促各级政府和工作人员树立正确的政绩观。加快推进统计制度改革,建立信息公开制度。加强行政绩效监督检查,特别是要让广大群众参与政府绩效考评,充分听取人民群众意见。要注重运用绩效考评结果,严明奖惩办法,加快完善责任追究制度。这样,才能有效提高政府的公信力和执行力。

（五）推进事业单位分类改革

事业单位改革与行政体制改革相互联系、相互制约。分类推进事业单位改革既是政府自身改革的延伸,也是转变政府职能、建设服务型政府的重要举措。理顺政府与事业单位之间的关系,是深化行政体制改革、转变政府职能的重要任务。要按照到2020年建立起功能明确、治理完善、运行高效、监管有力的管理体制和运行机制,形成基本服务优先、供给水平适度、布局结构合理、服务公平公正的中国特色公益服务体系的总体目标,遵循"分类指导、分业推进、分级组织、分步实施"的工作方针,科学划分事业单位类别,创新体制机制,尤其要着力深化事业单位管理体制改革,探索建立多种形式的法人治理结构,深化人事管理制度、收入分配制度、社会保障制度等改革,构建公益服务新格局。要在清理规范基础上完成事业单位分类,基本完成承担行政职能事业单位和从事生产经营活动事业单位的改革,在从事公益服务事业单位改革方面取得明显进展,进一步优化社会力量兴办公益事业的制度环境。

三、推进行政体制改革需要把握好的几个问题

（一）统筹规划，协调推进

行政体制改革是整个体制改革的重要内容，与经济体制、政治体制、文化体制、社会体制等方面改革都有密切关系，涉及行政权力关系的调整和政府组织结构的变动，涉及国家经济、政治、文化和社会生活的方方面面，涉及中央与地方、政府与社会、政府与企业、整体利益和局部利益等一系列重要关系。因此，行政体制改革需要放到党和国家发展的大局中统筹谋划，在中央统一领导下，与其他方面的改革一起统筹规划部署，整体协调推进。党的十八大报告指出：要"完善体制改革协调机制，统筹规划和协调重大改革"。这对加强体制改革的顶层设计，统筹规划，协调推进各方面改革有着重要意义。要把行政体制改革作为全面深化改革的关键环节，深入研究行政体制改革与经济体制改革、政治体制改革、文化体制改革、社会体制改革的相互关系，把握好各方面改革相互适应、相互支撑的规律性和相互制约、相互影响的复杂性，正确处理好改革发展稳定的关系，提高体制改革决策的科学性、权威性，增强各方面改革措施的协调性、配套性、实效性，确保社会主义改革的正确方向和顺利推进。

（二）明确目标，突出重点

行政体制改革是一项长期的任务，需要围绕目标，不断探索、稳步前进。推进行政体制改革，首先要按照建立完善的中国特色社会主义行政体制的总体目标，明确改革的方向、重点和路径，既要防止改革进展缓慢，又要防止改革急于求成。任何事物的发展都有连续性和阶段性的特点，把握住了连续性，才能把握事物的历史状况和发展趋势；把握住了阶段

性,才能明确事物的现状特点和发展重点。行政体制改革也是一个连续性和阶段性相统一的过程,每一个时期都要有一定的改革任务,突出重点,不断突破。因此,深化行政体制改革必须有长远目标下的近期目标,在总体规划下体现一个时期的重点安排,做到长远目标和近期目标相结合,全面推进和重点突破相结合。

（三）鼓励创新,勇于实践

实践是人类发展的基石,创新是社会进步的灵魂。我们党和政府的许多重大政策和做法都源于人民群众的创新,源于基层的实践。在推进行政体制改革中,要鼓励和支持地方、部门从实际出发,因地制宜,大胆探索,推进创新,为深化改革积累经验。近年来,许多地方和部门在实践中围绕政府组织结构、层级体系、管理体制、运行机制、服务方式等方面进行了积极探索,包括推进大部门制改革、探索省直接管理县(市)改革、创新行政管理方式,等等。有关部门和地方要作深入调查研究和客观评价这些改革措施的效果,认真研究解决改革过程中出现的问题,使那些在实践中被证明是行之有效的改革措施得到完善和推广。

（四）总结经验,注重实效

在30多年改革开放实践中,我们党领导人民创造了很多成功的经验。这些经验是宝贵的精神财富,应当认真加以总结,以更好地把握我国行政体制改革的规律。坚持理论和实践相统一,注重实际效果,既要鼓励和支持地方、部门积极进行实践探索和创新,勇于推进行政体制改革,又要高度重视总结实践经验,大胆进行理论探索和创新,用发展着的科学理论指导和推进新的改革实践,把各方面改革不断推向前进。

二、深化行政体制改革目标与任务

制定行政管理体制改革
总体方案的原则和重点[*]

（2007 年 12 月 10 日）

2003 年行政管理体制改革以来，国内外情况发生了很大变化。无论是从全面落实科学发展观、构建社会主义和谐社会的要求看，还是从完善社会主义市场经济体制、加快政府自身改革建设的需要看，都必须进一步深化行政管理体制改革。

一、制定行政管理体制改革总体方案应实行的原则

20 世纪 80 年代初期以来，我国行政管理体制改革取得重要进展，但必须看到，现行行政管理体制仍然存在不少突出问题。

——部门设置过多、管理分散。这种情况尤其反映在行业管理领域。比如，交通运输由铁道部、交通部和中国民航总局三个部门分别管理；文化部、广电总局和新闻出版总署三个部门管文化。这不仅增加了机构设置，也造成部门分割和行政效率低下。

——部门职责交叉，多重管理、推诿扯皮现象比较突出。这不仅表现

---

* 本文系作者同中央机构编制委员会办公室人事司长兼机关党委书记张培植的谈话要点。

在综合部门之间、综合部门与业务主管部门之间,也表现在业务主管部门之间、业务主管部门与专业监管部门之间等。比如,发改委、商务部、工商总局、质检总局、药监局等都涉及流通领域管理职责;农业部与林业局在两栖类野生动物保护、果树和中药材等方面管理上都存在职责交叉问题。这些问题往往导致职责不清,权责脱节,有权大家争,无权相互推,扯皮现象时有发生。为了解决协调困难问题,又被迫设立各种议事协调机制和临时机构。

——有的宏观调控部门管得过宽、过细。有的宏观调控部门职权过于集中,既管宏观又管微观,既管发展又管改革,既管政策制定又管执行监督,特别是项目、投资、物价等审批事项过多。这样,既造成与其他部门的职责交叉和工作摩擦,分散力量,又难以全面履行宏观部门应尽的职责。

——社会管理部门较弱,市场监管多头执法。现行国务院机构设置中经济管理部门偏多,社会管理和公共服务部门偏少,不适应经济体制变革和社会发展形势变化的需要。在市场监管方面,质检、工商、安全监管、食品药品监管等多个部门职能交叉,加上一些综合部门和业务主管部门也具有监管职能,市场管理政出多门、多头执法现象普遍存在。

我国社会主义市场经济体制已初步建立,为经济社会发展注入了强大活力,但影响发展的体制机制障碍依然存在,要健全和完善社会主义市场经济体制,必须加快行政管理体制改革;我国已经从封闭半封闭经济转为全方位开放型经济,同国际社会的联系日益紧密,必须建立与经济全球化相适应、具有国际竞争力的行政管理体系;政府作为公共资源的拥有者、分配者、调节者,作为经济社会活动的管理者、国有资产所有者代表、公共权力行使者,政府必须具有管理经济社会发展的重要作用。现在科技进步和创新日新月异,信息化、现代化发展瞬息万变,这对政府管理的职能、制度和方式都提出新的要求,必须按照现代化政府的要求改革政府管理体制和制度。从世界发展趋势看,几乎所有的国家为了取得新的竞争优势,都在不断进行管理制度和行政模式创新,这也促使我们必须加快行政管理体制的改革步伐。

深化行政管理体制改革的总体目标,应按照党的十七大报告的部署和要求,着眼于转变职能、理顺关系、优化结构、提高效能,形成权责一致、分工合理、决策科学、执行顺畅、监督有力的行政管理体制,努力建设服务型政府。为此,应实行以下原则:

一是坚持以人为本、执政为民。要从更好践行人民政府宗旨的本质要求,着眼建立健全有利于为人民服务和为人民谋利益的政府,来进一步推进政府自身改革和建设。切实体现以人为本的理念,更好地把为人民服务作为政府的神圣职责和基本准则,作为政府改革和建设的出发点和归宿。

二是坚持科学民主决策、依法行政、加强行政监督。健全政府决策机制,使各项重要决策符合客观规律和施政规律,提高决策的科学性,减少决策失误,从制度上规范决策内容和决策程序。必须依法行政,严格按宪法和其他法律办事,严格按照法定权限和程序履行职责。坚持用制度管权、管人、管事,健全质询、问责、经济责任审计、引咎辞职、罢免等制度,提高政府工作透明度,确保人民赋予的权力始终用来为人民谋利益。

三是坚持管理创新、制度创新。要用世界眼光和创新思维,更新行政管理理念,创新政府管理制度和机构设置,实现管理与服务的有机结合,将管理寓于服务之中。推行政务公开,简化办事程序,在管理中体现服务。

四是坚持转变政府职能。真正按照完善社会主义市场经济体制、推动科学发展、促进社会和谐的要求,大力推进政企分开、政资分开、政事分开、政府与市场中介组织分开,切实减少对微观经济运行的干预。健全政府职责体系,在继续履行好经济调节和市场监督职能的同时,更加注重履行社会管理和公共服务职能,更加注重改善民生和社会建设,提高社会管理和公共服务能力。

五是坚持上下左右联动。行政管理体制改革,不仅要调整政府机构,党的机构以及人大、政协机构都要协调配合,进行相应调整改革,还要考虑地方各级行政管理体制改革,以形成联动机制,协同推动整体改革。

二、着力加快政府职能转变

社会主义市场经济体制能否最终完善起来,经济发展方式能否实现根本性转变,适应经济发展和社会建设的行政管理体制能否建立,关键取决于政府职能转变是否到位。加快政府职能转变,必须进一步抓好以下方面:

(一)进一步加强和改善宏观管理职能。国务院所有的国家部委办局都具有宏观管理的职能。尤其是发改委、财政部、人民银行等作为国家综合性宏观管理部门,主要职能是研究解决事关全局性、战略性、重大、长远发展的问题,要定方位、定职能、定权限,并要界定与其他部门之间的关系,避免职能交叉、推诿扯皮。宏观管理的制度、方式要转变、要创新。

(二)进一步放开属于市场、企业、社会组织、中介机构的管理事项。继续大力推进政企分开、政资分开、政事分开、政府与社会组织、政府与市场中介机构分开,切实减少政府对微观经济的直接干预。

(三)进一步全面履行政府职能。政府要认真履行好经济调节、市场监管、社会管理和公共服务基本职能。特别要加强社会管理和公共服务,从机构设置、编制人员等方面采取更加有力的措施加以保障。同时,改进政府在经济调节和市场监管方面的方式方法。

(四)进一步减少行政审批。深入推进行政审批制度改革,继续清理审批项目,该取消和下放的要坚决取消和下放。宏观综合部门负责重大关键项目审批,一般性项目交给专业部门管理。对部分需要保留审批的项目,要继续改进和规范审批办法;对项目的审批和核准程序要实行公开透明运作,杜绝暗箱操作。同时,还要不断改善有关服务和管理。减少行政审批,决不是撒手不管。该管的要管住管好,不该管的要放开放活。

(五)进一步建立权责统一制度。目前,权力和责任不对称问题十分突出,有的有职无责,有的有责无权,造成行政效能低下,要下大力气解决这种现象。建立健全行政问责制度,做到纪律严明、奖罚分明,树立精干、廉洁、高效的良好政府形象。

三、积极探索实行大部门体制

党的十七大报告明确指出,要"加大机构整合力度,探索实行职能有机统一的大部门体制,健全部门间协调配合机制"。

实行大部门体制,就是把多个部门分别承担的相同或者类似的职责交由一个部门履行,减少职责交叉事项,变外部协调为内部协调。这样,既可以精简机构,又可以减少横向协调困难,还可以解决现行机构设置中存在的其他弊端。从国际经验看,发达国家一般都实行大部门制,部门设置很精干,少的如英国和日本只有 11 个部,相对较多的美国和韩国也只有 15 个部。与我国情况相似的俄罗斯、印度分别为 17 个和 15 个部。比如,德国交通、建设与住房部负责运输、建筑、住房等多项职能,相当于我国交通部、铁道部、建设部三个部;英国环境、交通与区域部相当于我国的环保总局、交通部、铁道部等几个部;日本经济产业省和英国贸易与工业部,大体相当于我国的发改委、信息产业部等部门。推行大部门体制,必须对现有机构进行大力整合,这方面一些国家也进行了成功尝试。比如,1978 年,澳大利亚进行了大规模合并政府职能的机构改革,将中央政府部门从 28 个减少到 18 个;日本从 2001 年起,将中央政府由过去的一府21 省厅合并成 1 府 11 省。我国在 1998 年国务院机构改革中,下决心合并、精简了多个工业管理部门,尽管当时震动较大、矛盾较多,但实践证明是完全必要和正确的。

根据党的十七大要求和借鉴国外做法,中央政府机构调整,应加大整合力度。总体考虑,可以实行大运输、大文化、大卫生、大社保、大农业、大科技、大监管等大部门体制。另外,还应精简和规范各类议事协调机构及其办事机构。现在,国务院议事协调机构和临时机构过多,而且各级地方政府也设置了大量类似机构,既增加行政成本,又使行政行为不规范。究其原因,还是政府部门设置太多,管理职能划分过细,部门之间职能交叉,事权与责任脱节,造成协调性事务人为增多,实际上也是一种无奈之举。因此,在实行大部门体制、整合行政职能的基础上,应大幅度裁并原有的议事机构和临时机构,尽可能不设或少设。这样,也有利于充分发挥职能部门的作用,进一步明确权责,真正建立部门责任制和提高行政效率。

四、需要注意把握的几个问题

机构改革涉及方方面面,是一项十分复杂而艰巨的工作。搞好这次行政体制改革和机构调整,既要精心设计总体方案,又要处理好可能遇到的有关困难和问题。

第一,明确方向,坚定决心。随着社会主义市场经济体制的逐步完善,加快建立与之相适应的现代政府十分迫切。党的十七大明确提出了实行大部门制的要求,指明了行政体制改革的方向和任务。这是推进改革的依据。目前,经济社会发展形势很好,社会安定、政局稳定,特别是以胡锦涛同志为总书记的中央领导集体具有很高的权威和驾驭全局的能力。要抓住当前有利时机,坚定决心,果断决策,加快解决行政管理体制中存在的突出问题。

第二,既要积极,又要稳妥。深化行政体制和政府机构改革,一方面应坚定不移地推进,另一方面也要审慎考虑实际情况和承受力,做到积极稳妥。实行大部门体制,可以总体设计,分步到位,把握好调整的力度和节奏,对已形成共识而又看准的,要大胆地做;对尚存争议和条件不成熟的,则不宜操之过急,确保这次改革顺利进行。

第三,优化重组,合理安排人员。由于前几次机构改革大幅分流和减少了人员,现在各部委普遍反映人手紧张。在这次机构改革中,总的目标不在于减多少人,重点是优化组合政府机构,将相近的职能、业务集中在一个部门,搞好人员的调整重组。

第四,认真研究一些部门的垂直管理问题。前些年,中央一些部门实行了垂直管理,总的看有利于加强中央政府的统一管理,但地方上也有不同意见。现在,环保等部门仍在呼吁实行垂直管理,对这个问题必须慎重对待。要在广泛听取上下各方面意见的基础上,作出科学、合理的决策。政府机构设置和职能划分,应有利于充分发挥中央和地方两个积极性。

深化行政管理体制改革的主要任务[*]

（2009 年 1 月）

当前，我国改革发展正处于关键阶段。要更好地推进改革开放和社会主义现代化建设，就必须把加快行政管理体制改革放在更加突出的位置。党的十七大和十七届二中全会站在新的历史起点上，作出了加快行政管理体制改革、建设服务型政府的战略部署，明确提出"到 2020 年建立起比较完善的中国特色社会主义行政管理体制"的总体目标，为继续深化行政管理体制改革指明了方向。综观未来发展趋势，推进行政管理体制改革需要充分考虑到"四个方面的要求"：即充分考虑深入贯彻落实科学发展观的要求，充分考虑完善社会主义市场经济体制和提高对外开放水平的要求，充分考虑发展社会主义民主政治和依法行政的要求，充分考虑建设创新型国家的要求。全面推进体制机制创新、制度创新和管理创新，努力建设服务型、现代化政府。为此，要着重研究解决以下六个问题。

一、进一步转变和正确履行政府职能

这仍然是深化行政管理体制改革的核心。要坚持以人为本的施政理

＊ 本文发表于《行政管理改革》2009 年第 1 期。

念,实施人本管理,以服务人民为根本宗旨,以广大人民群众为根本依靠力量,切实保障人民群众各项权益,积极解决群众最关心、最直接、最现实的利益问题。要围绕推动科学发展、促进社会和谐,在政府职能方面实现四个根本性转变。一是政府职能要向大力创造良好发展环境转变。在宏观环境方面,主要是制定和执行宏观调控政策,搞好基础设施建设和公共服务,加强对生态环境和资源保护,注重运用经济手段、法律手段并辅之以必要的行政手段管理和调节经济社会活动。在微观环境方面,要强化市场监管职能,健全行政执法、行业自律、舆论监督、群众参与相结合的监管体系,创新监管方式,提高监管能力,维护统一开放、竞争有序、安全健康的市场秩序。二是政府职能要向有效提供优质公共服务转变。要更新管理理念,强化服务意识,做到在服务中实施管理、在管理中体现服务,不断提高公共服务水平。随着经济社会的持续发展,要以不断满足人民群众对公共产品、公共服务日益增长的需求为着眼点,着力解决公共产品供给短缺、公共服务能力不强等问题,推进城乡、区域基本公共服务均等化;加快完善公共财政制度,扩大公共产品和公共服务的覆盖范围,切实保障农村、基层和欠发达地区人民群众基本公共服务的需要。实行更加有力的政策措施,推进教育、卫生、文化等社会事业加快发展。三是政府职能要向注重维护社会公平正义转变。维护社会公平正义,是社会文明进步的重要标志。要正确认识和处理效率与公平的关系,当前和今后一个时期,更加注重社会公平和社会管理,强化政府促进就业和调节收入分配的职能,整顿和规范收入分配秩序,建立科学合理的收入分配调节机制;加快完善社会保障体系,调节社会利益关系,大力发展社会保险、社会救助、社会福利等事业。更加注重突发事件应急管理体系建设,健全社会矛盾疏通调处和安全预警机制,构筑社会安全网,维护社会和谐稳定。四是履行政府职能要向实行科学化的公共治理转变。公共治理相对于传统的公共管理而言,它更强调以规范的、民主的、法治的行政方式来管理公共事务。推行这种管理模式,符合建设服务型、现代化政府的要求。要树立新的公共治理理念,由以行政控制为主向以服务公众为主转变,由"全能型政府"向"有限型政府"转变;逐步完善公共治理机制,建立健全公开、参与、评价和责任制度;建立健全公共治理结构,改进公共治理方式,综合运用现代管理方法和科技手段,不断推进政府管理创新。

二、进一步简政放权和规范市场、社会秩序

经过多年努力,我们在简政放权方面取得了很大进展,但现实中仍然存在一些政府不该管、管不了,也管不好的现象,同时又存在着一些政府该管而没有管或者没有管好的问题,需要继续认真研究解决。要着眼于增强经济社会发展活力和提高效率,充分调动企业事业单位和各方面的积极性、创造性,从制度上更好地发挥市场在资源配置中的基础性作用,继续深化企业改革、深化行政审批制度改革、深化事业单位改革,完善现代市场体系,切实推进政企分开、政资分开、政事分开、政府与中介组织分开。要适应人民群众政治参与和社会活动参与积极性不断提高的新形势,更好地发挥公民和社会组织的作用,鼓励、支持、引导公民和社会组织依法有序参与社会公共事务管理,扩大基层民主。在进一步调整政府与市场、企业、社会组织权责关系的同时,更加注重提高政府科学管理水平,正确有效履行政府职责,不断加强和改善宏观调控,有效实施监管,克服和纠正"市场缺陷"、"市场失效"、"社会无序"等现象,引导和规范市场主体行为,维护社会正常秩序。要正确认识和处理简政放权与加强管理的关系,做到活而不乱、管而不死。要注重发挥国家法令政策、行政规制、行政指导和行政合同在行政管理中的积极作用,引导社会经济发展既充满活力、富有效率,又规范有序、持续稳健地运行。

三、进一步优化行政组织结构

机构是职能的载体,职能配置需要科学的机构设置来履行。在优化行政组织结构中,关键是要实现政府组织机构及人员编制向科学化、规范化、法制化的根本转变。要根据经济社会发展变化和全面履行政府职能的需要,科学规范部门职责,合理调整机构设置,优化人员结构,既要解决有些部门机构臃肿、人浮于事的问题,也要解决有些部门编制过少、人员不足的问题,做到职能与机构相匹配、任务与人员编制相匹配。要按照精简、统一、效能的原则和决策权、执行权、监督权既相互制约又相互协调的要求,继续探索实行职能有机统一的大部门体制,精简和规范各类议事协调机构及其办事机构,健全部门间协调配合机制,继续解决机构设置过多、职责分工过细、权责脱节等问题。要严格执行机构编制审批程序和备案制度,加快政府机构编制管理科学化、规范化、法制化进程。

四、进一步推进制度创新和管理创新

制度具有全局性、根本性、稳定性的作用。推进制度和管理创新,主要是加快实现行政运行机制和政府管理方式向规范有序、公开透明、便民高效、权责一致的根本转变,这是建设人民满意政府的重要环节。做到规范有序,就要继续全面推进依法行政,完善有关法律法规体系,规范政府的立法行为;健全科学民主决策体系,规范政府的决策行为;完善行政执法体制,规范政府的执法行为;进一步健全行政监督制度,切实用制度管权、管事、管人。做到公开透明,就要进一步完善政务公开制度,建立健全信息发布制度,提高政府信息质量,及时、全面、真实地发布政务信息,畅通人民群众了解公共信息的渠道;要实行民主管理,保障人民群众依法管理国家和社会事务、管理经济和文化事业,保障人民群众的知情权、参与权、表达权和监督权;要加快"阳光政府"建设,提高政府工作透明度,让权力在阳光下运行,同时加快电子政务建设,充分利用现代信息技术,推进公共管理和服务信息化。做到便民高效,主要是规范和发展行政服务性机构,改进和完善政府各类审批制度和办事制度,简化程序,减少环节,提高政府效能,为社会、企业和群众提供更加方便、快捷、有效的服务。做到权责一致,就要强化责任意识,推动政府从"权力本位"向"责任本位"转变,坚持有权必有责、用权受监督、违法要追究;要建立科学合理的绩效管理制度,推行行政目标责任制,健全并认真实施质询、问责、经济责任审计、引咎辞职、罢免等制度。通过多方面推进管理制度创新,努力实现政府管理现代化。

五、进一步理顺政府职责关系

既要重视在横向上理顺同级政府各部门之间的职责关系,也要重视从纵向上理顺不同层级政府之间的职责关系。理顺各级政府的职责关系,关键是做到财权与事权相对应,权力与责任相统一。要合理划分不同层级政府的职权,根据各自不同的地位和功能确定权力与责任,突出管理和服务重点,形成责任明确、各有侧重、相互衔接、高效运行的职责体系。要研究探索不同层级政府关系的调整方式,综合运用立法规范、政策指导、行政协调、司法裁决以及财政转移支付等方式,逐步实现各层级政府关系调整的规范化、制度化和程序化。积极探索减少行政层级。在我国的行政区划和治理结构中,县级行政区域是一个重要的层次,在国民经济和社会发展中起着重要作用。要扩大县域发展自主权,推进省直接管理县财政体制,依法积极探索省直接管理县的体制。同时,加快推进乡镇机构改革。继续发挥大中城市作用,赋予符合条件的小城镇相应的行政管理权限。要调整和健全垂直管理体制,完善市场经济条件下的中央与地方关系,规范垂直管理部门与地方管理的事权范围和权责关系,建立健全协调配合机制。

六、进一步加强公务员队伍建设

公务员队伍是政府管理的主体,其素质和能力直接影响政府的执行力和公信力。要进一步完善公务员管理配套制度和措施,实现公务员队伍管理的制度化、规范化、法治化。严格规范公务员行为,健全公务员激励、约束机制和进入、退出机制,强化对权力运行的监督和制约。建设爱岗敬业、忠于职守、素质优良、作风过硬、勤政廉政的公务员队伍。要按照党的十七大作出的继续大规模培训干部、大幅度提高干部素质的战略决策,切实把干部教育培训放在先导性、基础性、战略性地位抓紧抓好,充分发挥干部教育培训机构的作用,努力提高干部教育培训的针对性和实效性,为改革开放和社会主义现代化建设提供强有力的人才保证和智力支持。

深入研究和推动行政管理体制改革,促进行政管理学创新和发展,是摆在我们面前的一项重要任务。我们要高举旗帜,勇于创新,为建立和完善中国特色社会主义行政管理体制、形成和发展中国特色社会主义行政管理学作出不懈的努力。

加快行政管理体制改革的几个问题*

（2009 年 9 月 5 日）

一、充分认识加快行政管理体制
改革的重要性和紧迫性

深化行政管理体制改革是党和政府的一项重要任务。改革开放以来，党中央、国务院一直高度重视行政管理体制改革，在不断深化经济体制改革的同时，持续稳步地推进行政管理体制改革。在转变政府职能、优化组织结构、推进依法行政、改进管理方式等方面取得了重大进展。当前，应对国际金融危机的任务仍然很重，国内外形势不断发生变化，我国改革开放和社会主义现代化建设事业进入新的阶段，面对新的任务和新的问题，现行行政管理体制还存在一些不相适应的方面，有些方面甚至严重不适应，成为制约经济社会发展的障碍。进一步深化行政管理体制改革，势在必行。

第一，加快行政管理体制改革，是贯彻落实科学发展观的根本要求。科学发展观的核心是以人为本。我们的政府是人民的政府，坚持以人为本，就是要以为人民服务、对人民负责为根本宗旨，以为人民谋利、替人民

---

* 本文系作者撰写的研究报告。

解忧为神圣职责,坚持发展为了人民、发展依靠人民,切实保障人民群众的各项权益。科学发展观还要求我们,要坚持全面、协调和可持续的发展,统筹各方面的关系,协调各方面的利益。现在,还存在许多不符合科学发展观要求的做法和现象。有的地方片面追求经济增长,不顾长远利益掠夺性开发自然资源,破坏生态环境;有的地方为了局部发展不顾全局利益;有些干部对人民群众的呼声和诉求不闻不问,甚至不惜损害人民群众的利益。这就不仅背离科学发展的目标,而且引发社会矛盾和冲突,损害党和政府的形象。这些现象和问题的存在,固然与一些领导干部的思想观念和素质能力有关,但从根本上说是体制机制的问题。只有加快行政管理体制改革,才能从体制和制度上防止和减少这些问题的发生;只有加快行政管理体制改革,才能全面提高各级政府推动科学发展的能力。

第二,加快行政管理体制改革,是全面深化改革的关键环节。行政体制是国家体制的基本组成部分,是经济体制、政治体制、社会体制及其他体制的结合点。行政管理体制改革涉及政治、经济、社会等方方面面的体制和制度,与这些领域的改革紧密联系在一起。行政管理体制改革的步伐和成效直接影响到其他各方面改革的进展。不加快行政管理体制改革的步伐,其他改革也难以深化。行政管理体制改革也是政治体制改革的一项重要内容,涉及政治领域改革的方方面面。邓小平同志说过:"只搞经济体制改革,不搞政治体制改革,经济体制改革也搞不通。"只有不断深化行政管理体制改革,才能更好地加强和改善党的领导,更好地发展社会主义民主政治,更好地落实依法治国基本方略。现在,许多领域的改革进展缓慢,在很大程度上就是因为行政管理体制改革比较滞后,受到行政管理体制的掣肘。我们必须从党和国家事业发展的大局出发,加快推进行政管理体制改革,带动和促进各个领域改革的全面深化。只有加快行政管理体制改革,才能更好地推进经济体制改革,进一步解决经济领域的深层次问题;也才能更好地推进政治体制、文化体制、社会体制改革,不断解决政治、文化、社会发展领域的问题,使各个方面改革与发展协调推进。

第三,加快行政管理体制改革,是继续有效应对国际金融危机的迫切需要。2008年下半年以来,发端于美国的国际金融危机不断蔓延深化,对全球经济造成严重冲击,也对我国经济产生重大影响。如何有效应对这场空前的危机,是对各国政府行政能力的重大挑战,也是对各国公共治理模式的一次比较和检验。为应对危机,党中央、国务院审时度势,果断及时决策,围绕保增长、保民生、保稳定的政策目标,采取了一系列有力措施,取得了重要成效。事实证明,我们的公共治理模式是具有明显优越性的。但是,我们也要清醒地看到,国际金融危机对我国的影响仍在持续,经济企稳回升的基础还不牢固,保持经济平稳健康增长的势头还需要克服不少困难,调结构、促就业、惠民生的任务还相当艰巨,影响社会稳定的潜在因素依然不少。应对危机仍将继续考验各级政府。我们不仅要继续有效应对危机的冲击,更要采取有力措施,在世界经济复苏中走在前面,为后危机时期的发展抢占先机,争取主动权,把这次国际金融危机变为我国促进科学发展的重大机遇。这就需要进一步加快行政管理体制改革,创新公共治理模式,全面提高政府行政能力。

经济体制改革是一场革命,行政管理体制改革是更深刻的革命。深化行政管理体制改革涉及面广,牵动利益关系的调整,会遇到相当多的困难和阻力。我们必须有高度的使命感、责任感和紧迫感,以更大的决心、魄力、勇气和更有力的举措,切实把行政管理体制改革不断引向深入。

二、近几年来我国行政管理体制改革取得重要进展

党的十六大以来,党中央对行政管理体制改革作出一系列重大部署。国务院在每年的《政府工作报告》中都要用较大篇幅部署行政管理体制改革工作,每年都召开廉政工作会议研究加强政府自身建设问题。在各方面共同努力下,我国的行政管理体制改革取得重大进展。

（一）政府职能转变取得实质性进展。一是继续推进政企分开、政资分开、政社分开、政府与中介组织分开，市场在资源配置中的基础性作用进一步增强，政府全面履行职能的能力不断提高。二是大力推进财税、金融和投资体制等方面的改革，新型宏观调控体系逐步健全，经济和法律手段在经济调节和市场监管中的作用显著增强，政府管理经济的方式进一步转变。三是以贯彻实施行政许可法为契机，大力推进行政审批制度改革，国务院分四批取消、调整1992项行政审批，各级地方政府共取消、调整22000多项行政审批，均占原有审批项目总数一半以上。四是政府履行市场监管、社会管理和公共服务的职能明显增强，注重关注和改善民生，注重维护和促进社会公平正义，教育、卫生、科技、文化、体育等社会事业加快推进，统一、公开、公平、公正的现代服务体制逐步建立。

（二）政府机构改革不断深化。按照精简、统一、效能的原则和决策权、执行权、监督权既相互制约又相互协调的要求，2003年和2008年先后进行了两次政府机构改革。2003年机构改革保持了政府机构总格局相对稳定，重点解决了行政管理体制中的一些突出矛盾和问题。2008年的国务院机构改革，在探索实行职能有机统一的大部门体制方面迈出重要步伐，集中解决了70余项部门职责交叉和关系不顺问题，明确和强化了200多项责任，建立了以宏观调控部门、市场监管部门、社会管理和公共服务部门为主体的政府机构框架，机构设置和职责体系趋于合理。地方政府机构改革全面推进，除中央批准四川因地震灾情适当推迟上报改革方案外，全国30个省级政府改革方案已获中央批准，正在组织实施。同时，事业单位分类改革试点积极稳妥推进，乡镇机构改革取得明显进展。

（三）法治政府建设全面推进。2004年，国务院制定并发布了《全面推进依法行政实施纲要》，确立了用10年左右时间基本实现建设法治政府的目标。各级政府大力推进行政法规、规章的废、改、立工作，政府立法工作机制逐步完善，立法质量显著提高。从2003年1月1日到2009年6

月 30 日,国务院向全国人大及其常委会提交法律议案 51 件,制定行政法规 176 部。2005 年 12 月到 2006 年 12 月,对限制非公有制经济发展的规定进行了清理,31 个省(自治区、直辖市)、国务院 44 个部委局共审核法规、规章、规范性文件及其他文件 1649759 件,修改 1039 件,废止 4184件。2007 年 2 月到 2008 年 4 月,对 12695 部现行行政法规、规章进行了清理,有 1898 部被废止和宣布失效,占现行有效规章总数的 14.95%。2005 年 7 月,国务院办公厅印发了《关于推行行政执法责任制的若干意见》,行政执法体制逐步健全,绩效评估和行政责任追究得到加强,广大公务员依法行政的能力和水平进一步提高。

(四)决策机制进一步完善。国务院按照决策科学化、民主化的要求,对《国务院工作规则》两次进行了修订,都把科学民主决策作为政府工作准则的第一条。公众参与、专家咨询和政府决策相结合的决策机制进一步完善,行政决策程序更加规范,同时通过建立健全决策跟踪反馈和责任追究制度,完善行政决策的监督制度和机制,使决策权和决策责任更趋统一。

(五)应急管理体系基本建立。近年来,国务院颁布了《突发事件应对法》,出台了《国家突发公共事件总体应急预案》、25 件专项预案、80 件部门应急预案和 31 个省(自治区、直辖市)总体预案,全国应急预案体系初步建立。分类管理、分级负责、条块结合、属地为主的应急管理体制已经形成,应急管理机制已经建立,统一高效的应急信息平台已经搭建,政府处置突发事件、保障公共安全的能力进一步提高。

(六)政府自身建设取得明显成效。国务院颁布了《政府信息公开条例》,健全了政府信息公开工作制度,推进电子政务建设,政务公开机制日趋完善,内容更为规范,形式更加丰富,监督保障更加有力,有效保障了公民、法人和其他组织的知情权、参与权和监督权。颁布了《公务员法》,促进了公务员队伍管理的科学化、民主化和制度化。公务员队伍的结构不断优化,素质和能力明显提升,政府的执行力、公信力得到增强。

在这些年的生动实践中,我们获得了重要的思想启示和宝贵经验。概括起来就是:深化行政管理体制改革必须从根本上摆脱计划经济模式下形成的政府管理模式,最重要的就是由过去的管制型政府转为建设服务型政府,坚持以人为本、执政为民,尊重人民群众的主体地位,维护人民群众的各项利益,发挥人民群众的积极性、主动性和参与性,就是由过去单纯采用行政性手段管理转为以规范的、民主的、法治的行政方式管理公共事务,建立健全公共治理结构,改进公共治理方式,就是由过去传统型政府转为创新型政府,大力推进管理创新、制度创新、机制创新,做到上层建筑与经济基础相适应,行政管理体制改革与完善社会主义市场经济体制相适应,与建设社会主义民主政治和法治国家相协调。推进行政管理体制改革,既要正确把握有利时机,坚决果断地推出改革措施,又要全面分析面临的矛盾和风险,充分考虑各方面的承受能力,积极稳妥实施。我们要认真总结和运用经验,不断把行政管理体制改革引向深入。

三、推进行政管理体制改革的重点任务

加快行政管理体制改革,要按照深入贯彻落实科学发展观的要求,紧紧围绕着 2020 年建立比较完善的中国特色社会主义行政管理体制这一目标,着眼于建设服务型政府、法治政府、廉洁政府和现代化政府,重点抓好以下几个方面的工作。

(一)加快政府职能转变。这是深化行政管理体制改革的核心。只有政府职能转变取得实质性进展,才能保证和促进其他方面的改革顺利进行。一是继续推进政企分开、政资分开、政事分开、政府与市场中介组织分开,在更大程度上发挥市场在资源配置中的基础性作用,增强企业和整个社会经济活力与效率。政府决不能直接干预企业微观活动,不能以政代企、直接包办代替企业的招商引资和投资决策。在应对国际金融危

机的特殊条件下,加强宏观调控、支持企业应对危机影响是必要的,但决不能认为行政管理可以回到计划经济的老模式,又变成"无所不管"的全能型政府。近来,一些地方政府包办企业投资决策,造成盲目投资和重复建设,这种现象必须坚决纠正和防止。二是正确处理计划与市场的关系,有效发挥计划和市场这"两只手"的作用。2008年以来,根据应对国际金融危机的新形势,中央加强宏观调控的目的,就是要更好地发挥计划、市场这"两只手"的作用。在特殊困难的情况下,要重视发挥计划手段的引导、调控作用,主要是适时调整宏观调控的方向、重点和力度,国务院陆续制定应对国际金融危机的"一揽子计划",包括出台十个产业调整和振兴计划,这是十分必要的。同时,我们也充分发挥市场手段的作用,择机推出一些重要的市场化改革措施,包括加大垄断行业的改革力度,在信贷、税收、出口和市场准入等方面进一步加大对民营企业支持力度。三是进一步突出政府职能的重点。政府职能转变的根本目标是充分满足人民群众的物质文化需要和公共服务需求,促进经济社会和人的全面发展,这就要求我们必须始终坚持以人为本的理念,随着经济增长而不断增加公共产品与公共服务的总量,全面提高人民群众的物质生活、文化生活和公共服务水平;政府要在加强经济调节和市场监管的同时,更加注重社会管理和公共服务,把财力物力等公共资源更多地向社会管理和公共服务倾斜;更加注重促进社会公平正义,推进和谐社会建设。

(二)加快完善行政运行机制。这是深化行政管理体制改革的基础方面。行政运行机制包括决策、执行、监督制约等方面。完善行政运行机制,就要进一步理顺决策、执行、监督之间的关系,切实做到决策科学民主、执行坚决有力、监督透明公正,全面提高政府决策力与执行力。要实行科学民主决策,政府决策要做到程序依法规范、过程民主公开、结果科学公正。努力提高科学决策、民主决策、依法决策水平,加强政府决策咨询工作,做好重大问题前瞻性、对策性研究,发挥咨询研究机构、专家学者、社会听证在决策过程中的作用。要进一步健全经济监测和预警机制,增强科学预见性。重大决策和重大事项要严格遵守科学民主的决策程序,使人民及时了解政府的各项重大决策,以赢得广大人民群众的充分信任和坚决支持。建立并落实决策责任制度,对违反程序决策造成重大损失的严格追究责任。要建立健全决策权、执行权、监督权既相互制约又相互协调的权力结构和运行机制,理顺职责关系,进一步优化政府组织结构,规范机构设置,实行职能有机统一的大部门体制,形成权责一致、行为规范、运转协调的行政运行机制。

(三)加快法治政府建设步伐。这是深化行政管理体制改革的重要环节。法治是经济发展、社会稳定的基石,在应对国际金融危机冲击的特殊时期,更要加快法治政府建设,充分发挥法律的规范、引导、教育、预防和惩治功能,把政府行为、企业行为和社会公众行为统一到法律规定和法治精神上来。一是进一步加强政府立法工作。把促进科学发展、保护人民利益作为立法工作的根本标准。社会立法要体现改善民生的要求,经济立法要注重为保持经济平稳较快增长、加快发展方式转变和结构调整、深化重点领域和关键环节改革提供有力支持;要对相关法规、规章进行重点梳理,做好法规的立、改、废工作;要加强对国际金融危机发展趋势的法律分析和法律对策研究。二是严格规范行政执法。要完善执法程序,坚决克服有法不依、执法不严、多头执法、执法不公甚至执法违法等现象。三是强化对行政行为的法律监督。要自觉接受立法机关的监督,接受人民法院依据行政诉讼法的规定对行政机关实施的监督,健全行政复议体制,完善行政补偿和行政赔偿制度,加强对行政收费的规范管理,改革和完善司法、执法财政保障机制。

(四)加快推进效能政府建设。这是深化行政管理体制改革的重要目标。效能政府是现代政府的重要标志。提高行政管理水平,关键是要提升政府效能,用最小的行政成本实现最大的行政效果。近年来,我国政府效能建设迈出了重要步伐,但还存在许多办事效率低下的现象,一些部门权责交叉、相互掣肘的现象仍然存在;有些工作人员办事拖拉,仍然存在不给钱不办事、给了钱乱办事,甚至给了好处也不办事的现象;会议、文件仍然偏多,铺张浪费、行政成本高;一些地方、部门有令不行、有禁不止的现象还较为严重。因此,要采取更加有力的措施在提高政府效能上下功夫。要全面推行政府绩效管理制度,建立科学的政府绩效评估体系和经济社会发展综合评价体系,建立和完善绩效审计制度,大力开展机关效能建设。加快建立以行政首长为重点的行政问责制度,做到有责必问,有错必究。完善政务公开制度,让人民更好地了解政府、监督政府。当前特别要把公开透明原则贯穿于落实扩内需、保增长政策的全过程之中,项目实施和资金管理使用不得搞暗箱操作,保证每个环节都透明运行。加快推动电子政务公共服务,增加服务内容,扩大服务范围,提高服务质量,逐步建立电子政务公共服务体系。加大监察督察力度,减少行政运行成本,按照节约原则和公正透明原则改革公务消费制度。建立行政成本考评机制,大力建设节约型政府。

(五)加快建设廉洁政府。这是深化行政管理体制改革的重要任务。我们的政府是人民的政府,廉洁从政是对各级政府及其公务员的基本要求。必须切实建设廉洁政府。一要加强对行政权力的监督,将权力运行的每一个部位、每一个环节都置于有效的监督之下。国内外历史经验证明,权力不受制约和监督,必然导致滥用和腐败。要加快完善各种监督制度,包括人大监督、政协的民主监督、司法监督、舆论监督、群众监督以及政府系统内部的监督。各级政府都要主动接受各方面的监督。二要建立结构合理、配置科学、程序严密、制约有效的行政权力运行机制。特别要解决权力过分集中和缺乏制约的问题,从根本上加强制度建设。要规范财政转移支付、土地和矿产资源开发、政府采购、国有资产转让等公共资源管理,进一步改革行政审批制度,推进行政审批公开,加快建立行政审批电子监察系统,加强对行政审批权运行的监控。三要坚持反腐倡廉。坚决反对腐败,要严厉惩治腐败分子,坚决查处利用行政审批权、行政执法权等搞官商勾结、权钱交易、商业贿赂的腐败案件。加大教育、监督、改革、制度创新力度,更有效地预防腐败,加强廉洁从政教育。

(六)加快公务员队伍建设。这是深化行政管理体制改革的重要保证。公务员作为依法履行公职的特殊人员,承担着管理国家和社会公共事务的职能,深化行政管理体制改革必须进一步加强公务员队伍建设。一是加强学习。广大公务员必须不断优化知识结构,丰富知识储备,提高工作技能。要学习宪法和法律法规,做知法懂法用法的明白人;学习党和政府的路线方针政策,自觉践行科学发展观;学习各种专业知识,成为"多面手",做"复合型"人才,实现从经验型向知识型、专家型转变。二是解放思想。实践没有止境,解放思想也没有止境。要大力弘扬与时俱进的精神,着眼于对实际问题的理论思考,着眼于新的实践和新的发展,深入总结实践经验,找到解决实际问题的新方法、新路径,掌握谋划发展的新本领。三是甘于奉献。群众心里都有杆秤,群众在我们心中有多重的分量,我们在群众心中就有多重的分量。只有让群众满意了,群众才会对我们满意。对人民要满怀深厚感情,时刻把人民的利益放在高于一切、重于一切、大于一切的位置,想人民之所想,急人民之所急,忧人民之所忧,真正做到亲民、爱民、为民。要大兴求真务实之风。讲实话、办实事、求实效,精心把改革和建设的每一件事情做好,切实解决目前我们队伍中不同程度上存在的心态浮躁、作风漂浮和弄虚作假等问题。四是清正廉洁。群众看干部,很重视他们的廉洁。每个公务员都要做到进不失廉,退不失行,一身正气,两袖清风,始终保持谦虚谨慎、艰苦奋斗的作风,自重自爱,自警自省,防微杜渐,秉公用权,克己奉公,自觉接受人民的监督,树立廉洁公正的良好形象。

继续深化广东省行政体制改革[*]

（2010 年 9 月 25 日）

最近,国家行政学院课题组对 2008 年以来广东省全面推进行政管理体制改革的进展情况进行了调研。在与广东省委编办、政策研究部门和专家学者研讨交流的基础上,重点对广州、深圳、珠海、阳江、顺德等地分组进行了实地考察或专题访谈。

在深入贯彻落实科学发展观,积极应对国际金融危机,加快转变经济发展方式的背景下,广东省以党的十七大、十七届二中全会精神为指导,进一步解放思想,先行先试,整体规划,锐意进取,积极推进行政管理体制改革和配套制度改革,在不少方面取得了重大进展。广东省的做法和经验对推进我国地方行政管理体制改革具有重要的参考价值,其遇到的难题和解决思路也将对我国深化行政管理体制改革起到重要的研究和思考作用。

一、广东行政管理体制改革的主要做法

2008 年以来,广东省深化行政管理体制改革的总体思路是:"有进有

---

　　* 本文系作者主持的"广东省近两年行政体制改革研究"课题的调研总报告,国家行政学院刘峰、孙晓莉等有关人员参加课题组。

退(即在政府'缺位'的地方进入;在政府'越位'的地方退出)、有弱有强(即弱化政府对微观经济运行的干预;强化社会管理、公共服务职能)、有合有分(即加大机构整合力度,探索实行职能有机统一的大部门体制;探索决策权、执行权、监督权相互制约、相互协调的运行机制)、有破有立(即破除不符合科学发展的行政运行机制和政府管理方式;建立制度化的部门协调机制、政府绩效管理制度、行政问责制度等)"。其主要做法有:

(一)以转变政府职能为核心,加快推动政府职能向创造良好发展环境、提供优质公共服务、维护社会公平正义转变。党的十七大和十七届二中全会明确提出,要加快政府职能转变,推进政企分开、政资分开、政事分开、政府与市场中介组织分开,有效提供优质公共产品和公共服务,发挥好市场、公民和社会组织的作用。广东积极推进这项改革:一是实行简政放权。加大推进行政审批制度改革的力度,去年第四次大幅度精简和下放审批事项,仅省政府就有570项,减少了政府对微观经济运行的干预。积极推动省直管县财政体制改革和富县强镇事权改革,扩大县级政府和发达镇政府的公共治理权限,调动发展县域经济的积极性。二是推进事业单位分类改革。加快向事业单位和社会组织转移职能,省政府将130余项行业管理与协调性职责、社会事务管理与服务性职责、技术服务性职责交给社会组织或事业单位,统筹推动行业体制改革。三是完善公共服务体制体系。着力将行政资源向社会管理和公共服务领域配置,加强社会管理和公共服务职能,省政府加强相关职责63项,深圳市加强相关职责73项。广东在全国率先编制了《广东省基本公共服务均等化规划纲要(2009—2020年)》。四是创新公共服务供给方式。广东推进政府服务平台多元化,创新和完善行政服务中心功能,积极打造服务"超市"。如广州市通过建设"窗口"服务平台提升了公共服务水平,顺德实行的"一个窗口对外,内部分流处理"的综合受理模式也受到社会普遍好评。深圳市依法设立公共服务事业法人,率先开展法定机构"去行政化"改革试点,引起社会的关注。

(二)以建立大部门体制为突破口,加快构建职能配置科学、机构设置精干、权责明晰的政府组织体系。党的十七大报告提出:"加大机构整合力度,探索实行职能有机统一的大部门体制,健全部门间协调配合机制。"广东的大部制改革亮点纷呈,让人耳目一新,涌现出"深圳模式"、"顺德模式"、"珠海模式"和"阳江模式"。深圳市政府部门由 46 个精减为 31 个,远低于中央规定大城市为 40 个左右的机构限额。同时,在减少15 个部门的基础上,还减少内设、下设及派出机构 151 个,相应减少领导职数 394 名。佛山市顺德区原 41 个党政部门被整合为 16 个。珠海市政府部门由 36 个整合为 27 个。欠发达地区阳江市政府部门由原来的 37个整合为 25 个。在大部制整合中,顺德区和阳江市等对与政府职责相近或重叠的党委机构、群团机关进行了统筹设置,实行党政联动,试图破解党政关系的难题,探索精神弥足珍贵。深圳市整合工商局、质监局、知识产权局等,新建市场监督管理局。广州市整合原市容环卫局、市政园林局、市建委、市爱卫办、市城管局的有关职能,成立了广州市城市管理委员会和城市综合执法局。由"多龙管水"走向"一龙治水",大部门制实现了市场监管的统一,提高了工作效率,受到社会关注和好评。

(三)以探索决策、执行、监督工作"三分开"为切入点,加快构建既相互制约又相互协调的行政运行新机制。党的十七大报告强调指出:"建立健全决策权、执行权、监督权既相互制约又相互协调的权力结构和运行机制。"广东按照中央精神积极进行改革探索。例如,广州市在政府内部探索实行决策与执行分开,在城市管理上,除设立城市管理委员会外,还设立了城市综合执法局,把制定政策与执行分开来,创建"捆绑式"综合执法模式,实现城市基础管理与综合执法的有机统一。深圳市将市政府部门职能定位作出区分,主要承担制定政策、规划、标准等职能,并监督执行的大部门,称为"委";主要承担执行和监督职能的机构,称为"局";主要协助市长办理专门事项,不具有独立行政管理职能的机构,称为"办"。

实行行政决策权、执行权、监督权三分开,各司其职。顺德区则通过上移决策权、下移执行权、外移监督权的方式进行改革。另外,顺德区还将设在县级的省以下垂直管理机构,由垂直管理调整为属地管理,着眼于理顺基层政府市场监管领域的权责关系。

(四)以社会管理体制创新为着力点,加快重点领域和关键环节改革步伐。党的十七大和十七届二中全会提出了完善社会管理和健全基层社会管理体制的新要求。广东把社会管理创新摆上重要位置,探索建立政府调控机制与社会调解机制互联、政府行政功能和社会自治功能互补、政府管理力量和社会调解力量互动的政社合作型公共治理结构。广州市在整合城市管理职责、重点扶持发展非营利性社会服务机构、建立新型社区管理服务体系、完善社会工作专业岗位设置方式等方面进行了积极探索。珠海市在现有居民代表会议、社区居委会、协商议事委员会的基础上,建立社区监督委员会,构建了社区民主自治体系。顺德区扶持民间组织的发展,吸纳社会力量参与决策讨论并提供专业化、多元化的社会服务。设立社会发展专项资金和社会创新奖,鼓励开展社会创新实验。探索建立现代社工服务制度,在社区和村成立市民服务中心。同时,广东按照"权责一致、重心下移、减少层次"的原则,依法将部分经济社会管理权限下放给经济发达镇,如佛山市对容桂街道和狮山镇实行简政放权,扩大镇(街)管理权限,赋予其部分县级管理权限。东莞市对石龙镇、塘厦镇下放事权、扩充财权、改革人事权。这些措施,较好地解决了经济发达镇"人大衣小"、"脚大鞋小"、"财大权小"等责权利不匹配的问题,调动了镇域发展的积极性。

(五)以完善行政监督为重点,建设法治政府、责任政府、阳光政府和廉洁政府。党的十七大和十七届二中全会提出要完善制约和监督机制,加强依法行政和制度建设,保证人民赋予的权力始终用来为人民谋利益。按照中央的要求,广东行政体制改革高标准严要求、自加压力、勇于担当。一是强化对行政权力的监督。普遍建立了审批信息公开制度,创新集中审批、并联审批、网上审批等服务方式,构建多层次的审批监管体系。同时,特别强化对下放行政权力的监督。二是完善行政过错责任追究制度、行政复议、赔偿和补偿制度。按照权责一致原则明确各部门职责权限,坚持一件事情原则上由一个部门负责。规范以行政首长和工作主管为重点的行政问责制度,建立范围更宽更细致的申报制度。三是加快政府财政预算改革。广州市率先公开政府财政预算,尊重和征求市民的意见,引领政府财政预算改革,在社会上引起强烈反响,老百姓称赞为"阳光政府"。四是充分发挥监察、审计部门等专门监督作用,由纪检监察部门牵头成立政府绩效监督委员会,加强社会监督的程序化、制度化建设,在前移政府服务的窗口的同时把预防腐败的关口前移。五是加强公务员队伍建设,完善公务员管理配套制度和措施,对专业性较强的公务员职位和辅助性公务员职位实行聘任制,在机关聘员队伍中引进薪酬竞争机制和绩效评估制度。

二、广东行政管理体制改革的基本经验

广东行政管理体制改革之所以能够取得突破性的进展,在于把永立潮头的勇气和先行先试的智慧结合起来,采取了坚定不移的改革举措和切实可行的改革策略。

(一)勇于解放思想,敢于先行先试。中央领导多次到广东视察,胡锦涛总书记、温家宝总理等对广东改革提出了明确要求,为广东加快改革指明了方向。广东省主要领导对改革高度重视,省委汪洋书记亲自谋篇布局。广东上下通过解放思想大讨论和学习实践科学发展观,形成了"改革是广东起家的本领、看家的本事,是广东的光荣传统,是成本最小的促进发展的手段,不仅不能丢掉,而且要发扬光大"的共识,强化了"允许改革失败,不允许不改革"、"经济形势严峻时要改革,经济形势好转更

要改革"、"改革也是投入,而且是更有效的投入"等改革意识。当前,由于改革风险加大,有些地方出现了改革疲惫现象,甚至不愿意不敢去推动改革。探索科学发展的体制机制保障,尤其需要保持改革意识和改革气魄。

(二)善于总体谋划,分类分步实施。广东行政体制改革非常注重全局统筹规划,站得高看得远,实行综合配套,多方联动。广东同步进行了行政审批制度改革、规范和发展社会组织、事业单位分类改革、综合行政执法改革等。改革中充分考虑各地区经济社会发展不平衡的实际,对各地改革进行分类指导和分步实施。改革政策首先在局部地区实施,在条件成熟的情况下逐步推开。各地结合本地实际选择不同的改革模式,不搞"一刀切"。在大部门制改革方面,因地制宜,形成了深圳、顺德、珠海和阳江四种模式。在改革区域的选择上,既有副省级市,又有地级市,还有县级区;既有发达地区,也有欠发达地区,较好地形成了不同层面、不同经济社会发展水平地区的改革联动格局。

(三)积极有序推进,注重制度创新。在中央、广东省和试点城市三级政府的文件中,都明确提出广东行政管理体制改革试点的要求。上级首先明确改革导向,为下级确立改革目标,并通过授权方式为下级采取改革措施提供有力保证。在内容上,有关改革的制度安排越往下越具体,上级侧重于授权和定方向,下级侧重于依授权制订具体方案,既发挥了上级的领导作用,又体现出对下级法定权限的尊重。这种自上而下、先上后下、由略而详的制度安排,实现了改革精神源于中央,统一部署出自广东省委省政府,具体实践落在深圳等试点城市,有助于保证试点改革的纲举目张和稳妥推进。制度创新既是广东改革的鲜明标志,也是广东改革取得重要突破的力量源泉。

(四)讲求方式方法,形成合力动力。广东将改革的力度、发展的速度和社会可承受程度统一和协调起来,既在一些关键领域大胆创新突破,又充分考虑改革的复杂性和艰巨性,不搞毕其功于一役。同时,广东在改革中高度重视调动各方面的积极性,始终坚持以人为本,充分兼顾各方利益,尤其是改革中涉及人员的切身利益,采取编制不突破、人员不降级、转岗不下岗等以人为本措施,暂时不精简人员,不减少干部职数,最大限度地减少改革阻力,保护干部的积极性,动员更多的力量参与改革,保证了改革的顺利推进。

三、广东行政管理体制改革面临的难题

广东省的这次试点改革,既试出了许多创新措施和宝贵经验,也试出了不少问题难题。广东省的部分试点改革措施还需要进一步完善,有些改革措施亟须配套,一些深层次体制机制和法制问题还有待破解。

(一)如何科学界定地方政府的职能和调整规模及结构

转变政府职能是深化行政管理体制改革的核心,处理好各级政府之间的关系是促进科学发展的重要保障。根据中央的精神,广东省加快了政府职能转变的步伐。同时,广东在优化地方政府规模和结构方面也进行了大胆改革,深圳、顺德等地通过实行大部门体制从横向上优化政府结构,强县扩权、简政强镇等改革从纵向上优化政府结构。然而,相对于中央政府而言,在省、市、县、乡镇四级地方政府之间应当如何配置职能等,目前还没有明确的规定。因此,如何科学界定各级地方政府的职能,是广东省进一步深化行政管理体制改革首先面临的一个难题。另一方面,广东省还面临着如何优化地方政府规模和结构的问题,主要包括:不同层级地方政府的规模多大才比较合理,省级以下应设几级政府更为高效,一个行政单元的管辖范围多大才适度,大部门体制如何避免权力过于集中的弊端,顺德区"党政合署办公"的大部门体制模式能否向更大范围、更高层级推广? 这些问题都有待通过理论和实践探索来回答。

（二）如何正确处理行政管理体制改革与其他改革的关系

随着我国改革事业的全面深入推进，各个领域的改革越来越紧密地联系在一起，行政管理体制是政治体制、经济体制、文化体制和社会体制的结合部，其改革必然会涉及这些体制改革。广东省的这次试点改革，部分措施已超出了行政管理体制的范畴，如顺德实行的"党政合署办公"的大部门制、区联席会议制等。由于行政管理体制与其他体制的紧密联系，使得二者既可能相互促进，也可能彼此掣肘，因此，深入研究行政体制改革与其他体制改革的相互关系，把握好各方面改革的相互适应、相互促进的规律性，妥善处理行政管理体制改革与其他改革的关系，是广东省继续深化行政管理改革面临的又一个重要难题。

（三）如何解决行政管理体制试点改革与纵向体制机制约束之间的矛盾

由于试点改革仅限于少数市、县（区），相对于全省以及全国范围内的行政管理体制机制而言属于先行一步，这就容易造成试点改革与纵向体制机制之间的紧张关系。例如，顺德区实行大部门体制后，由于省、市政府机构没有整合，顺德的一个部门需要对应多个上级部门，少则三四个，多则十几个——如社会工作部对应省级部门19个，市级部门16个，单是参加各部门召开的会议就难以应付，再加上省、市会议基本上都要求部门副职以上领导干部参加，使部门领导干部成了"开会专业户"。这种体制机制约束矛盾如果得不到解决，不仅会影响试点改革的效果，而且会影响试点改革措施在更大范围的推广。进而言之，即使整个广东省进行了系统化的配套改革，但全国其他地方体制机制不作相应调整，也会制约着广东省行政管理体制改革的继续深化。

（四）如何实现行政管理体制改革与依法行政并行不悖

一方面,建设法治政府是行政管理体制改革的目标之一,不能以违反法律、牺牲依法行政为代价来搞行政管理体制改革。另一方面,试点行政管理体制改革不可能完全受制于现有法律制度约束,需要有所突破。对此,广东省通过获得中央授权先行先试、出台试点改革方案、依法推行改革措施等方式,较好地兼顾了依法行政的要求与行政改革的需求,为依法推进行政管理体制改革树立了标杆。与此同时,广东省还需要进一步理顺部分改革措施与依法行政的关系。例如,现行法律往往将行政管理职权赋予县级以上人民政府,但简政强镇事权改革试点赋予一些街道和镇部分县级管理权限;《土地管理法》等法律并未将特定行政管理权限授予市辖区,但试点改革赋予顺德区地级市管理权限,这些都不太符合职权法定的要求。再如,顺德区设立政务专员作为"区领导"的做法,也不符合《地方组织法》关于地方政府组成的明确规定。又如,深圳市对2010年后新进入该市行政机关的公务员均实行聘任制,实行合同管理,其范围明显超出了《公务员法》第95条所作的"专业性较强和辅助性职位"的明确限定。

四、继续深化广东省行政管理体制改革的若干建议

深化行政改革、促进科学发展,任重道远,这将贯彻改革开放和社会主义现代化建设的全过程。广东省要应对新形势提出的新要求,促进经济社会又好又快发展,并为全国深化改革探路,就需要继续深化行政管理体制改革。为此,我们提出以下建议:

（一）继续坚持从广东实际出发，按照行政管理体制改革总体目标的要求不断深化改革

党的十七届二中全会通过的《关于深化行政管理体制改革的意见》，提出到2020年建立起比较完善的中国特色社会主义行政管理体制。实现这一总体目标，需要科学认识我国基本国情，科学制定整体战略和长远规划，确定推进改革的主要内容、策略方法和战略步骤。广东省需要坚持从实际出发继续深化和推广试点改革，按照建设服务政府、责任政府、法治政府和廉洁政府的要求，确定行政管理体制改革的目标模式，包括科学界定各级地方政府的职能、规模和结构，创新政府运行机制等，使改革具有更为长远的规划和更加清晰的战略安排。同时，可以制定今后10年行政管理体制改革的时间表和路线图，合理规划改革进程，确定每个阶段的改革重点，根据条件灵活选择推进改革的具体步骤。在改革的总体进程上，采取全面规划、重点突破策略，积极探索、循序渐进，同时选择若干能对其他方面产生广泛辐射和大力推动作用的关键领域和环节，加大试点改革和推广力度，实现重点突破，从而推动整个行政管理体制改革乃至其他方面体制改革向前迈进，实现全面推进和重点突破相统一。

（二）坚持推进配套改革，正确处理行政管理体制改革与其他方面体制改革的关系

行政管理体制改革与其他方面的体制改革水乳交融，它既不能代替、也不能脱离其他领域的改革，不能单兵突进。广东省要继续把深化行政管理体制改革放到党和国家工作的大局中加以统筹谋划，服从并服务于促进经济社会发展的需要，与完善社会主义市场经济体制的进程相适应，与建设社会主义民主政治和法治国家相协调。同时，还应该坚定不移地推进经济体制改革、文化体制改革、社会体制改革，积极稳妥地推进政治体制改革，努力形成各方面体制改革良性互动、协调前进的局面。

（三）坚持进行试点改革,通过先行先试积极探索破解行政改革难题

先行先试、深化行政管理体制改革,既需要智慧,也需要勇气,在某些关键时刻,胆略、意志、勇气尤为珍贵。各方面应当继续支持和鼓励广东省深化和推广试点改革,在转变职能、理顺关系、优化结构、提高效能等方面探索新道路、取得新突破、积累新经验。为此,一是继续探索科学界定省以下地方各级政府的职能、规模和结构。按照权责一致、分工合理、决策科学、执行顺畅、监督有力的要求,积极创新行政管理体制机制,充分发挥地方各级政府的积极性,确保中央方针政策和国家法律法规在地方得到有效实施,不断提高地方政府的执行力和公信力。二是继续探索完善行政决策的科学化和民主化。同时要建立决策中有论证、执行中有监督、执行后有评价、决策失误有追究的全程制约机制。三是继续探索完善行政绩效管理制度。把经济增长质量和效益、资源节约和环境保护、精神文明和生态文明建设、社会管理和公共服务、民生改善、民主法治、公平正义、综合竞争力等指标作为绩效考核的重要内容,把人民群众满意不满意作为评判政绩的重要标准。四是继续探索创新行政管理方式。善于运用市场机制、社会力量和现代科学技术,创新管理手段,推行电子政务,优化管理流程,使行政管理富有成效。五是继续探索建设阳光政府。扩大政务公开的广度和深度,保障公众对公共事务的知情权、参与权、表达权和监督权。当前,可考虑推广广州等地的政务公开做法,完善公共财政预算制度,推进预算公开透明。

（四）坚持依法推进改革,主动赢得各方面对试点改革的体制机制和法制支持

改革就是要打破常规,试点改革难免会对现有规定有所突破,广东省要在建设法治政府的同时深化和推广试点改革,就要依靠多种方式积极

争取中央的授权和相关部门的支持,妥善解决行政改革与依法行政之间的矛盾,获得必要的依法改革空间。为此建议:

首先,广东省可以充分利用现行法律法规为行政改革预设的弹性空间。例如,多数法律在设定行政执法主体时,为了避免未来因政府职能在不同行政机构之间的调整而引发执法主体名称修改问题,往往笼统地规定"行政主管部门"是执法主体。因此,广东深化大部门体制改革,通常不会造成执法主体名称发生改变的问题。

其次,广东省可以积极运用中央针对深化行政管理体制改革进行的普遍性授权。例如,《关于深化行政管理体制改革的意见》进行了许多原则性授权,包括"按照精简统一效能的原则和决策权、执行权、监督权既相互制约又相互协调的要求……探索实行职能有机统一的大部门体制,完善行政运行机制";"推进事业单位分类改革。按照政事分开、事企分开和管办分离的原则,对现有事业单位分三类进行改革";"完善行政复议、行政赔偿和行政补偿制度"等等。

再次,广东省可以充分运用中央针对广东省深化行政管理体制改革进行的特别性授权。这主要包括国务院批准的《珠江三角洲地区改革发展规划纲要(2008—2020 年)》、获得国务院批复原则同意的《深圳市综合配套改革总体方案》等,它们对广东实行简政强镇、"行政三分"等改革进行了相应的授权。

最后,广东省还可以通过同级人大及其常委会针对改革措施进行专项授权或修改相关地方性法规,以及请求上级全国人大及其常委会进行专项授权或修改相关法律规定等方式,破除制约深化行政管理体制改革的体制机制和法制障碍,实现行政管理体制改革的有法可依、依法推进。

推进行政体制改革[*]

（2010 年 11 月 10 日）

党的十七届五中全会通过的《中共中央关于制定国民经济和社会发展第十二个五年规划的建议》（以下简称《建议》）提出了"十二五"时期我国经济社会发展的指导思想、奋斗目标和主要任务，要求"加快改革攻坚步伐，完善社会主义市场经济体制"，并对推进行政体制改革作出了重要部署。我们要深刻领会《建议》的精神，认真贯彻执行。

一、充分认识推进行政体制改革的重要意义

行政体制是国家体制的重要组成部分。改革开放以来，行政体制改革不断深化，并取得显著成效，为经济社会发展取得重大成就提供了重要的体制保障。这说明，不断变革的行政体制总体上是基本适应经济社会发展要求的。同时，也要看到，行政体制仍然存在不少问题。尤其重要的是，我国经济社会发展面临新的形势和任务要求推进行政体制改革。

＊ 本文原载《〈中共中央关于制定国民经济和社会发展第十二个五年规划的建议〉辅导读本》，人民出版社 2010 年 10 月第 1 版。

（一）加快转变经济发展方式、推动科学发展的迫切要求

加快转变经济发展方式,是"十二五"经济社会发展的主线,是关系国家发展全局的重大任务。贯彻这条主线,迫切要求全面深化包括行政体制在内的各项改革。我国经济社会发展取得了举世瞩目的巨大成就,但经济发展方式转变仍然滞后,成为经济社会生活中的突出问题。主要表现是:有些地方仍然片面追求经济建设规模和增长速度,忽视优化结构、提高增长质量和效益,资源消耗过度,乱占耕地、乱采矿产资源和破坏生态环境现象屡禁不止;不少地方对教育、卫生、文化等社会事业发展和社会保障体系建设重视不够,公共服务体系特别是基本公共服务体系建设滞后;城乡、区域发展差距呈扩大之势,城乡和部分社会成员收入差距过大;一些地方人民群众的合法权益得不到有效维护。这些问题固然有多方面的原因,但都是与改革不到位,特别是与行政体制改革相对滞后有关。只有加快重要领域和关键环节的改革步伐,同时不断深化行政体制改革,加快转变政府职能和管理方式,才能促进经济发展方式的根本性转变。

（二）全面深化改革开放、完善各方面体制的重要组成部分

改革开放是经济社会发展的强大动力,是发展中国特色社会主义、实现中华民族伟大复兴的必由之路和成功之路。当前,我国改革开放仍处于关键时期,必须继续全面深化改革开放,不断完善经济、政治、文化、社会等各个方面的体制。行政体制改革既是整个体制改革的重要组成部分,又对其他改革起着体制支撑和保障作用。只有推进行政体制改革,才能从制度上更好发挥市场在资源配置中的基础性作用,并形成有利于科学发展的宏观调控体系;才能为进一步扩大对外开放创造良好的体制制度环境,不断提高对外开放水平;也只有推进行政体制改革,全面正确履行政府职能,推行依法行政,加强社会管理和公共服务,才能促进社会体

制和文化体制的完善,才能促进社会主义民主政治发展和法治国家建设。

(三)加强政府自身建设、建设服务型政府的基本途径

各级政府拥有人民赋予的公共权力,受人民委托掌握和控制着大量的公共资源,是社会公共事务的组织者和管理者,在经济社会发展中承担着重要职责。经过持续的行政体制改革,我们在政府自身建设方面取得了明显成效。但是,面对新形势新任务和人民群众的新期待,政府自身建设仍存在一些亟待改进完善的方面。例如,政府职能转变还不到位,对微观经济主体干预过多,政府结构不尽合理,行政运行机制和管理制度不完善,一些行政人员的综合素质和行政能力不高,依法行政意识不强。要从根本上解决这些问题,不断提高行政能力和公信力,推进服务型政府建设,必须进一步深化行政体制改革,加强政府自身建设。

(四)贯彻落实既定改革部署、实现行政体制改革总体目标的必然要求

党的十七届二中全会通过的《关于深化行政管理体制改革的意见》,提出了到2020年建立起比较完善的中国特色社会主义行政管理体制的奋斗目标。通过改革,实现政府职能向创造良好发展环境、提供优质公共服务、维护社会公平正义的根本转变,实现政府组织机构及人员编制向科学化、规范化、法制化的根本转变,实现行政运行机制和政府管理方式向规范有序、公开透明、便民高效的根本转变。近几年来,通过推行一系列改革措施,我们朝着实现这一总体目标迈出了坚实的步伐,并取得了重要进展。但是,对照这个总体目标的要求,我国现行的行政体制依然有不小的差距。现在到2020年只有10年的时间,深化行政体制改革的时间紧、任务重。因此,我们必须增强改革的紧迫感和使命感,继续推进行政体制改革,努力实现中央提出的三个"根本转变",如期建立起比较完善的中国特色社会主义行政管理体制。

二、推进行政体制改革的主要任务

《建议》根据现阶段我国经济社会发展的客观要求,针对行政体制存在的突出问题,明确提出了"十二五"期间推进行政体制改革的主要任务。

（一）进一步转变政府职能,着力推进政企分开

转变政府职能是我国行政体制改革的核心。尽管多年来政府职能转变取得了很大进展,但这个问题还没有得到根本解决。目前,政府职能缺位、越位、错位现象依然存在,有些地方还相当突出。主要表现为:政府仍然管了不少不该管也管不好的事,行政审批事项仍然过多;一些地方政府仍然没有把属于企业的权力交给企业、没有把该由市场管的事交给市场,直接干预微观经济运行和市场行为;政府的市场监管、社会管理和公共服务等职能还比较薄弱。因此,今后一个时期仍然要把转变政府职能作为推进行政体制改革的核心,加快建设服务型政府。要深化行政审批制度改革,下放和规范审批权力,减少政府对微观经济活动的干预。要进一步完善宏观调控体系和制度,包括发挥国家规划、计划、政策、信息服务的导向作用和市场准入制度、标准规范的规制作用;要进一步完善市场体系,加强市场监管,维护公平竞争的市场秩序;要更加注重强化社会管理和公共服务职能,完善体制、政策,全面加强社会建设,注重保障和改善民生,特别是在促进就业、卫生、教育、社保、住房等方面加大工作力度,提高公共服务水平。转变政府职能的关键,是必须加快推进政企分开,让企业真正成为市场主体,充分行使投资决策和生产经营自主权,真正做到自主经营、自负盈亏。

（二）优化政府结构、行政层级、职能责任，理顺行政关系

合理的政府结构、行政层级、职能责任，是国家行政权力顺畅、高效运行的重要条件和基础。为适应经济社会发展以及政府职能转变的新要求，需要认真解决政府结构、行政层级和职能责任关系方面存在的一些问题。首先，要继续优化政府结构。合理界定政府部门职能，明确部门责任，确保权责一致。对职能相近、管理分散的机构进行合并，坚定推进大部门制改革。对职责交叉重复、相互扯皮，长期难以协调解决的机构进行合并、调整，以利于权责统一、提高整体效能。对职能范围过宽、权力过分集中的机构进行适当分设，以改变部门结构失衡和运行中顾此失彼的现象。其次，要逐步减少行政层级。近几年，中央提出在有条件的地方探索省直接管理县(市)的体制。这是减少行政层级的重要举措，有些地方进行了有益的尝试，应鼓励继续进行探索，并及时总结经验，加以正确引导。还要认真研究和正确处理中央和省级政府一些部门实行垂直管理体制的做法，及时解决存在的问题。再次，要妥善处理中央政府和地方政府的权限、职能与责任。同时，要合理界定省以下地方不同层级政府职能与权责关系，充分发挥地方各级政府的积极性。

（三）健全科学决策、民主决策、依法决策机制，提高决策水平

正确决策是各项工作成功的重要前提。健全科学决策、民主决策、依法决策机制，要合理界定决策权限，规范决策行为。推进政务公开，增强公共政策制定透明度和公众参与度。凡是涉及经济社会发展的重大决策，都应当坚持调查研究和集体决策制度，并充分听取社会各界的意见。凡是与人民群众利益密切相关的重大事项，都应当实行社会公示或者听证。要做好重大问题前瞻性、对策性研究，发挥咨询研究机构、专家学者、社会听证在决策过程中的作用。要完善决策信息系统和决策智力支持系统，建立健全专家咨询制度。完善和落实社会听证制度和公示制度，为公

众参与行政决策提供制度保障。要制定严格的决策规则和科学的决策程序,形成决策前有调研、决策中有论证、执行中有监督、执行后有评价、决策失误有追究的全程制约机制。

(四)改进行政复议和行政诉讼,加快建设法治政府

建设法治政府是落实依法治国基本方略、加强社会主义民主法制建设的必然要求。多年来,为加强法治政府建设,我国先后制定和实施了一系列法律制度,包括行政复议和行政诉讼制度。同时,也要看到,由于多种原因,行政法制还不完备,各种矛盾特别是行政争议增加,人民群众对行政复议和行政诉讼工作期待也不断增强,现行行政复议和行政诉讼制度的一些内容与新形势不相适应。必须加快建设法治政府,用法律法规调整政府、市场、企业的关系,依法管理经济和社会事务,推进政府工作制度化、规范化、程序化。要改进行政复议和行政诉讼体制机制。更加全面准确地定位行政复议的功能,依法纠正违法或不当的行政行为。创新行政复议体制机制,使之更加便民、高效。行政诉讼是人民群众监督政府的一种重要形式,要正确对待和认真做好行政应诉工作。强化行政诉讼解决争议的功能,避免"案了事未了";降低诉讼门槛、拓展受案范围,有效解决"告状难"的问题;完善证据制度,科学分配举证责任;完善诉讼程序,避免司法不公;加大生效判决和裁定的执行力度,有效解决"执行难"的问题。同时,还要处理好行政复议与行政诉讼之间的衔接问题。

(五)提高行政效率,降低行政成本

这是现代政府的重要特征,也是建设人民满意政府的必然要求。近些年来,由于采取了一系列措施,行政效率有所提高,行政成本得到一定程度的控制,但与建设现代化、高效能政府和人民群众满意政府的要求还有不小差距。必须采取标本兼治措施,进一步解决这个方面存在的问题。从根本上说,是要在切实优化政府组织结构、减少行政层级、理顺权责关

系的同时,要加强电子政务建设,改进政府管理方式,优化政府工作流程,创新公共服务提供模式。要认真实行公共建设项目的公开招投标制度,严格规范招标程序,调整完善并切实执行政府采购制度。要按照节俭、高效、廉洁的原则,通过核定标准、加强监督、改革制度等措施严格控制各种职务消费。要改革财政预算制度,特别是要推行财务公开,把政府财政资金的来源、分配、管理、使用、审计等情况置于群众和社会监督之下,以有效地减少浪费,遏制腐败现象的发生。

(六)加强行政问责制,完善政府绩效评估制度

随着改革开放的不断深入和社会法治意识的不断提高,迫切需要健全以行政首长为重点的行政问责制度,明确责任范围,规范问责程序,加大责任追究力度,提高政府执行力和公信力。近些年来,不少地方政府在这方面作了许多有益的探索,应认真总结经验,逐步全面推行。政府绩效评估制度,是引导政府及其公务员树立正确导向、尽职尽责做好各项工作的一项重要制度,也是实行行政问责制的前提和基础。要建立科学合理的政府绩效评估指标体系和评估机制,促进树立与科学发展观相适应的政绩观。为此,要积极推进政府绩效评估制度建设和统计制度改革。

三、推进行政体制改革需要把握好的几个方面

当前,我国改革仍处于攻坚阶段。推进行政体制改革是一项艰巨而复杂的系统工程。要完成今后五年的改革任务,需要把握好以下几个方面。

(一)统筹规划部署,配套推进改革

行政体制改革是整个改革的重要内容,与经济、政治、文化、社会等方

面的体制改革都有密切关系,不可能单独深入,而必须与其他方面的改革一起统筹规划部署,协调推进。要把行政体制改革作为全面深化改革的关键环节,深入研究行政体制改革与经济体制改革、政治体制改革、文化体制改革、社会体制改革的相互关系,把握好各方面改革相互适应、相互促进的规律性。"十二五"期间,行政体制改革要和其他方面的改革紧密配合,服务于科学发展为主题和加快转变经济发展方式为主线这个大局。

(二)坚持总体目标,明确重点任务

行政体制改革是一项长期的历史任务,需要不断探索、不断突破、不断前进。推进行政体制改革,要按照建立完善的中国特色社会主义行政体制的总体目标,以明确改革的方向和路径,防止改革左右摇摆或急于求成,避免走弯路。同时,行政体制改革又是一个阶段性和连续性相统一的过程,每一个时期都有一个时期的改革重点任务。因此,改革必须有长远目标下的近期目标,在总体规划下体现一个时期的重点安排,做到长远目标和近期目标相结合,全面推进和重点突破相结合。"十二五"时期,要把握改革总体目标,突出重点任务,采取有力措施。

(三)鼓励探索试验,充分尊重群众首创精神

我们党和政府的许多重大政策和做法都源于人民群众的创造、源于基层的创造。在推进行政体制改革的进程中,我们也要尊重和充分发挥群众首创精神,鼓励和支持地方和部门进行改革试验,为全国性的改革积累经验。目前,很多地方和部门在行政体制改革方面进行了积极探索,如推行大部门制体制改革、实行省直接管理县(市)、向社会公开政府财政预算,等等。要深入调研和客观评价这些改革措施的效果,研究解决改革过程中出现的问题,以使改革措施得到完善和推广。

（四）重视总结经验，努力提高推进行政体制改革的科学化水平

在新中国成立以后的行政体制改革实践中，包括 30 多年的改革开放实践中，我们既有很多成功的经验，也有一些教训。这些经验和教训是一笔宝贵的精神财富，必须认真加以总结。从中可以使我们更好地认识我国行政体制改革的规律，可以促进理论创新，推进中国特色社会主义行政理论发展。我们要坚持理论和实践相统一，既要鼓励和支持各地各部门积极进行实践探索和创新，勇于推进行政体制改革，又要高度重视总结实践经验，大胆进行理论探索和创新，以求用科学理论指导和推进新的改革实践，不断提高行政体制改革科学化水平。

积极稳妥推进大部门制改革[*]

（2011 年 6 月 16 日）

党的十七大提出要"加大机构整合力度，探索实行职能有机统一的大部门体制"，对推进行政体制改革提出了新要求。党的十七届五中全会进一步强调要"坚定推进大部门制改革"，充分体现了中央进一步整合机构设置、优化政府组织结构的决心。在"十二五"开局之际，我们要深刻领会党中央的战略部署，提高认识，总结经验，积极稳妥推进大部门制改革。

一、推进大部门制改革具有重要意义

实行大部门制，就是在行政机构设置中，把多个部门分别承担的相同或者类似的职能归并为一个部门履行，减少部门职责交叉事项和多头管理，变部门之间协调为部门之内协调。这既可以精简机构，又可以减少部门间的协调困难，还可以提升政府的公共行政效能和水平。

推进大部门制改革是完善社会主义市场经济体制的必然要求。经过30 多年的改革开放，我国基本建立起社会主义市场经济体制，为经济社

---

* 本文发表于《求是》2011 年第 12 期。

会发展注入了强大的活力。但毋庸讳言,制约科学发展的行政体制机制因素还相当突出。主要是:机构设置中部门过多、管理分散,部门职责交叉、政出多门,权责脱节,既不利于政府职能的正确行使,也不利于市场作用的充分发挥,妨碍资源优化配置和经济社会健康发展。"十二五"时期,促进科学发展,加快经济发展方式转变,对完善行政体制提出了更高的要求,迫切需要加快推进政企分开、政事分开、政资分开、政府与中介组织分开。大部门制改革,有利于加强和改善宏观调控,减少对微观经济的干预,可以为完善社会主义市场经济体制打开更广阔的空间。

推进大部门制改革是实现中国特色行政体制改革目标的重要任务。党的十七届二中全会通过的《关于深化行政管理体制改革的意见》郑重提出:到 2020 年建立起比较完善的中国特色社会主义行政管理体制。通过改革,实现政府职能向创造良好发展环境、提供优质公共服务、维护社会公平正义的根本转变,实现政府组织机构及人员编制向科学化、规范化、法制化的根本转变,实现行政运行机制和政府管理方式向规范有序、公开透明、便民高效的根本转变,建设人民满意的政府。推进大部门制改革是实现上述"三个转变"、建立完善中国特色社会主义行政管理体制的重要任务。大部门制是一种合理设置机构、优化职能配置的政府组织模式,有助于克服行政体制机构重叠、职能交叉,权责脱节、职责不清,推诿扯皮、效率低下等弊端,能够形成统一、规范、透明、高效的行政运行机制和政府管理制度,从而顺利实现到 2020 年建成中国特色行政体制的既定改革目标。

推进大部门制改革是适应加强和创新社会管理的迫切需要。伴随经济体制的深刻变革,我国经济结构战略性调整不断推进,以公有制为主体的多种所有制经济共同发展,由此带来了各种群体利益关系和利益格局的新变化,特别是产生了许多新的社会阶层、新的社会需求、新的社会心态、新的社会矛盾等。比如,在城乡人口流动大潮中我国有两亿多农民工,如何加强城乡统筹,切实解决农民工问题,就需要加强综合部门的协调管理与服务。社会结构演变,对政府加强和改进社会管理提出了新课题,对政府治理能力和保障能力提出了新要求,需要行政改革提供体制支撑。实行大部门制改革有利于加强与创新社会管理,从而有利于加快健全中国特色社会管理体系。

推进大部门制改革是实现政府管理科学化的必由之路。实行大部门制改革,不仅可以优化政府组织结构和行政运行机制,而且可以推进决策科学化、民主化、规范化,提高决策水平,还可以整合公务员队伍、优化人员结构,因而是推进政府管理科学化的过程。可以说,大部门制改革是加强政府自身改革和建设的必由之路。从国际上看,发达国家无论大小,一般都是实行大部门制,政府部门大都保持在 15 个到 20 个之间。实行这一体制的国家,行政成本较低,行政效率较高。我国推进大部门制改革,有利于建设高效、节约、责任型政府,提高政府管理科学化水平。

总之,推进大部门制改革,无论是对建立健全社会主义市场经济体制,加快传统行政模式向现代行政模式转变,还是促进上层建筑更加适应经济基础,推动科学发展,都具有十分重要的意义。

二、大部门制改革进展情况与存在的问题

党的十七大以后,从中央到地方都进行了大部门制改革的探索,并取得积极进展,成效初步显现。实践已经并将继续证明,实行大部门制是正确的选择,是我国行政体制改革的基本方向。

从中央层面来看。以 2008 年 3 月 15 日十一届全国人大一次会议批准的国务院机构改革方案为标志,在半年多的时间里就完成了国务院机构改革的任务。首先,进一步调整了国家发改委、财政部、中国人民银行等部门的宏观调控职能,建立了比较健全的协调机制和宏观调控体系。其次,整合和加强了能源管理职能,设立了高层次议事协调机构国家能源

委员会,组建了统管能源事务的国家能源局。再次,把有关部门部分和全部相同及相近的职能加以整合,组建新的大职能部门。整合国家发改委、国防科工委、信息产业部、国务院信息办的工业与信息职能,组建了工业和信息化部;整合建设部、交通部、民航总局的有关职能,组建了交通运输部;整合人事部、劳动和社会保障部的职能,组建了人力资源和社会保障部;整合环保职能,组建了环境保护部;集合住房与城乡建设管理职能,组建了住房和城乡建设部。此外,梳理了一些政府机构行政职能关系,对一些国家局的设定和归口进行了符合实际的大部门制改革。这次改革共调整了 15 个机构,减少了 4 个正部级机构,为大部门制改革进行了积极探索,积累了重要经验。

从地方层面来看。3 年多来,各级地方政府按照中央部署,进行了以大部门制为取向的新一轮机构改革,合理地调整机构设置和综合部门设置。全国省级机构改革从 2008 年 10 月中央批复上海市改革方案开始,到 2010 年年初基本完成。各地积极探索成立大部门,多数省份的政府组成部门有所减少,有的省整合力度较大。全国市、县级从 2009 年年中开始启动大部门制改革,到 2011 年初副省级、地级市已完成改革工作,县级改革也大体进入完成阶段,但要全部完成改革任务还要一定时间。全国乡镇机构改革在 2009 年 3 月开始,共有 34600 多个乡镇参加改革,预计到 2012 年结束。各级地方机构改革都以大部门制改革为抓手,进行了有益尝试。

总的看来,大部门制改革在全国进展顺利,初步实现了精简机构和整合部门职能的目标,在一定程度上缓解了以往多部门之间职责重叠、交叉等问题,优化了政府结构和运行机制,提高了行政效率和政府管理水平。特别是一些地方政府大胆创新部门设置,丰富了改革实践。一是,中央政府改革积极稳妥,及时、有力地应对汶川地震等特大自然灾害和国际金融危机的巨大冲击,证明了改革所取得的初步成效。二是,一些省市机构改革整合部门职能收效明显。例如,海南省组建大旅游部门、重庆市组建大农业部门,都受到社会好评。三是,一些城市探索大部门制有实质性突破。例如,深圳市将民防委办公室、安委会办公室、地震局、核应急办、应急指挥中心等机构整合成为"大应急办",运行顺畅;广州市整合原市容环卫局、市政园林局、市建委、市爱卫办、市城管局的有关职能,成立了广州市城市管理委员会和城市综合执法局,由"多龙管水"走向"一龙治水"。四是,有的县级实行大部门制力度更大。如广东省佛山市顺德区,把41个党政机构整合为16个,这项改革已在佛山市各区推行。

但是,我们也要看到,大部门制改革尚处于探索之中,在实践中也遇到了一些问题。其一,改革牵涉多个部门权责关系,推进难度较大。由于思想认识上的差异,有的上级部门对撤并其下属系统机构施加压力,有的改革由于权力关系的制约而推迟,导致改革进程放缓。其二,已进行大部门制改革的,还没有完全实现从"物理组合"到"化学反应"。有的机构虽然划归到一起,但融合程度不到位,"名合而实不合",一些部门在新体制下仍然保持了独立性;有些新组建部门还处在磨合期,工作机制没有能够相应建立起来,有些大部门职能作用还没有发挥出来。同时,不少公务员素质和能力也难以适应大部门的需要。其三,已经实行大部门制的,职责分工尚未完全落实到位,应该整合的机构职能有些还没有完全到位。这些问题,需要深入研究,认真加以解决。

三、积极稳妥推进大部门制改革的思考

"十二五"时期是全面建设小康社会的关键时期,是深化改革开放、加快转变经济发展方式的攻坚时期。当前,积极稳妥推进大部门制改革,为科学发展和社会进步提供体制性保障,任务十分艰巨。我们要继续解放思想,以更大的决心和勇气推进改革创新,争取大部门制改革取得积极进展。

提高大部门制改革重要性的认识,增强改革的自觉性和坚定性。政府组织机构是政府履行职能的载体。只有完善政府组织机构设置,才能有效发挥政府整体功能和提高行政水平。推进大部门制改革,是上层建筑更好适应经济基础的迫切要求,是建设现代化政府、服务型政府和人民满意政府的关键之举。我们要切实提高对大部门制改革重要意义的认识,从深化行政体制改革和推进国家现代化的高度看待大部门制改革,正确认识改革中遇到的各种矛盾,以更大的决心和勇气继续推进这项改革。

加强大部门制改革顶层设计,增强改革的系统性和整体性。推进大部门制改革,是一个系统工程,涉及体制改革的全局,需要整体把握,系统思考,深化战略研究,精心设计谋划。特别要把握好大部门制改革与其他改革之间的关系,加强统筹协调,搞好总体部署。一是紧紧围绕建设服务型政府和理顺职责关系,按照精简统一效能的原则和决策权、执行权、监督权既相互协调又相互制约的要求,从全局和战略上研究大部门制改革的目标,做到阶段性目标与长远目标相结合。二是加强改革的配套设计,明确改革优先顺序和重点任务,整体设计与分步实施相结合,全面推进与重点突破相结合,妥善处理改革牵涉到的各种利益关系。三是认真研究总结国外国内经验,特别是近几年我国推进大部门制改革的新鲜经验,深入分析"十二五"时期和未来 10 年有条件实行大部门制改革的领域,在更大的范围推进这项改革。四是先易后难,有计划、有步骤地推进改革。要充分考虑需要与可能,把推进大部门制改革的进取精神与严谨求实的科学态度结合起来,积极稳步地加以推进。

深化大部门制改革理论研究,增强改革的前瞻性和指导性。对于大部门制改革理论,我国理论界和实际部门已进行了一些探索,对改革起到了一定的理论支撑和实践指导作用。但总体看来,由于我们对大部门制理论与实践研究的时间比较短,研究深度和广度还有限,对于它的基础条件、支撑条件还缺乏深入的理解,还不能完全满足实践发展的需要。当前,迫切需要研究适合我国新阶段实际情况的机构改革的特点和规律,迫切需要研究中央与地方各级政府的行政职能和组织结构,政务管理部门、社会事务管理部门、经济事务管理部门的总体数量及相互关系,决策部门、执行部门、监督部门的法律关系等。同时,还需要对改革中涉及的一些重点难点问题,进行深入的理论研究和实践总结。大部门体制反映了现代行政管理体制发展的趋势,但也受到一国经济社会发展水平和行政管理传统的深刻影响与制约,要在准确把握我国国情的基础上,深入研究国外做法,汲取对我们有益的经验。当然,对国外成功经验,我们既要学习与借鉴,也要做到有扬弃。

强化大部门制改革法制建设,保障改革的持续性和稳定性。探索实行职能有机统一的大部门制,是行政体制和政府管理的创新,推进大部门制改革并巩固其改革成果,都需要法制保障。如果没有法制做保障,仅靠行政力量是很难持续推进的。即使仅靠行政力量在比较短的时间内能够推进,但改革成果也很难长期保持下去。这方面过去是有深刻教训的。例如,真正实现中央与地方行政管理体制的规范化和制度化,还应适时修改宪法和组织法,尽快制定相应的《中央与地方关系法》,对中央政府与地方政府的职责权限作出更加明确细致的规定,使适当的集权与必要的分权具有法定性的保障。因此,加强大部门制改革的法制建设,保障改革措施的持续性、稳定性,应当成为下一步改革的重要任务。

突出大部门制改革重点难点,增强改革的突破性和实质性。推进大部门制改革的关键在于两个方面:一是要抓住转变政府职能这个核心,实现组织机构从“硬件压缩整合”到“软件更新升级”;二是要建立健全部门间的协调配合机制,理顺上下部门、平行部门间和部门内部的关系。这两个方面是改革的重点,也是难点。从公共行政理论来看,机构职能的合理配置是行政体制的基础,科学的机构设置是全面履行政府职能的保证。在大部门制改革过程中,既要考虑职能的科学配置,又要考虑机构的科学设置。因此,最大限度地避免政府职能交叉、多头管理、责任不清的问题,就需要进一步转变职能,加大对机构整合的力度,建立健全上下部门、平行部门间和部门内部协调配合机制,特别是需要完善工作流程机制。"十二五"期间,应当围绕三个方面进行大部门制改革。一是围绕服务经济发展方式转变、加快经济结构战略性调整、实施绿色发展和创新驱动战略进行机构的整合和职能的界定,包括继续完善大交通、大能源管理等改革;二是围绕服务和改善民生、建立健全基本公共服务体系进行机构的整合和职能的界定,包括完善大市场监管、大食品安全、大社会保障部门等改革;三是围绕加强和创新社会管理等方面进行机构整合和职能的界定,包括加快社会工作、应急管理等改革。当前,应重点从机构设置、人员编制、队伍素质等方面入手,切实加强和充实政府的社会管理与公共服务部门。

加快行政改革与转变发展方式[*]

（2011 年 7 月 10 日）

各位领导、各位来宾、各位专家：

在我国开始实施国民经济和社会发展"十二五"规划之际，我们举办第二届中国行政改革论坛，深入探讨发展方式转变与行政体制改革问题，具有重要的现实意义和长远意义。首先我代表国家行政学院、代表中国行政体制改革研究会对前来出席论坛的各位嘉宾、专家学者表示热烈欢迎和衷心感谢！

刚才，马凯国务委员作了重要讲话，为办好这次论坛明确了方向和任务，我们一定要认真学习领会。下面，我主要就深化行政体制改革、促进发展方式转变，讲一些认识，与大家一起交流。

加快转变经济发展方式，关系改革开放和社会主义现代化建设全局，具有极大的现实紧迫性和长远战略意义。国家"十二五"规划纲要提出：加快转变经济发展方式，是推动科学发展的必由之路，是我国经济社会领域的一场深刻变革，是综合性、系统性、战略性的转变，必须贯穿经济社会发展全过程和各领域，在发展中促转变，在转变中谋发展；并进一步提出了在今后五年里确保转变经济发展方式取得实质性进展的五个方面的基本要求。这是中央统揽我国发展全局作出的重大决策。

---

* 本文系作者在"第二届中国行政改革论坛"上的主旨演讲。

党中央一直十分重视经济发展方式转变问题。早在1995年9月党的十四届五中全会上就明确指出,实行经济增长方式从粗放型向集约型的根本性转变,是关系社会主义现代化建设全局的重大问题。党的十五大、十六大也都对转变经济增长方式作出重要部署。党的十七大进一步提出加快转变经济发展方式,促进经济增长实现"三大转变"。可以说,转变经济发展方式一直是我们党经济发展战略的核心和重点。

多年来,我国在转变经济发展方式方面做了大量工作,也不断取得新进展,为经济总量和发展水平的大幅跃升,发挥了重要的作用。但从总体上看,转变发展方式进程缓慢,甚至有些方面的问题越来越突出。集中表现为:一是投资与消费关系严重失衡,而且投资结构和消费结构很不合理;二是经营方式粗放,投入多、消耗大、成本高,能源资源和环境代价过大;三是区域、城乡发展不协调,收入分配差距持续扩大;四是社会建设明显滞后,许多与民生密切相关的问题相当突出。这些问题使我国经济社会发展积聚着越来越大的风险和隐患。现在,我国处于下中等收入向上中等收入跨越的历史阶段,制约经济社会发展的深层次矛盾会进一步显现。如不加快转变发展方式,搞得不好,就有可能落入"中等收入国家陷阱",来之不易的改革发展成果也会付诸东流。这是我们必须坚决加以避免的。我国经济发展方式存在的问题有多方面的原因,既同我国经济发展处的阶段性矛盾和国外发展的环境变化有关,也同传统的发展理念束缚有关,但从根本上看,是体制机制仍存在许多弊端。因此,加快转变发展方式,既需要转变发展观念和发展思路,更需要靠深化体制改革,尤其需要推进行政体制改革。

理论和实践都表明,经济发展方式能否实现根本性转变,很大程度上取决于行政体制改革能否取得实质性新进展。不推进行政体制改革,不排除行政体制机制障碍,发展方式难以根本转变,也谈不上加快转变发展方式。政企不分、政事不分、政资不分的问题不彻底解决,现代企业制度和现代产权制度就不能完全建立;一些行政性垄断和地区条块分割现象不解决,统一开放有序的现代市场体系就不可能真正形成;不进一步转变政府职能,社会建设和社会管理滞后的状况就难以根本扭转;不改变以行政手段为主的管理方式,就不可能建立健全有效的宏观调控体系,也难以充分发挥市场在资源配置中的基础作用,经济社会发展中的不稳定、不协调、不可持续的种种问题就会更加突出。总之,只有加快推进行政体制改革,才能为加快转变发展方式提供强大动力和体制保障。

"十二五"期间,围绕加快转变经济发展方式,行政体制改革应着重抓好以下几个方面。

一、加快政府职能根本性转变和正确履行职能

转变政府职能是深化行政体制改革的核心,也是推进发展方式转变的关键。最重要的是,要彻底摆脱传统的计划经济观念与做法的羁绊,使政府职权由无限型向有限型、管制型向服务型转变,主要是实现向创造良好发展环境、提供优质公共服务、维护社会公平正义的根本性转变。要按照政府、企业、市场、社会的不同功能定位,进一步合理、明晰地界定政府职能和权限,加快推进政企分开、政事分开、政资分开,真正把属于企业、市场、社会的权力交给企业、市场、社会。这方面要加快推进法制化、规范化、制度化建设。要依法规范行政行为,深化行政审批制度改革,简化和规范审批手续,切实减少对微观经济活动和社会活动的直接干预。特别是要坚决改变目前一些地方政府仍然存在的由政府及其部门代替企业招商引资、决定建设项目的做法,改变政府对社会管理事务包揽过宽过多而又管不了、管不好的状况。在继续行使好经济调节职能的同时,更加注重强化市场监管、社会管理和公共服务的职能,着力完善体制和政策,规范市场秩序和社会秩序,更加重视保障和改善民生,提高社会管理和公共服务的水平。要加强和改进宏观调控职能,强化市场软环境建设,提高促进

可持续发展和构建和谐社会的行政能力,加快建设服务型政府、法治政府和现代化政府。

二、加快完善宏观调控和管理体系

政府作为公共权力行使者、政策措施制定者、经济活动管理者、国有资产代表者、改革创新组织者所具有的特殊地位,决定了政府对经济发展方式具有多方面的、重要的影响和作用。要加快经济发展方式转变,就必须合理、有效地发挥政府的作用。特别是在加快经济结构战略性调整、协调重大经济关系、保障和改善民生方面,政府应该有更大的作为,尤其要加强宏观调控和政策引导,发挥国家规划、计划、产业政策、社会政策和信息服务的导向作用。要坚持构建扩大内需长效机制,促进经济增长向依靠消费、投资、出口协调拉动转变;坚持把科技进步和创新放在更加突出位置,推动发展向主要依靠科技进步、劳动者素质提高、管理创新转变;坚持完善保障和改善民生的制度安排,推动发展向更加注重和谐社会建设转变。财政、税收、价格、投资和收入分配等政策,是促进发展方式转变的直接和有力的手段,要加快这些方面体制改革步伐,完善相关政策和制度,特别要形成转变发展方式的调控合力。要加快财政税收体制改革,优化财政支出结构,财政资金更多地支持社会建设和改善民生,建立向节能减排、劳动就业、社会保障、教育、医疗卫生、文化等公共服务领域倾斜的长效机制。要围绕推进基本公共服务均等化和主体功能区建设,完善财政转移支付制度。改革和完善税收制度,完善有利于产业结构升级和社会全面发展的税收政策。逐步健全地方税体系。现行的由地方政府把土地70年使用权的收益变成土地出让金一次性征收,短期内花掉的做法,既不利于抑制房价上涨,也不利于城市可持续发展,应在全国推行房地产税制度。要着眼于建设资源节约型、环境友好型社会,加快建立健全资源有偿使用制度、生态环境补偿机制和资源环境产权交易机制,加快建立能够灵活反映市场供求关系、资源稀缺程度、环境损害成本的资源性产品价格形成机制。全面改革资源税,开征环境保护税,深化资源性产品价格和要素市场改革,特别要理顺煤、电、油、气、水及其他矿产资源类产品价格体系,完善重要商品、服务、要素价格形成机制。要加快金融体制改革,完善多层次资本市场体系建设。投资是决定发展方式的最重要手段,要围绕调整经济结构和转变发展方式,加快投资体制改革,优化投资结构,强化政府投资监管,坚决改变一味新建项目、忽视现有企业技术改造以及忽视社会建设投资的现象。收入分配秩序混乱,收入差距持续扩大,既影响扩大内需和经济持续发展,也会造成贫富悬殊和社会不安定,政府应加大收入分配调节力度,在规范初次分配秩序和加强再分配调节这两个方面采取更加有力的举措。研究和解决分配问题,应当包括当年收入分配、财产分配和公共物品、公共服务的分配,这样才能有效地解决收入差距持续扩大的问题,使改革发展成果惠及全体人民,更好地走共同富裕道路。

三、加快推进行政管理制度和方式创新

行政管理水平直接影响发展方式转变。要着力加强管理制度和管理方式创新。首先,要规范和健全决策制度。应按照科学决策、民主决策、依法决策的要求,合理规定决策权限,规范行政权力的运行,切实改变那种依然存在的只靠拍脑袋决策、越权决策、不按程序决策的行政行为。重大项目建设、重大政策出台,都要充分考虑是否符合转变发展方式的要求,并广泛听取社会各界的意见。完善和落实社会听证制度和公示制度,为公众参与行政决策提供制度保障。建立健全专家咨询制度,发挥咨询研究机构、专家学者、社会听证在决策过程中的作用,完善决策信息系统和决策智力支持系统。要制定严格的决策规则和科学的决策程序,建立

决策前有论证、执行中有监督、执行后有评价、决策失误有追究的全程制约机制。其次,树立现代行政管理理念,广泛利用社会力量,善于运用现代科学技术,创新管理手段,优化管理流程。要把直接管理与间接管理结合起来,更加重视运用经济手段、法律手段、技术手段实施间接管理;把经济管理与社会管理结合起来,更加重视能源资源节约、生态环境保护和涉及民生的社会管理;把政府管理与社会治理结合起来,更加重视社会协调和公民参与。这样,有利于社会管理体制机制创新,也有利于发展方式的转变。再次,坚持推进政府组织机构改革,使行政权力的运行与转变发展方式的需要相一致。要进一步加强市场监管和社会管理、公共服务部门,以强化这些方面的职能作用。特别是坚定推行职能统一的大部门制。这对于解决机构重叠、职能交叉、权责脱节、资源浪费、效率低下等问题,对于加快由传统行政模式向现代行政模式转变,提高公共行政效能和水平,加快转变发展方式,都具有重要意义。要完善决策、执行、监督既相互制约又相互协调的权力运行机制。坚持按照政事分开、事企分开、管办分离的要求,积极稳妥地分类推进事业单位改革,以激发事业单位的活力,有效发挥其促进发展方式转变的作用。

四、加快健全行政绩效评估和问责制度

建立健全科学、管用、有效的激励和约束机制,是加快转变发展方式的制度性保障。要全面推进政府绩效管理制度和行政问责制度。有什么样的评估标准和考核制度,就有什么样的行政理念和行政行为,也就会有什么样的发展方式。应当围绕转变发展方式,加快完善行政绩效评估标准、指标体系和评估机制、具体办法。坚决改变那种助长片面追求 GDP 增长速度的政绩标准和考核评价制度,切实把经济增长质量和效益、节约能源资源和保护环境、推动社会全面进步、保障和改善民生,加强就业、社

会保障、教育、卫生和公共服务,促进社会公平正义,作为行政绩效重要标准和考核评价指标体系,以有效引导和督促各级政府和工作人员树立正确的政绩观,真正把更多的精力和资金资源投入结构调整,实现科学发展、节约发展、和谐发展。为此,要加快推进统计制度改革,建立信息公开制度。加强行政绩效监督检查,特别是要让广大群众参与政府绩效考评,充分听取人民群众的意见。要注重运用绩效考评结果,严明奖惩办法。加快建立转变发展方式方面的责任制度,加大责任追究力度,增强行政的执行力和公信力。国家应通过完善法制,以制度规范行政绩效评估和行政问责,以加快建设效能型政府和责任政府。

从多年来的经验教训看,转变经济发展方式要取得更大进展,必须正确处理好以下四个重要关系。

一要处理好政府与市场的关系。我们实行的中国特色社会主义市场经济体制,具有有效运用政府和市场两者长处的优势,应充分发挥这个体制的比较优势来推动发展方式转变。既要高度重视政府的作用,也要高度重视市场的作用。政府宏观调控和管理的主要任务,是保持经济总量平衡,抑制通货膨胀,促进重大结构优化,维护社会公平正义,为转变发展方式和保持经济平稳较快发展创造良好的环境和条件。同时,要加强市场体系建设,特别是注重完善和规范市场准入标准和维护市场秩序,加快形成统一、公平、公开竞争环境和制度,以利于在更大程度上和从制度保障上发挥市场在资源配置中的基础性作用。总之,促进发展方式转变,既要重视发挥政府这只"看得见的手"的作用,又要发挥市场这只"看不见的手"的作用。要根据区别不同领域、不同行业的实际情况充分和有效发挥"两只手"各自应有的作用,在实际工作中一定要把两者结合好。

二要处理好中央与地方的关系。正确发挥中央与地方两个积极性,才能把中国的事情办好。在新的历史条件下,如何正确认识和处理中央和地方的关系,是一个亟待认真研究解决的重大课题。中央与地方权责关系不清、权责不统一,已严重影响发展方式的转变。要进一步合理和明确划分中央与地方的职能与事权,健全财力和事权相匹配的体制。总的讲,中央要坚持加强全国经济社会发展的宏观引导、调控和管理,减少和下放具体管理事项,把更多的精力转到制定战略规划、法规政策和标准体系上,维护国家法制统一、政令统一和市场统一;地方要确保中央政令畅通,在坚决贯彻执行中央方针政策和国家法律法规的前提下,搞好对本地区经济社会发展的统筹协调,强化执行力和执法监管职责,维护市场运行秩序和社会和谐安定,促进地方经济社会协调发展。要围绕加快转变发展方式,进一步改革和完善财政转移支付制度,把保持中央财政调控能力与扩大地方财力恰当地结合起来,以做到财权与事权相统一。在扩大地方权力的同时,中央要加大行政监察力度。同时,要根据中央和地方权责相对称以及集中和分散相协调的原则,完善中央部门垂直领导和双重领导的行政体制,积极探索合理的行政层级,加快省直接管理县的体制改革。

三要处理好各类规划之间的关系。"完善国家规划体系",这是党的十七大明确提出的要求,是推进行政体制改革的重要内容。要正确规范各级各类发展规划功能,特别是合理规范国家规划与地方规划、整体规划与专项规划、中长期规划与年度计划,并理顺它们之间的关系。从我国各级各类规划的性质和功能看,中央和地方各级制定的整体性规划、中长期规划和年度计划,都要经过同级人大会议审议批准,因而都具有法律效力,都应当贯彻执行,以体现规划和计划的权威性、指导性。应当说,多年来国家和地方各类规划的制定都是很认真的,下了很大的功夫,总体看也是好的。然而,由于行政体制和各类规划制定程序、批准权限不同,地方各级人大会议通过各级地方规划在前,全国人大会议通过全国规划在后,各级整体性规划需要同级人大批准,专项规划由同级政府或者相关部门批准,这样就实际上形成两个规划体系,以致造成地方性规划与全国性规划脱节、不少地方规划往往偏离国家整体规划的要求,不少专项规划与整体规划脱节、年度计划与中长期规划脱节,严重影响了各类规划在指导转变发展方式中发挥应有作用。因此,应当深入研究,深化改革,切实完善各类规划性质、功能及其相互关系,以有效发挥各类规划的应有作用。

四要处理好行政体制改革与其他改革的关系。行政体制改革是国家整个体制改革的关键环节,涉及政治、经济、社会、文化等各方面的体制改革。必须妥善处理好行政体制改革与其他方面改革的关系。一方面,不能以行政体制改革代替其他体制改革;另一方面,行政体制改革又不能脱离其他体制改革。要把行政体制改革放到党和国家工作的大局中统筹谋划,使行政体制改革服从并服务于经济社会发展,与转变经济发展方式的要求相一致,与完善社会主义市场经济体制相适应,与发展社会主义民主政治和建设法治国家相协调。也就是说,我们要大力推进经济体制改革,积极稳妥推进政治体制改革,加快推进文化体制、社会体制改革,努力形成各方面体制改革良性互动、协调推进的新局面。

"十二五"时期,转变经济发展方式任重道远,推进行政体制改革意义重大。必须按照中央要求,以更大决心和勇气坚定推进行政体制改革,更加重视改革顶层设计和总体规划,明确改革优先顺序和重点任务,深化综合配套改革试验,争取在重要领域和关键环节不断取得突破性进展,为促进科学发展、加快转变经济发展方式和实现国家现代化提供良好的体制和制度保障。

大部门制不是部门越大越好[*]

（2013 年 4 月 1 日）

　　要了解这次国务院机构改革必须先熟悉其历史背景。改革开放以来，为适应经济社会发展需要，随着经济体制及其他方面改革的不断深化，我国分别于 1982、1988、1993、1998、2003、2008 年相继进行了 6 次比较集中的国务院机构改革，取得显著成效。

　　近 5 年，国务院机构改革和职能转变取得新的进展，主要是：行政审批制度改革继续推进，宏观调控体系逐步健全，市场监管、社会管理和公共服务职能明显加强，一些重要领域的管理体制不断完善，大部门制改革迈出重要步伐，政务公开和行政问责力度加大，依法行政水平得到提高。

　　通过持续改革，现行国务院组织架构和职能体系在总体上与社会主义市场经济体制是基本适应的。在国务院机构改革和职能转变的带动下，整个行政体制改革也不断深入，行政体制逐步完善，为推动科学发展、促进社会和谐提供了有力保障。也为新形势下继续深化改革打下了良好的基础。

　　经过 30 多年的改革发展，我国经济基础已发生巨大变化。新形势新任务对改革提出新要求。当前，我国已进入全面建成小康社会决定性阶段，世情、国情、党情发生深刻变化，面临着前所未有的发展机遇和风险挑战。党的十八大明确了全面建成小康社会和全面深化改革开放的目标，

---

　　* 本文发表于《瞭望东方周刊》2013 年第 13 期。

确定了"五位一体"的战略布局,并提出要深化行政体制改革,"稳步推进大部门制改革,健全部门职责体系"。

另一方面,社会各界和广大人民群众对新形势下深化行政体制改革包括实行大部门制有广泛的共识和较高的期待。

与新形势新任务新要求相比,现行行政体制仍存在一些不适应的地方,国务院部门在职能定位、机构设置、职责分工、运行机制等方面还存在不少问题和不足。

表现为:职能转变不到位,越位、缺位、错位问题依然突出;机构设置不够合理,一些领域机构重叠、人浮于事和一些领域机构薄弱、人力不足的问题同时并存;部门之间职责界限不清晰,职责交叉、权责脱节、争权诿责现象依然较多;运行机制不健全,行为不规范,行政效能不高;对行政权力的制约监督机制不完善,以权谋私、贪污腐败等现象尚未得到有效遏制。

要解决这些问题,破除制约经济社会发展的体制机制障碍,必须进一步深化行政体制改革,特别是深化国务院机构改革和职能转变。

一、先走一小步,为今后改革打基础

这次国务院机构改革主要有以下特点:

在改革方针上,坚持积极稳妥、稳中求进、成熟先行。既延续和深化以往改革成果,在一些矛盾突出、社会高度关注而条件又已成熟的重要领域和环节,坚决推进改革并取得较大突破,同时又充分考虑现阶段我国经济社会发展面临的诸多矛盾和潜在风险,妥善处理改革发展稳定的关系,对那些条件尚不成熟的领域,采取审慎的态度,有的留待进一步研究和探索,有的实行逐步过渡的办法,先走一小步,为今后改革打下基础。这次改革,国务院正部级机构减少4个,其中国务院组成部门减少2个,副部级机构增减相抵数量不变,符合稳步推进大部门制的改革要求。

在改革原则上,政企、政社、政事分开,更加突出了职能转变这一行政体制改革的核心,强调要以更大力度,在更广范围、更深层次上加快国务院机构职能转变,着力推进向市场、社会、地方放权,减少对微观事务的干预;同时,改善和加强宏观管理,严格事后监管,做到有收有放,宽进严管,既激发经济社会发展活力,又维护经济社会运行良好秩序。

这次大部门制改革最突出的亮点,是按照政企分开和建设综合交通运输体系的要求,撤销铁道部,组建国家铁路局,由交通运输部管理,承担铁道部的其他行政职能;组建中国铁路总公司,承担铁道部的企业职责。

国务院机构改革方案确定"四个"减少,即减少和下放投资审批事项、减少和下放生产经营活动审批事项、减少资质资格许可和认定、减少专项转移支付和收费,就是突出体现深化政府职能转变的要求。

在机构调整上,重点围绕理顺职责体系,改进和加强公共卫生服务、公共文化服务、公共交通服务,保障和改善民生,整合加强机构、完善管理体制。例如卫生计生、食品药品、新闻出版和广电、铁路、能源等领域的机构调整,都与理顺职责关系、保障和改善民生直接相关。

在改革重点上,注重制度建设,通过加强基础性制度建设、依法行政的制度,致力于提高政府管理的科学化、规范化水平,提高政府管理效能。特别是,本次改革强调的一些基础性制度,如以公民身份证号码和组织机构代码为基础的社会信用信息制度、不动产统一登记制度、现金管理制度等,对于维护经济社会发展秩序、提高社会诚信水平、防治贪污腐败行为,都会起到很好的作用。

二、进一步机构改革的空间

行政体制改革是一个系统工程,包括转变政府职能、调整组织机构、重新配置职责、健全运行机制、完善制度规范、加强编制管理等多方面内容,机构调整只是其中一项内容。不能把行政体制改革等同于机构改革。

同时,实行大部门制并不是部门越大越好,而是要按照建设现代服务型政府的要求,更好地履行为人民服务的宗旨和职能,提高政府履职尽责的效能和降低行政成本,更好地建设责任型、效能型、节约型政府。

机构改革是要通过调整政府组织机构设置和职能配置,形成规模适度、结构合理、分工明确、权责一致、运转高效的组织体系。不能把国务院机构改革等同于大部门制改革。衡量政府组织机构设置是否合理的标准,不是政府规模的大小、部门数量的多少,而是能否适应经济社会发展需要高效地履行职能。

近几年来,我们提出并推进大部门制改革,是针对长期以来我国政府机构设置过多、分工过细、职责交叉较多的问题。由于这一问题还没有彻底解决,今后在一些领域还需要适时推进大部门制改革,但不应把大部门制作为机构改革的唯一方向。

在机构设置问题上,不能把我国与其他国家进行简单比较,更不能照搬他国做法。毕竟各国国情不同,管理体制不一样。仅就中央政府组成部门的数量而言,不同发达国家之间也有差别,有些国家比我国还多。从中央政府机构的总数而言,很多国家比我国多。

进一步深化机构改革,需要随着社会主义市场经济体制的完善、随着政府职能的转变,该精简的精简,该完善的完善,该合并的合并,该加强的加强,以形成更加合理、高效的组织结构和职能体系。

一是针对市场监管、社会管理、金融监管等一些领域仍然存在的职责交叉、权责不清问题,可以研究继续稳步推进大部门制,在条件成熟、形成共识时,整合相关职责和机构;二是在保持国务院机构总体相对稳定的前提下,通过重新配置职能、调整职责分工和人员结构,理顺部门关系;三是在部门内部推行大司、大处室设置;四是加强部门间协调机制建设。

三、加强体制改革顶层设计，突出重点

行政体制改革与经济体制、政治体制、文化体制、社会体制等方面改革都有密切关系，涉及行政权力关系的调整和政府组织结构的变动，涉及国家经济、政治、文化和社会生活的方方面面，涉及中央与地方、政府与社会、政府与企业、整体利益与局部利益等一系列重大关系。

因此，行政体制改革需要放到党和国家发展的大局中统筹谋划，在中央的统一领导下，与其他方面的改革统筹规划部署，整体协调推进。

行政体制改革是一项长期任务，首先要按照建立完善的中国特色社会主义行政体制的总体目标，明确改革的方向、重点和路径，不能裹足不前，不能急于求成。行政体制改革也是一个连续性和阶段性相统一的过程，每一个时期都要有一定的改革任务，必须突出重点，在总体规划下体现一个时期的重点安排，做到长远目标和近期目标相结合，全面推进和重点突破相结合。

在推进行政体制改革中，要鼓励和支持地方、部门从实际出发，因地制宜，大胆探索，推进创新，为深化改革积累经验。

三、政府自身改革与建设

深化干部人事制度改革若干思考[*]

（2003 年 8 月 15 日）

    1993 年 10 月实施的《国家公务员暂行条例》，标志着我国开始实施国家公务员制度。国家公务员制度的建立和推行，是干部人事制度的重大改革，对于加强公务员队伍建设发挥了重要作用。《国家公务员暂行条例》中规定，"国家行政机关实行职位分类制度"，根据职位分类，"设置国家公务员的职务和等级序列"。这套制度至今运行 10 年，效果明显，但也有必要根据改革开放和发展新形势的需要，加以完善。党的十六大报告提出："完善干部职务和职级相结合的制度，建立干部激励和保障机制。"这是党中央的重要决策，对于党政机关吸引和留住优秀人才，形成广纳群贤、人尽其才、能上能下、充满活力的用人机制，对于建设政治坚定、业务精通、纪律严明、廉洁高效的干部队伍，有着十分重要的意义。

    根据党的十六大报告精神和现行干部人事制度中存在的问题，谈以下几点意见。

---

　　* 本文系作者在中央召开的"完善干部职务和职级相结合的制度　建立干部激励和保障机制"座谈会上的发言。

一、关于完善干部职务和职级相结合制度问题

完善党政干部职务和职级相结合的制度,首先要科学、明确界定干部职级的含义,明确设立职级在干部管理中的作用。我认为,干部职级序列与干部职务序列既相互联系又相对独立。职级就是党政干部的级别。职级应该成为决定干部的政治待遇和工资福利待遇、退休待遇的基本依据。它同干部职务序列相互配合,形成对干部的激励和保障机制。

据人事部同志讲,《国家公务员暂行条例》中的公务员"等级"就是党的十六大报告中讲的"干部职级"。如果这样的解释是对的,那么目前干部职务和职级相结合方面存在的问题,主要是干部的级别只与四项基本工资中的级别工资挂钩,与其他待遇无关,没有成为真正意义上的干部级别。级别只是工资级别,还不是真正意义上的职级。这是造成干部"争提拔"、"过独木桥"和短期行为问题的重要制度原因。

完善职务与职级相结合的制度,就要强化职级在干部等级识别中的作用,职级不仅要与干部的基本工资挂钩,还要与干部各方面的待遇挂钩,如政治待遇、生活待遇、退休待遇等,使干部在职务不变的情况下,能够通过职级晋升来提高待遇,以强化对干部的激励保障机制。

二、关于党政干部职务和职级设置问题

党政干部目前的职务层次设置基本合理。问题主要是职级设置不合理、不科学。一是有些职务对应的级别少,不能满足正常晋升级别的需要,出现大量的"倒级差"现象(倒级差是指:当级别晋升达到所任职务对应的最高级别后,在这个最高级别上增加一个倒级差的工资额,即最高级

别对应的工资额与低一级次工资额之差）。二是级别只与工作年限挂钩，没有反映干部级别晋升对其能力、责任、业绩的要求（即《国家公务员暂行条例》第十一条规定的执行不够充分）。

解决这个问题，可以采取以下措施。一是要增加级别设置，完善职务和级别的对应关系。可以考虑在现有 15 级的基础上再适当增加一些级次，使部分职务对应的级别相应增加 1—2 级，以解决由于正常晋升级次不够而出现的"倒级差"问题。二是落实《国家公务员暂行条例》第十一条规定，综合考虑决定干部级别晋升的因素，既要考虑工作和任职时间长短，更要考虑所在职位的责任大小、工作难易程度以及德才表现、工作实绩等方面的情况，使晋升级别起到促进干部工作积极性的作用。例如，同样的省、地、县级职务，由于经济、人口规模等情况不同，责任大小也有区别，这些因素应该在其晋升级别问题上得以体现，要制定明确具体的办法，便于操作。三是适当缩短正常晋升级别的年限，使干部不断得到激励。

同时，建议强化职级工资制中的年功贡献，较大幅度提高工龄工资标准，可先从现在的每年工龄 1 元提高到 5 元—10 元。因为地（市）、县级以下干部数量多，职位少，干部晋升职务机会少，增加工龄工资标准，有助于调动广大参加工作长而级别低的干部的积极性。

三、关于建立专业技术职务问题

随着社会经济的发展，政府职能和工作方式的转变，党政机关对专业技术干部的需要越来越迫切，建立专业技术职务系列很有必要，这也有助于解决"争提拔"和"过独木桥"的问题。

一是各级专业技术人员宜实行聘任制，按照专业技术职务享受政治和工资福利待遇。

二是对非领导职务可以考虑改为政务类专业职位系列。例如,政务专员、助理政务专员、一秘、二秘等,或某级领导职务助理。这是许多发达国家公务员职务序列的通行做法。

三是对于主要从事研究工作、对学历学位要求较高的党政机关,例如像国务院研究室这样的单位,应当允许评定专业技术职称。这样,可以使公务员队伍中理论学术水平较高的人员与事业单位同等水平人员有相同职称。他们的理论业务水平受到社会承认后,不仅有助于稳定公务员队伍,方便工作,也有利于人才合理流动。

四、关于规范地区和部门自行出台的津贴、补贴,
建立适合国情的工资管理体制和调控机制问题

现在的干部收入中津贴、补贴名目繁多,比较混乱,弊端丛生。突出的问题:一是不仅地区之间,而且同一地区的不同部门、单位之间干部的津贴、补贴收入差距悬殊。例如,同在北京市工作,北京市和中央国家机关收入不一样,北京市各部门之间、中央国家机关各部之间收入都不一样,有的差别很大。二是引起互相攀比,影响干部队伍的稳定,造成有些部门乱收费、搞创收。三是津贴、补贴的项目越来越多、标准越来越高,许多地方津贴、补贴数额已经超过基本工资,占了党政干部收入的大头,使基本工资失去了作为劳动报酬的意义。因此,必须对地区和部门自行出台的名目繁多的津贴、补贴项目加以清理和整顿,可结合财政收支两条线改革一并进行。要简化津贴、补贴项目,确定合理的标准,建立规范的津贴、补贴制度。这是完善干部工资管理制度的重要内容。

由于不同地区经济发展水平、平均工资水平和物价水平不同,应当允许不同地区之间党政干部的收入存在差别。这可以通过设置附加津贴的办法,调节党政干部与当地同等条件人员的收入差距。但是同一地区的

不同部门、单位之间的同职同级同类干部津贴、补贴项目和标准应当统一。

要研究和改进中央对地方设置各项津贴和补贴的管理办法。可以考虑：一是中央对地方设置的各类津贴、补贴提出指导意见，具体项目和标准由地方确定。为改善和提高党政干部物质文化生活水平而设置的补贴项目由中央统一确定，补贴标准可根据补贴项目的不同，有的由中央确定，如通信、书报费等；有的由中央确定补贴比例，地方确定具体标准，如住房，中央只明确按照市场价的一定比例补贴；有的由地方确定，如高级干部服务人员自雇费用等。二是设立职位津贴。根据干部所任职位的责任大小、工作难易程度确定津贴标准，对领导干部和非领导干部应有明显差别，因为工作任务和责任明确不一样，具体标准可以由地方决定，并纳入地方财政预算支出。三是对年度考核优秀等次，给予资金奖励。四是实行分灶吃饭，中央主要管编制、管制度、管政策，并通过转移支付帮助中西部地区解决因执行统一制度和政策产生的困难。五是根据经济发展、平均工资水平和物价变化，适时调整地区附加津贴标准，并把它作为今后提高党政干部收入水平的一项制度。

五、关于对选举产生的干部和委任制干部是否实行不同工资制度问题

通过选举产生和需经各级人大审议的党政干部，其职责、工作压力及难度等一般高于党政机关内设机构同职级委任制干部，因此在工资待遇上应当适当体现。但不同部门、单位的委任制领导干部，其责任和工作量也不相同，有的不亚于选举产生的领导干部。这可以通过不同的职位津贴标准来解决，没有必要建立两套不同的工资制度。

党政干部福利待遇货币化、透明化是改革的方向，步伐应当加快。现

在反映比较突出的,是公务用车问题。党政干部福利待遇货币化、透明化后,可使党政机关干部调进调出的限制因素大大减少,有利于干部的交流,也使财政支出更加合理、科学。比如住房补贴货币化,干部在职期间应该享受多少住房补贴就领多少,调出后在住房上没有任何瓜葛,个人不吃亏,财政也没有多支出。

六、关于干部分类管理问题

干部分类管理是深化干部人事制度改革的另一个重要方面。做好干部分类管理,是做好干部工资、福利待遇、社会保障等工作的前提。完善党政干部职务和职级相结合的制度,建立健全干部激励和保障机制,干部分类管理势在必行。

首先是党政机关和事业单位(含人民团体、各类学会、协会等)、企业单位的干部应该实行不同的管理办法,增加工资和调整工资标准也不要捆在一起。

其次是对党政机关干部实行分类管理。大体可以分为四种类型:一是领导干部,二是政务类专业干部,三是专业技术干部,四是普通文员。党政机关可以设置文员,采取聘用制,不晋升职务、级别,固定工作项目和工资标准,干得好不好,采用是否续聘和给奖金多少的办法,加以区别。

大力建设服务型政府[*]

（2006 年 11 月 1 日）

党的十六届六中全会通过的《决定》，对构建社会主义和谐社会作出了全面部署。其中，明确要求"建设服务型政府，强化社会管理和公共服务职能"。这是我们党在新的历史条件下，着眼全局，审时度势，郑重提出的一个重要任务。深刻领会和认真贯彻这一重要精神，对于全面贯彻科学发展观，加快政府职能转变和管理创新，构建社会主义和谐社会，具有重大的意义。

一、建设服务型政府是构建社会
主义和谐社会的必然要求

构建社会主义和谐社会，是我们党适应我国改革开放和现代化建设进入新阶段的客观要求，从全面建设小康社会、推进中国特色社会主义事业全局出发作出的一项重大战略决策，体现了广大人民群众的根本利益和共同愿望。构建社会主义和谐社会的历史任务，对政府改革和建设提出了新的更高要求，其中一个重要方面，就是要建设服务型政府。所谓服

———————————
＊ 本文发表于《求是》2006 年第 21 期。

务型政府,有着丰富和深刻的内涵,它的本质要求,就是坚持一切从人民群众的根本利益和现实需求出发,全心全意为人民群众服务;从构建社会主义和谐社会的要求看,就是要以解决民生问题为根本着眼点和目的,在发展经济的基础上,不断提高人民物质文化生活水平,特别要大力发展社会事业和公共事业,为人民群众提供更多更好的公共产品和公共服务,不断加强社会管理和建设,切实维护社会公正、社会秩序和社会稳定。明确提出建设服务型政府,反映了我们党对中国特色社会主义事业发展的新认识,也反映了我们党对执政能力、执政方式的新认识。实现这方面的任务,必将为落实科学发展观、促进经济社会和人的全面发展、构建社会主义和谐社会提供重要保障。

建设服务型政府,从根本上说是由人民政府的性质决定的。我们的政府是中国共产党领导的人民政府,全心全意为人民服务是我们党的一贯思想和根本宗旨,是各级政府的神圣职责和全体公务员的基本准则。诚然,在不同经济发展阶段和发展水平上,人民对物质文化的需求和社会活动不同,政府为人民服务的任务、目标和着力点也会不同。同时,由于社会经济管理体制和管理方式不同,例如在原来计划经济体制和现在社会主义市场经济体制的不同条件下,政府的职能和履行职责的途径、形式和方法也会不同。政府必须根据这些变化着的情况,正确、充分和有效地履行职责,提高为人民服务的水平。

建设服务型政府,对在新的历史条件下构建社会主义和谐社会有着特殊重要的意义。各级政府拥有人民赋予的权力,掌握着大量公共资源,处于经济社会管理者的特殊地位,在构建社会主义和谐社会进程中承担着重要职责。同时,我国已进入全面建设小康社会的发展阶段,工业化、城镇化、市场化、国际化进程加快,改革开放继续深化,经济发展、经济体制、社会结构、利益格局和思想观念都发生了深刻变化。这种空前的社会变革,使我国经济社会发展呈现一系列新的鲜明特征,其中包括:随着经济持续较快发展和生活水平不断提高,人民群众的物质文化需求日益多样化,选择性不断增强,对公共产品和公共服务的需求全面快速增长;随着社会主义市场体制逐步完善,市场在资源配置中的基础性作用愈益增大;随着对外开放向广度和深度推进,我国社会经济与世界的联系更加密切,有机遇,也有挑战。这些都给我国发展进步带来巨大活力,也必然会带来这样那样的社会矛盾和问题,深层次的矛盾逐步显现,影响社会和谐的问题会增多。新形势、新任务更加要求政府必须全面履行职能。要继续搞好经济调节,加强市场监管,促进经济持续较快发展,这样才能使社会物质财富不断增加,为增进全体人民福祉、构建社会主义和谐社会创造物质基础;同时,政府必须履行公共服务和社会管理职能,为社会提供更多更好的公共产品和公共服务。这些本来是政府应尽的职责,但是过去由于种种原因,我国经济发展与社会发展存在一条腿长、一条腿短的问题,社会事业发展明显滞后,社会体制和政策不完善,社会管理水平不高。目前,公共产品供给短缺和公共服务能力不强,已经是一个相当普遍和十分突出的问题。只有加强服务型政府建设,注重发展社会事业和解决民生问题,为经济发展和人民群众生产生活创造良好的环境和条件,使全体人民共享改革发展成果,才能促进社会公平正义,增强社会创造活力,保持社会安定有序,有效推动社会主义和谐社会建设。

建设服务型政府,是推进政府自身改革和建设,为构建社会主义和谐社会服务的重要举措。我国现在仍处于体制改革攻坚的关键时期,行政管理体制的一些弊端没有根本消除,社会主义市场经济体制还不完善。多年来,特别是近几年来,在政府自身改革和建设方面采取了一系列措施,包括全面履行政府职能,深化行政审批制度改革,推进科学民主决策,推行依法行政,加强行政监督,加快社会事业发展,努力解决损害群众利益的各种问题,加大反腐倡廉力度等。这些都取得了明显成效。但是,政府职能转变的任务依然繁重和艰巨,特别是社会管理和公共服务职能薄弱。目前,政府及其部门仍然管了许多不该管、管不了也管不好的事;一些政府部门权责脱节、有权无责,有的部门之间职责不清、推诿扯皮,办事效率不高;有的工作脱离实际、脱离群众,随意决策,存在着严重的主观主义、形式主义、官僚主义;有些地方片面追求经济增长速度,忽视社会全面发展,甚至存在损害人民群众切身利益的问题。这些都影响了政府职能的正常发挥。更有一些政府工作人员违法违规,滥用权力,贪污腐败,失信于民,损害政府在人民群众中的形象,也影响和谐社会建设。如果不进一步加强政府自身的改革和建设,就不能适应构建社会主义和谐社会的要求。

总之,无论是人民政府的根本性质和宗旨,还是经济社会发展阶段性特征和构建社会主义和谐社会的客观进程,以及目前政府自身的状况,都要求加快推进政府职能转变和管理创新。我们要提高认识,增强自觉性和主动性,提高使命感和责任感,大力加强服务型政府建设。

二、围绕构建社会主义和谐社会建设服务型政府

《决定》明确提出了构建社会主义和谐社会的原则、目标、任务,并从六个方面作出了全面部署。为顺利实施这一系统工程,《决定》对建设服务型政府也提出了明确的任务和要求。概括地说,主要有以下三个方面。

(一)以发展社会事业和解决民生问题为重点,逐步形成惠及全民的基本公共服务体系。这是建设服务型政府的一项基本任务。基本公共服务的属性在于它的公共性、普惠性和社会公平。公共服务的范围比较广,根据经济社会发展的水平高低和政府建设的能力大小而定,但基本上都包括公共教育、公共卫生、公共文化等社会事业,也包括公共交通、公共通信等公共产品和公用设施建设,还包括解决人的生存、发展和维护社会稳定所需要的社会就业、社会分配、社会保障、社会福利、社会秩序等公共制度建设。这些公共服务产品和公共服务的提供,是政府调控社会群体之间收入差距、促进社会公平正义、保障社会安定有序的有效制度性手段和

机制。在我国现阶段，按照逐步形成惠及全民的基本公共服务体系的要求，必须既不断增加公共服务的总量，向社会提供更多更好的公共服务，又着力优化公共服务的结构和布局。《决定》明确提出，要以发展社会事业和解决民生问题为重点，优化公共资源配置，注重向农村、基层、欠发达地区倾斜，逐步形成惠及全民的基本公共服务体系。这是为解决我国基本公共服务总量不足和在城乡、区域之间分配严重不均衡问题而提出的目标和举措，具有重大的现实意义和历史意义。为实现这个目标，要着重抓好以下几个方面的工作：一要大力发展教育、卫生、文化、体育等各项社会事业。坚持教育优先发展，促进教育公平；加强医疗卫生服务体系建设，提高人民健康水平；加快发展文化事业和文化产业，满足人民群众文化需求。二要实施积极的就业政策，完善就业服务体系。促进就业再就业，加强劳动保护，发展和谐劳动关系，实现经济发展和扩大就业良性互动。三要健全社会保障制度，保障群众基本生活。逐步建立社会保险、社会救助、社会福利、慈善事业相互衔接的覆盖城乡居民的社会保障体系，着力解决困难群众的基本生活问题，这也是构筑社会安全网的需要。四要完善收入分配制度，规范收入分配秩序。加强收入分配宏观调节，在经济发展的基础上，更加注重社会公平，促进走共同富裕道路。五要加强生态环境保护，促进人与自然和谐。加快建设资源节约型、环境友好型社会，实现可持续发展。六要强化市场监管，整顿和规范市场经济秩序。包括整顿生产和流通秩序，加强食品、药品、餐饮卫生监管，保障人民群众健康安全。七要继续加强道路、通信、供排水等公共设施建设，不断改善城乡居民生活条件。当前，我国城乡之间、地区之间经济社会发展不协调，公共产品和公共服务差距大，必须扩大公共产品和公共服务的覆盖范围，更加注重向农村、基层、欠发达地区倾斜，向社会贫困群体倾斜，保障这些地方人们的基本公共服务需求。这样做，不仅是各级政府义不容辞的职责，也是促进经济社会协调发展、缓解社会矛盾、维护社会公平所必需的。提高公共服务水平、有效利用提供公共服务来调节社会利益关系、促进社会公平正义,是衡量政府行政能力和管理水平的一个重要标志。

(二)加强和改进社会管理,完善社会管理体系,保持社会安定有序。这是建设服务型政府的一个重要目标,也是促进经济社会协调发展的重要举措。在我国社会结构和利益格局发生深刻变化的情况下,传统的社会管理体制和管理方式已不适应新形势下社会发展的需要。必须适应新形势新任务,创新社会管理体制,整合社会管理资源,提高社会管理水平。要建立政府与各类社会组织分工协作的社会管理机制,依法加强对社团、行业组织和社会中介组织等的规范管理,促进各类社会组织健康发展,充分发挥他们在提供服务、反映诉求、规范行为等方面的作用。要加强城乡社区建设,建立健全新型的基层社会管理体系,加快推动基层社会管理和服务由传统的条块分割的"单位体制"向属地化、社会化的现代社区体制转变,充分发挥城乡基层自治组织协调利益、化解矛盾、排忧解难的作用。要统筹协调各方面利益关系,建立健全科学有效的利益协调机制、社会纠纷调处机制和权益保障机制,综合运用法律、政策、经济、行政等手段和教育、协商、调解等方法,预防和化解矛盾。要完善应急管理体制机制,有效应对各种风险。建立健全分类管理、分级负责、条块结合、属地为主的应急管理体制,形成统一指挥、反应灵敏、协调有序、运转高效的应急管理机制,有效应对自然灾害、事故灾难、公共卫生事件、社会安全事件,提高保障公共安全和处置突发事件的能力。要加强安全生产工作,坚持安全第一、预防为主、综合治理的方针,完善安全生产体制机制、法律法规和政策措施,加大投入,落实责任,严格管理,强化监管,维护安全生产秩序,坚决遏制重特大安全事故,保障人民群众生命财产安全。要建立健全社会治安防控体系,完善社会治安综合治理机制,依法打击各种犯罪活动,增强人民群众的安全感。总之,要通过健全有效覆盖全社会的管理体系,更好地履行政府的社会管理职能。

(三)创新公共服务和社会管理方式,在服务中实施管理,在管理中体现服务。这是建设服务型政府的一个关键环节。要以提高公共服务效率和质量为中心,整合各类相关资源,努力做到以最低廉的行政成本提供更多、优质、高效的公共服务。方便、快捷是社会和公众对公共服务的基本要求,也是衡量公共服务水平的重要标准。让人民群众更广泛地参与社会管理,是创新公共服务和社会管理制度的重要方面。要进一步完善决策机制,健全深入了解民情、充分反映民意、广泛集中民智、切实珍惜民力的决策机制,推进决策科学化、民主化,建立社情民意反映制度,建立与群众利益密切相关的重大事项社会公示制度和社会听证制度。推行政务公开,是提高政府效能和防止腐败的根本性措施。要把政务公开,提高政府工作和权力运作的透明度,作为政府管理创新的一项基本制度。各类行政管理和公共服务事项,除涉及国家秘密和依法受到保护的商业秘密和个人隐私外,都应向社会公开。坚持以人民群众关心的事项和容易滋生腐败的领域作为政务公开的重点。要建立健全政务信息发布制度,加大政务信息发布力度,提高政务信息质量,及时发布政务信息,畅通人民群众了解公共信息的渠道,保障人民群众依法管理国家和对社会事务、管理经济和文化事业的知情权、参与权、表达权和监督权,为群众生活和参与经济、政治、文化及社会活动创造便利条件。要加快电子政务建设,充分利用现代信息和通信技术,推进公共管理和服务的信息化、现代化。深化电子政务应用,推动应用系统互联互通,搞好信息共享和业务协同,逐步建立全国统一的电子政务网络。要通过创新服务和管理方式,拓宽服务领域,提高行政效能,改进服务质量,增强政府权力运作的透明度,提高人民群众对政府的满意度。

三、深化改革,完善政策,加快建设服务型政府

建设服务型政府,关键在于深化改革,创新体制机制,完善政策。要以改革创新为动力,以社会和公众需求为导向,建立中国特色的公共服务

和社会管理模式。为此,必须从更新思想观念、转变政府职能、完善政策体系、健全公共财政制度、加强公务员队伍建设等方面,采取有力的措施。

(一)牢固树立以人为本的施政理念。这是建设服务型政府的根本要求。在发展经济的基础上,不断满足人民群众日益增长的物质文化需求,促进社会和谐进步,是政府改革和建设的基本任务。因此,必须全面贯彻落实科学发展观,牢固树立以人为本、执政为民的理念。推动经济建设、政治建设、文化建设、社会建设各项工作的根本出发点和落脚点,都应坚持以人为本,注重解决民生问题,努力提高人民群众物质文化生活水平和健康水平,切实保障人民群众权益,实现好、维护好、发展好最广大人民的根本利益,做到发展为了人民、发展依靠人民、发展成果由人民共享,促进经济社会和人的全面发展。由于长期受传统观念的影响,一些政府工作人员往往更多的是从行使权力的角度来看待施政问题,存在重权力轻责任、重管理轻服务现象。建设服务型政府,就必须强化服务和责任的意识,推动政府从“权力本位”向“责任本位”转变,从偏重行政控制向科学化的公共治理转变。适应经济发展阶段和经济体制的变化,更新管理理念,高度重视加强和改进社会管理。这样,才能有效加强社会主义和谐社会建设。

(二)深化行政管理和社会管理体制改革。这是建设服务型政府的关键。要按照转变职能、权责一致、强化服务、改进管理、提高效能的要求,深化行政管理体制改革,优化政府机构设置,更加注重履行社会管理和公共服务职能。至关重要的是继续推进政企分开、政资分开、政事分开、政府与中介组织分开,进一步规范政府权力。继续深化行政审批制度改革,认真贯彻行政许可法,进一步减少和规范行政审批事项,该取消的审批项目坚决取消,该下放的项目尽快下放,以利于把更多的精力用于公共服务和社会管理。各级政府要充实公共服务和社会管理部门,配备社会工作专门人员,完善社会管理岗位设置,做到权责一致。要加快社会管理体制改革,既要增强社会活力,又要保持社会稳定。推进政事分开,支持社会组织参与社会管理和公共服务。坚持在社会公共事务管理中,实行政府主导与社会组织协同、公民参与相结合,建立公共产品和服务供给的社会参与机制,把那些适合或可以通过市场和社会提供的公共服务,以适当的方式交给社会组织、中介机构、社区等基层组织或企业承担,引进竞争机制,降低服务成本,提高服务效率和质量。要推进社区建设,健全社区管理和服务体制,完善基层服务和管理网络,把社区建成管理有序、服务完善、文明祥和的社会生活共同体。

(三)健全公共服务和社会管理政策体系。这是建设服务型政府的基础性工作。目前我国的公共政策体系不完善,特别是促进经济社会全面发展、有效协调社会利益关系、解决各类社会矛盾等方面的政策还不完善。要以构建社会主义和谐社会作为完善公共政策的基本目标和内容。制定和完善基本公共服务标准,特别是在城乡居民最低生活保障、社会救助、医疗卫生、教育和文化发展等公共服务方面,都应当制定与经济社会发展水平相适应的基本标准。要适应社会结构、社会利益格局的发展变化,建立健全有效调节社会利益关系的机制和政策。与完善公共政策体系相适应,还要采取更有力的支持公共服务和社会发展的经济政策,包括产业政策、财政税收政策、投融资政策、金融政策、收入分配政策和价格政策等。同时,加快推进社会事业和社会管理制度改革,建立健全合理的长效机制,真正使公共服务和社会管理政策得以有效落实。

(四)完善公共财政体制和制度。这是建设服务型政府的重要保障。在现代社会,公共财政是公共体系运作的血液,是政府有效提供公共服务的经济基础。必须按照不断强化公共服务和逐步实现基本公共服务均等化的要求,深化财政体制改革,健全公共财政体制。合理调整改善财政支出结构,把更多的财政资金投向公共服务领域,特别要加大财政对教育、卫生、文化、就业再就业、社会保障、生态环境保护、公共基础设施建设、社会治安等方面的投入,形成有力的可持续的财政支持体系。进一步明确中央和地方的事权,健全财权与事权相匹配的财税体制,建立规范化、法制化的财政转移支付制度。我国城乡和地区之间发展差距较大,为了有效调节和保障城乡之间、地区之间基本公共服务均衡发展,必须加大财政转移支付的力度,特别要加大国家对革命老区、民族地区、边疆地区、贫困地区以及粮食主产区、矿产资源开发地区、生态保护任务较重地区的转移支付,加大对人口较少民族的支持。县和县级以下政府承担着向全国众多人口提供公共服务和社会管理的任务,其中几乎包括了全部的农村人口,财政资金转移支付应当重点向县乡级倾斜,着力解决县乡财政困难,以增强基层政府提供公共服务的能力。在经济发展和财力增加的基础上,逐步增加国家财政投资规模。同时,鼓励社会力量在教育、科技、文化、卫生、体育、社会福利等领域兴办民办非企业单位,以不断增强公共产品和公共服务的供给能力。

(五)坚持依法行政和开展绩效评估。这是建设服务型政府的内在要求。各级政府及其部门必须坚决维护宪法和法律的权威,严格依照法定权限和程序行使权力、履行职责、接受监督,切实将政府管理经济社会行为纳入依法运转的轨道。现在,一些政府机关和政府工作人员不能依法行政,损害人民群众的合法权益;有些地方违反国家法律法规和政策,在土地征收征用、城市建设拆迁、企业重组改制和破产、环境污染等方面损害群众利益;有的地方提出不切实际的高指标,搞劳民伤财的"形象工程",不仅影响了当地经济持续发展,而且引发了不少社会矛盾;有的讲排场、比阔气,肆意挥霍国家资财,奢侈浪费严重;有的多头执法、执法不公,甚至执法违法。这些既不符合建设服务型政府的要求,也影响了政府的执行力和公信力。要切实提高依法行政、依法办事水平,做到职权法定、依法行政、监督有效、高效便民。继续加强行政立法工作,特别要更加重视公共服务和社会管理方面的立法。进一步明确行政执法权限,提高执法水平。完善行政复议、行政赔偿和补偿等制度。

建设服务型政府,推进政府管理创新,还要树立正确导向,开展绩效评估。要科学确定政府绩效评估的内容和指标体系,把实现社会发展目标、公共服务水平、社会稳定和谐以及降低行政成本、勤政廉政等情况作为评估的重要内容,形成正确的政绩导向,促进树立与科学发展观相适应的政绩观,建立行政问责制。

(六)加强政府公务员队伍建设。建设服务型政府,提高政府为人民服务的水平,关键在于提高政府工作人员特别是领导干部的素质。这就要求加强思想建设、制度建设、作风建设、能力建设。各级政府和每个政府工作人员都必须深刻认识到,我们手中的权力是人民赋予的,必须全心全意为人民服务,真正做到权为民所用、情为民所系、利为民所谋。面对新形势、新任务,要进一步解放思想,与时俱进,勇于推进公共服务和社会管理创新。各级政府都要健全规范权力和有效监督权力的制度,并认真遵守和落实,做到用制度管理、按制度办事、靠制度管人,使权力得以正确、合理、有效地运行。每一名政府工作人员都要树立良好的思想作风、工作作风,做到求真务实、勤政高效、廉洁自律。要加强基本理论和现代政府知识的学习,增强全面和正确履行政府职能的能力,努力提高公共服务和社会管理的水平。这样,才能不断推进服务型政府建设。

努力提升电子政务建设水平[*]

（2009 年 3 月 27 日）

　　人类社会进入 20 世纪 90 年代以来，信息技术进步日新月异，目前信息化水平已经成为衡量一个国家综合国力和竞争力的重要标志。在政府管理领域，许多国家都在利用信息技术提高公共服务水平和效率。电子政务在世界范围内迅速发展，推动了政府改革和自身建设，促进了经济社会进步。发展电子政务已经成为世界潮流。

　　我国现在处于加快推进工业化、信息化、现代化的关键时期，大力发展电子政务更为重要、更为紧迫。

　　第一，发展电子政务是建设创新型国家的重要方面。建设创新型国家关键在于建设国家创新体系，包括政府、企业、社会和理论、制度、科技等全方位创新，其中政府管理创新起着保障、推动、示范的作用。而电子政务是政府管理创新的重要形式，通过推行电子政务，能够有效地扩大政府与社会沟通的渠道，提高社会信息传播效率，进而提高全社会的创新效率，改善社会管理运行模式，推动社会管理流程再造，形成对社会创新的示范效应。因此，发展电子政务是推动创新型国家建设的重要手段。

　　第二，发展电子政务是加快推进工业化、信息化、现代化的必然要求。一些发达国家是在完成工业化后推进信息化的，而我国面临着工业化、信

---

　　* 本文系作者为中国社会科学文献出版社出版的《中国电子政务发展报告（2009）》一书所作序言。

息化同时推进的双重任务,以信息化带动工业化的任务更为艰巨。电子政务既是信息化的重要内容,又对加快工业化、信息化发展起着重要的推动作用。在当前信息网络技术迅速发展的新形势下,我们应当审时度势,大力提升电子政务发展水平,在推进我国工业化、信息化、现代化进程中发挥重要作用。

第三,发展电子政务是建设服务型政府的重大任务。我们现在正处在信息社会、网络时代,从这个意义上讲,建设服务型政府,就是以信息技术为支撑的为社会、为企业、为群众提供快捷、高效、优质、方便的服务。服务型政府建设对电子政务建设提出了新任务和新要求,电子政务建设为服务型政府建设提供了重要的技术保障和便利条件。在当前电子政务的社会需求越来越大的情况下,应当围绕推进行政体制改革和构建服务型政府这条主线,大力提升电子政务建设水平。

多年来,我们党和政府高度重视电子政务建设,取得了重大进展。主要是:网络基础设施形成规模,基本能够满足电子政务应用的需要;重点业务系统建设有序推进,电子政务建设综合效益逐步显现;政府网站体系初步形成,网上服务质量稳步提高;电子政务发展环境不断完善,可持续发展能力逐步增强;政府网站已经成为联系公众、企业、社会的桥梁和窗口,提高了政府服务水平;各级公务员信息技能明显提高,利用电子网络提升了行政能力。从总体上看,我国电子政务发展的软件、硬件基础环境都发生了重大变化,以大规模基础设施建设为重点、以重要核心业务系统为突破口的电子政务建设取得了阶段性成果,已经从部门办公自动化、普及政府网站和重点业务电子化,开始步入深化应用、突出效能、全面支撑服务型政府建设的新阶段,正在由技术导向向业务需求导向转变,由被动跟随式发展向自主发展转变,由纵向建设为主向纵横协同发展的方向转变。但是,必须清醒地看到,我国电子政务建设总体上还处在起步阶段。电子政务对各级各类政务业务的支撑广度和深度较为有限,综合服务能力尚待提高;电子政务管理机制的不适应问题越来越突出,协同发展能力受到制约;电子政务建设过程中各类资源的整合利用水平不高,集约发展能力需要提升;电子政务发展所必需的核心技术和产品受制于少数跨国公司,网络信息安全问题愈加突出。这些情况说明,电子政务建设仍然任重道远,必须大力推进和提高水平,以适应经济社会信息化程度不断发展变化的需要。

我国电子政务建设正处在一个新的发展起点上。党的十七大提出:"推行电子政务,强化社会管理和公共服务"。这为电子政务建设指明了方向和目标。加快电子政务建设需要进一步明确几个重大问题。一是进一步明确发展电子政务的目的。发展电子政务是手段,抓好电子政务的应用才是目的。要树立科学的电子政务发展观,把发展电子政务真正用于提高党的执政能力和建设服务型政府,用于解决改革开放和经济社会发展面临的突出矛盾和问题,着力加强电子政务建设绩效评价,提高利用效率和应用效果。二是进一步明确电子政务发展的道路。电子政务建设应从我国实际情况出发,走出一条具有中国特色、体现时代特征、符合各地各部门特点的低成本高效率的发展道路。要做到低成本高效率,关键是建设统一与分散相结合的一体化电子政务、"跨部门、无缝隙"的协同电子政务、突出以公众为中心的服务型电子政务、以人为本的政府门户网站。三是进一步明确制定电子政务发展规划。要认真总结我国电子政务建设的实践,深入研究面临的新情况新问题,尽快制定新的电子政务发展战略规划,重点研究解决电子政务发展的目标体系、业务体系、服务体系、管理体系、制度体系、技术体系等关键问题,促进电子政务的全面协调可持续发展。四是进一步明确发展电子政务的原则。坚持使用重于建设,着力提高电子和政务的融合发展能力;坚持制度重于技术,着力推进制度和技术的相互促进;坚持国内技术重于国外技术,着力提升自主发展能力;坚持内部的创新动力重于外部的技术条件,着力激发从领导人员到普通公务员对电子政务的使用和创新的热情,消弭"数字鸿沟"。五是进一步明确发展电子政务的重点。深化以服务为导向的核心业务系统建设,大幅提高核心业务信息化覆盖率。根据轻重缓急和工作基础,重点推动就业、医疗、教育、人才服务、社会保障、交通、纳税、工商登记等方便群众和企业办事的电子政务服务。中央和省级电子政务核心业务系统建设应当突出提升宏观调控和市场监管能力,地市县级基层重点加强支撑社会管理和公共服务的能力,实行"平台上移、服务下移",更加重视推进电子政务公共服务延伸到街道、社区和乡村,做到电子政务服务的"零距离"。

着力提高行政能力、公信力和服务水平

——关于在应对国际金融危机中加强政府自身改革和建设的若干建议[*]

（2009 年 5 月）

2008 年下半年以来，面对国际金融经济形势的急剧变化，党中央、国务院及时果断作出了一系列决策，取得了积极、明显的成效。但综合国内外各方面因素看，国际金融危机还在发展和蔓延，对我国的影响还在加深，并且有可能会持续较长一段时间。这个过程中聚集起来的问题和矛盾非常复杂，困难也相当大，突出表现为经济波动不断，就业压力加大，企业效益下降，财政增收困难，社会不稳定因素增加。这确实是一个特殊时期。在这种形势下，加强政府自身改革和建设，着力提高政府行政能力、公信力和服务水平，具有特殊的意义。

世界上任何事物都有两面性。国际金融危机和我国经济发展困难，对政府来说，的确是严峻的挑战和考验，但同时也是机遇和希望。通过战胜国际金融危机的冲击，不仅能够保增长、保民生、保稳定，也能够给政府自身改革和建设增加压力，提供动力，推动政府向服务型政府、效能型政府和现代化政府迈出重大步伐。为此，需要研究采取以下重要措施。

---

* 本文系作者主持的《应对国际金融危机中加强政府自身改革和建设》课题研究总报告。该课题由魏礼群任组长，组织调研、统改和审定总报告，韩康任副组长，国家行政学院有关研究人员参加。国务院主要领导在这个总报告上作出重要批示，有些建议已转化为决策依据。

一、抓紧健全经济监测和预警机制,增强科学预见性

把握全局在于正确认识形势。完善的经济监测和预警机制,有助于全面准确及时研判经济形势。课题组在调研中发现,当前面临的问题,一是虽然各地区各个部门都有自己的数据采集体系,但缺乏统一和综合的宏观经济形势监测预警系统。二是一些部门把有关信息据为己有,缺乏信息共享机制,造成信息资源浪费,甚至有些部门发布信息相互矛盾,误导公众。三是大多数信息机构实行分级管理,下级信息机构容易受到当地政府的人为干预,造成信息失真。

建议:国务院授权国家发展改革委牵头健全经济监测预警机制,增强预见性。一是完善预警机制和监测经济运行的重要指标,加大对非常规性金融和经济数据的评估,学会分析使用国际上的各类经济监测指数。二是根据当前经济运行情况,不断完善经济监测预警机制和指标体系,做到与时俱进。三是建立并真正形成宏观调控部门之间的有效沟通和信息共享机制。建立由国家发展改革委牵头,有关部门参加的数据和信息汇集分析系统,及时为党中央国务院决策服务。

二、密切跟踪国内外形势发展,提高政府决策力

当前国内外金融经济形势复杂多变。外部不确定性、不稳定因素仍在增加,国际金融经济危机发展的态势不明朗,由"危"转"机"的机会稍纵即逝。及时、果断、正确的决策,比任何时候都重要。

政府必须根据经济社会运行状况,按照逆境状态下政府决策的有关原理,适当集中决策权,建立健全相应机制,全面提高政府在危机形势下

的决策力。一是快速果断决策,有时要突破正常情况下的决策模式,从正常情况追求"最优"转为追求"次优",在及时掌握信息的前提下迅速采取行动。二是增强鉴别能力和战略思维能力,既能以综合系统的思维瞻前顾后,统筹把握各个方面,又能分清轻重缓急,集中资源,采取强有力的政策措施,优先解决最关键、最紧迫的问题。三是要加强和改善信息情报搜集工作,及时掌握真实情况,善于权衡利弊得失,提高决策的科学性。四是决策权相对集中是有效应对危机的必要前提。同时,又要调动各部门和地方政府的积极性、创造性。在强调决策权适度集中的同时,实行分层决策,把无关全局的事项交给部门和地方决策。五是为提高政府决策力创造条件,建立健全决策咨询机制,充分发挥各级各类智库的作用。六是加大高中级干部培训力度,提高领导干部的科学判断形势能力、战略思维能力和应急管理能力。力争两年内把所有省部级领导干部通过中央党校、国家行政学院等干部教育培训机构轮训一遍。

三、加快政府职能转变,营造良好发展条件

转变政府职能是深化行政体制改革的核心问题。在应对国际金融危机冲击的特殊时期,转变政府职能,必须紧紧围绕"保增长、保民生、保稳定"确定工作重点,尤其要做好经济调节和公共服务工作。一是及时有效地调节经济运行,防止国民经济大起大落,加大对薄弱环节的支持力度,尤其是要加大对中小企业、高新技术产业和有发展优势区域的支持力度,坚定不移地促进发展方式转变。着眼于扩大就业,加大结构调整力度。二是加快社会保障体系建设,加大社会保障投入力度,扩大社会保障覆盖面,提高社会保障待遇水平,增强居民信心,拉动消费需求,从而更有力拉动国内需求。三是加大力度改革教育和科技体制,促进教育和科技发展。从历史上看,每当遭受经济危机袭击时,美国政府就会加重推动科

技与教育发展的力度,这也是历届美国政府应对经济危机的重要武器之一。有些经验值得我们借鉴。

四、大力推进管理创新,增强政府应变力

要紧紧围绕"保增长、保民生、保稳定",创新行政理念,创新政府管理,创新工作方式。一是加快行政理念创新。要寓管理于服务之中,更加积极搭建平台,改善环境,为社会和企业等各类市场主体提供更方便、更快捷、更高效的服务。二是建立特殊时期的投资审批"绿色通道"。对必要的行政审批要简化审批条件,下放审批权限,缩短审批时限。全面清理和大幅度地缩减收费项目和行政审批事项,该取消的坚决取消,任何政府和部门不能以任何借口对此类项目继续审批和变相审批,能下放审批权的尽快下放。三是政府创新的重点是创新机制、创新环境,要鼓励和支持企业创新和社会创新。要加大对企业自主创新的扶持力度,落实激励措施。四是提高政府的应变力。随着形势的变化,及时调整相关政策的方向和力度,切实做到灵活决策、适时决策。

五、加快建设阳光政府,提升政府公信力

"在经济困难面前,信心比黄金和货币更重要。"公众对经济社会发展的信心,源于对政府的信任。

在特殊时期,必须提高政府公信力。为此需要采取以下措施:一是大力推进政务公开,实行阳光行政。各级政府必须切实按照《政府信息公开条例》的要求,大力推进政务公开,确保政府的整体应对策略、项目、资金以及所涉及的权力都能在阳光下运行。二是应用现代信息技术,积极

探索政府重大投资项目科学管理的新方式。建立重大投资项目的跨部门协同工作系统和监控系统。广东省中山市在这方面已经积累了比较成熟的经验,值得推广。三是加快政府网站建设。充分发挥舆论的主渠道作用。提高政府网站信息发布的及时性、规范性和权威性,引导舆论健康发展。四是高度重视数据库建设。要高度重视"四大"基础数据库建设,加快建立健全各级各类关键性数据信息系统,使电子政务在预警、预测、调控中发挥更大作用。五是利用电子政务应用系统,强化对政府自身行为的监督。要借助信息技术加强对政府自身行为的控制,让权力在阳光下运行。调研中发现,一些省市建立的"部门权力内控电子监察系统",可以通过全流程的跟踪,对权力运行中的风险进行预警防范和控制,把"权力寻租"的可能性降低到最低限度。

六、正确处理计划与市场的关系,
有效发挥"两只手"的作用

邓小平同志曾指出,"计划与市场的关系问题如何解决?解决得好对经济发展就很有利,解决得不好,就会糟。"他还说:"在实际工作中,在调整时期,我们可以加强或者多一点计划性,而在另一个时候可以多一点市场调节,搞得更灵活一些。"计划和市场都是社会主义市场经济体制的重要特征。"有形的手"和"无形的手"都要用,关键是要把两者结合好。近几个月来,在应对国际金融危机冲击中,中央政府更加重视运用计划手段,及时调整宏观政策取向和力度,迅速出台了一揽子计划和十大行业振兴规划,在避免经济增长大幅下滑中发挥了重要的作用。

在特殊时期,要积极发挥计划手段的作用。一是根据经济形势变化,合理确定和及时调整宏观调控的方向、重点和力度。二是继续加大经济结构调整力度,坚定不移地促进产业升级。三是更加积极履行政府公共服务职能,努力扩大就业,加快社会保障体系建设。四是坚定不移地走可持续发展道路,注重资源节约和环境保护。

同时,必须发挥市场手段的重要作用,特别要择机推出一些重要的市场化改革措施。一是加快推进价格改革,抓住有利时机出台有关资源产品价格改革和环境税方案。二是加大基础产业和金融业改革力度,加快石油、电力、电信、铁路、银行、保险等行业的开放,可考虑尽快推出几个行业的突破性改革试点。三是进一步发展民营企业特别是中小型民营企业以及民营创新企业,在信贷、税收、出口和市场准入等方面加大支持力度。

七、充分发挥中央和地方两个积极性,形成应对危机的合力

正确处理中央与地方的关系,充分发挥中央和地方两个积极性是中央的一贯方针。在特殊时期,尤其要这样做。恩格斯指出:"权威与自治是相对的东西,它们的应用范围是随着社会发展阶段的不同而改变的。"当前,处理中央与地方关系应注意以下几点:一是要重视加强和坚决维护中央的权威。这既是应对重大经济危机的国际经验,也是我国基本国情的内在要求。邓小平明确指出:"特别是有困难的时候,没有中央、国务院这个权威,不可能解决问题。有了这个权威,困难时也能做大事。"各地区各部门必须牢固树立"全国一盘棋"的思想,自觉维护中央的权威,切实执行各项方针政策,做到令行禁止。对公然违背中央方针政策的地方和部门,不能姑息迁就,必须严肃查处。二是进一步提高中央政策制定的科学性和预见性,加强中央政府的宏观调控能力和监管能力。三是在坚决贯彻执行中央有关方针政策前提下,鼓励地方紧密结合本地实际,创造性地开展工作,采取更有效措施。四是进一步明确地方各级政府的职责权限,有条件的地方,积极推进省直管县体制改革,适当扩大市县政府

的管理自主权,充分发挥市县政府在促进经济发展和维护社会稳定中的作用。五是分类指导,区别对待,对不同地区采取不同政策。在符合国家总体政策导向前提下,探索在服务业市场准入、重大项目审批、结构性税费减免等方面,给东部地区更多的自主权,更好地发挥东部地区在应对国际金融危机冲击中的积极作用。六是探索中央统一领导与地方自主决策有机结合的体制机制,形成应对国际金融经济危机的合力。

八、深化财税和投融资体制改革,增强经济活力

当前,社会各方面对中央政府扩大投资拉动增长政策的期盼度很高,对大规模投资项目的实际效果非常关注。但也有群众反映,政府扩大投资的项目过多,民间和社会的投资机会少,这样不利于更好地拉动经济增长。

解决好这些问题,最重要的是抓紧推进财税和投融资体制改革。一是适时适当扩大赤字和国债,通过进一步加大政府投入来扩张社会信用规模。二是进一步放开民间融资,并及时出台相应的风险监控政策。三是加快财政转移支付法的立法步伐,尽快制定全国各地区基本公共服务均等化标准,建立各级政府事权与财力相匹配的财政体制。四是在结构性减税的同时,开征资源税和环境税,明确矿产资源开发环节国有产权的收益形式,修订矿产资源法。五是推进投资项目登记制改革。将现行的一些投资备案制、核准制改为登记制,明确公示工作程序和提交资料及手续要求。加强对投资过程监督和事后追踪监督,对违规投资行为严肃追究法律责任。

九、加强应急管理体系建设,提高防范风险能力

在特殊时期,各类社会问题增多。调研中发现,从去年开始,金融纠纷、合同纠纷、"弃企避债"、劳动争议等经济类矛盾呈多发趋势。全国法院系统一年中受理案件的数量首次突破了 1000 万件关口。受国际金融危机影响,江苏全省法院新收民商事案件达 496327 件,同比增长 32.53%。金融危机带来的这些矛盾和冲突,增加了群体性事件发生和社会不稳定的风险,要求政府进一步提高应急管理能力。

当前要抓住应对国际金融危机冲击这个机遇,将政府应急管理能力提高到一个新水平。一是加强应急预案的实施评估和实地演练。为有效应对各类突发事件,政府尤其需要提高预案管理能力。借鉴国内外经验教训,建议应急管理职能部门组织专业力量,设定相应标准,对中央和省级政府以及副省级城市的预案进行一次全面评估,及时加以完善,提高其可操作性。各级政府要针对现有预案,进行模拟、推演和演练。凡是未经演练的,都不能作为正式预案。二是建立全方位贯通的应急预警和通讯网络。进一步完善专业检测网点和信息报告员制度,分门别类建立预警信息中心,确保与预警相关的信息得到收集、分析和报告。加大应急网络通讯设备建设力度,以各级政府应急职能部门为信息枢纽,建成从中央到地方纵向到底,各级政府的部门之间横向到边,政府与社会各类组织以至于各个家庭之间相互贯通的应急报警立体网。三是加强专业化应急队伍建设。建议经过人大法定程序,本着节约、便捷、有效的原则,组建"国家职业化应急队伍",保证应急组织指挥更加协调和有效。四是抓紧提高应急管理人才队伍的能力和水平。充分利用现有培训资源,加大对各级干部尤其是省部级领导干部的培训力度,帮助强化理念,掌握技能,提高素质,提升能力。加快推进国家应急管理培训基地建设,依托国家行政学

院的教学、科研、咨询资源,整合中央国家机关、地方政府和有关高校、科研机构的优势资源,借鉴国际先进理念和成功经验,把基地建设成为中国应急管理人员培训中心、科研与政策咨询中心、国际交流与合作中心。

十、提高社会管理能力,维护社会和谐稳定

在特殊时期,影响我国社会稳定的因素增多,主要包括失业无业人员增加,特别是农民工和大学生的就业压力加大;利益分配失衡,贫富差距悬殊,一些垄断行业从业人员和高管收入过高,企业重组导致工人利益受损,因城市改造、基础设施建设而失地失房人员利益得不到合理补偿;劳动争议、房地产交易纠纷等案件上升;司法不公;受经济形势影响,低收入群体心理不平衡,等等。

这些因素中,既有暂时性的,也有体制性的,需要从多方面采取措施。一是进一步实施大规模农村基础设施建设项目,促进农民就业。完善兼顾大学生就业和企业创新的财税政策。建议像选调大学生当"村官"那样,选拔有开拓精神和研发能力的大学生,推荐到能发挥其特长的中小企业中去,政府补贴部分工资或对企业实行税收优惠,三年后由企业和个人双向选择。这样,既可降低中小企业吸引人才的成本,提高其创新能力,又可增强大学生对未来的稳定预期和信心,达到增加大学生就业和促进企业创新的双赢效果。二是提高各级政府社会管理和处置社会问题的能力,建立畅通的利益表达渠道,进一步完善信访、民意调查、信息公开、听证会等制度,为群众有序表达利益诉求、参与公共事务搭建平台。进一步提高各级政府动员社会组织和社会资源的能力,充分发挥各类社会组织以及社区组织在化解社会矛盾,解决社会问题中的积极作用。把社会组织培养成社会冲突的缓冲器。三是加快推进收入分配改革,遏制收入差距过分悬殊现象。对于利用各种方式侵害群众利益,激化社会矛盾的行

为,要严厉查处,决不姑息。四是加大监督力度,千方百计减少司法腐败,切实解决司法不公问题,维护社会公平正义。五是加强社会稳定风险评估与防范。一些地方在应对社会危急中已建立了较好的工作机制,在特殊时期启动了预警机制,密切关注困难企业,采取措施防止职工大量下岗,加强就业培训,积极拓展就业培训渠道,落实对困难人群救助政策等,这些做法值得推广。六是加强教育疏导,预防群体性事件发生。及早发现和化解矛盾,防微杜渐,谨防由于经济问题引发成社会危机。

十一、强化市场监管,维护正常市场秩序

在特殊时期,利益调整和利益冲突问题往往会大量反映在市场活动中。去年以来,各类经济纠纷案件有所增长,一些经济领域的大案要案不断上升,社会舆论也比较强烈。

在特殊时期,加强市场监管、维护市场秩序尤为重要。一是加大食品药品安全监管力度,尽快建立全国统一的食品药品安全信用标准和信用信息征集制度,力争在较短时间内形成较为完善的食品药品安全信用体系。二是进一步完善维护消费者权益的各项措施,建立健全各类经济信息收集与发布制度,尤其是在房地产、证券市场、银行及其他民生领域,严防价格操纵、价格欺诈行为。三是对大量小规模商品及生产企业在市场准入方面进行统一、规范管理,同时积极帮助他们升级换代,提高生产经营水平。四是加强对金融产品和金融创新的监管,当前应谨慎对待金融创新产品的出台,在借贷规模快速增加过程中要防范银行体系再度出现大额呆坏账,严厉打击信用诈骗。五是积极妥善处理各类经济纠纷,防止纠纷长期拖延不决造成更大矛盾,严厉打击逃废债务和恶意欠薪欠保行为,同时采取灵活方式调解债权债务,帮助企业规避财务风险。

十二、严格政府绩效管理和问责
制度,加快效能政府建设

效能政府是现代政府的重要标志,效能政府建设是深化行政体制改革的重要突破口之一。近年来,许多地方政府在开展效能政府建设中推行政府绩效管理和行政问责制度,为提高行政效率、增强履职能力、改善服务水平提供了具体的"抓手",取得了较好的效果。但由于中央目前尚未出台规范的指导性意见和实施方案,地方政府和各部门的实践探索遇到了不少问题。例如,在绩效管理方面,追求短期效益、形式主义、虚报浮夸等;在行政问责方面,党委与政府之间、上下级之间、不同部门之间"权责不对应";问责内容"重结果、轻过程",问责标准不统一。

因此,应加紧研究制定政府绩效管理和行政问责的相关实施办法。一是推进政府绩效管理立法工作,规范和引导各级领导干部树立符合科学发展观要求的政绩观,防止"好工具没用好",在实践中走偏走样,真正使政府绩效管理成为推动效能政府建设的长效机制和有效"抓手"。二是特殊时期,要着重在"三保"工作,尤其是在政府重大投资项目中引入绩效管理和行政问责制度,明确考核目标,完善过程监测评价、纠偏纠错、责任追究等机制,确保各项工作得到贯彻落实,同时也为整体推进政府绩效管理和行政问责制度积累经验。三是加快推进行政问责的制度化和规范化,减少问责的随意性和主观性,做到有章可循、有据可查。加大对重点领域、重点对象的问责力度,特别是主要领导干部的问责力度,做到"有权必有责,有责必问责",防止走过场、走形式。四是要将政府绩效管理与行政问责有效结合,通过发挥政府绩效管理的诊断、监测和评价功能,使问责的"关口"前移,建立事前、事中、事后的全过程问责体系。

十三、降低行政成本,建设节约型政府

在特殊困难时期,政府更要与人民共度时艰。最近,中办国办发出通知,要求各级党政机关厉行节约,反对铺张浪费,各级政府也采取措施,并取得成效。但从总体看,党政机关成本还是过高,过多挤占公共服务资源,仍然是社会上反映强烈并亟须从根本上解决的问题。

建议以应对金融危机为契机,采取一些重大举措,切实推进节约型政府建设。一是用法规形式约束公务接待。可将中办、国办前不久颁布的关于厉行节约反对铺张浪费的八条要求上升为法规。实行谁办事、谁付钱的公务支出制度;实行公务活动与接待工作分离制度,公务活动以外的交通和食宿等由服务行业提供;政府接待支出要纳入预算,公务接待预算编制和执行情况必须向社会公开;要明确惩处办法。二是对金融企业高管人员和国有企业高管人员实行限薪措施,扩大限薪高管人员范围,提高限薪标准。三是实行政府会计制度。把政府用于对外公共服务的支出与用于自身消费的支出分开,建立统一、全面反映政府自身收支和资产负债情况的财务报告体系,便于内外部监督,督促政府机关降低行政成本。四是改革办公资产管理方式,将机关办公资产管理与使用分开。可以成立国有办公资产公司,具体负责办公资产的市场化运作;各机关可根据办公需要,提出用房申请,在得到财政部门核算审批后列入预算支出,各机构在此范围内自主租用办公用房。五是加快推进公车制度改革。建议国家借应对金融危机之机,抓紧制订并实施公车制度改革方案,加快推进公用车改革。

十四、加强政风建设,营造行政新风

政风直接决定着政府的执行力和公信力。目前,"五多"现象严重,即"文件多、会议多、讲话多、评比多、接待多",文风不正、会风不正、话风不正、评风不正、作风不正,为社会强烈不满,严重影响政府形象,到了非改不可的地步。根据调研,一些国家部委和地方政府已经采取改进措施,如有的实行每月1个"无会周"制度,规定领导讲话时间,大幅削减下发文件数量,禁止各类不必要的评比活动,受到群众拥护。

在特殊困难时期,更要大力营造行政新风。一是建议国务院专门研究克服"五多"问题,采取有效措施落实"五减",减文、减会、减少讲话、减少评比、减少接待,并监督评估其成效。建议国务院全面审查、清理全国性和部门性的评比、检查活动,该禁止的禁止,该减少的减少,并将评比、检查项目公之于众,接受社会监督。二是大兴调查研究之风,明确规定领导干部每年深入基层调研的时间,切实促使领导干部走出办公室和会议室,到基层去,到问题多的地方去,到群众最需要的地方去。鼓励干部到基层"挂职蹲点"、"分片包干"等。三是完善政风评议,将政风评议结果纳入政府信息公开范围,依靠多主体、多渠道、开放性的评议方式,解决政风检查走过场问题,营造新政风,建立良好工作机制。

十五、加大监察督查力度,提高政府执行力

国际金融危机发生以来,党中央、国务院及时出台了一系列政策措施。调研中发现,地方的同志和基层群众普遍认为这些政策完全正确,但贯彻落实不够。一些地方和部门有选择地执行、表面执行实际不执行,上

有政策下有对策等行为使中央政策在落实过程中走样变形,甚至成为一纸空文,不仅影响了应对国际金融危机宏观政策目标的实现,也有损中央的权威,有损政府的公信力。

确保党中央、国务院各项重大决策部署得到贯彻落实,必须构建综合性的政策执行监管体系,提高政府执行力。一是进一步加大监察督查力度。为确保中央应对金融危机的有关政策得到贯彻落实,监察部已采取多种措施,加强监察督查,取得了很好的效果。但由于政策涉及面广、时效性强,还需要进一步加大监察督查力度。特别是要对那些投资规模大、与人民群众切身利益紧密相关、社会高度关注的重点项目加强跟踪监控,对相关管理部门和人员进行重点监察督查。二是加强对政府投资项目的评审和审计,防止一些地方和部门趁机突击上项目、盲目投资,防止资金浪费和流失。在投资项目审批方面,为兼顾时效性和科学性,应建立项目评审专家库,以便随机抽选专家进行匿名评审,提高项目审批的科学性。对于正在实施或已经完成的投资项目,应在加强合法合规性审计的同时,以投资的经济性、效率性、效益性等为标准,加强绩效审计。三是自下而上逐级建立重大事项请示报告制度。各级地方政府在出台涉及跨地区事务、具有全局性影响的重大政策之前,必须向上级政府请示报告。四是建立公开透明的信息机制,形成全方位监督体系。要通过完善政务信息系统建设、设立信息收集和监测点、推进政务公开等途径,使人大、政协、媒体、人民群众等众多主体参与对政府部门的监督,形成全方位的监督体系,保证中央政策能得到及时、有效的贯彻落实。五是建立健全有效的纠偏纠错机制,及早发现政策执行中的问题,及时纠正偏差、改正错误。对于执行中央政策不力,或歪曲甚至违背中央政策的地方和部门,要严肃追究有关领导人员的责任。

推进政府管理创新和自身建设[*]

（2009 年 5 月 12 日）

党中央、国务院高度重视推进政府管理创新和自身建设。我们要按照中央关于深化行政管理体制改革的总体目标要求，围绕应对国际金融经济危机严重冲击、保持经济平稳较快发展、维护社会大局稳定，深入研讨在新形势下进一步加强政府自身改革和建设、推进政府管理创新的有效举措，努力提高政府行政能力、公信力和服务水平，加快建设服务型政府、现代化政府、人民满意的政府。

一、充分认识推进政府管理创新和自身建设的重要性

举办这期省部级领导干部专题研讨班十分重要。概括起来说，主要是以下四个方面：

（一）这是进一步实施中央关于加快行政管理体制改革战略部署的需要。胡锦涛总书记在党的十七大报告中明确指出，"行政管理体制改革是深化改革的重要环节"，同时对"加快行政管理体制改革，建设服务型政府"作出了全面部署。党的十七届二中全会审议通过了《关于深化

---

　　* 本文系作者在国家行政学院举办的省部级领导干部"政府管理创新和自身建设"专题研讨班开班式上的讲话（节录）。

行政管理体制改革的意见》，明确提出了到2020年建立起比较完善的中国特色行政管理体制的改革总体目标，并且提出了以后五年的改革任务。在党中央、国务院领导下，经过各部门、各地方共同努力，近年来行政管理体制改革和政府自身建设取得重要进展，但任务依然繁重和艰巨。行政管理体制关联着经济体制、政治体制、社会体制、文化体制和其他体制，深化行政管理体制改革对推进其他各方面改革具有关键性意义，而政府自身改革和建设又在很大程度上决定着行政管理体制改革的进程。这就要求我们要深入贯彻落实党的十七大和十七届二中全会关于深化行政管理体制改革的战略部署，进一步提高省部级领导干部的责任感和使命感，以加快行政管理体制改革，特别是推进政府自身改革和建设。

（二）这是进一步深入贯彻落实科学发展观的要求。科学发展观是我国经济社会发展的重要指导方针，是发展中国特色社会主义必须长期坚持和贯彻的重大战略思想，也深刻体现了新的发展阶段和新的时代条件下对党和政府工作的新要求。全面落实科学发展观，必须从思想上、组织上、制度上、作风上形成更为有力的保障，也就必须大力推进政府管理创新和自身建设。2008年下半年以来在全党开展的深入学习实践科学发展观活动，有力地推动了政府管理创新和自身建设，为妥善应对当前的国际国内复杂局面、保持经济社会平稳健康发展提供了强大动力。从根本上说，看一个地方、一个部门领导干部政治觉悟高不高、领导能力强不强，要看能不能按照科学发展观的要求，把握发展规律，转变发展理念，创新发展模式，破解发展难题。要以科学发展观为指导，深入研讨政府管理创新和自身建设问题，使政府的全部职能、管理制度、运行机制、工作方式和领导作风等各方面适应科学发展的要求，全方位提升贯彻落实科学发展观的能力和水平。

（三）这是进一步有效应对国际金融经济危机冲击的举措。国际金融危机发生以来，党中央、国务院及时果断地作出了一系列重大决策和部署，政策措施已初见成效。但国际金融危机仍在蔓延，世界经济危机加深,全球经济复苏很可能要经历一个较长和曲折的过程。国际金融经济危机,对我国的影响还在加深,并与我国长期积累的结构性、体制性深层次矛盾交织在一起。这场人类社会史无前例的国际金融经济危机正在对整个世界局势乃至整个世界发展格局产生深刻而重大的影响,我国经济社会发展面临的国内外形势十分复杂严峻。这对各级政府来说既是挑战也是机遇,同时是非常现实的严峻考验。中央最近要求,要充分做好应对可能出现更加复杂、更加困难、更加严峻局面的准备。在这样的特殊时期,加强政府自身改革和建设,推进政府管理创新,尤为重要和紧迫。这样做,才能化危机为机遇,战胜困难和挑战。领导干部要加深认识当前特殊时期政府管理创新和自身建设的特殊意义和特殊要求,以世界眼光、战略思维,增强创新意识,拓宽改革思路,提出有效措施,从而提高政府在复杂多变的形势下驾驭经济社会发展全局的能力。

近年来,在贯彻落实科学发展观、执行中央决策部署、应对各种重大困难挑战中,各地方、各部门积极推进政府管理创新和自身建设,进行了大量富有成效的工作,也积累了不少新鲜经验。古人云:"纸上得来终觉浅,绝知此事要躬行。""实践出真知。"我们要从理论与实践的结合上,从多角度、多方位深入学习研讨问题。这样,有利于把行政管理体制改革、政府管理创新和自身建设不断提高到新水平。

二、深入研讨政府管理创新和自身建设的重点问题

政府管理创新和自身建设,是一项复杂的系统工程,这次专题研讨班应该深入学习研讨以下一些重点问题。

(一)深入学习研讨中央关于推进政府管理创新和自身建设的总体要求。党的十七大和十七届二中全会对加快行政管理体制改革和政府建设提出了明确的指导思想、基本原则、总体目标和工作任务。概括起来

说,就是要按照建设服务政府、责任政府、法治政府和廉洁政府的要求,着力转变职能、理顺关系、优化结构、提高效能,做到权责一致、分工合理、决策科学、执行顺畅、监督有力。要通过改革,实现政府职能向创造良好发展环境、提供优质公共服务、维护社会公平正义的根本转变,实现政府组织机构及人员编制向科学化、规范化、法制化的根本转变,实现行政运行机制和政府管理方式向规范有序、公开透明、便民高效的根本转变,建设人民满意的政府。今后五年,要加快政府职能转变,深化政府机构改革,加强依法行政和制度建设,为实现深化行政管理体制改革的总体目标打下坚实的基础。我们要深入学习、领会中央这些部署的主要内涵和精神实质,进一步明确政府自身改革和建设的根本方向、重点任务和基本要求,全面地而不是片面地、系统地而不是零碎地、深刻地而不是肤浅地加以理解和把握,真正自觉地、积极地落实到行动中去。

(二)深入学习研讨当前特殊时期政府管理创新和自身建设的着力点。在当前特殊时期,有效应对国际金融经济危机的严重冲击和解决我国经济社会发展中的突出问题,是对各级政府最现实、最直接、最重要的考验。要紧密联系当前特殊时期的形势特点及客观要求,深入研讨政府管理创新和自身建设的新任务、新思路、新举措,特别是要研讨如何加快转变和正确履行政府职能,强化经济调节、社会管理和公共服务职能,切实提高政府的行政能力、公信力和服务水平,增强决策力、创新力、应变力、执行力,从而提高驾驭复杂局面和危机管理的能力,提高保增长、保民生、保稳定的能力,提高促进科学发展、转变发展方式的能力,提高把握大局、统筹兼顾的能力,提高建设阳光政府、效能政府、节约型政府的能力和营造行政新风的能力,进一步增强广大人民群众的凝聚力、向心力,使党和政府工作得到人民群众的真心拥护和支持,做到万众一心,共克时艰,抓住有利机遇,成功应对挑战。

世界上任何事物都有两面性。国际金融经济危机冲击和我国经济社会发展面临严峻形势,对各级政府来说,的确是一个重大挑战和考验,同时也给政府自身改革和建设增加了压力与动力。只要应对得当、锐意创新，通过在这种特殊时期的奋战，我们不仅会排除艰难险阻，全面推进改革开放和现代化建设事业，而且会有力推进政府创新和建设，向建设服务型、现代化政府和人民满意政府迈出重大步伐。

（三）深入学习研讨推进政府管理创新和自身建设的制度保障。邓小平同志说：要注重制度建设，制度带有根本性、全局性、稳定性和长期性。推进政府管理创新和自身建设，关键在于构筑有效的制度保障。要加快实现行政运行机制和管理方式向规范有序、公开透明、便民高效、权责一致的根本转变，这对提高政府的决策力、执行力、公信力和服务水平具有关键性意义。要重点研讨完善宏观调控制度、改革行政审批制度、健全科学民主决策制度、推行依法行政制度、完善政务公开制度、强化应急管理制度、加强行政权力约束监督制度、实行政府绩效管理和行政问责制度、完善公务员管理制度等。真正做到用制度管权、管事、管人。推进政府管理创新和自身改革是一项打基础、管全局、谋长远的工作。改革的动力来自基层，改革的智慧来自基层，改革的措施来自基层。应当鼓励和支持基层大胆探索，在实践中积累经验，在实践中推进政府管理创新和自身建设。

充分发挥政策咨询作用
为提高政府决策水平服务[*]

（2009 年 7 月 6 日）

一、充分认识做好政策研究工作的重要性

从历史上看，研究和制定政策，是随着国家和政府的出现而产生的。对于政策的含义，中外学者从不同角度作过多种界定。一般说来，政策是国家、政党为实现一定历史时期的路线和任务而规定的行动准则。政策的表现形式多种多样，从政党和政府制定的战略规划、颁布的政令条例，到领导人作出的指示、发出的号召，以致解决问题的举措，都可纳入政策的范畴。如何理解政策的本质内涵呢？我认为，可以从以下三个方面来把握：

第一，政策是统治阶级意志和利益的体现。马克思主义告诉我们，政策作为上层建筑，与一定社会的经济基础相适应，反映着该社会占统治地位的生产关系。列宁曾经指出："政策就是阶级之间的相互关系。"任何国家任何时期的政策，总要体现该国家一定时期政策制定主体的意志，反映特定社会中统治阶级的世界观、价值观、利益观，是为统治阶级的利益

* 本文系作者在国家行政学院举办的厅局级领导干部"公共政策制定"专题研讨班上的讲话。

服务的。所以,政策往往具有政治性,是一种价值理性的产物。

第二,政策是政党和政府实现意图的手段。任何一个政党和政府都会根据对特定时期内外部环境的认识,确定自己的行动方向、目标追求和路径选择。为此,一方面要通过相应的政策加以体现,另一方面要通过具体的政策措施加以落实。制定和实施政策是政党和政府履行公共管理职能的形式和途径。从这个角度来说,政策又是工具理性的产物。

第三,政策是指引和规范社会行为的准则。特定社会目标的实现有赖于政党和政府采取相应的行动。执政党和政府需要通过制定和实施政策来调控各类社会主体的行为,使之按照期望的方向、目标和通过一定的方式采取行动。这种调控可以采取两种方式:一种是引导,就是为社会各主体提供行动指南和动力,这种政策具有导向性、激励性;另一种是规范,就是要求社会各主体必须遵守一定的规则和标准,这种政策具有强制性、规定性。

政策研究,顾名思义,就是以制定政策为目的的一种研究活动。进一步说,政策研究是综合运用多学科知识,为决策者搜集和提供所需信息、研究和提出解决有关问题的政策建议的活动过程。这个过程从现实的问题出发,通过深入地调查、分析和研究,向决策者提供解决问题的政策备选方案。政策研究与决策是一种"谋"与"断"的关系,其成果是提出供决策者参考、选择的政策建议。作为决策的一种辅助和支持活动,政策研究成果可能对最终决策和政策制定产生直接的重要影响。因此,做好政策研究工作至关重要。

1.做好政策研究工作,是进行领导决策和政策制定的重要环节

政策研究是为决策服务的。政策研究工作的重要性,首先是由决策的重要性决定的。关于决策的重要性,中外许多著名的学者和政治领导人都有过论述。美国著名管理学家、现代决策理论的奠基人、诺贝尔经济学奖获得者赫伯特·西蒙提出了"管理就是决策"的著名论断,认为决策是一切管理实践的核心。古今中外无数事实证明,决策是事业成败的关

键。北宋司马光呕心沥血 19 载写成的《资治通鉴》，记述了公元前 403 年至公元 959 年长达 1362 年的朝代更替、民族兴亡的史实，其中很多是关于决策的故事，供后世统治者或决策者借鉴。一部《三国演义》，给人们留下最深刻的印象不是武将角力、勇士争斗，而是文臣谋士之间计策的较量、谋略的争锋。我们党的几代领导人对决策的重要性都作出过精辟的论述。早在 1948 年 3 月，毛泽东同志在为中央起草的《关于情况的通报》中就指出："只有党的政策和策略全部走上正轨，中国革命才有胜利的可能。政策和策略是党的生命，各级领导同志务必充分注意，万万不可粗心大意。"邓小平同志在 1986 年 9 月《关于政治体制改革问题》的谈话中告诫我们，"国家这么大，情况太复杂，改革不容易，因此决策一定要慎重"，强调了决策对于改革事业取得成功的重要性。江泽民同志在《没有调查就没有决策权》一文中明确指出："历史经验说明，各种问题的解决都取决于正确的决策。"新中国成立和建设发展的历程，也从正反两方面验证了决策的极端重要性。中国共产党和党领导的军队之所以能从弱变强，用小米加步枪打败了用飞机、坦克武装起来的敌人，最终取得革命的胜利，关键是因为以毛泽东同志为主要代表的党中央制定了正确的路线方针政策。在新中国六十年的建设和改革历程中，20 世纪 50 年代后期的"大跃进"等"左"倾政策、60 年代中期发生的十年"文化大革命"，这些重大的决策失误使我国经济社会发展遭受严重挫折；而 1978 年底党的十一届三中全会作出改革开放伟大决策以及其后制定的一系列正确的方针政策，则指导我国经济社会发展取得了举世公认的辉煌成就。

　　政策和决策对于事业发展的极端重要性，决定了做好政策研究工作的重要性，因为在一定意义上讲，政策研究的水平直接影响到决策的水平。2001 年，时任国务院总理的朱镕基同志在看望国务院研究室工作人员时说过：我希望研究室的同志加强学习，更好地改进自己的工作，提高自己的工作效率和水平。研究室的工作提高一步，反映到我们的工作上就提高一步，反映到国务院的工作上就提高一步。2003 年，温家宝总理在国务院研究室工作总结上作出重要批示:国务院研究室为国务院决策和指导工作发挥了重要的参谋助手作用。可见,党和国家领导人高度重视政策研究工作,对政策研究机构和工作人员寄予厚望。

近几十年来,世界上许多国家出现了政策研究类的智库。智库,也称智囊机构、智囊团、思想库,是指由专家组成、多学科的、为决策者在处理社会、经济、科技、军事、外交等各方面问题出谋划策,提供最佳理论、策略、方法、思想等的公共研究机构。各类不同形式的智库为各国政界、商界提供了大量有价值的重要决策咨询服务,彰显了现代智库在决策和政策制定中的重要作用。

2.做好政策研究工作,是推进决策科学化民主化的必然要求

我们党历来重视决策的科学化民主化。1962 年,毛泽东指出:"在总路线指导之下,制定一整套的具体的方针、政策和办法,必须通过从群众中来的方法,通过作系统的周密的调查研究的方法,对工作中的成功经验和失败经验,作历史的考察,才能找出客观事物所固有的而不是人们主观臆造的规律,才能制定适合情况的各种条例。""没有民主,意见不是从群众中来,就不可能制定出好的路线、方针、政策和办法。"1978 年,邓小平在全军政治工作会议上的讲话中指出:"按照实际情况决定工作方针,这是一切共产党员所必须牢牢记住的最基本的思想方法、工作方法。"江泽民同志在党的十六大报告中指出:"正确决策是各项工作成功的重要前提。要完善深入了解民情、充分反映民意、广泛集中民智、切实珍惜民力的决策机制,推进决策科学化民主化。"胡锦涛总书记在党的十七大报告中强调,要"推进决策科学化、民主化,完善决策信息和智力支持系统,增强决策透明度和公众参与度,制定与群众利益密切相关的法律法规和公共政策,原则上要公开听取意见"。现代政府决策是由诸多环节组成的过程。提高决策科学化民主化水平,要求我们必须做好政策研究工作。这是因为:第一,只有通过扎实深入的调查研究,才能及时获得关于国内外形势和环境条件的各种真实信息,从而为决策提供准确可信的依据,制

定符合客观实际的政策;第二,只有通过细致科学的分析研究,才能提出切实可行、合理有效的政策建议,从而为决策者提供解决问题的多种思路和方案,有利于在比较选择的基础上优化决策;第三,只有通过广泛了解民意、汇聚众智,才能充分反映人民群众的心声,更好地汲取专家的智慧,制定符合人民群众愿望、符合事物发展规律的政策;第四,只有通过密切跟踪评估政策实施过程及其后果,才能及时纠正政策偏差,确保政策得到有效执行,避免不良政策后果。

3.做好政策研究工作,是妥善应对复杂多变形势的迫切需要

我们党和政府决策面临的内外部环境越来越复杂。当今世界,正处在大发展、大变革、大调整时期。随着世界多极化、经济全球化的深入发展,国际力量对比出现新态势,全球思想文化交流、交融、交锋呈现新特点。随着改革开放不断深化,我国与世界的联系和互动空前紧密,国际政治格局、世界经济走势的变化必然对我国产生影响,同时我国发展形势和政策变化对世界也会产生影响。随着我国工业化、信息化、城市化、市场化快速发展,经济建设、政治建设、文化建设、社会建设以及生态文明建设全面推进。我国发展呈现一系列新情况、新问题。面对复杂多变和不确定性的因素,面对性质不同和领域不同的众多问题,任何一个领导机关或决策者仅仅凭借自己掌握的知识和积累的经验,难以制定有效的政策。这就需要加强政策研究工作,提高政策咨询水平,为党委和政府以及领导者的决策提供多方面的和有力的智力支持。

2008年下半年以来,发端于美国的国际金融危机不断蔓延和加深,我国经济增长速度减缓、就业压力加大、财政收入下降、公共开支需求增加、影响社会稳定的潜在因素增多。这是对政府决策能力最现实的新挑战,也是对我们政策研究工作和研究人员素质最现实的新考验。为有效应对国际金融危机的冲击,决策必须反应快捷、及时果断、准确有力,这就要求我们必须进一步提高政策研究咨询服务水平,为党和政府的决策及时提供有价值的和高质量的政策建议。

总之,无论从政策研究对决策的影响作用和推进决策科学化、民主化,还是从当前国内外复杂多变的形势要求,都说明必须高度重视和用大气力做好政策研究工作。

二、全面把握政策研究工作基本要求,努力提高政策咨询水平

(一)政策研究工作的主要特点

深刻认识政策研究工作的特点,努力把握其中带有规律性的东西,对于我们做好这项工作非常重要。大体说来,政策研究工作的特点,可以概括为"六性":

一是政策性。政策性是政策研究工作的核心和灵魂,是这项工作的主旨和主线。我们搞政策研究的根本目的,就是要为政府制定政策提供参考依据。这方面工作质量高低关键要看有多少研究成果进入了决策程序,变成了实际政策,以及在实际工作中发挥了什么样的作用。可以说,体现政策性是政府研究部门工作的最重要特征。这就要求政策研究人员要有强烈的政策观点和政策意识。

二是针对性。政府工作千头万绪,政策研究必须围绕政府工作的中心和大局,考虑政府决策的需要,着力研究解决政府工作面临的重点、难点、热点问题,做到有的放矢。政策研究工作只有忙在点子上,谋在关键处,才能富有成效,事半功倍。如果脱离政府中心工作,远离政府决策需要,研究工作的效果必然会大打折扣。

三是应用性。政府研究部门的研究工作,既不是纯粹的理论探讨,也有别于其他科研工作,而主要是一种应用性对策性研究,尤其强调"研以致用"、"以用为贵"。具体地说,研究选题的出发点是提供实际工作急需

的对策建议,研究工作的落脚点是解决社会经济生活中的问题。只有这样的研究工作成果,才能对政府的决策有用。

四是前瞻性。政府的许多决策往往事关全局、影响深远,特别是一些重大决策更是如此。作出这样的决策首先要有预见性,符合事物发展的趋势。特别是对倾向性因素和典型性事物,要给予高度关注,善于见微知著,提出具有前瞻性的对策建议。要有深虑和远见,既要着眼解决当前突出问题,又要面向未来发展趋势,既要"顾后",又要"瞻前"。只有这样,才能提出有真知灼见的对策建议。

五是可操作性。政府研究部门提出的政策建议,不仅要做到思路清晰、观点正确,还必须切实可行,尤其应充分考虑可行性和可操作性。有些政策建议,看似很正确,但因无实际操作性,只能是"空中楼阁"、"中看不中用"。

六是时效性。政策研究工作成果能否发挥应有的作用,在很大程度上取决于对经济社会发展变化情况的反应速度。"文当其时,一字千金。"这就要求我们的政策研究必须快速反应,对领导同志关注的重要问题和紧迫问题,应立即组织力量,迅速开展研究,及时报出成果,这样才能恰逢其时、正值其用,产生良好效果。倘若时过境迁,工作重心已经转移,才慢腾腾地拿出调研成果,即使写得多么全面、正确、深刻,也为时已晚,只能做"事后诸葛亮"了。

(二)政策研究工作应遵循的基本原则

一般地说,政策研究工作必须注意把握好以下基本原则:

一是要坚持客观性原则。列宁曾经指出:"事实是我们政策的基础。""马克思主义者只能以确切的、有凭有据的事实作为自己政策的前提。"搞政策研究,切忌主观臆断。要具有追求真理的勇气和无私无畏的精神,不"唯上",不"唯书",只"唯实",唯事实是从,唯国运顿首,这是政策研究人员的基本品质。对了解到的真实情况和各种问题,要敢于"较真"和"碰硬",做到查实情、说实话、献实策、出实招。要深入群众,倾听群众真实的呼声,反映群众真实的疾苦;要客观、准确和真实地反映社会现象和客观事物,努力做到搞清真实情况,掌握准确数据,在深入分析基本情况和数据后,提出符合客观实际的对策建议。

二是要坚持全面性原则。列宁说:"如果从事实的全部总和、从事实的联系去掌握事实,那末,事实不仅是'胜于雄辩的东西',而且是证据确凿的东西。如果不是从全部总和,不是从联系中去掌握事实,而是片断的和随便挑出来的,那末,事实只能是一种儿戏,或者甚至连儿戏也不如。"政策研究工作要充分反映社会现象和客观事物的方方面面,做到局部和整体相结合、现实和历史相结合、动态和静态相结合;要全面了解真实情况,善于听取各种意见,注意克服片面性,防止走极端。

三是要坚持系统性原则。在政策研究中,必须用系统的观点看待和分析问题,要系统分析构成社会现象和客观事物的各个要素,深入研究它们之间的相互关系,既要"左顾",又要"右盼",搞清楚作为系统的社会现象和客观事物的整体功能,同时还要研究社会现象和客观事物所处的环境条件。要有大局意识和全局观念,在把握大局前提下探讨问题,不能孤立地、零散地看待问题,避免把视野局限在狭小范围之内。

四是要坚持创新性原则。政策研究贵在创新。各级领导都希望政策研究部门提出的对策建议有新思想、新材料、新见解。要达到这样的要求,最根本的是要坚持解放思想,与时俱进。要及时掌握国内外快速发展变化的新情况,不断创新观念和思维方式,不断改进政策研究工作的方式、方法和手段;同时,要敢于想别人之未想,善于谋别人之未谋,勇于提出创新性的见解和建议。

五是要坚持科学性原则。政策研究是一门严谨的科学,必须遵循科学规律,进行科学思维,使用科学方法,尤其要善于用辩证法分析研究问题。要掌握共性与个性原理的使用方法。毛泽东同志在对农村问题进行研究时,通常采取典型调查的做法,然后再由典型推及一般。他形象地把这种方法比喻为"解剖麻雀"。要学会抓主要矛盾或矛盾的主要方面,把握主题,突出主线,抓住重点,善于以"纲举"实现"目张"。只有这样,才能使政策研究工作具有科学性,拿出有价值、高质量的对策建议。

六是要坚持理论联系实际原则。理论联系实际是认识客观规律、推动理论不断向前发展的必由之路。做好政策研究工作,一方面要以正确的理论为指导,深入实践,从实践中找出解决问题的办法;另一方面,又要让这些办法重新回到实践中去接受检验。只有经过实践验证是正确的东西,才能用于进一步指导实践活动。

(三)做好政策研究工作需要把握的重要环节

1.认清形势,把握环境

形势是事物发展变化的状态及其趋势。正确认识和把握形势是政策研究的前提。考察古往今来,研究形势制定对策,已成为我国源远流长的治国传统和理政文化。《战国策》、《过秦论》、《隆中对》等关于研究分析形势提出良策的名篇不胜枚举。我们党领导革命、建设和改革的实践,也总是从形势出发,研究任务,制定政策。我们经常学习到以"形势和任务"、"形势和政策"做标题的重要文献和领导同志讲话。以色列著名学者叶海卡·德罗尔教授在其专著《逆境中的政策制定》中指出:中国拥有最悠久的治国传统,包括政策制定方面的思考和实践,相比于往往只注重特定问题而对周围环境不太注意的西方主要思维模式,中国的思维模式首先是广泛关注周围大环境背景,然后根据这种背景来分析考虑之中的具体问题。事实证明,能否看清形势,决定着能否制定正确的政策,决定着施政的效果。

如何才能科学研判形势,客观分析环境,提出正确的政策建议呢? 一是要有整体把握。列宁曾说:"要真正地认识事物,就必须把握、研究它的一切方面、一切联系和中介。"事物的性质特征是由系统整体的而不是由部分要素的性质特征决定的。这就要求我们在分析问题、研判形势、认识事物时,要全面地审视局部事物在全局中的位置,系统地分析各种事物之间的相互关系,从整体上把握事物的性质,防止一叶障目不见泰山,只见树木不见森林,孤立地看待问题。二是要有矛盾分析。社会现象纷繁复杂,我们要善于分析。包括分清哪些是互为因果,哪些是单向因果;哪些是一果多因,哪些是一因多果;什么是本质的、主流的,什么是非本质的、支流的。许多矛盾错综交织,要善于分清哪个是矛盾的主要方面、对形势变化起决定性作用,哪个是矛盾的次要方面、对形势变化有一定的作用。只有找出形势发展变化的原因,看清事物的本质,才能提出解决问题的正确对策。三是要有战略思维。就是要从全局、长远发展观察、思考问题。任何形势发展变化都有其自身的规律,作为政策研究工作者,要看局部、想全局,看当前、想长远,从事物的全局和未来角度认识事物发展变化的大趋势。分析判断当前的形势,要见微知著,善于抓住关乎全局和长远的苗头性、倾向性问题。四是要有世界眼光。我们是在开放的环境中推进现代化建设的,也是在信息时代推进现代化建设的,在网络铺天盖地的情势下,可以说"世界是平的"。因此,研究分析问题必须具有世界眼光,避免把眼光局限在狭小范围内。在研究问题时,要顺应世界潮流,把握时代脉搏;用心考察世界上有关国家的做法,善于学习借鉴国际有益的经验。五是要有过程思想。一切事物都随时间、地点、条件的转移而转移,形势在不断变化,思想认识也要不断随之变化。形势变化也就要求调整政策。我们要根据形势变化,把握政策的"机会窗口"。

2.围绕中心,服务大局

做好各项工作都有一个围绕中心、服务大局的问题。我们从事政策研究工作尤其要确立这样的观念和定位。其一,这是我们工作的根本方向和要求。政府政策研究部门是直接为领导和领导机关服务的机构,必须紧紧围绕党和国家的中心任务、党委和政府的工作部署,把握领导同志的工作意图。否则,我们的工作就无的放矢。其二,这是我们工作的性质和任务决定的。政府政策研究部门是直接为政府和政府领导同志服务,理应发挥参谋助手作用,主要任务是负责或参与起草、修改重要文稿,调查研究需要解决的重要问题,收集、整理和报送重要信息。这样的工作性质和工作任务,要求我们必须围绕中心,服务大局。其三,这是我们工作的岗位和作用决定的。政府研究部门的工作不是一般的文稿起草,更不是为了论证某些学术观点、写理论文章,而是直接为党委和政府决策服务,是领导同志的大脑延伸。我们的工作事关重大,因而必须心中装着大局、工作体现大局,在大局下行动。

　　在政策研究工作中,如何做到围绕中心、服务大局? 我认为,至少要把握好以下三点。一要选题紧扣工作任务。凡是受到领导重视并在推动工作中发挥重要作用的政策研究成果,都是紧扣中心任务、主动服务大局的。一方面,对政府工作面临的问题、特别是领导交办的重要任务,必须高度重视,快节奏、高效率地集中力量尽快提供情况和建议。另一方面,还要自觉想大事、议大事,对关系全局的战略性问题要主动进行超前、深入、系统的研究,做到预为之谋。二要高效服务领导决策需要。政府领导公务繁忙,往往在较短时间内作出决策。时间限制是我们政策研究工作的重要特点。在这种情况下,要高效服务领导的决策需要,就需要我们"身在兵位,胸为帅谋",善于从全局高度谋划思考问题,准确把握党和政府工作的基本方向,深刻领会党和政府作出的事关长远发展的重大决策、每一阶段的工作部署以及当前的重点工作。需要我们经常研判、跟踪经济社会发展情况,关注那些可能出现尤其是将要出现的关系全局的问题,提前加强研究,准备解决的预案和对策。三要提高研究成果转化率。研究成果推动工作的情况,是衡量围绕中心、服务大局成效的主要标志。因此,我们要采取多种方式反映、报送调研成果,积极主动地向领导汇报调研成果的价值所在;要丰富转化形式,既可以直接为领导决策提供依据,也可以吸纳在领导讲话、文件起草之中;最重要的是要建立支撑科学决策、民主决策的咨询机制,防止研究政策和实际决策两张皮。与此相联系,我们还要摆正位置,正确处理好政策研究工作和领导决策的关系。政策研究的主要使命是要在科学研究的基础上,为领导决策提供咨询服务;而是否制定政策、制定什么样的政策,则是领导的职责。由于政策制定的复杂性,领导所要考虑的许多因素是政策研究人员所难以完全了解的,因而,政策研究部门并不能代替政策制定者进行决策。在向领导提供政策建议时,政策研究人员不能也不应要求领导非接受不可,而只是供其决策参考,或通过揭示那些易于被忽视的因素、分析各种备选方案的利弊来帮助领导作出选择。我们决不能因为自己提出的建议没有被采纳就产生抱怨的情绪,更不能因此对自己的作用悲观失望。我们应当在围绕中心、服务大局中找准定位,自觉做到越位的要正位,缺位的要补位,错位的要归位。

3.深入调查,科学研究

调查研究是一项根植于实践的创造性思维活动,包括"调查"和"研究"两个主要阶段。只有调查而无研究,或者只有研究没有调查,或者只有调研而无正确结论,都不能称之为真正的调查研究。政策研究人员开展调查研究的主要目的,是把感性认识理性化,把零散做法系统化,发现和剖析存在问题,总结和提炼实践经验,形成适应新形势、解决新问题的科学思路和对策,为政府决策提供咨询服务。调查研究是做好政策研究工作的关键环节,是谋事之道,成事之基。毛泽东同志说过:"没有调查,就没有发言权";"不做正确的调查研究,同样没有发言权",这是至理名言。对于我们政策研究人员来说,不做调查研究或不会调查研究,就没有参谋权、建言权。

那么,如何搞好调查研究工作呢?我觉得,需要做好以下六个方面的工作。一是要下功夫掌握实情。陈云同志讲过:"我们做工作,要用百分之九十以上的时间研究情况,用不到百分之十的时间决定政策。所有正确的政策,都是根据对实际情况的科学分析而来的。有的同志却反过来,天天忙于决定这个,决定那个,很少调查研究实际情况。这种工作方法必须改变。要看到,片面性总是来自忙于决定政策而不研究实际情况。"这说明了解真实情况、深入调查研究的重要性,说明弄清情况是制定政策最为基础的工作。只有情况明,才能决心大、方法对。因此,我们从事政策研究工作的同志,必须下真功夫、大功夫、苦功夫开展调查研究,摸清真实情况。要深入实际、深入基层、深入群众,深入到问题的所在地和矛盾的症结处,溯本求源,真正掌握第一手材料,深刻了解事物本来面目。我们要客观、公正、理性地听取各种意见。要带着问题摸情况,但不预设框框、先入为主;要把握主流声音,但不只听一种声音,忽视不同的意见;要搜集各种材料和意见,但不凭间接材料作出结论,也不凭不负责任的片面之词下论断。只有深入调查,善于调查,"入深水抓大鱼",才能捕捉领导机关难以听到、不易看到和意想不到的真实情况,找出解决问题的对策。二是要潜心深入研究。摸清情况是为了研究问题,研究是调查的深入,深入必须心入。毛泽东同志当年在兴国作调查,耳边是炮声隆隆,但他却静下心来,一蹲就是一个多月,写下了指导革命胜利的不朽之作。我们要学习伟大领袖这种精神风范,静心定神搞调查研究,心浮气躁一定出不了好的调研成果。我们搞政策研究,首先要"吃透两头"。要吃透上情,把准方向,全面了解党的路线、方针、政策;要摸准下情,把握社情民意。只有把握住这两头,分析问题才有基本的依据。其次要消化材料。要对调查中了解到的感性的、零星的、无序的、不系统的情况,进行分类、归纳、提炼。收集消化材料当然是越多越好,但如果丢掉了关键材料和主要事实,也是无用和无效的。毛泽东同志曾说过:"十样事物,调查了九样,只有一样没有调查,如果你调查的九样都是一些次要的东西,把主要的东西都丢掉了,那末,仍旧是没有发言权。"他还指出,"要抓住主要矛盾,突出重点,'眉毛胡子一把抓'不仅耗费精力,而且往往不得要领,难以深入"。再次要科学分析。要综合运用归纳与演绎、分析与综合、具体与抽象、定性与定量等手段,对调查中掌握的材料进行一番去粗取精、去伪存真、由此及彼、由表及里的深入思考和研究,透过现象把握本质,分析原因,找出规律,提出解决问题的有效办法。三是要切实维护群众利益。人民群众是调查研究的对象,人民群众的社会实践,是我们调查研究的活水源头。调研成果的质量如何,提出的政策意见正确与否,最终都要由人民群众的实践来检验。因此,搞好调研工作,必须坚持以人为本,端正对待群众的态度。抱着满腔的热忱、眼睛向下的决心、求知的渴望、甘当小学生的精神、与群众作朋友的真诚,放下架子、扑下身子,"问问家长里短事,听听鸡毛蒜皮言"。必须倾听群众的呼声。既要了解群众盼什么,也要了解群众怨什么;既要听群众的顺耳话,也要听群众的逆耳言;既要让群众反映情况,也要请群众提出意见。总的来说,我们要广察民情,广集民智,广谋民利。只有这样的调查研究,才能真正察到实情、获得真知、收到实效。四是要充分发挥专家作用。现代管理的专业性、科技革命的全球性、世界形态的开放性、社会现象的复杂性,向我们提出了更高的要求。在当今时代,单凭个人的知识、经验和智慧,很难把握日新月异的发展形势。因此,做好调研工作,必须注重发挥专家作用。要坚持内外结合、专家和职能部门相结合。要发挥专家的专业素养优势,吸收最新的研究成果和最前沿的信息,拓展调查研究的深度和广度。特别是对一些重大问题,要善于借用外脑,依托专业知识支撑,全方位、宽领域、多层次地开展调研。要充分发挥专家的积极性,尊重专家的智力投入和智力成果。五是要综合运用各种调研方法。调研方法影响调研成果质量,决定调研工作水平。在实践中,我们通常采用召开调查会、研讨会、走访调查、蹲点调查、典型调查、实地考察、问卷调查等多种行之有效的调研方法,应继续坚持发扬。比如开调查会,是最简单易行又忠实可靠的方法。在调查中,口问手写,展开讨论,感受直接、体验深刻、互动性强,是其他现代调查技术所不可代替的。同时,还必须拓展调研渠道,创新调研方式。要积极使用统计调查、抽样调查、网络调查等现代方法,提高调查的效率和质量;充分利用现代信息技术和手段进行资料的收集、整理和加工,对已掌握的调查材料进行多层面、多角度的系统研究,对复杂的社会、经济系统进行定性和定量分析,提高调查研究的科学性和时效性。六是要注意广泛收集利用信息。只有广泛收集利用信息,才能当好领导的"千里眼、顺风耳"。在当今信息网络时代,社会信息传播方式和传播速度与过去相比已发生巨大变化,重视和加强这方面的工作都显得十分迫切。收集利用信息,重在发掘出信息的价值。正确的决策必须建立在准确可靠的信息基础上,否则就会使决策出现失误。

4.精心谋篇布局,写好调研报告

撰写调研报告的主要任务是,把调查研究所得用文字表达出来、写成报告,用以总结工作、分析问题、推广经验、吸取教训、提供决策依据。撰写报告是调查研究的重要环节,调研报告是政策研究成果的最终体现。调查很全面,研究也很深入,调研报告写不好仍达不到预期目的,甚至会前功尽弃。更重要的是,我们从事的不是一般的文字材料工作,也不是简单地反映情况,而是要通过调研报告为领导决策提供咨询。写好调研报告,要求严格、责任重大。

那么,怎样写好调研报告呢? 我感到,需要做到以下七点。一是站位要高。能否站好位,对写好调研报告是很重要的问题,也决定着调研报告写作的成败。写调研报告一定要站在领导的位置,换位思考,也就是我们常说的思领导所思,想领导所想,急领导所急,与领导同频共振;一定要处理好"有我"和"无我"的关系,既用"有我"的强烈责任意识写报告,又不能站在自己的角度做文章;一定要善于从宏观着眼、把握大局。二是思想要深刻。"思想立身、文稿立言、品德立人。"对于我们从事政策研究工作的人来说,思想立意至关重要。一篇有分量、有价值的调研报告,一定要有新思想、新材料、新见解。要深思熟虑,整体把握,要想得深、谋得远,凝练主题,提炼思想,画龙点睛,给人启迪,提出问题要抓住重点和本质,分析问题要鞭辟入里、入木三分。三是观点要鲜明。撰写调研报告必须对调查的事物有鲜明的态度。要观点明确,是什么、不是什么要说清楚,提倡什么、反对什么,利弊分析要直指要害,对策建议要直截了当,不能观点模糊、语焉不详。要化繁为简,直奔主题,一针见血,不能内三层外三层,让人"雾里看花"。四是内容要充实。内容充实要体现在务实上。所阐述的观点、提出的政策措施建议,既要考虑需要,又要考虑可能,既要解决现实问题,又要符合发展趋势,要以解决实际问题为出发点,体现实用性、实效性、指导性的有机结合。内容充实也要体现在真实上。对调查了解到的真实情况和各种问题,要如实反映,防止功利思想,粉饰太平,掩盖矛盾,投机取巧做文章。内容充实还要体现在唯实上。要不唯书、不唯上,处理好对上负责和对下负责的关系,敢于把深入调研得到的但与领导意见不一致甚至相反的观点秉笔直书,为领导作出正确决策、制定有效政策提供帮助;防止一味迎合领导意见,回避问题,误导判断,导致决策失误。五是结构要严谨。文无定法,却有成规,调研报告的结构要符合内在的逻辑关系。要谋好通篇布局,对主题、立意、内容进行科学思维,系统思考,整体构思,形成框架结构,做到结构和内容的有机统一。要注重结构得当,切忌烦琐,不能层次过多、分叉过多。要提倡多样性,切忌公式化,不能形式死板,反对做"八股"文章。六是表达要准确。毛泽东同志在《工作方法六十条》中指出:"文章和文件都应具有这样三种性质:准确性、鲜明性、生动性。"这其中,准确性是第一位的也是最基本的要求。我们无论是总结经验、分析问题还是提出对策建议,要做到概念准确,判断恰当,使用概念、判断进行推理符合逻辑;不能言不达意,用词生僻,晦涩难懂,使人产生歧义。要做到表述恰如其分、中肯到位,不能无病呻吟。要做到恰当选词,严密造句。在此基础上,还要力求生动活泼,耐看耐读,引人入胜,回味无穷。七是文风要朴实。如果说,思想内容是调研报告的"精",结构表述是调研报告的"气",文风则是调研报告的"神"。我们要根据机关工作特点和调研报告的要求,体现朴实的文风。要平实,用事实说话,实实在在,切忌泛泛议论。要简洁,力求短小精悍、言简意赅,意到言到、意尽言止,要言不烦,不要拖泥带水,冗长乏味,动辄洋洋万言,让人到沙堆中淘金拣宝。要质朴,开门见山,把话说到位,既不要过多雕饰、过于华丽,也不要官话套话连篇。

　　我们前面从政策研究的特点、原则及主要环节等方面,阐述了如何做好政策研究工作问题。那么,衡量政策研究水平高低的标准是什么呢?我看,至少可以从政策研究成果的价值和应用价值两个方面进行考察。从政策研究成果的价值看,可概括为"三个符合、三个检验",即政策研究成果要符合经济社会发展实际,经得起实践检验;要符合客观规律,经得起历史检验;要符合民心民意,经得起人民群众检验。从政策研究成果的应用价值看,可概括为"发挥三个作用",即发挥参谋助手和智囊作用;发挥服务科学决策的作用;发挥推动实际工作和社会进步的作用。我觉得,在"三个符合、三个检验、发挥三个作用"方面成效如何,就是衡量我们政策研究水平高低的重要标准。

三、努力提高政策研究人员的素质和能力

　　做好政策研究工作,至关重要的是不断提高政策研究人员的素质和能力。政策研究工作政治性强、涉及面广,对政策研究人员的素质和能力要求非常高。概括起来说,就是要有较高的马克思主义理论水平和全面准确把握党的路线、方针、政策的本领,要有较高的政治洞察能力和鉴别能力,要有解放思想和敢于创新的意识,要有实事求是的精神和严谨的科学态度,要有较强的分析研究能力和文字表达功底,要有比较广博的政治、经济、法律、历史和科技等各种知识,还要有较好的电脑、网络等现代化办公技能。政策研究人员一定要博学厚积、秉要执本、常勤精进,做到站得高、看得远、想得深、写得好,努力使自己成为政治合格、业务精通、作风过硬、善打硬仗的高素质全面发展人才,以更好地适应党和国家事业发展的需要。

（一）不断提高政策研究人员的思想政治和政策理论水平

打好基本理论和政治方向的根底。政策研究人员要坚持刻苦学习马克思主义、毛泽东思想、邓小平理论和"三个代表"重要思想，努力学习实践科学发展观。善于运用马克思主义的立场、观点和方法来观察、处理问题。始终坚定正确的政治方向。这是最重要的。任何一项政策研究工作，都必须以党的理论、路线、方针为指导。只有政治觉悟和思想理论水平提高了，才能更好地领会和把握党的路线、方针、政策，提高从政治上、全局上观察问题、分析问题和解决问题的能力。

打好国家法律法规和政策的根底。每一项政策研究工作都与国家某些法律法规和政策规定相联系。不熟悉这些方面，就很难做好政策研究工作，起草、修改政策研究文稿。一些部门、地方提供的材料中的有些提法不符合国家的有关法律法规和政策，如果不熟悉法律、法规和政策，就很难看出问题来。我们不仅要熟悉一些基本法律、重要法规和方针政策，还要熟悉专业部门的规定、政策等。

打好善于把握全局能力的根底。政策问题往往事关大局。作为从事政策研究工作的人员，要有大局意识和全局观念，在把握大局前提下探讨问题；要善于想大事、议大事。要善于抓住改革开放和经济社会发展中的重大问题作调查研究，突出前瞻性、全局性和战略性。要从纷繁复杂的问题中，提炼出有意义的选题，把研究力量放在重大问题的研究上。要突出重点，首先是党委、政府交办的任务，其次是政策研究部门确定的重点研究课题。政策研究部门工作只有适应政府工作需要和领导决策需求，才能有的放矢、富有成效，才能算尽其本职、务其正业。

（二）不断提高政策研究人员的业务能力

提高熟悉基本知识和业务的能力。首先，要丰富各方面知识，努力掌握与自己负责的领域和业务工作直接相关的知识，不断提高业务能力和工作水平。要努力加强对现代市场经济、现代政府管理、世界经济、财税、金融、农业、工业、贸易、科教和各项社会事业等方面知识的学习,努力成为某个领域的专家。不仅要掌握有关基本业务知识和以前的情况,还要及时跟踪和掌握新的变化情况。要注意拓宽知识面,不仅要懂专业知识,还要注意学习哲学、政治、历史、文学等方面的知识。不仅要熟悉社会科学知识,还要学习自然科学知识;不仅要知道中国的有关知识,还要知道国外的有关知识。每个研究人员都要有自己的重点领域和专业范围,精通与自己工作相关方面的基本理论、基本知识、基本政策。每位研究人员都应当成为一个或几个领域的专家、权威。绝不能满足于若明若暗、似懂非懂。"以其昏昏、使人昭昭",是不行的。要博览群书。"厚积而薄发",用起来就会得心应手。古人云:"劳于读书,逸于作文。"意思是说勤奋读书,作文方能轻松自如。杜甫的"读书破万卷,下笔如有神",苏轼的"读书万卷始通神",都是讲的这个道理。社会经济现象都不是孤立存在的,任何一种问题的出现都有复杂而深刻的社会经济原因。要准确把握事物的本质,要求大家有广博的知识,善于从不同的角度观察、分析问题。要不断完善知识结构,重视知识更新。只有这样,才能增强发现问题、揭示矛盾的能力;才能增强战略思维、科学分析的能力,成为既精通业务知识的专家,又具有广博知识的通才。

提高开拓创新的能力。政策研究是一项富于创新性的工作,要求政策研究人员具有较强的创新能力。特别是当今国内外经济社会形势瞬息万变,新问题、新挑战层出不穷,更要求政策研究人员必须及时掌握新情况,大胆创新,在思维方式、工作方式等方面努力创新,敢于提出具有创新性的政策思路和措施。目前,我们一些政策研究成果质量不高,既有调查研究深度不够的问题,更有创新不够的问题。为增强政策研究人员的开拓创新能力,一是要坚持解放思想,与时俱进,在研究问题中不受条条框框束缚,敢于破除迷信;二是要创新工作方式方法,通过方式方法的创新形成观点、思路和对策的创新;三是要坚持深入群众,深入社会,善于汇聚人民群众的智慧和创造力。

提高审时度势、洞察问题的能力。我们能够履行好自己的职责,搞好政策研究工作,在很大程度上取决于对经济社会发展变化情况的把握。为此,要敏于观察,勤于思考,增强敏锐性和鉴别力,努力做到紧密跟踪形势,透彻分析形势,准确判断形势,及时提出对策建议。要善于发现新问题、新情况,特别是要能及早发现苗头性问题;要有一双慧眼,透过纷繁复杂的现象看到事物的本质、问题的根源。

提高善于博采众长和综合分析研究问题的能力。做好政策研究工作,必须认真听取各方面的意见,充分利用社会智力资源,吸取优秀研究成果。只有集思广益、善于综合、长于提炼,才能全面把握问题的实质,才能提出新的观点和建议,才能快速拿出高质量的政策研究成果。

提高辞章修养和文字表达的能力。要撰写好政策研究文稿,就需要不断提高政策研究人员的文字表达能力。撰写政策研究文稿与写其他文章一样,本身有个技能问题。文稿要写得好,除了思想正确、态度鲜明、作风正派之外,还要掌握一些写作技巧,懂一点逻辑、文法和修辞。古人说:"言而无文,行之不远。"有些政策研究人员写的稿子逻辑混乱、文理不通的现象时有发生,也有的乱造概念,用词离奇,令人难懂。这就要求我们多读一点文学作品,尤其要多看一些中外名篇,谙熟一些成语、古语、典故、名人名言,以丰富大家的语言词汇,增添文采,避免行文枯燥刻板,味同嚼蜡,使人不能卒读。因此,要注意加强辞章修养,改进文风。当前,社会各界对文风不正颇有怨言,应特别注意端正文风。

(三)不断发扬政策研究人员的优良作风

要发扬坚定理想信念、心系人民群众的作风。政策研究人员只有坚定理想信念,才能够敢于坚持真理,敢于坚持原则,敢于发表意见,敢于提出真知灼见。要确保在任何时候任何情况下,思想不滑坡,信念不动摇。做好政策研究工作,必须以最广大人民群众的根本利益为最高标准,始终坚持把人民利益放在第一位,切实做到深怀爱民之心、恪守为民之责、善谋富民之策、多办利民之事。始终把群众拥护不拥护、赞成不赞成、高兴不高兴、答应不答应作为政策研究的出发点和落脚点。要有强烈的责任感和使命感,做到心底无私、坦坦荡荡、一身正气,在政策研究工作中彰显自己高尚的思想境界和人生价值。

要发扬求真务实、理论联系实际的作风。求实是政策研究工作的灵魂。要拿出高质量政策研究成果,首先必须有求真务实的精神,要本着求深、求细、求准的原则,"一竿子插到底"。搞好政策研究,还要具有追求真理的勇气和无私无畏的精神。要敢于讲真话,敢于报实情,不怕受冷遇,不怕受挫折。这是我们应具备的基本品质和崇高境界。政策研究人员必须发扬理论联系实际的作风,既要加强理论学习和研究,提高马克思主义理论素养,又要亲身深入实践,提高实践能力,总结实践经验,善于从实践中汲取营养,用于指导新的实践。

要发扬淡泊名利、甘于奉献的作风。政策研究工作是一项非常艰苦的劳动,政策研究部门是一个清苦的单位。必须增强责任感,严格要求,廉洁自律,做到勤勉敬业,恪尽职守,无私奉献,淡泊名利,甘于寂寞,甘当无名英雄。对待每一项研究任务、每一篇文稿起草都要全身心投入,写出最好水平。马克思说过:"《资本论》是一部经过千辛万苦写成的著作,可能从来没有一部这种性质的著作是在比这更艰苦的条件下写成的。为了它,我已经牺牲了我的健康、幸福和家庭。"由此可见,不付出巨大的辛劳,是写不好文章的,也不会做好政策研究工作的。对每个从事政策研究的人员而言,政策研究的工作岗位是短暂的,但事业是永久的,政策研究人员要非常珍惜自己的岗位和给自己锻炼的机会,做到"不待扬鞭自奋蹄",充分发挥自己的聪明才智和潜力,全力以赴地投入,一丝不苟、精益求精、极端负责、殚精竭虑地工作。

实施反垄断法　推进依法行政[*]

（2009 年 10 月 12 日）

　　《中华人民共和国反垄断法》（以下简称《反垄断法》）于 2007 年 8 月 30 日由十届全国人大常委会第 29 次会议审议通过，于 2008 年 8 月 1 日起实施。这是一部确立市场竞争基本规则、维护市场竞争秩序、保障市场经济健康发展的重要法律。反垄断法的制定，是贯彻依法治国方略的重大举措，是我国社会主义市场经济发展的重要里程碑。学习好和实施好这部法律是一项重要而紧迫的工作。为了帮助各部门、各地方有关领导干部准确理解反垄断法的基本内容，并在实际工作中做好贯彻实施工作，根据国务院领导同志指示，反垄断委员会决定在今年举办一系列培训活动，包括培训省部级干部、国有大型骨干企业负责人、地厅局级干部。

　　举办本期研讨班的主要任务是，以邓小平理论和"三个代表"重要思想为指导，深入贯彻落实科学发展观，全面领会《中华人民共和国反垄断法》的立法背景、基本原则、主要内容，研讨交流一年来实施反垄断法的实践经验、主要问题及对策措施，推动反垄断法得到更好的贯彻实施。

　　根据研讨班的安排，我先讲讲为什么要办这期研讨班、重点研讨什么问题，再对办好研讨班提点希望和要求。

---

　　* 本文系作者在国家行政学院举办的省部级领导干部"反垄断法"专题研讨班开班式上的讲话（节录）。

一、为什么要举办"反垄断法"专题研讨班

概括起来说,主要是着眼以下四个方面:

(一)这是认真实施反垄断法的需要。反垄断法,在国际上素有"市场经济宪法"之称。我国《反垄断法》也是一部基本经济法。它的出台,为我国社会主义市场经济法制建设奠定了一块重要基石,深刻地影响着经济运行和社会发展。《反垄断法》经过了13年之久的酝酿和争论,说明制定这部法确实不易。而全面、正确领会和实施这部法,也需要有一个不断深化认识和不断创新实践的过程。由于我们仍处于逐步完善社会主义市场经济体制的过程中,各方面对市场竞争和垄断问题的认识还不够全面、不够深刻,甚至存在偏颇,这必然会影响到反垄断法的顺利实施和发挥应有的作用。因此,举办本期研讨班,请长期研究和参与制定反垄断法的主管部门领导同志和专家学者深入解析这部重要法律的立法背景、指导思想和主要内容,有助于大家进一步提高对实施《反垄断法》重要性和紧迫性的认识,增强贯彻实施这部重要法律的自觉性和坚定性。

(二)这是有效应对国际金融危机影响的需要。国际金融危机发生以来,面对严峻复杂的形势,党中央、国务院及时果断地采取一系列正确的政策措施,有效地遏制了经济增速下滑的势头,保增长、调结构、促改革、惠民生取得明显成效。当前,仍是应对国际金融危机影响的关键时期,做好反垄断工作有利于消除地区封锁,打破行业垄断,推进全国统一、开放、竞争、有序的市场体系建设,更好发挥市场配置资源的基础性作用,从而为扩内需、保增长创造良好条件;也有利于调整优化经济结构,包括调整优化产业结构、企业结构,提高产业集中度,发展规模经济,促使优势企业做大做强,保护小企业在竞争环境中健康发展,增强国民经济活力。同时,国际金融危机对世界经济格局已经并将进一步产生深刻的影响,国

际市场的企业兼并重组不断增加。我们要通过加强反垄断工作,防止国际跨国公司不正当并购对我国经济发展的负面影响,维护国家经济利益和经济安全。举办本期研讨班,就是要在应对国际金融危机这个大背景下,学习研讨反垄断问题,使大家深刻认识当前特殊时期反垄断工作的特殊意义和特殊要求,加快推进改革,完善市场经济体制,妥善应对国际金融危机带来的各种复杂矛盾,促进国民经济又好又快发展。

(三)这是进一步转变政府职能的需要。党的十七届二中全会通过的《关于深化行政管理体制改革的意见》明确提出,要通过改革,实现政府职能向创造良好发展环境、提供优质公共服务、维护社会公平正义的根本转变。反垄断法的制定和实施,为进一步完善政府的经济调节和市场监管职能提供了重要的手段和工具,同时也对于政府职能转变提出了新的更高的要求。反垄断法是规范市场行为的法律,是参与市场竞争必须遵守的"游戏规则",政府的职责就是正确运用这些规则维护好市场秩序。这就要求各级政府充分发挥好反垄断法律制度的导向和约束功能,进一步明确职能定位,转变管理方式,规范行政行为,更多地运用经济和法律手段调节经济运行。要用改革的精神贯彻实施《反垄断法》,包括深化垄断行业改革,引入竞争机制,加强政府监管和社会监督。举办本期研讨班,就是要使大家从切实转变政府职能、深化经济体制改革和行政管理体制改革的高度深入理解《反垄断法》,全面准确地实施《反垄断法》,从而不断提高驾驭社会主义市场经济的能力。

(四)这是加快推进依法行政的需要。我国《反垄断法》的制定和实施标志着我国社会主义法律体系和市场经济法律制度不断完善,是我国法制建设的重要成果,为加快推进依法行政、建设法治政府提供了法制保障。举办本期研讨班,对于大家准确把握反垄断法对政府工作的新要求,提高依法行政的意识和能力、推进法治政府建设具有重要的意义。

二、本期研讨班应着力学习研讨的重点问题

我国《反垄断法》共 8 章 57 条,虽然条文不多,但内容十分丰富。在学习研讨中,要全面认识、准确把握。为此,要在以下几个方面下功夫:

(一)认真学习领会《反垄断法》的立法宗旨和指导思想。我国实行社会主义市场经济,市场经济的本质属性和基本特征,就是竞争。通俗地说,搞市场经济,一是不能不竞争,二是不能乱竞争。反垄断法的立法宗旨就是为了维护市场竞争秩序,保护消费者利益,充分发挥市场配置资源的基础性作用,促进国民经济健康发展。我国《反垄断法》既借鉴美欧国家的立法经验和执法实践,又立足我国国情,体现了中国的特色;既有利于保护市场竞争,又与我国现行有关产业政策相协调;既维护公平的市场竞争秩序,反对各种形式的保护主义,又维护国家经济利益和经济安全。我们要认真学习领会《反垄断法》的立法宗旨和指导思想,提高认识,统一思想,这是在实际工作中执行好、运用好这部法律的基本前提。

(二)认真学习把握《反垄断法》确立的基本制度。《反垄断法》规定了禁止垄断协议、禁止滥用市场支配地位、控制经营者集中三大基本制度,这三大基本制度也被称为《反垄断法》"三大支柱"或"三大基石"。各国反垄断法的立法和执法经验表明,这三大基本制度针对各类不同的垄断行为进行规制,形成了较为完善的制度设计。我国《反垄断法》还专门就防止和制止行政机关滥用行政权力排除、限制竞争问题作出了具体规定,这些基本制度构成了《反垄断法》的主要内容。我们要认真学习把握这些基本制度,密切联系实际,深入分析存在的问题,更好地正确推进反垄断工作。

(三)认真研讨反垄断的理论和实践问题。我国实施《反垄断法》时间不长,实际工作中必然会遇到不少矛盾和问题。反垄断是一个十分复

杂的问题,涉及范围很广,专业性、技术性、政策性都很强,如何贯彻实施好《反垄断法》,是一个新课题,需要在理论和实践方面做深入研究和探索。例如,在新的形势下,如何正确处理好竞争政策与产业政策的关系、维护公平的市场竞争秩序与反对贸易保护主义的关系、立足当前与着眼长远的关系、反垄断行政执法与基础工作的关系,等等。本期研讨班要以改革创新的精神,坚持理论与实践相结合,把一些实际工作中的重点难点问题研究得深一些、讨论得透一些,以利于在实际工作中全面、准确地实施《反垄断法》。

(四)认真总结《反垄断法》实施以来的主要经验。《反垄断法》实施一年多来,各地方、各部门进行了大量工作,积累了不少经验,也遇到一些新问题。古人云:"纸上得来终觉浅,绝知此事要躬行"。"实践出真知"。参加这期研讨班的都是各省区市和中央国家机关分管工作的负责同志,长期从事经济工作,对维护市场秩序、营造发展环境有不少切身体会。大家在生动的实践中一定会对贯彻实施《反垄断法》有深刻的体会。大家的经验和体会是我们共同的宝贵财富,对于进一步推进反垄断工作,进一步制定符合实际的《反垄断法》实施细则具有重要价值。

深化医药卫生体制改革
解决好"世界性难题"*

（2010 年 5 月 12 日）

党中央、国务院高度重视医药卫生体制改革。2009 年 4 月，《中共中央国务院关于深化医药卫生体制改革的意见》和《国务院关于印发医药卫生体制改革近期重点实施方案（2009—2011 年）的通知》颁布实施，标志着我国深化医药卫生体制改革全面启动。我们要进一步深入学习领会中央关于深化医药卫生体制改革的指导思想、基本原则和主要内容，进一步认清当前医药卫生体制改革的形势和任务，进一步提高对推进医药卫生体制改革重要性、紧迫性和艰巨性的认识，沟通进展情况，交流做法经验，研讨重点问题，提出对策措施，提升领导科学发展的能力，更好地把医药卫生体制改革推向前进。

一、充分认识举办"医药卫生体制
改革"专题研讨班的重要意义

深化医药卫生体制改革是党中央、国务院的重大决策。今年是医药

---

* 本文系作者在国家行政学院举办的省部级领导干部"深化医药卫生体制改革"专题研讨班开班式上的讲话（节录）。

卫生体制五项重点改革承前启后、攻坚克难的关键一年。举办这期研讨班的主要考虑有以下几点：

（一）这是进一步推动医药卫生体制改革的需要。医药卫生事业关系亿万人民的健康，关系千家万户的幸福，关系人民群众切身利益，是重大而基本的民生问题。深化医药卫生体制改革，建设覆盖城乡居民的基本医疗卫生制度，是贯彻落实科学发展观、促进经济社会全面协调可持续发展的必然要求，是维护社会公平正义、提高人民生活质量的重要举措，也是全面建设小康社会和构建社会主义和谐社会的重大任务。认真贯彻落实深化医药卫生体制改革方案，是党和政府实现向人民群众作出的郑重承诺。胡锦涛总书记在 2010 年 2 月省部级主要领导干部"深入贯彻落实科学发展观　加快经济发展方式转变"专题研讨班上的讲话指出：要"落实医药卫生体制改革方案，加强覆盖城乡居民的公共卫生服务体系、医疗服务体系、医疗保障体系、药品供应体系建设"。温家宝总理在十一届全国人大三次会议所作的《政府工作报告》中，郑重地把加快推进医药卫生事业改革发展作为 2010 年政府的重点工作，并作出明确具体部署，强调"要克服一切困难，把这个世界性难题解决好"。这些说明，党中央、国务院极为重视深化医药卫生体制改革工作部署的贯彻落实。当前，加快推进医药卫生体制改革，促进卫生事业健康发展，关乎经济社会发展的全局，既可以有效缓解群众"看病难"、"看病贵"的问题，维护社会公平正义，让人民生活得更加幸福更有尊严，又可以减轻群众医疗卫生负担，提振城乡居民消费信心，增加即期消费，扩大内需，继续有效应对国际金融危机影响，保持经济平稳较快发展；还可以促进民族医药业的快速发展，促进产业结构优化升级，有利于创业和扩大就业，转变经济发展方式，提升经济增长质量。同时，历经三年时间广泛调研、科学论证的深化医药卫生体制改革方案，已为社会各界知晓，广大群众热切盼望贯彻落实。能否实施好医药卫生体制改革方案，关乎党和政府的公信力和执行力。因此，要进一步提高认识，增强搞好医改工作的紧迫感、责任感和使命感；进一步把思想统一到中央的决策部署上来,增强推进医改的自觉性、主动性和坚定性;进一步加大工作力度,切实把深化医改摆在更加重要的位置。

(二)这是深入学习领会医药卫生体制改革文件精神实质的需要。中央关于医改指导意见的制定,是在广泛征求各方面意见和借鉴世界各国医疗改革实践经验的基础上,立足于我国基本国情和现代化建设实际提出来的。应当说,各方面都作出了明确的决策部署。这里包括:基本方向是坚持卫生事业为人民健康服务、为人的全面发展服务、为经济社会发展服务。核心理念是坚持公共医疗卫生的公益性质,把基本医疗卫生制度作为公共产品向全民提供,逐步实现人人享有基本医疗卫生服务,努力做到病有所医。总体目标是建立健全覆盖城乡居民的基本医疗卫生制度,为群众提供安全、有效、方便、价廉的医疗卫生服务。基本原则是坚持以人为本,把维护人民健康权益放在第一位;坚持立足国情,建立中国特色医药卫生体制;坚持公平与效率统一,政府主导与发挥市场机制作用结合;坚持统筹兼顾,把解决当前突出问题与完善制度体系结合起来。主要任务是全面加强公共卫生服务体系、医疗服务体系、医疗保障体系、药品供应保障体系的建设,形成四位一体的基本医疗卫生制度,还要完善医药卫生的管理、运行、投入、价格、监管体制机制,加强科技与人才、信息、法律建设,保障医药卫生体系有效规范运转。可以说,这个医改方案全面体现了科学发展观的要求,是我国医药卫生事业发展从理念到体制机制的重大创新,既从中长期战略高度规划了医药卫生事业发展的布局,也有针对性地明确了近期工作重点,内容丰富,涵义深刻,在基本理念、基本思路以及制度设计和政策措施都有许多新思维、新观点、新举措。学习领会和贯彻中央医改文件精神,需要一个不断深化认识和不断进行创新的过程。只有深刻领会和准确把握医改文件的精神实质,进一步明确改革的方向、理念、原则、目标、任务和政策措施,才能保证医改工作沿着正确的道路推进。

(三)这是确保医药卫生体制改革取得实效的需要。制定好医药卫生体制改革方案很不容易,"三年磨一剑"。而实施好方案更不容易,遇到的矛盾和问题会更多、更复杂,需要的时间会更长。这里包括中央和地方各级政府增加投入、医疗机构改革和运行机制转换、医疗卫生队伍建设等。一年多来,各地区、各部门按照党中央、国务院的决策部署,做了大量工作,取得了重要进展,积累了宝贵经验。同时,医改工作中也存在一些问题,突出的是各地进展不平衡,有的地方存在畏难情绪,有的地方还在观望;随着改革的推进,也出现了一些新情况、新问题,改革的配套性、复杂性、艰巨性进一步凸显。举办本期研讨班,各地区、各部门负责医改工作的同志以及参与设计改革方案的同志聚集一堂,交流情况,总结工作,探讨问题,研究对策,有助于我们进一步开阔思路,破解难题,更有力、有效地把医改的各项任务和政策措施落到实处。

(四)这也是提高政府领导科学发展能力的需要。深化医药卫生体制改革,既是一项重大的民生工程,也是贯彻落实科学发展观的重大实践行动。搞好医药卫生体制改革,是提高政府领导科学发展能力的重要体现。我国经济建设和社会发展中长期存在"一条腿长"、"一条腿短"的问题,社会事业发展滞后。我们要践行科学发展观,必须全面履行政府职能,当前尤为重要的是,切实强化社会建设和管理、提供公共产品和服务的职能,包括加快医药卫生体制改革,建立健全覆盖城乡居民的医疗保障制度,大力发展卫生健康事业。深化医药卫生体制改革必须完善医药卫生体制机制,保障医药卫生体系有效规范运转;必须创新政府管理方式,有效动员和综合利用社会资源来加强和改善医疗卫生服务,进一步调动全社会参与医疗卫生事业的积极性。这些改革将进一步完善有利于科学发展的体制机制。我们要不断适应医药卫生体制改革的新形势、新任务、新要求,探索深化行政管理体制改革、加快转变政府职能、建设服务型政府的途径和措施,进一步提高政府领导科学发展的能力和水平。

二、深入学习研讨医药卫生体制改革的重点问题

深化医药卫生体制改革是当今世界许多国家面临的一项重大社会改革,涉及社会各方面利益的重大调整和社会治理模式、经济发展方式的重大变革。这项改革头绪多、难度大,十分复杂,非常艰巨,必须明确思路,把握方向,抓住重点,攻克难点,才能确保改革稳步向前推进和达到预期效果。下面,我先提出需要深入学习研讨的几个重点问题。

(一)深入学习领会和准确把握"保基本、强基层、建机制"的医改重大原则。医药卫生体制改革任务千头万绪,各地方、各时期工作重点有所不同,但"保基本"是共同的要求。这次医改的最大特点,就是区分了"基本"和"非基本"。政府的主要责任就是"保基本",包括基本保障、基本医疗、基本公共卫生和基本药物,强调人人有基本保障,人人享有基本医药服务。高端的、选择性的、个性化的医药卫生服务要逐步交给社会和市场。"强基层",就是要强化基层、面向基层、依靠基层。当前要进一步把工作重心下沉到基层、到区县、到乡村,以基层为着力点,夯实基本医疗卫生制度的基础。"建机制",就是要高度重视体制机制创新。我国医药卫生事业领域存在的问题是多方面因素造成的,主要根源在于体制机制不合理。没有体制机制上的重大突破,就难以实现医药卫生事业可持续健康发展。在推进医改的过程中,必须把增加投入和健全机制结合起来,在加大资金投入的同时,更加注重推进机制改革,为医药卫生事业科学发展提供有力的制度保障。

(二)深入学习领会和准确把握政府主导与市场作用有机结合的基本要求。公益性是医药卫生事业的基本特征。在社会主义市场经济条件下,政府的主要职责是要保障公共医疗卫生服务的公益性,满足人民群众的基本医疗卫生服务需求,促进社会公平正义。目前,我们在这方面做得

还不到位。进一步加强公共服务职能,加快建立覆盖全民的基本医疗卫生服务体系,这是政府义不容辞的责任。同时也要看到,人民群众对健康的需求呈现多层次和多样性,必须合理确定政府的责任范围,正确划分政府主导与市场作用的界限,这是医改中一个十分重要的问题。现在政府办了许多应当交给市场和社会办的事,用公共资源办高端的医疗服务,满足了少数人的需求,加剧了分配不公和群众不满。中央要求,在包括医药卫生在内的社会事业领域,都要进一步放宽准入条件,调动全社会参与的积极性。这方面思想要解放一点,胆子要大一点,步子要快一点。我们要深入研究如何引导社会力量办医药卫生事业的问题,这样,既能够利用更多的社会资源加快医药卫生事业发展,又有利于政府集中力量办好应该办的事情。

(三)深入学习领会和准确把握近期医改工作的重点任务。医药卫生体制改革的前三年,是改革攻坚克难的关键时期,尤其需要突出重点,在关键环节上取得突破。中央确定,近三年要着力抓好五项重点改革任务,这就是:加快推进基本医疗保障制度建设、初步建立国家基本药物制度、健全基层医疗卫生服务体系、促进基本公共卫生服务逐步均等化、推进公立医院改革试点。抓好这五项重点改革,旨在针对突出矛盾,有效缓解群众看病难、看病贵问题,使群众看得上病、看得起病、看得好病、少得病;旨在增强改革的可操作性,以重点突破带动医药卫生体制全面改革。可以说,这五项改革既是各级政府推动医改的首要任务,也是做好医改工作的重要抓手。一年来,在各方面的共同努力下,五项重点改革有了个好开局。2010年是关键的一年,能否做好今年的工作不仅关系到三年重点改革任务能否完成,而且关系到长期目标能否实现。各方面应再接再厉,加大工作力度,把2010年的任务完成好。

(四)深入学习领会和准确把握基本药物制度建设与公立医院改革试点的主要思路。基本药物制度与公立医院改革这两项改革,是整个医药卫生体制改革的重点,也是难点,都涉及对利益关系的深刻调整。基本药物制度一头连着医疗卫生机构和医务人员,一头连着药品生产流通领域,影响医疗机构和医务人员的行为,影响药品企业的生存发展,涉及生产、定价、招标、流通、配送、使用、报销各个环节。这项改革实施一年来,取得了一定成效,但暴露的问题也不少,比如药品定价、药品种类、招标采购、医疗机构的补偿等问题,都需要认真研究,逐步加以完善。

公立医院集中了我国95%以上的医疗卫生资源,当前医药卫生事业发展面临的许多问题主要反映在公立医院。各项医改措施能否让人民群众得到实惠,很大程度上要通过公立医院改革来体现。因此,公立医院改革的进程和成效,最终决定医改的进程和成效,甚至决定医改的成败。当前,中央对公立医院改革的思路、原则和方向都已明确,国务院也下发了公立医院改革试点指导意见,在全国选择16个城市作为改革试点城市。对于下一步如何推进,尚未制定具体实施方案,主要是给地方留出试点的空间,鼓励地方解放思想,勇于创新,大胆试点,探索具体有效的途径和办法。所以,有以下几个方面值得深入研究和讨论:一是如何推进政事分开、管办分开、医药分开、营利性和非营利性分开。二是如何调整公立医院的数量和布局。三是如何建立医院新的补偿机制和改革医疗系统人事制度。四是如何建立由利益相关方和专家参与的医疗服务协商定价机制和监管评价制度。弄清楚了这些问题,公立医院改革就可以有大的突破。

转变政府职能　为加快经济
发展方式转变提供制度保障[*]

（2010 年 6 月 16 日）

加快经济发展方式转变是我国经济和社会领域的一场深刻变革,关系改革开放和社会主义现代化建设全局,具有现实的紧迫性和长期的战略意义。从根本上实现经济发展方式转变,不仅要靠思想教育和舆论引导,更要靠深化改革和制度创新来推动。而加快政府自身改革,进一步转变政府职能,则是加快经济发展方式转变的强大动力和制度保障。

一、政府在推动经济发展方式转变中负有重大责任

我国在制定"九五"规划时就明确提出转变经济增长方式问题,党的十七大又进一步提出了加快转变经济发展方式的战略任务。多年来,我国经济发展方式转变不断有所进展,但从总体上看,问题仍比较突出。集中表现为:一是发展结构不合理,主要是产业层次低,城乡、地区发展不协调,社会事业发展滞后,投资消费关系失衡;二是经营方式粗放,投入多、消耗高、效益低,付出的资源和环境代价过大。我国经济发展方式存在的

* 本文发表于《求是》2010 年第 12 期。

问题,既同我国经济发展的阶段性有关,也同我国经济发展内外部环境的变化有关,更同政府职能转变滞后有关。政府的职能和行为决定着政府管理的基本方向和主要形式,政府作为公共权力行使者、政策措施制定者、经济活动管理者、国有资产所有者、改革创新组织者所具有的特殊地位,决定了政府对经济发展方式具有广泛的、重要的影响和作用。要加快经济发展方式转变,就必须加快政府职能转变。

从国际发展经验来看,经济发展方式既受特定发展阶段以及资源禀赋条件等客观因素决定,也受发展观与发展战略导向、管理体制和政策安排等因素影响。经济发展方式转变既可以是自发的渐进的历史过程,也可以是政府自觉推动的战略性转变过程。对于不同的国家来说,需要根据自己的国情采取合适的推动经济发展方式转变的形式。西方发达国家经济发展方式转变大多属于市场推动的过程,但政府也实施了一定的干预,通过制定发展战略和政策,完善各种法律和制度,规范市场进入标准和市场主体行为,保证市场竞争的有序进行;政府大力投资于科技、教育、卫生和其他公共领域以改善劳动者的素质,加速人力资本的积累;通过税收、财政转移支付等经济手段调节社会分配。对西方发达国家政府在推动经济发展方式转变过程中的作用和经验,我们还需要深入研究和分析,借鉴其有益之处。

中国特色社会主义市场经济模式,体现了社会主义国家决策高效、组织有力、能够集中力量办大事的优势,我们要发挥这个比较优势来推动经济发展方式的转变。随着经济发展规模的扩大和市场化程度的提高,影响经济发展的因素在逐渐变化,经济发展方式转变的部分任务将逐步由市场自行解决。当前,我国市场经济仍处在发育和完善的阶段。在这样的情况下,转变经济发展方式,包括调整产业结构,协调内需与外需关系、投资与消费关系、城乡关系、区域关系,协调经济发展与社会发展、节约能源资源和保护生态环境,还需要发挥政府宏观调控和管理的重要作用。从我国现阶段的实际情况来看,需要自觉发挥社会主义市场经济模式比较优势的功效,来加快推动经济发展方式的转变。

形成有利于科学发展的体制机制,完善有利于加快经济发展方式转变的制度安排,需要把政府职能转变放在更加突出的位置。国际金融危机以后,我国经济发展一度陷入严重困难,实际上是经济发展方式受到了冲击。当前,经济发展中许多粗放经营、结构失衡等深层的矛盾和问题都同政府职能转变不到位密切相关,迫切需要加快突破一些影响和制约经济发展方式转变的关键环节和制度。经济社会生活中潜在的风险也要求强化政府社会管理和公共服务职能。因此,只有进一步转变和正确履行政府职能,才能有力地推动经济发展方式转变。

二、加快转变政府职能,着力形成有利于经济发展方式转变的制度和环境

从根本上来说,加快政府职能转变,就是要合理界定和健全政府职责体系,正确行使政府职能。具体来说,就是进一步加强和改进宏观调控与市场监管,从制度上更好地发挥市场在资源配置中的基础性作用;就是更加注重社会管理和公共服务,促进社会公平正义和维护良好社会秩序。当前,应着力抓好以下几个方面:

第一,加强和改善宏观调控,从制度上保障市场在资源配置中发挥基础性作用。要遵循社会主义市场经济规律,完善宏观调控体系和制度,着力提高宏观调控和管理水平,为加快发展方式转变提供有力的制度保障和营造良好的环境。在当前应对国际金融危机冲击、加快经济结构战略性调整的情况下,尤其要加强宏观调控和政策引导,包括发挥国家规划、计划、产业政策和信息服务的导向作用,完善市场准入制度和标准规范,纠正片面追求增长速度而忽视结构、质量和效益的现象,淘汰落后产能和防止产能过剩,促进自主创新和技术进步,鼓励发展战略性新兴产业,促

进城乡、地区协调发展。要增强宏观调控的前瞻性、科学性、针对性,健全宏观调控制度。宏观管理还要体现出中央的决策权威,确保中央政令畅通和宏观调控决策有效。同时,要坚持社会主义市场经济的改革方向,更大程度地发挥市场在资源配置中的基础性作用,以利于提高资源使用效率和效益。创造一个有效率的市场环境更具有基础意义,要完善市场体制和竞争机制。企业是市场的主体,是优化结构、节约资源、提高效益的基础,必须使企业充分行使生产经营自主权。目前的问题是:政府及有关部门仍然管了不少不该管也管不好的事,行政审核事项还过多,有些地方政府仍然代替企业招商引资,决定建设项目,直接干预企业的生产经营活动,不计生产成本,不讲经济效益。因此,必须切实推进政企分开、政资分开、政事分开,让企业真正做到自主经营、自负盈亏,促进和保护公平竞争,发挥好市场机制对经济发展方式转变有力的推动作用。这是进一步转变政府职能的关键所在。

第二,加快财政税收和价格体制改革,着力形成有利于经济发展方式转变的财税制度和价格机制。财政、税收、价格手段是促进科学发展、转变经济发展方式最直接最有效的经济手段。要实行有利于发展方式转变、科技进步和资源能源节约的财税制度,加快建立健全资源有偿使用制度和生态环境补偿机制,深化资源性产品价格改革和环保收费改革,加快建立能够充分反映市场供求关系、资源稀缺程度、环境损害成本的资源要素价格形成机制。建立公共财政体制,重点是要优化财政支出结构,创新公共服务供给机制,使财政资金更多地支持经济结构调整和创新,支持社会建设和改善民生,更多地向节能减排、劳动就业、社会保障、教育、医疗卫生等公共服务领域倾斜,并建立长效机制和制度保障。

第三,健全优化经济结构的政策体系,鼓励依靠自主创新促进发展。坚持扩大国内需求特别是消费需求的方针政策,促进经济增长靠消费、投资、出口协调拉动,靠第一、第二、第三产业协调带动,靠科技进步和智力开发支撑推动。特别是要推进生产要素组合方式和生产结构调整,逐步实现从低成本扩张模式转向高技术含量、高附加值扩张模式,从高消耗、高污染增长模式转向低碳化、绿色化清洁生产、可持续增长模式。调整产业政策,大力推动工业结构调整和技术升级,加快改造传统产业,淘汰污染严重的产业,发展现代农业和第三产业,尤其是要加快发展现代服务业,选准和推动战略性新兴产业发展,实现产业结构优化升级和战略调整。建立统筹城乡发展的制度体系,有序推进城镇化和新农村建设。统筹城乡发展,为城镇化与社会主义新农村建设互相促进、协调发展创造条件。这不仅是保持经济平稳较快发展的内在要求,更是我国经济发展的长期战略选择。有序推进城镇化和新农村建设是扩大内需的持久动力,也是转变经济发展方式的重要载体。为此,要建立和完善统筹城乡的土地利用和建设规划制度、产业布局和产业协调制度、基础设施建设管理和公共服务制度、人力资源开发和劳动就业制度、社会保障和社会管理制度、资源开发和环境保护制度等,为实现城乡发展一体化创造条件。

第四,深化收入分配制度改革,强化政府的再分配职能。当前,收入差距持续扩大已引起社会的强烈关注。因此,强化政府的再分配职能,加大收入分配制度改革的力度,是当前加快转变经济发展方式的重要环节。既需要通过发展经济做大社会财富这个"蛋糕",又要通过合理的收入分配制度把"蛋糕"分好,让全体人民合理分享改革发展的成果,这是政府的重要职责,是促进社会公平正义和维护国家长治久安的重要举措。总的方向和原则是,国民收入初次分配和再分配都要处理好效率与公平的关系,再分配应更加注重公平。要加强政府对收入分配的调节职能,提高居民收入在国民收入分配中的比重,提高劳动报酬在初次分配中的比重,改变企业"利润侵蚀工资现象",建立企业职工工资正常增长机制和支付保障机制,维护劳动者权益。深化垄断行业的收入分配制度改革,完善对垄断行业工资总额和工资水平的双重调控政策。要扩大社会保障的覆盖面,提高社会保障的统筹层次,重点解决低收入阶层的失业、医疗、养老等问题。创造条件让更多的群众拥有财产性收入,倡导健康的财富理念,积极推动社会慈善事业发展。要通过扩大转移支付、强化税收调节、整顿分配秩序,努力扭转收入分配差距扩大的趋势。

第五,完善政绩考核评价机制,建立促进经济发展方式转变的激励约束制度。推动科学发展,加快经济发展方式转变,树立正确的政绩观和科学的政绩评价导向具有关键意义。政绩考核评价既要看经济增长的速度,更要注重经济增长的质量和效益,注重资源节约和生态环境保护,还要注重社会进步和公共服务水平提高。要坚决改变片面追求经济增长速度和经济总量扩张的考核评价制度,切实把节约能源资源和保护环境、推动社会全面进步,促进社会公正、公平和改善民生,加强就业、社会保障、教育、卫生和公共服务建设,作为重要标准纳入考核评价指标体系中,并实行政府绩效评价和行政问责制。这样,才能引导各级政府把更多的精力和资源投入经济结构调整、促进经济发展方式转变,形成有利于一、二、三产业协调发展、城乡和区域协调发展的机制,形成有利于改善民生、加强社会建设和公共服务的机制。

三、政府在推动经济发展方式转变中 需要处理好的几个关系

政府要有效行使职能,做到"既不越位,也不缺位",在加快转变经济发展方式中有更大作为,必须处理好以下四个关系。

要处理好政府与市场的关系。促进经济发展方式转变,既要重视发挥政府这只"看得见的手"的作用,又要发挥市场这只"看不见的手"的作用。两手都要用,都要硬,都要发挥应有的作用。关键是在实际工作中要把两者结合好,还需要结合具体发展阶段和发展领域有所侧重。当前,产业结构调整的一个突出问题,就是如何淘汰落后过剩产能和促进产品升级换代。为此,政府既要重视运用经济手段引导资源配置,又要辅之以必

要的法律手段和行政手段,消除各种制约和影响资源优化配置和提高资源利用效率的体制机制,健全统一、公平、公开竞争和优胜劣汰的机制,从而为推动经济发展方式转变提供政府科学管理和市场公平竞争的制度保障。

要处理好政府投资与民间投资的关系。近年来,为应对国际金融危机冲击造成的外需严重下滑,政府增加投资以扩大国内需求,这是完全必要的,实践效果也是好的。在经济企稳向好之后,政府投资力度可以作适当调整,要更多地考虑促进民间投资,以激发经济增长的内生动力和活力。最近,国务院制定了鼓励和促进民间投资健康发展的政策措施,各地各部门应认真贯彻落实。要进一步明确界定政府投资范围,进一步解决民间投资准入难的问题。要拓宽民间投资的领域和范围,深化传统垄断行业和领域改革开放,鼓励和引导民营企业通过参股、控股、资产收购等多种方式参与国有企业改制重组,支持有条件的民营企业通过联合重组等方式壮大实力。建立健全民间投资服务体系,为民间投资创造良好的政策环境和社会环境。

要处理好中央政府与地方政府的关系。正确发挥中央政府与地方政府两个积极性,需要合理和清晰划分中央与地方的职能和事务,健全财力和事权相匹配的体制。各级政府要按照加快职能转变的要求,结合实际,突出管理和服务重点。中央政府要加强经济社会事务的宏观调控、引导和管理,进一步减少和下放具体管理事项,把更多的精力转到制定战略规划、政策法规和标准体系上,维护国家法制统一、政令统一和市场统一。地方政府要确保中央方针政策和国家法律法规的有效实施,加强对本地区经济社会事务的统筹协调,强化执行和执法监管职责,维护市场秩序和社会安定,促进经济社会事业协调发展。要加快省直管县体制改革,探索地方政府层级改革的路径。进一步改革和完善财政转移支付制度,把保持中央财政调控能力与扩大地方财力结合起来。加快投资体制改革,适当简化和下放投资项目审批权,中央政府集中力量解决涉及国家全局和长远发展的重大问题,强化投资活动监管。要完善引导全社会投资活动的体制与机制,推进政府投资项目管理方式的创新。

要处理好经济发展与改善民生的关系。保障和改善民生既是发展的根本目的,也是发展的强大动力;既是拉动消费最有效的手段,也是实施扩大内需战略和推动经济发展方式转变的重大举措。要更加注重改善民生、加强社会建设,坚持把公共资源配置更多地向民生领域倾斜,扩大公共服务,加快社会事业发展,让经济发展成果惠及全体人民,切实增强经济社会发展的协调性。当前,特别要围绕促进就业考虑经济和社会发展,确定政府投资和引导社会投资方向。同时,要下更大决心集中财力建立与我国现阶段国情相适应的社会保障体系和制度。

发展电子政务　创新政府管理[*]

（2010 年 10 月 25 日）

电子政务是伴随着信息技术蓬勃发展的产物。发展电子政务对创新政府管理、提高行政效能、增强公共服务能力、建设现代化政府，具有重要作用。近二三十年来，全球电子政务深入发展，世界各国政府都越来越重视电子政务建设。本次论坛以"融合、创新、发展"为主题进行深入研究和交流，这对于增进了解世界范围电子政务发展的新情况、新趋势，学习借鉴电子政务建设的新理念、新做法，促进电子政务领域的国际交流与合作，推动全球电子政务更好发展，具有重要的现实和长远意义。

中国国家行政学院是培训高中级公务员、培养高层次公共管理和政策研究人员的重要机构，是开展公共行政理论和政府管理创新研究的重要基地，是提供决策咨询服务的重要思想库。研究、推动电子政务发展，提高电子政务应用和建设水平，是中国政府赋予国家行政学院的重要职责，也是我们建设有特色高水平国际一流行政学院的重要任务。国家行政学院比较早地开展了电子政务的教学、科研和咨询工作。2002 年，成立电子政务研究中心，加强了电子政务理论和实际问题的研究。2006 年，创办首届"中国电子政务论坛"，论坛实行"学术性、公益性、开放性和务实性"原则，每年举办一届。2009 年，又成立了由全国各方面专家组成

---

* 本文系作者在"2010 国际电子政务理论与实践交流会暨第五届中国电子政务论坛"上的致辞（节录）。

的电子政务专家委员会。通过这些工作,吸引、汇聚了中央国家机关、地方政府和有关高校、科研机构的相关资源,广泛深入地开展电子政务理论与实践交流,取得了令人欣喜的重要成果。我们还广泛开展国际电子政务领域的交流合作,积极学习借鉴国外著名院校和相关机构的有益经验。在学院发展布局中,加大了电子政务在教学培训、科学研究、决策咨询工作的力度。今后,中国国家行政学院将坚持把推动电子政务发展作为一项重要任务和一个重要品牌,进一步组织、协调和凝聚各方面力量,不断拓宽合作渠道,为电子政务在中国乃至世界范围快速、健康发展,作出更大的贡献。

现代化政府建设呼唤着电子政务发展。电子政务,潜力无限。这次国际电子政务理论与实践交流会和电子政务论坛,是相互学习交流、加强多方合作的重要平台与良好机会。我相信,在与会代表的共同努力下,充分发表见解,广泛交流经验,共同研讨问题,开展多方合作,一定会取得丰硕成果,推动全球电子政务更快更好地发展。

切实加强食品安全工作[*]

（2011 年 5 月 5 日）

　　党中央、国务院高度重视食品安全工作。党的十七届五中全会把加强食品安全工作作为创新社会管理机制、保障和改善民生的重要内容作出了明确部署。加强食品安全监管工作，是当前党和政府工作中非常重要和迫切的任务。我们要进一步认清当前食品安全工作的严峻形势和重点任务，进一步提高对加强食品安全监管重要性和紧迫性的认识，努力提升食品安全监管的能力和水平。

一、为什么要高度重视食品安全工作

　　（一）这是应对当前食品安全严峻形势和艰巨任务的迫切需要。民以食为天，食以安为先。食品安全事关人民群众身体健康和生命安全，事关经济社会发展全局，事关社会和谐与稳定，事关党和政府形象。食品安全已经成为人民群众最关心、最直接、最现实的利益问题之一。近年来，党中央、国务院采取一系列有力措施加强食品安全工作。尤其是自 2010 年成立国务院食品安全委员会的一年多以来，食品安全工作力度不断加

　　* 本文系作者在国家行政学院举办的省部级领导干部"加强食品安全监管"专题研讨班开班式上的讲话（节录）。

大,进行了大规模食品安全整顿治理。最近,全国人大常委会组织开展了食品安全执法检查。当前,我国食品安全形势总体保持平稳,但食品安全基础薄弱,工作难度加大,形势依然十分严峻,食品安全案件时有发生,有的性质十分恶劣,社会影响很大,群众强烈不满。例如,最近曝光了"瘦肉精"、"染色馒头"、"牛肉膏"、"毒生姜"、"毒豆芽"、"毒血旺"等食品安全事件。这些事件的集中曝光,一方面说明我国食品安全形势严峻,必须以最大的决心、采取最有力的措施加以解决;另一方面,也反映了政府监管措施在加强、社会监督力度在加大,使得过去隐藏在地下的食品违法行为暴露在光天化日之下,对问题食品形成了"老鼠过街,人人喊打"之势。这种社会氛围又十分有利于我们把食品安全工作提升到一个新水平。在这种形势下,我们进一步提高对食品安全工作重要性、艰巨性的认识,学习食品安全监管知识,增强监管能力,对于我们履行好监管职责,做好食品安全工作具有十分重要的现实意义。

(二)这是增强领导干部食品安全监管责任意识的迫切需要。我国与食品相关的产业在国民经济中占有重要地位,是吸纳城乡就业人员最多、与农业依存度最大、与其他行业关联最强的产业。食品人人都消费,每天都消费。市场对食品消费需求越来越大,对质量、品种、花样等的要求越来越高。我们扩大内需是在对外开放的背景下进行的,如果国内产品质量不合格,不仅会直接影响国内消费信心,而且会影响我国的国际形象,将导致外国产品乘虚而入,对国内产品造成更大的竞争压力。加强食品安全监管,促进食品产业健康有序发展,对于增加就业、扩大内需、促进农业增效,促进国民经济平稳较快发展具有重要和特殊的意义。当前,我国的宏观经济环境依旧复杂多变,促发展、调结构和管理好通胀预期的任务十分繁重。在这种情况下,一旦出现食品安全事件,就会带来一系列连锁反应,不仅会使广大消费者身体受害、经济受损,而且往往导致企业产品滞销,甚至企业关闭破产、职工失业,成为引发社会矛盾、影响和谐稳定的导火索。近几年发生的一些食品安全事件,影响范围广,处置难度大,都不同程度地引起经济纠纷、群体上访、恶意炒作、社会恐慌等社会问题。搞好食品安全监管,是各级政府最基本的社会管理和公共服务职能,是"政府应该管的事"。政府该管的事就一定要管住、管好,否则就会严重影响政府公信力。所以说,食品安全既是一个重要的经济问题,也是一个重要的政治问题,食品安全无小事。

深入分析当前食品安全问题产生的原因,很重要的一点,就是一些地方和部门思想上对食品安全工作重视不够,食品安全意识淡漠,重效益、轻安全的问题比较突出,甚至对一些严重问题的苗头熟视无睹。一些地方,工作措施不够得力,任务落实不够到位;一些领导,抓经济工作非常内行,但抓社会管理总觉得劲头不足。我国《食品安全法》规定,县级以上地方人民政府统一负责、领导、组织、协调本行政区域的食品安全监督管理工作。让群众吃得安心,吃得放心,各级政府守土有责。我们要进一步认清形势,明确任务,增强做好食品安全监管工作的责任感和紧迫感,把食品安全工作摆到政府工作更加重要的位置,努力提高我国食品安全水平。

(三)这是增强食品安全监管能力的迫切需要。由于食品种类多、数量大、生产链条长、环节多,加上我国食品生产企业量多、面大,规模小、技术和管理水平低,一些生产经营者社会诚信和道德水准不高,安全监管难度很大。我国食品安全监管从体制机制、人员素质、技术水平、社会参与等各方面,都存在与新形势、新要求不相适应的地方,总体表现就是食品安全监管的能力亟待加强。温家宝总理在今年《政府工作报告》中强调,要完善食品安全监管体制机制,健全法制,严格标准,完善监测评估、检验检测体系,强化地方政府监管责任,加强监管执法,全面提高食品安全保障水平。加强食品安全监管,既是一项重要的民生工程,也是贯彻落实科学发展观的重大实践行动。食品安全监管能力薄弱,既反映了政府在市场监管方面存在缺位,也反映了政府的社会管理和公共服务职能相对薄弱,是我国经济建设和社会发展中长期存在"一条腿长"、"一条腿短"问题的具体体现。我们要进一步认识和把握食品安全监管的特点和规律，进一步深入研讨和有效解决当前食品安全监管中存在的突出矛盾和问题，进一步转变政府职能、加强薄弱环节、大力增强食品安全监管能力。

二、食品安全领域中的几个重点问题

加强食品安全监管，是当前政府工作中的一件大事，也是一件难事，涉及一系列体制改革和政策调整，面临许多亟待解决的难点问题。以下四个重点问题值得深入学习、研究和思考。

（一）深入学习领会党中央、国务院关于食品安全工作的方针政策和工作部署。近年来，党中央、国务院对食品安全工作作出了一系列重要的决策部署。2009年，我国《食品安全法》颁布实施。《食品安全法》体现了预防为主、科学管理、明确责任、综合治理的食品安全指导思想，对食品安全监管工作的各个环节做出规范。加强食品安全工作是深入贯彻落实科学发展观的具体体现，是中央着眼于经济社会发展全局作出的重大部署，我们要把党中央、国务院关于加强食品安全工作的方针政策和工作部署作为学习研讨的重点，认真学习贯彻《食品安全法》及其实施细则，全面把握当前食品安全工作的形势和任务。通过学习研讨，进一步提高对食品安全重要性的认识，把思想统一到中央的决策部署上来，切实增强工作的责任感和紧迫感。

（二）深入研讨食品安全监管体制改革问题。国务院食品安全委员会和国务院食品安全委员会办公室成立后，在国家层面初步建立起食品安全多部门协调联动的工作机制，这是完善我国食品监管体制的重要举措。但总体来说，目前我国食品安全监管体制不顺的问题依然比较突出，表现在多部门分段监管，存在职能交叉和监管空白，有的部门虽有职能却没有相应的执法队伍，监管力量分散，难以形成监管合力，发生食品安全事件时,往往造成部门之间职能不清、责任不明,容易产生推诿扯皮。食品安全工作仅靠政府"一条腿走路",社会参与不够,行业自律水平整体不高。一些地方食品安全综合协调机构还很不健全,监管工作和责任落实不到位,没有建立起有效的基层"防火墙",等等。完善管理体制是推进食品安全监管工作的当务之急。我们要深入研讨如何适应我国食品安全监管新形势和新任务的要求、创新我国食品安全监管体制,目的是要明确责任,统筹协调,集中力量,提高效能,消除监管漏洞,完善全程监管,着力构建统一协调和分工负责相结合的监管体制。

(三)深入研讨实际工作中的重点难点问题。食品安全监管基础薄弱、监管能力不强是影响监管效能的重要原因。基础薄弱表现在很多方面。例如:相对高速发展的食品产业,当前我国食品安全监管的检测标准和检测手段落后,难以适应发展和监管的需要。有的食品安全标准不协调、不统一,甚至相互矛盾;部分标准的实施状况较差,甚至强制标准也未得到很好的实施。此外,食品安全检测设备和技术落后;监管人员和经费不足,人员素质有待提高;资源缺乏统筹使用,等等。这些问题往往越到基层越突出,导致一些食品安全事故发生时,在第一时间和第一现场处置不力,或处置失当,形成蔓延之势,造成很大影响。大家都是来自食品安全监管工作的第一线,在实际工作遇到的亟待解决的问题一定还有很多,也积累了宝贵的经验,我们一定要深入分析研究,找准问题根源,对症下药,提出可行、管用的措施。

(四)深入研讨完善食品安全监管长效机制。做好食品安全工作,必须切实整治和严格规范市场秩序。要坚持事后惩处和事前预防相结合;集中打击和日常管理相结合;政府监管和社会监督相结合;法律手段、经济手段、行政手段和宣传教育相结合;既解决当前的突出问题,也要健全长效机制。建立食品安全长效机制,必须进一步强化监测预警、强化协调联动、强化诚信自律、强化社会监督、强化科普宣教,特别是要健全食品安全监管法规体系,大力推进依法行政。有的食品生产经营者采取各种手段谋取不正当利益;有的违法手段十分隐蔽,违法手法也在不断花样翻新;有的钻法律的空子,力图逃避监管和打击。"道高一尺,魔高一丈"。要做好食品安全监管工作,就要不断加强制度建设,修补制度缺口,做到"法网恢恢,疏而不漏"。治乱要用重典。要依法加大惩处力度,切实改变违法成本低的问题,真正达到对违法犯罪的惩处和警示作用。我国《食品安全法》颁布以来,发挥了重要作用,但也需要尽快完善配套法规、制度和政策。我们要不断总结经验教训,提高对工作规律性的认识,进一步完善食品安全法律法规体系,健全工作长效机制。

搞好保障性住房建设和房地产市场调控[*]

（2011 年 7 月 18 日）

由中央组织部、住房和城乡建设部、国家行政学院共同举办的省部级领导干部"住房保障与房地产市场调控"专题研讨班，今天开班了。本期研讨班以"住房保障与房地产市场调控"作为主题，十分重要，很有意义。党中央、国务院高度重视保障性住房建设与房地产市场调控这项工作。加强保障性住房建设和房地产市场调控，是推动科学发展、加快转变发展方式、保障和改善民生的重大举措。

实现广大人民群众住有所居，健全廉租房制度，加快解决城市低收入家庭住房困难，这是党的十七大作出的重要战略部署。根据党的十七大部署，党的十七届五中全会通过的《中共中央关于制定国民经济和社会发展第十二个五年规划的建议》和十一届全国人大四次会议审议批准的"十二五"规划纲要，都明确规定：完善符合国情的住房体制机制和政策体系，规范房地产秩序，促进房地产业平稳健康发展。近年来，党和政府更加重视解决中低收入家庭住房困难问题，特别是大规模实施保障性安居工程，加强房地产市场调控，把保障基本住房、稳定房价和加强市场监管纳入各地经济社会发展的工作目标。"十二五"规划纲要确定：五年内城镇保障性安居工程建设 3600 万套，其中 2011 年开工建设 1000 万套。

＊ 本文系作者在国家行政学院举办的省部级领导干部"住房保障与房地产市场调控"专题研讨班开班式上的讲话（节录）。

2011年2月,国务院召开会议部署更大规模推进保障性安居工程建设,各地都签订了目标责任书。今年以来,各地区、各有关部门认真贯彻落实中央关于房地产调控各项措施,着力推进保障性安居工程建设,取得初步成效。同时,各地建设进展不平衡,当前房地产市场调控还处于相持阶段,商品房价格呈现胶着状态,今年是调控的关键时期,措施稍有放松,就有可能前功尽弃。7月14日,温家宝总理主持国务院常务会议,分析当前房地产市场形势,研究部署继续加强调控工作。保障性安居工程能不能实现既定的目标任务,房地产市场调控能不能尽快取得实效,是对政府执行力和公信力的重要检验。本期研讨班就是在这样的背景下举办的。

这期研讨班的主要任务是,深入贯彻落实科学发展观,认真学习领会中央关于保障性住房建设与房地产市场调控工作的指导思想和工作部署,进一步提高对保障性住房建设与房地产市场调控工作重要性和紧迫性的认识,认清形势、明确任务、交流经验、研讨问题、寻求对策,进一步增强做好保障性住房建设与房地产市场调控工作的能力,更好地把加强保障性住房和房地产市场调控的各项任务与政策措施落到实处。

保障性住房建设和房地产市场调控工作需要研究的问题很多,由于研讨班时间较短,应当突出重点,主要是在以下几个方面加强学习研讨。

一要深入学习领会党中央、国务院关于保障性住房建设与房地产市场调控的方针政策和工作部署。近年来,党中央、国务院就加强保障性住房建设与房地产市场调控工作作出一系列重要决策部署。2010年4月,国务院发出《关于坚决遏制部分城市房价过快上涨的通知》。2011年1月,国务院办公厅又印发了《关于进一步做好房地产市场调控工作有关问题的通知》。2011年6月26日,温家宝总理主持召开国务院常务会议,研究部署进一步做好房地产市场调控工作,确定了促进房地产市场平稳健康发展的八项政策措施。6月11日,李克强副总理在部分省份保障性安居工程工作会议上作了重要讲话,对保障性安居工程建设作出全面部署,提出明确要求。中央的方针政策和工作部署为我们做好工作指明了方向。我们要进一步深入学习、深刻领会党中央、国务院的方针政策和工作部署,学习中央领导同志的重要指示精神,全面分析、正确认识和准确把握当前保障性住房建设和房地产市场调控的形势,进一步明确任务、方针政策和工作要求,切实增强贯彻落实中央关于做好住房保障和房地产市场调控工作的自觉性和坚定性。

二要深入研讨保障性住房建设中的重点难点问题。加快推进保障性安居工程建设是当前政府工作中十分重要和紧迫的任务,实际工作中有许多矛盾需要解决,有许多困难亟待克服。目前反映较为集中的问题有五个方面:一是土地供应问题。保障性住房建设用地需求较大,土地储备不足,拆迁难度增加,新增土地审批周期长等都是当前面临的难题。在高房价、高地价的形势下,在增加保障性住房用地上需要处理好经济效益与社会效益、短期效益与长期效益的矛盾。应加大土地政策支持力度。土地供应要坚持民生优先,切实满足保障性安居工程建设需要。二是资金保障问题。保障性住房建设资金需求大,但由于投资回报较低,社会资金不愿进入,地方政府面临很大资金压力。要深入研讨如何建立和完善保障性安居工程投融资机制问题。包括:加大中央财政补助,抓紧到位地方财政资金,加大信贷、债券等融资支持力度,减免相关税费等。三是确保工程建设质量问题。百年大计,质量第一。在加快审批和建设速度的同时,必须加强设计、建材、施工、验收等全过程监管,保证工程质量,现在有些地方已经反映建设质量中的问题需要引起高度重视。四是公平分配问题。能不能公平分配保障性住房,社会关注,群众期待,稍有不慎就可能引发社会和群众不满。要实现公平合理分配的目标,必须建立一套严格的标准和程序,关键是要公开透明,让群众对公平公正看得清清楚楚。五是加强管理问题。要健全准入退出机制,有进有退才能使保障性住房成为"一团活水",要完善保障性住房管理,更好地利用好有限的房源,尽可能多地解决群众困难。这些问题都是面临的普遍性问题,要利用好这个研讨班机会和平台,深入剖析典型案例,广泛交流经验做法,找到更加有效的对策和办法。

三要深入研讨完善房地产市场调控政策问题。近年来部分城市商品房价格上涨过快、幅度过大，是我们经济社会发展中面临的一个突出问题。从国际经验教训看，不少经济发达国家发生的经济和金融危机都与房地产泡沫直接相关。我国的房地产市场发展已引起世界不少国家的高度关注。为抑制部分城市房价过快上涨，中央采取了一系列房地产市场调控措施，包括加强保障性住房建设，努力增加公共租赁住房供应。这些政策措施取得了初步成效，房地产市场出现积极变化，房价过快上涨势头得到初步遏制，但还需要解决不少问题。比如，首先要统一认识，要不要坚持调控？如何调控？这方面国务院有明确要求，就是必须坚持调控方向不动摇、调控力度不放松。思想认识必须到位。思想认识不统一，就会导致执行政策不坚决。又比如，政策的落实问题，如何完善差别化住房信贷政策、相关税收政策、相关土地政策，等等。这些问题涉及复杂的利益调整。要开动脑筋，深入剖析问题的表现、性质、原因，找到解决问题的钥匙，对症下药，提出可行、管用的措施，继续打好房地产市场调控的攻坚战。

四要深入研讨建立保障性住房建设和房地产市场调控的长效机制问题。保障性住房建设和房地产调控工作不是阶段性任务，而是打基础、管长远的工作。我们不仅要看到眼前，更要着眼长远；不仅要研究解决当前面临的具体问题，也要深入研究规律性、制度性问题，完善相关制度和长效机制。比如，如何编制好"十二五"保障性住房规划，明确各阶段的目标任务？如何健全住房保障法律法规体系，推行依法行政？如何综合运用经济、行政、法律等手段，建立高效的市场调控体系？如何进一步完善房地产调控政策体系？如何处理好房地产调控与保持经济平稳较快发展的关系？保障性住房建设与完善房地产市场调控，是解决群众住房问题、促进房地产稳定发展的两把钥匙，它们是相辅相成的，通过加强和完善房地产市场调控，稳定了房价，将会降低保障性住房的供应压力，同时，加强保障性住房建设,增加房屋有效供给,将有利于房价的稳定和房地产的平稳健康发展。从根本上说,就是要通过完善保障性安居工程体系,把政府保障与市场供应结合起来,以发展公共租赁住房为重点实施好保障性安居工程,促进住房市场平稳健康发展,形成符合社会主义市场经济要求的住房体系和住房制度。所以,要以全面的而不是片面的、系统的而不是零碎的观点,来分析保障性住房建设和房地产调控问题,处理好局部与整体、近期与远期、需要与可能、发展与民生的关系,使政策措施更加统筹兼顾、互相协调,更具有科学性、有效性和可操作性。

五要深入研讨如何进一步增强保障性住房建设和房地产市场调控能力问题。保障性住房建设和房地产市场调控是一个发展中的问题,也是一个需要坚持解决好的大问题。随着经济社会发展,人民群众改善生活质量的需求逐步提高,要求住得更加舒适,这是我们发展的目的,也是发展的动力,但在促进房地产业快速发展的同时,坚持从我国国情出发,从各地实际情况出发,必须高度重视可能带来的影响社会经济稳定的因素,如何认识和处理好这些问题,如何增强各级政府加强保障性住房建设和房地产调控的本领,是摆在我们面前的一个重要课题,是增强领导干部推进科学发展能力的重要方面。我们既要进一步完善政府的经济调节和市场监管职能,更要加强社会管理和公共服务职能,更加重视解决好人民群众最关心最直接最现实的利益问题。大家要通过研讨班的学习培训,进一步提出转变政府职能、加强政府自身建设的建议,不断增强领导能力、协调能力,提高执行力和创新力。

为把研讨班办出实效,我代表主办单位提出几点希望和要求。

(一)珍惜机会,认真学习。大家都是各地方、各部门分管领导同志,在做好保障性住房建设和房地产市场调控工作中肩负重要职责。在当前正在抓紧推进保障性安居工程建设和加强房地产市场调控的关键时期,把大家集中起来进行学习研讨,说明中央对这个研讨班高度重视、寄予希望。我们一定要珍惜机会,集中精力,充分利用好时间,认真学习研讨,努力做到认识上有新提高、知识上有新增长、思路上有新拓展,解决问题有新措施。

(二)联系实际,学以致用。中央历来强调干部教育培训要坚持理论联系实际。大家都在实际工作的第一线,对保障性安居工程建设和房地产市场调控工作中存在的问题最了解,对解决问题的思路和办法最有发言权。在学习研讨中,要发扬理论联系实际的优良学风,紧密联系贯彻落实科学发展观的实际,联系本地区经济社会发展的实际,联系保障性住房建设和房地产市场调控工作的实际,联系本人思想和工作实际,坚持学习不忘实践、学习为了实践、学习针对实践,努力做到理论与实际、学习与实践、知与行的统一,通过学习研讨,提出解决问题、推动工作的好思路、好办法、好措施。我们要把研讨班的学习研讨成果带到工作中去接受实践检验,取得推动工作的实效。

(三)深入研讨,集思广益。我们办的是省部级领导干部研讨班,不同于一般的培训班,要突出研讨特色,着力提高思维能力和解决问题能力。各地各部门在实际工作中积极探索,推进实践创新,积累了丰富经验,都有不少好思路、好办法。大家可以将自己的工作体会和经验讲出来让大家共同分享,把实际工作中碰到的难点和不清楚的问题提出来,让大家共同研究,共谋破解之策。希望大家在学习中,敞开思想,畅所欲言,相互交流,互相启发,共同提高。我们不仅要重视研讨方法,也要重视研讨成果。按照研讨班的安排,在认真学习研讨的基础上,每位学员都要围绕做好住房保障与房地产市场调控工作提出政策建议。这也是国家行政学院实行教学培训、科学研究、决策咨询三位一体的办学格局的要求。学员们提出的政策建议既是研讨班的成果,也是做好决策咨询工作的依据。在以往举办的重要研讨班上,我们都认真总结学员提出的政策建议,向党中央、国务院领导报送,不少意见和建议得到了中央领导的高度重视,作出重要批示,对推动实际工作发挥了重要作用。

(四)精心组织,热情服务。主办单位要加强协调配合,各负其责。

研讨班工作人员一定要以高度负责的精神,认真细致地做好各项教学组织和服务工作,营造良好的学习生活环境,保证研讨班顺利进行。大家在学习和生活中有什么困难和要求,请随时提出来,我们一定会尽最大努力做好各项服务保障工作。同时也希望学员们自觉遵守研讨班的纪律和制度,为建设良好的干部培训学风作出表率。

国家行政学院是培训公务员特别是高中级公务员的新型学府,是开展科学研究特别是公共行政等领域理论研究的重要机构,是为中央提供决策咨询服务的思想库。党中央、国务院高度重视国家行政学院事业发展,国务院领导明确要求,国家行政学院要"坚持高标准严要求,更加突出特色,创建国际一流行政学院"。2009 年 12 月,国务院相继颁布了《行政学院工作条例》和《国务院关于加强和改进新形势下国家行政学院工作的若干意见》两个纲领性文件,为行政学院事业又好又快发展提供了制度保障。2010 年 12 月 14 日,中共中央政治局常委、中央书记处书记、国家副主席习近平同志专程来国家行政学院视察工作,充分肯定学院近些年来的成绩,并提出了明确的任务要求。在中央的正确领导和亲切关怀下,国家行政学院各方面工作都取得重要进展。当前,全院上下都在深入学习贯彻胡锦涛总书记在庆祝中国共产党成立九十周年大会上的重要讲话,为建设有特色高水平的国际一流行政学院而努力奋斗。广大学员既是学院服务的对象,也是学院发展的依靠力量和重要资源。希望大家多提宝贵意见和建议,帮助我们改进和做好工作,使学院更好地履行职能,在党和国家事业发展大局中发挥更大的作用。

加强绩效评估制度研究
推进服务型政府建设[*]

（2012 年 10 月 13 日）

建设服务型政府,是现代政府制度的重要标志,也是当今世界公共行政变革的普遍趋势。所谓服务型政府,一般是指能够以人为本,务实、公正、透明、高效地为公众和社会提供既多又好的公共产品和公共服务的政府,体现着鲜明的价值取向和行为导向。建设服务型政府对行政理念、行政能力、行政方式、行政水平提出了更高、更新的要求,其中一个重要的方面,就是实施和健全政府绩效管理和评估制度。健全绩效评估制度,是提高政府行政绩效、推进服务型政府建设的有效途径和重要措施。建立科学的绩效评估制度,有利于促进确立人民至上的行政理念,形成以服务为核心的政府行为导向;有利于推进政府体制创新,建立有效运作的行政机制,提高政府服务管理水平;有利于促使政府全面履行职能,更好地满足公众和社会的服务需求;有利于明确行政责任,提高行政效能,增强政府的公信力和执行力;有利于增强公务员的法治意识和责任意识,提升公务员素质和能力。因此,我们有必要全面、深入地研究政府绩效评估制度问题,以推动现代服务型政府建设。

中国政府十分重视服务型政府建设和政府绩效评估工作。实行改革

  ＊ 本文系作者在国际行政院校联合会亚太区域研讨会议上的主旨演讲(节录)。

开放以来特别是近十年来,顺应世界公共行政变革和发展趋势,以建设中国特色社会主义行政体制为基本目标,坚持改革创新,从理论到实践进行了积极探索,不断加强服务型政府和绩效评估制度建设,取得了重要进展和明显成效。

一是坚持推进行政体制创新,不断探索绩效管理制度。从上个世纪80年代起,围绕建设人民满意的政府,以优化政府结构、提高行政效能、降低行政成本、扩大公共服务为重点,多次进行行政体制和政府机构改革,精简机构和工作人员,积极探索政府绩效管理的内容、方法、制度,推行多种形式的目标管理责任制,提倡实行多种类型的政府绩效评估模式,着力提高绩效管理质量和水平。2008年,国家还把建设服务型政府、完善绩效评估制度,作为深化行政体制改革的基本目标和重要任务,明确要求"推行政府绩效管理和行政问责制度,建立科学合理的政府绩效评估指标体系和评估机制",从而有力地推进了现代服务型政府建设。

二是普遍重视政府绩效评估,工作力度不断加大。为加强政府绩效管理工作的综合指导和组织协调,国务院建立了政府绩效管理工作部际联席会议制度,选择了一批省级政府和中央部门开展绩效管理试点工作。截至去年底,全国已有23个省(直辖市、自治区)设立了绩效管理领导机构和办事机构。许多地方政府和部门结合自身实际,在已实行的目标考核制度、社会评议制度、效能管理制度的基础上,研究借鉴国外绩效管理的各种有益理念和做法,不断完善绩效评估体系和具体办法,为促进政府职能转变、建设服务型政府发挥了重要作用。

三是注重绩效评估结果的运用,建立相应激励和约束机制。各级政府及部门十分重视发挥绩效评估的导向和激励约束作用,将绩效评估结果作为对领导班子、干部政绩和公务员业绩考核的重要依据。对绩效评估不达标者,进行严格责任追究。绩效评估结果的实际运用,不仅促进了各级政府注重工作质量、提高行政服务管理水平,而且对领导干部和广大公务员全面提高素质和能力发挥了有效的激励约束作用。

四是加强绩效评估制度建设,扩大和完善公共服务体系。各级政府及部门依法履行职责,不断减少和规范行政审批事项与行为,管理制度不断健全。"阳光政府"建设大为加强,政务公开范围逐步扩大。政府信息公开制度趋于完善,公民参与机制初步建立。公共服务体系建设明显加强,以就业、教育、卫生和社会保障为重点的民生事业不断发展,公共服务能力显著提升。公务员队伍为公众和社会服务的意识强化,加快了服务型政府建设的进程。

同时,我们也清醒地看到,我国政府绩效评估制度建设仍处于探索阶段,还存在一些不足。主要问题是:绩效评估制度化程度不够高,评估体系不健全,缺乏科学的绩效评估标准;绩效评估主体单一,主要是政府自行评估,社会和公众参与不够,评估活动开放度较低;绩效评估理论研究不够,基础较为薄弱,对实践指导不够有力。我们要继续推进政府绩效管理和评估制度建设,加快建设人民满意的服务型政府。

建设服务型政府是我国政府坚定不移的目标。我们要坚持从中国国情和基本经济、政治制度出发,认真总结和吸收国内外的有益理念和做法,积极探索建立中国特色的政府绩效管理和评估制度。为适应新时期政府管理创新的要求,更好地推进政府绩效评估制度建设,需要着重抓好以下几个方面:

(一)建立和完善政府绩效管理和评估法律法规体系。这是加强绩效管理和评估制度建设的基本保障。要加快研究制定有关法律法规,通过健全法制,明确绩效评估的功能、地位,确定绩效评估的范围、内容、程序、形式和具体操作流程,使评估工作有法可依、有章可循。同时,要建立和完善绩效评估制度体系,包括完善政府综合绩效评估制度、政府部门绩效评估制度、公共政策绩效评估制度,健全预算绩效评估制度、绩效审计制度,以及创新公务员绩效考核制度等,以使绩效管理和评估得以规范化、制度化、常态化。

(二)建立和完善科学的政府绩效管理和评估指标体系。这是加强绩效管理和评估制度建设的基础工作。要坚持以人为本这一施政和绩效管理的根本理念与价值取向，围绕促进经济社会全面、协调、可持续的科学发展，着眼于建设勤政、公正、务实、高效、清廉、节约的现代化政府，优化政府结构，提高行政效率，降低行政成本，促进社会公平，强化服务功能，统筹规划设计能够体现现代服务型政府要求的评估标准和指标体系。这一标准和体系既要科学反映政府绩效的基本内涵、主要原则，又要体现不同行政层级、部门、区域、人员的特点和要求，以全面、准确、充分反映各方面绩效和业绩状况。从总体看，我国政府绩效评估体系应有利于建立开放性和竞争性的公共资源配置模式，通过有效的绩效信息收集和提供，引导公共资源有效配置和合理流动，特别要提高预算的约束性和公共财政利用效率，保障服务型政府目标的有效实施。

（三）建立和完善多元的政府绩效管理和评估机制。这是加强绩效管理和评估制度建设的关键所在。既要充分发挥各级政府自我绩效评估的功能，加强行政绩效管理；又要重视发挥各级人大机关对政府绩效评估的作用，扩大政府绩效管理和评估的民主化。同时，还要完善公民评议政府绩效的机制，大力推进政务公开，拓宽人民群众参与监督与评估政府绩效的形式与渠道。要鼓励和支持多元主体参与评估，提高政府绩效评估的公民参与度与社会公信度。此外，要建立相应的激励机制和约束机制，落实绩效管理责任，实行严格的问责制度。

（四）建立和完善有效的绩效管理和评估方法。这是加强绩效管理和评估制度建设的重要方面。要在绩效评估中广泛应用信息化手段，把绩效评估信息化同电子政务建设结合起来，充分利用计算机和互联网技术，建立健全政府绩效评估的信息系统，完善资料收集、储存和分析，不断提高绩效管理信息化水平。改进绩效评估方式，进一步做好政务信息公开，保障信息搜集和反馈渠道的畅通，正确引导公众和社会评议，促进"阳光政府"建设。政府绩效管理和评估涉及经济学、政治学、社会学、行政学、统计学和信息科学等多方面知识，需要加强绩效管理和评估人才的培养和引进。要提倡解放思想,勇于实践,不断探索创造中国特色的绩效评估方式和方法,提高绩效评估的科学化水平。

建设服务型政府,完善绩效评估制度,既是世界各国政府的共同责任,也是国际行政科学研究的重要任务。行政院校和行政研究机构工作者承载着光荣的使命。我们要不断提升绩效管理和评估理论研究水平,全面、系统地研究政府绩效评估制度,特别要深入研究"为什么评估、评估什么、谁来评估、如何评估和怎样运用评估结果"等问题。

四、加强和创新社会管理

加快完善社会保障体系的建议[*]

（2009 年 4 月 18 日）

这几年，国务院不断加大社会保障体系建设力度，取得了重要进展。我们认为，当前加快完善社会保障体系的步伐，既是应对国际金融危机冲击的迫切要求，也是一个重要历史机遇。抓住和用好机遇，加大力度完善社会保障体系，关系改革发展稳定的全局，也将成为最宝贵的制度财富。

一、我国社会保障体系建设的进展与问题

党中央、国务院历来高度重视社会保障体系建设。经过多年的努力，中国特色社会保障体系框架基本建立：由城镇职工养老保险、城镇居民养老保险和新型农村社会养老保险组成的养老保险体系初步形成；城镇职工医疗保险、城镇居民基本医疗保险和农村新型合作医疗制度取得突破性进展；失业保险、工伤保险和生育保险制度不断得到完善；以城乡最低生活保障为基本内容的救助制度逐步建立；社会慈善事业蓬勃兴起。

同时，我们必须清醒地认识到，目前社会保障体系还存在明显不足。

第一，保障制度体系不完善。一是现行养老保险制度不健全，覆盖面

　＊ 本文系作者主持撰写的呈报国务院领导的研究报告，龚维斌、丁元竹参加撰写。

不宽,特别是农村养老保险制度建设滞后,城乡养老保险制度分割严重。据估计,我国城乡60岁以上老年人中有60%没有养老金,有70%没有被养老保障制度覆盖。二是医疗保险保障程度不高,"看病难、看病贵"现象还存在,甚至部分居民"因病致贫"、"因病返贫"。一些地区新型农村合作医疗对参合患者的补偿水平不高,对大病患者的财务风险保护能力很弱。三是失业保险、工伤保险和生育保险也同样存在问题。据全国总工会调查,私营、个体单位职工参加养老、医疗、失业、工伤、生育五项保险的比例,分别为36.9%、31.3%、22.1%、34.8%、12.5%,均明显低于国有单位和全部被调查职工平均水平。四是统筹层次低,全国统一的社会保险关系转续办法尚未建立,造成一些参保人员退保现象。

第二,历史遗留问题较多。一是由于分灶吃饭的财政体制和财力有限,政府提供的相应保障发展不平衡。现实的情况是,地方财政实力越强,地方社会保障水平越高;地方财政捉襟见肘,则社会保障水平低,甚至社会保障制度缺失。中西部农村低保标准很低,一些地方尚未做到全覆盖。二是新旧制度转型中形成的对中老年职工历史欠账等问题还有待于解决,国企老职工历史欠账数额巨大,2000年以前参保人口的缴费远远不能满足自身养老金发放的需要。另外,国有企业"老工伤"人员约有100万人,城镇非就业人群中65岁以上老年人口大约有500万人。

第三,社会保障投入不足。一是我国用于社会保障的财政支出仅占全部财政支出的12%左右,与一些国家相差较大。二是城乡低保和救助水平总体不高,目前大部分城市最低生活保障标准相当于当地居民人均实际收入的20%或更低。三是慈善事业起步晚、规模小、社会援助能力弱。

第四,社会保障管理薄弱。一些地区社会保障办法补丁打补丁,相互叠加。社会保障多头管理,尤其是农村社会保障管理条块分割、各自为政。专业化社会化程度低、经办机构管理能力不高、运行效率低、运行机制不完善。基层社保人员缺乏,许多工作处于应付状态,造成基层社会保障信息失真。

二、加快完善社会保障体系的意义十分重大

第一，这是保民生的重要举措。社会保障是国家的一项基本社会经济制度，是人民群众最关心、最直接、最现实的利益问题。如果说就业是民生之本，那么，社会保障就是民生之盾。越是经济困难时期，越显得社会保障体系重要。当前，国际金融危机还在蔓延和加深，克服经济困难可能需要一个较长的时期。加快完善覆盖城乡居民的社会保障体系，是保障和改善民生的重要之举。

第二，这是扩大内需的根本所在。消费需求是最终需求，从全局和长远看，在扩大投资需求的同时，只有明显增加消费需求，才能形成经济良性循环。完善社会保障体系能够直接增加城乡居民收入，提高居民消费水平。如果把社会保障体系建设延伸到农村，所产生的刺激消费效果将更明显。让老百姓增加消费，解除后顾之忧，已成为扩大内需特别是消费需求的关键所在。在国际金融危机继续蔓延形势下，政府在社会保障领域加大投入，可以迅速带动和增加消费；同时，养老金规模大、投资周期长，与基础设施投资可以形成很好的匹配。

第三，这是调整国民收入分配格局的关键一招。投资和消费长期失衡是困扰我国经济社会发展的突出问题。完善社会保障体系，进一步提高社会保障水平，从而提高消费所占比重，有利于协调投资与消费的比例关系。最近为帮助困难企业应对国际金融危机冲击，中央和一些地方允许困难企业在一定期限内缓缴社会保险费，为困难企业提供社会保险补贴、岗位补贴、在岗职工职业技能培训补贴等，实际上是在发挥社会保障的再分配功能。

第四，这是维护社会和谐稳定的基本前提。社会保障是安民之基。

当前我国很多群体性事件与社会保障体系不完善有关,一些地方失地农民、部分企业职工社会保障问题没有得到妥善解决,已经成为社会稳定的隐患。只有加快社会保障体系建设,才能稳定社会大局,促进和谐安定。

第五,这是全面建设小康社会目标的内在要求。基本建成覆盖城乡居民的社会保障体系,基本形成合理有序的收入分配格局,城乡、区域发展差距扩大的趋势得到扭转,广大人民能更多分享改革发展的成果。这些是全面建设小康社会的重要内容。

第六,这是党和政府凝聚人心的有效方法。加快完善社会保障体系体现了政府以人为本、对人民的关心,也可以提高党和政府凝聚力、公信力。特别是在当前经济困难情况下,更需要为人民群众切身利益着想,以动员和团结全国人民共克时艰。

第七,这是国际上应对经济危机的通常做法。历史上很多国家都是在应对经济危机中加快建立社会保障制度体系。20世纪30年代世界经济大萧条使美国和欧洲等国家在危难之中找到了建立社会保障制度的理论依据和社会基础。1938年的一次盖洛普民意调查显示,尽管经济萧条,90%以上的美国人赞成养老金计划。同期,不少国家设立国家协调基金来帮助那些没有能力为居民提供基本公共服务的地区。

三、加快完善社会保障体系的几点建议

第一,进一步完善社会保障制度。更加积极推进社会保险、社会救助、社会福利和慈善事业的协调发展,努力打破体制分割、城乡分割和地区分割,充分发挥基本养老、基本医疗、最低生活保障和社会救助制度的作用,加快形成无漏洞和无分割的社会保障体系。进一步完善失业、工伤、生育保险制度。积极鼓励发展商业保险。大力发展社会慈善事业。

第二,进一步扩大社会保障覆盖面。一是把基本社会保障体系覆盖

到各类人群、各类企业,特别是个体、外资企业的职工和农民工。中央虽然已有政策规定,但不少地方落实不够好,应加大政策的推行力度。二是加快解决历史遗留问题的步伐,加紧解决国有关闭破产企业退休人员医疗保障、未参保集体企业已退休人员养老、国有企业"老工伤"人员的待遇以及城镇非就业老年人口缺乏生活保障和困难企业退休人员医疗保障等历史遗留问题。三是在农村低保"应保尽保"的基础上,提高农村困难人口的救助水平。

第三,进一步完善有关政策和法规。国家已经明确出台的政策要抓紧落实。同时,要及时总结和推广那些在实践中被证明是好的政策和经验。对试点的改革举措,要及时发现和解决问题,加强对各类试点工作的跟踪与评估。一是加快出台探索跨省区范围的社会保险转移接续办法,既要转移个人账户基金又应转移社会统筹基金。二是在建立全国统一的城镇内部各种医疗保险及其与农村医疗保险接续机制的同时,逐步缩小接续后各种医疗保险的待遇水平差别。三是积极改善有 8000 多万人规模的城乡残疾人福利状况,提供更加完善的康复服务。四是着力解决经济欠发达地区农村养老保障和护理服务问题。积极探索符合中国国情的养老服务模式。

第四,进一步加大社会保障投入力度。继续较大幅度地提高社会保障支出在财政支出中的比例。中央和地方政府都要增加投入,提高社会保障水平。多渠道筹集资金,消化社会保障成本。认真落实中央关于通过变现部分国有资产拓宽社会保障筹资的规定。还可以通过加快征收社会保障税等方式解决社保资金的问题。

第五,进一步动员社会力量广泛参与。政府与社会协同完善社会保障体系,充分发挥社会组织和慈善团体的积极性和创造性。鼓励"民办公助"、"公建民营"、"政府购买服务"等形式,形成政府对社会福利和服务机构的资助机制。把政府财政支持、社会保险使用、慈善捐赠和志愿服务有机结合起来,确保服务体系的良性运行。

第六,进一步强化管理,健全社会化服务体系。要从制度、体系、机制、运行等方面全面提高社会保障管理水平。一是努力提高统筹层次,进一步发挥中央和省级政府在社会保障体系建设中的作用。二是严格管理各项社会保障基金,加强监督,确保社会保障基金安全,防范各种风险。三是加强社会保障经办机构建设和社会保障人力资源能力建设,提高执行力度和运行效率,改善服务方式,降低运行成本。四是通过合理的资金投向,兼顾供需,在确保供给方利益基础上,最大限度提高社会保障的服务水平和质量。

最后,建议国务院在今年适当的时候召开全国社会保障工作会议。进一步提高各级领导干部对经济困难时期加快健全社会保障体系特殊意义的认识,全面检查各方面社会保障建设的进展情况,总结经验,找出问题;进一步动员各方面的力量参与社会保障体系建设;进一步制定和完善加快社会保障体系建设的有关规定与政策措施,从而大大加快推动完善社会保障体系建设的步伐。

深入研究加强和创新社会管理问题[*]

（2010 年 11 月 2 日）

一、加强和创新社会管理课题研究的必要性和重要性

党的十七届五中全会审议并通过了《中共中央关于制定国民经济和社会发展第十二个五年规划的建议》，提出了今后五年我国经济社会发展的主要目标，特别强调"社会建设明显加强"，提出要"加强和创新社会管理，正确处理人民内部矛盾，切实维护社会和谐稳定"。这是中央全面审视我国经济社会发展形势和进程作出的重大决策部署。

改革开放以来，我国经济社会建设取得了举世瞩目的成就。但是，经济持续的高速增长也产生了一系列社会矛盾，出现了一系列社会问题，我国社会管理面临新的形势、新的挑战。如何正确认识、客观分析这些新形势、新挑战，通过加强和创新社会管理解决这些新问题、新矛盾，成为摆在我们面前的一个重大课题。

1.我国经济社会发展的新形势新情况要求必须加强和创新社会管理。1978 年以来，我国经济增长年均近 10%，成为世界经济发展史上的奇迹。2009 年，人均国内生产总值超过 3700 多美元，我国进入中等发展

---

* 本文系作者在"加强和创新社会管理研究"重大课题启动会议上的讲话（节录），发表于《国家行政学院学报》2011 年第 1 期。

国家行列。中国用 30 多年时间走完了西方发达国家上百年走过的道路，工业化、城镇化、市场化、信息化、国际化等人类社会的重大变革，在中国共时性、短时期展开。发展时序上的时空压缩，不可避免地会导致地区发展不平衡、经济社会发展不协调等问题，西方国家在不同时期渐次出现的许多社会矛盾和社会问题在我国相对集中地较短时间里表现出来，有些问题还相当突出，有些问题甚至会在较长时期内存在。

从我国近几年经济社会运行情况看，虽然总体形势较好，但经济和社会发展"一条腿长、一条腿短"的状况并未根本改变，区域发展不平衡仍在持续，各社会阶层和群体之间的利益冲突趋于明显，全国刑事犯罪、社会治安事件发生率居高不下，群体事件易发多发。随着社会主义现代化建设进程的加快，特别是随着经济体制、社会结构、社会利益格局、社会思想观念、社会需求结构发生深刻变化，新情况、新问题不断产生，我国社会管理已经并将长期面临新的形势、新的挑战。这些情况表明，我们必须加强和创新社会管理，妥善协调各方面的利益，妥善处理各种社会问题和社会矛盾，应对各种社会风险。

2.深入贯彻落实科学发展观要求必须加强和创新社会管理。科学发展观是中国特色社会主义必须坚持和贯彻的重大战略思想。第一要义是发展，核心是以人为本，基本要求是全面协调可持续，根本方法是统筹兼顾。社会管理目标是在维护社会秩序基础上，激发社会活力，推进社会管理主体协作，达到社会的善治。良好的社会运行秩序，能够为经济社会发展提供基础保障；各社会主体积极性、主动性、创造性的发挥，能够为经济社会持续发展提供根本动力，推动相互间的合作，达到社会的良好治理。

从实践看，当前我国的社会管理体制还不完善，机制还不健全，政府社会管理存在越位、缺位和错位现象，基层社会管理还存在空白点和薄弱环节。城乡社区治理的思路不够明晰，社会组织管理有待改进，基层自治和行政行为冲突加剧，不利于社会和谐稳定发展。户籍管理制度创新滞后，新型人口管理制度尚未建立，对流动人口服务不够，未能充分体现以人为本的理念。

为此，必须坚持以人为本，坚持统筹兼顾，加强和创新社会管理，保障并不断丰富公民的基本社会权益，加强对流动人口的管理和服务，妥善协调各种社会群体的利益，促进各类社会组织和基层社区健康发展，实现经济社会的全面协调可持续发展。

3.发展中国特色社会主义事业要求必须加强和创新社会管理。党的十六大以来，中国特色社会主义事业总体布局扩展为经济建设、政治建设、文化建设、社会建设以及生态建设。这就要求我们，在经济发展基础上，更加注重社会建设，着力保障和改善民生，推进社会体制改革，扩大公共服务，完善社会管理，促进社会公平正义，推动建设和谐社会。社会建设包括发展教育、扩大就业、调整收入分配、建立全民社会保障体系、建立基本医疗卫生制度、完善社会管理等多个方面。

社会管理作为中国特色社会主义事业的重要组成部分，是构建和谐社会的重要方面。但是，由于种种原因，我们对社会管理的了解和熟悉程度，远远不如我们对经济管理的了解和熟悉程度。在中央政治局第23次集体学习会议上，胡锦涛同志指出，正确处理人民内部矛盾，要以邓小平理论和"三个代表"重要思想为指导，深化贯彻落实科学发展观，强化责任，创新机制，统筹兼顾，落实措施，认真解决影响社会稳定的源头性、根本性、基础性问题，加快推进以改善民生为重点的社会建设，依法保障人民权益，不断提高正确处理人民内部矛盾能力和水平，扎实做好正确处理人民内部矛盾各项工作。伟大的实践需要科学的理论支持。这就要求我们，必须通过不断的理论创新，通过对我国社会管理的深入分析，深化对社会管理规律和特点的认识，探索适合我国国情的社会管理体制机制，提高社会管理的能力和水平。

4.建设小康社会要求必须加强和创新社会管理。党的十六大提出我国全面建设小康社会的奋斗目标，党的十七大丰富了小康社会建设的内涵，强调要增强发展协调性、扩大社会主义民主、加强文化建设、加快发展社会事业、建设生态文明。而健全的社会管理模式对小康社会建设具有极大推动作用。总的来看,当前我国的社会管理模式,主要是传统计划经济体制下的社会管理模式。在思想观念上,重经济建设、轻社会管理;在管理主体上,重政府作用、轻多元参与;在管理方式上,重管制控制、轻协商协调;在管理环节上,重事后处置、轻源头治理;在管理手段上,重行政手段、轻道德自律。这些与我国小康社会建设的总体要求是不相匹配的。如何构筑与社会主义市场经济发展相适应、与建设和谐社会要求相适应的中国特色社会管理模式,有着极大的现实紧迫性。

总之,我们要立足于我国社会经济发展的新形势、新情况,通过对社会管理基本理论、社会管理现状和存在的问题进行深入细致的研究,从全球社会治理格局变化和中国现实国情出发,提出加强和创新社会管理的思路与对策,为党和政府改革社会体制、制定社会政策,加强和创新社会管理,提供科学决策的参考依据。

二、准确把握加强和创新社会管理研究的重点任务

"加强和创新社会管理研究"这个课题,涉及社会管理的多个领域和问题,必须把握课题研究的重点任务。

1.如何认识社会管理的内涵和边界。目前,人们对社会的内涵有不同的理解,对社会管理的内涵也有不同看法,对社会管理形成了不同的界定和理解。有的学者认为,社会与自然界相对,社会管理是对整个人类社会的管理,包括政治、经济、社会、文化等广泛的领域和范围。也有的学者认为,社会是与政治、经济、文化相对应的,社会管理是对人类活动的社会领域的管理。还有的学者认为,社会是指和政府、企业相对应的非政府组织、民间组织等社会性组织,社会管理是指社会组织所进行的社会协作管理。这些看法都有可取之处,但似乎都不尽完善。我们的课题研究,需要

从这些纷纭多样的认识中,找到研究的起点和立足点,认真研究和回答什么是社会管理,社会管理的主要内涵是什么、边界在哪里。

2.如何把握中国特色社会管理的基本原则。原则是根本性的问题,反映的是立场,是出发点。不同立场会产生不同的观察问题、处理问题的原则。我认为,中国特色社会管理的原则,一方面应当遵循人类社会发展的普遍规律,把加强和创新社会管理放在世界多极化、经济全球化的大背景下,深刻认识和总结各个国家和地区社会管理的经验和教训,找到一些共性的原则和做法,以作为借鉴。更重要的是,必须遵循中国特色社会主义发展的特殊规律,从当前中国从传统社会走向现代社会的深刻变革大背景出发,立足我国历史传统和现实国情,找到建设中国特色社会管理体系应遵循的基本原则,依此来指导我国的社会管理体制机制转型,创新社会管理模式。

3.如何总结提升近年来的社会管理实践新鲜经验。面对日益复杂的社会形势和不断增多的社会问题、社会矛盾,各地政府在社会管理方面做了大量卓有成效的探索和实践。例如,强化基层社区建设的"楼宇党建"、发挥社会组织作用的"枢纽型组织"、强化企事业单位社会管理责任、提高公民管理参与、在社会管理中引进专业社会工作等等。如何总结这些鲜活的经验,从中找到可以加以推广的做法和思路,进而上升到理论层次,是一件很有意义的事情。我们的课题研究应当在这个方面有所作为,有所突破。

4.如何改革和创新社会管理体系。建立健全社会管理体系,是加强和创新社会管理的关键。当前,我国社会管理的主体尚未多元化,各主体在社会事务和社会管理中的地位作用尚未明确,各主体间的关系和运行机制尚未形成制度化安排。这就需要创新社会管理理念,通过总结我国社会管理的已有经验,借鉴国外社会管理的理论及实践,准确界定社会管理的主体、各主体的地位和作用,以及相互关系、社会管理体系的运行机制等,从而建立起一整套科学分工、合理分权、相互联系、相互补充、相互匹配的社会管理体制格局。

5.如何实现社会管理向社会治理转变。社会治理,是从西方引入的概念,也是当前世界社会管理的发展趋势。社会治理有三层含义。其一,社会治理是目标,管理只是手段。为实现治理目标,应当有服务、自我管理等多种手段。其二,社会治理是多元管理主体,所有社会的参与者都应当是管理者。其三,治理的手段不限于以行政强制力为保障的单向管理,而是包含国家的社会管理、公共服务、社会自治和公民个人自我管理等多种方式。可见,我国传统的社会管理,与现代社会所倡导的社会治理不同。如何科学界定政府的社会管理职责,明确其公共服务的义务? 如何推动政府之外的各种力量进入社会管理领域,科学界定其职责,充分发挥其作用? 换言之,如何找到一条有效的路径,应当是加强和创新社会管理研究的题中之义。

除了以上问题,如何加强法治在社会管理中的作用? 如何培育社会管理人才? 如何加强社会管理投入? 如何建立社会管理评价机制? 如何借鉴国外社会管理经验? 如何加强社会管理的能力建设? 等等,都需要大家在研究中深入思索,作出科学的回答和解释。

另外,应当看到,与社会管理相比,社会体制是更为根本性、全局性的问题。正如我国经济改革首先确立社会主义市场经济体制一样,社会建设、社会管理也应确立一个科学、合理、与国情相适应的社会体制。只有确定了社会体制,我们的社会建设和社会管理才能把握正确的方向,各项社会建设才能制定明确的目标和措施。因此,我们的社会管理研究还要着眼于探索建立与社会主义市场经济发展相适应的社会体制。

三、做好课题研究的几点要求

加强和创新社会管理研究课题涉及问题重大,要精心组织,明确要求,运用科学方法,扎实推进研究工作,务求取得重要研究成果。

1.明确任务、服务大局。解决我国经济社会发展的阶段性矛盾需要加强和创新社会管理;贯彻落实科学发展观、发展中国特色社会主义事业、建设小康社会都需要加强和创新社会管理。加强和创新社会管理是时代的要求,我们要从党和国家事业发展大局出发,认真做好课题研究,自觉服务这个大局。既要做基础性、战略性、长远性研究,又要做实证性、应用性、可行性研究。特别是要紧紧围绕当前和今后一段时期内社会体制和社会管理的重大问题深入研究,为全面完成"十二五"规划任务、为到2020年全面建成小康社会献计献策。

2.解放思想、改革创新。我国经济社会处于不断发展变化中,我们的思想观念也应该不断发展,要善于根据我国经济社会发展实践和要求大胆进行理论创新。在研究中,要做到理论与实践相结合,破除迷信,与时俱进。我们在课题研究中,不能拘泥于已有的结论和看法,要敢于冲破传统观念束缚,大胆研究和借鉴我国历史上和国外有益的社会管理经验,根据我国经济社会发展中出现的新情况、新问题,研究提出中国特色社会管理的新理念、新任务、新措施。

3.突出重点、攻克难点。社会管理研究涉及面广,既涉及社会管理的基本概念、基本理论、价值取向,也涉及社会管理的体制机制,社会管理方式方法及能力建设,还涉及社会管理与社会体制、社会建设等方面问题,内容十分丰富。在研究中,要善于发现和抓住重大问题,集中力量,攻坚克难。要善于探索和把握社会管理规律,避免一般性议论和罗列社会现象。

4.深入实际、调查研究。课题研究要密切联系实际,充分总结和吸收各地社会管理的成功经验。例如,北京、上海等城市都是我国经济社会发展的先行者,这些地区目前遇到的问题,往往也是几年、十几年后其他城市和地区会遇到的问题。近年来,北京、上海在社会体制改革和社会管理方面进行了多方面的探索和实践,取得了很好的成绩;广州、长沙、苏州、唐山等地在社会管理的多个方面进行了大胆探索;重庆、成都是全国统筹城乡综合配套改革试验区,近年来在统筹城乡发展、协调城乡利益、改善城乡社会结构等方面开始积极探索。这些地方的社会管理改革实践都积累了不少有益的经验,值得我们去调查了解、提升总结、积极推广。

5.通力合作、集思广益。各个分课题负责同志都在本单位和本部门承担重要工作,工作十分繁忙。希望大家能够切实抽出时间,抽调精干人员,组成若干课题组,认真开展研究。课题组内部同志要加强合作和交流,各个分课题之间也要加强合作和交流,要有分有合,对于重点问题要进行集体攻关。一些重要信息、重要情况要及时交流、通报,要建立研究情况、研究成果定期通报和交流机制,做到信息共享、观点共享、成果共享,要避免出现各自为战、甚至信息相互封锁的情况,避免重复调研,提高研究效率,拓宽研究视野,提升研究水平。

6.注重质量、讲求实效。课题研究的成效在于研究成果的质量,各个分课题要按照高标准、高水平的要求进行工作,要严把研究的质量关。各参与单位在研究中要注重实效,争取出精品力作。在研究过程中,各分课题要根据研究的进度安排按时保质完成各项任务,争取在研究中陆续拿出有分量的研究成果,为我国社会体制改革、社会管理创新作出积极贡献。

切实加强和创新社会管理[*]

（2010 年 12 月 6 日）

党的十七届五中全会审议通过的《中共中央关于制定国民经济和社会发展第十二个五年规划的建议》，强调要加强和创新社会管理，这是我们党从发展中国特色社会主义伟大事业全局出发、科学分析我国经济社会发展面临的新形势新任务作出的战略决策。日前，国家行政学院党委书记、常务副院长魏礼群接受新华社记者采访。

没有社会管理就没有科学发展

记者：为什么加强和创新社会管理是实现科学发展观的一个重要任务和途径？

魏礼群：社会管理，是指党委和政府以及其他社会主体，运用法律、法规、政策、道德、价值等社会规范体系，直接或间接地对社会不同领域和各个环节进行服务、协调、组织、监控的过程和活动，它与中国特色社会主义经济建设、政治建设、文化建设、社会建设以及生态文明建设密切相关，是社会建设的重要内容。它的核心目的是维系社会秩序、促进社会和谐，主

———————
* 本文系作者接受新华社记者的采访，2010 年 12 月 6 日由新华社全文播发。

要任务是规范社会行为,协调社会关系,解决社会问题,化解社会矛盾,应对社会风险,控制社会冲突,维护社会治安,促进社会公平正义,创造既有秩序又有活力的社会生存和发展环境。

没有社会管理就没有科学发展。党的十七届五中全会的重大贡献,就是明确提出"十二五"规划的主题是科学发展。加强和创新社会管理,既是科学发展的内在要求,又是推动科学发展的重要保障。

加强和创新社会管理有着四方面意义:只有加强和创新社会管理,尊重人民主体地位,保障人民各项权益,发挥人民首创精神,走共同富裕道路,促进人的全面发展,才能落实以人为本的发展思想;只有加强和创新社会管理,更好地推进经济、政治、文化、社会建设以及生态文明建设,促进现代化建设各个环节各个方面相协调,促进生产关系与生产力、上层建筑与经济基础相协调,增强经济发展和社会进步之间的协调性,才能实现经济社会全面协调可持续发展;只有加强和创新社会管理,统筹经济和社会发展,统筹城乡发展,统筹地区发展,兼顾不同地区、不同领域、不同方面群众的利益,才能落实科学发展的统筹兼顾的要求;只有加强和创新社会管理,正确处理人民内部矛盾和其他社会矛盾,最大限度激发社会创造活力、最大限度增加和谐因素、最大限度减少不和谐因素,妥善协调各方面的利益关系,才能更好地保障和改善民生,促进社会公平正义。

总之,只有加强和创新社会管理,才能为实现全面建设小康社会奋斗目标、加快推进社会主义现代化事业创造良好的社会秩序和发展环境。

社会管理既要加强,更要创新

记者:当前加强社会管理的挑战和任务是什么?

魏礼群:加强社会管理是在准确把握我国发展新的阶段性特征、深刻认识我国现代化事业面临的新情况新任务所作出的重要决策部署。现代化进程的加快和社会经济各个领域的深刻变革，一方面使社会生产力得到巨大发展，人民生活水平不断提高；另一方面许多社会矛盾和社会问题也凸显出来，社会不稳定因素增多。在这种情况下，社会管理越来越重要，任务越来越繁重，社会管理也随之面临一系列亟待解决的新课题。

当前的关键是要从思想上、工作布局上更加重视社会管理，彻底克服轻视、放松社会管理的思想和做法。一要加强法律法规和政策体系建设，探索建立公民个人信用制度，健全违反社会公共行为准则的惩戒制度；二要加强公共安全体系建设，健全预防预警体系建设，加强流动人口服务管理，实行人民调解、行政调解、司法调解有机结合，把矛盾化解在基层、解决在萌芽状态；三要加强社会管理能力建设，提高基层党组织和基层政权的社会管理和依法办事能力，提高基层群众自治组织自我管理、自我服务、自我教育、自我监督能力，加强社会管理信息系统建设，提升社会管理信息化水平，健全社会舆情汇集和分析机制，着力提高社会管理快速反应力；四要加强社会管理人才队伍建设，多渠道、多方位选拔政治素质好、业务素质好的人员，充实加强社会管理队伍。

记者：为什么在"加强"的同时还要强调"创新"？

魏礼群：近年来从中央到地方都十分重视社会管理，但由于多种原因，在一些地方和部门对经济建设"一手硬"、对社会建设和社会管理"一手软"的问题仍然比较突出，社会管理工作薄弱，社会管理法制不健全，社会管理体制改革滞后，社会管理能力建设不足。这些问题还在于，由于传统的社会管理思想观念、思维模式还没有完全改变，社会管理的方式和手段陈旧、单一，以致社会管理效果不佳，甚至有的事与愿违。因此，社会管理既要加强，更要创新。

创新社会管理，首先是创新管理理念。一要准确把握当前我国社会建设和社会管理领域出现的新情况新问题，坚决改变那些片面地认为社会管理就是单纯"管控"的思想观念和思维模式。二要实行依法管理、科学管理、柔性管理、人性化管理,推动社会管理科学化、规范化和常态化。要进一步健全民主制度,从各个领域、各个层次扩大公民有序政治参与,依法保障人民的知情权、参与权、表达权、监督权。

还要做好五方面的创新:在管理主体上,要从单纯重视政府作用向社会共同治理转变,从传统的社会管理向现代社会"治理"转变。在管理方式上,要从偏重管制控制向更加重视服务、重视协商协调转变,更多地运用群众路线的方式、民主的方式、服务的方式,教育、协商、疏导的方式,化解社会矛盾,解决社会问题。在管理环节上,要从偏重事后处置向更加重视源头治理转变,把工作重心从治标转向治本、从事后救急转向源头治理,使社会管理关口前移。在管理手段上,要从偏重行政手段向多种手段综合运用转变,更多地运用法制规范、经济调节、道德约束、心理疏导、舆论引导等手段。在管理制度上,要坚持加强源头治理体系建设、强化动态协调机制建设、推进应急管理制度建设,构建相互联系、相互支持的规范、机制和制度体系。

总之,创新社会管理就是要实现从以政府单一主体、以单位管理为主要载体、以行政办法为主要手段、以管制为主要目的的传统模式,转向政府行政管理与社会自我调节、居民自治管理良性互动、社区管理与单位管理有机结合,多种手段综合运用,管理与服务融合、有序和活力统一的多元治理、共建共享的新模式,使社会管理与发展社会主义市场经济、民主政治、先进文化,以及与建设和谐社会要求相适应。

必须健全社会管理格局

记者:如何理解《建议》提出的健全社会管理格局的要求?

魏礼群:《建议》提出,要"按照健全党委领导、政府负责、社会协同、公众参与的社会管理格局的要求",加强和创新社会管理。党委领导是根本,政府负责是关键,社会协同是依托,公众参与是基础,四位一体,有机联系,不可分割。这是对我国多年来社会管理实践的科学总结,符合我国现阶段社会管理的客观要求,具有中国特色、体现时代特征。在新的形势下,加强和创新社会管理必须切实加以遵循。

党委领导,就是要发挥党委在社会管理格局中总揽全局、协调各方的领导核心作用。合理配置党政部门社会管理职责权限,切实解决多头管理、分散管理、难以形成有效合力的问题。在坚持党的领导的同时,要不断改善党的领导,发挥政治优势,善于舆论引导,充分发挥各种媒体作用,不断提高化解各种社会矛盾、构建和谐社会的能力。

政府负责,就是要强化政府的社会管理职能,做到职能到位,既不越位,也不缺位。凡是公民、法人和其他组织通过自律能够解决的,行业和中介组织能够解决的问题,政府不干预。该由政府管理的事项应当管住管好。要建立和完善社会管理考核机制,研究制定科学的社会管理考核指标,把考核结果作为政府及其工作人员奖惩和使用的重要依据。

社会协同,就是要发挥各类社会组织的作用,组织社会力量参与社会管理。要加强以城乡社区为重点的基层基础建设,推动包括社会团体、行业组织、中介机构、志愿者团体等在内的各种社会组织发展壮大,发挥各类社会组织提供服务、反映诉求、规范行为的作用,强化各类企事业单位社会管理责任。

公民参与,就是要充分发挥人民国家人民管理的作用,引导公民依法理性有序参与社会管理。要提高基层群众自治组织自我管理、自我服务、自我教育、自我监督能力,加快组建专业社会工作者队伍,大力发展信息员、保安员、协管员、巡防队等多种形式的群防群治力量,健全社会志愿者服务长效机制。

加强和创新社会管理,是我们在新的历史时期面临的重大任务,关系到人民群众的切身利益,关系到改革发展稳定的大局,关系到国家长治久安。我们要深入学习贯彻党的十七届五中全会精神,按照《建议》提出的要求,紧紧把握科学发展的要求,大力加强和创新社会管理,为全面建设小康社会、发展中国特色社会主义事业提供有力保障。

加快构建中国特色社会管理体系[*]

（2011 年 5 月 10 日）

　　2011 年 2 月 19 日,在中央党校举办的省部级主要领导干部社会管理及其创新专题研讨班开班式上,胡锦涛总书记指出:加强和创新社会管理,要紧紧围绕全面建设小康社会的总目标,牢牢把握最大限度激发社会活力、最大限度增加和谐因素、最大限度减少不和谐因素的总要求,以解决影响社会和谐稳定突出问题为突破口,提高社会管理科学化水平,完善党委领导、政府负责、社会协同、公众参与的社会管理格局,加强社会管理法律、体制、能力建设,维护人民群众权益,促进社会公平正义,保持社会良好秩序,建设中国特色社会主义社会管理体系,确保社会既充满活力又和谐稳定。

　　这是以胡锦涛为总书记的党中央审时度势,面对我国发展新形势新特点作出的重大战略部署。加强和创新社会管理作为一个时代的重大课题,日益凸显其重要性、紧迫性。

　　近些年来,我国经济社会发展出现了哪些新变化？怎样制定科学之策应对社会领域的新变化？怎样完善社会管理格局？社会管理创新的方向在哪里？这些,都是加强和创新社会管理、健全中国特色社会管理体系的题中应有之义。

＊　本文发表于《紫光阁》2011 年第 5 期。

加强和创新社会管理是时代提出的新课题

适应我国经济社会发展的新形势新情况,必须加强和创新社会管理。改革开放以来,我国经济以年均近10%的速度增长,成为世界经济发展史上的奇迹。2010年,人均国内生产总值达到4400多美元。中国用30多年时间走完了西方发达国家上百年走过的道路,工业化、信息化、城镇化、市场化、国际化等人类社会的重大变革,在中国短期内同时展开。发达国家在不同时期渐次出现的许多社会矛盾和社会问题,在我国相对集中的较短时间里显现出来,有些问题还相当突出,有些问题将会在较长时期内存在。随着社会主义现代化建设进程的加快,特别是随着经济体制、社会结构、利益格局、思想观念等发生深刻变化,新情况、新问题不断产生,我国社会管理已经并将长期面临新的课题、新的挑战。我国经济社会发展呈现新的阶段性特征,决定了我们必须通过加强和创新社会管理,妥善处理各种社会问题,应对各种社会风险,以推动经济社会持续健康发展。

深入贯彻落实科学发展观,必须加强和创新社会管理。社会管理是维系社会正常秩序、促进和谐社会建设、营造经济社会发展环境的活动。科学发展观的内在要求,是必须搞好社会管理,也只有加强社会管理,才能促进科学发展。从现实情况看,当前我国经济社会发展总体形势是好的,但经济和社会发展"一条腿长、一条腿短"的状况并未根本改变,城乡、区域发展不协调,各社会阶层和群体之间的利益冲突趋于明显,全国刑事犯罪、社会治安案件居高不下,群体事件易发多发。社会管理体制不完善、制度机制不健全,基层社会管理存在着不少空白点和薄弱环节。城乡社区治理思路不够明晰,社会组织、基层自治与行政管理的关系不顺,社会服务需要加强。只有坚持以人为本,用统筹兼顾的方法,加强和创新社会管理,协调各社会阶层、群体、成员间的利益关系,加强对流动人口的服务和管理,促进各类社会组织和基层社区健康发展,才能推动经济社会全面协调可持续发展。

发展中国特色社会主义事业,必须加强和创新社会管理。党的十六大以来,中国特色社会主义事业总体布局扩展为经济建设、政治建设、文化建设、社会建设以及生态建设。这就要求我们,在推动经济发展的同时,更加注重社会建设,着力保障和改善民生,推进社会体制改革,扩大公共服务,促进社会公平正义,推动和谐社会建设。社会建设包括发展教育医疗卫生事业、扩大就业、调整收入分配、健全社会保障体系、完善社会管理等多个方面。社会建设和社会管理是中国特色社会主义事业的重要方面。但是,由于种种原因,人们对社会管理的了解和熟悉程度,远远不如我们对经济管理的了解和熟悉程度。这里十分重要的是,需要正确认识和处理新形势下的人民内部矛盾问题。伟大的实践需要科学的理论支持。这就要求,必须对我国新形势下的社会矛盾状况进行深入分析,研究和把握社会管理规律和特点,完善适合我国国情的社会体制机制,提高社会管理的能力和水平。

实现到 2010 年全面建成小康社会的宏伟目标,必须加强和创新社会管理。党的十六大提出了我国全面建设小康社会的奋斗目标,党的十七大丰富了全面小康社会的内涵,强调要增强发展协调性、扩大社会主义民主、加强文化建设、加快发展社会事业、建设生态文明等。而创新社会管理模式,对全面建成小康社会具有重大的作用。总的来看,当前我国的社会管理还没有完全摆脱传统计划经济体制下的社会管理模式。在思想观念上,重经济建设、轻社会管理;在管理主体上,重政府作用、轻多元参与;在管理方式上,重管制控制、轻协商协调;在管理环节上,重事后处置、轻源头治理;在管理手段上,重行政手段、轻法制规范和道德自律。这些与我国全面建成小康社会的总体要求是不相适应的。构建与社会主义市场经济发展相适应、与社会主义和谐社会建设相适应的中国特色社会管理模式,具有很大的紧迫性。

准确认识社会管理的内涵

科学认识社会管理的内涵和边界。长期以来,人们对社会的内涵有不同的理解,对管理的内涵有不同的看法。因此,对社会管理的内涵就形成了不同的认识和界定。有人认为,社会与自然界相对,社会管理是对整个人类社会的管理,包括政治、经济、社会、文化等广泛的领域和范围。有人认为,社会是与政治、经济、文化相对应的,社会管理是对人类活动的社会领域的管理。有人认为,社会是指与政府、企业相对应的非政府组织、民间组织等社会性组织,社会管理是指社会组织所进行的社会协调与管理。这些看法都有一定道理,但似乎都不尽然。我认为,在我国社会、政治体制下,社会管理是指党委和政府以及其他社会主体运用法律、法规、政策、道德、价值等社会规范体系,直接或间接地对社会领域各方面、各环节进行服务、协调、组织、监控的过程和活动。社会管理的根本目的是维护社会秩序、促进社会和谐,其基本任务包括协调社会关系、规范社会行为、解决社会问题、化解社会矛盾、促进社会公正、应对社会风险、保持社会稳定,创造既有活力又有秩序的经济社会发展环境。

正确把握加强和创新社会管理应遵循的基本原则。原则是根本性的问题。不同的原则会产生不同的观察问题、处理问题的视野和方法。中国特色社会管理所遵循的原则,一方面应当遵循人类社会发展的普遍规律,把加强和创新社会管理放在世界多极化、经济全球化的大背景下,深刻认识和总结世界不同国家和地区社会管理的经验和教训,找到一些共性的原则和有益做法,为我所用。更重要的是,必须遵循中国特色社会主义发展的特殊规律,从中国由传统社会向现代社会深刻变革的大背景出发,根据我国历史传统和现实基本国情,确立中国特色社会管理应遵循的基本原则,深入探讨加强和创新社会管理的理念、思路、任务和举措。

全面总结我国在改革开放实践中积累的新鲜经验。近些年来,不少地方在加强和创新社会管理方面进行了卓有成效的探索和实践。例如,把城镇基本公共服务延伸到流动人口身上,使他们也进入城镇社会管理工作范围;对特殊人群特殊关爱,使他们更好地融入社会;实行社会稳定风险评估,从源头上预防和减少社会矛盾;构建大协调工作体系,有效化解社会矛盾;强化基层社区建设,发挥社会组织作用的"枢纽型组织",增强企事业单位社会管理责任;提高公民社会管理参与度、在社会管理中引进专业社会工作,等等。我们要善于总结升华这些鲜活的经验,从中找到可以推广的思路和做法,为社会管理理论创新和实践创新服务。

不断提升社会管理科学化水平

提高社会管理科学化水平,既要加强社会管理,也要创新社会管理。加强社会管理,关键是要从思想上、工作布局上更加重视社会管理,必须下更大的决心、采取更加有力的措施,切实把加强社会建设和社会管理放在突出重要的位置,全面提高社会管理和服务水平。一要加强法律法规和政策体系建设。加快社会管理领域的立法工作,依靠法律来规范个人、组织的行为,协调社会关系;进一步制定完善有关经济政策和社会政策,健全社会规范体系,弥补社会政策的不足;加快建立和完善个人行为的规范体系,探索建立公民个人信用制度,健全违反社会公共行为准则的惩戒制度。二要加强公共安全体系建设。健全对事故灾难、公共卫生事件、食品安全事件、社会安全事件的预防预警体系建设;加强流动人口服务管理,做好对特殊人群帮教管理和服务工作;完善矛盾纠纷排查调处工作制度和长效机制,提高效率和水平;实行人民调解、行政调解、司法调解有机结合,把矛盾化解在基层、解决在萌芽状态;进一步加大公共安全投入力度。三要加强社会管理能力建设。通过集中培训和基层实践锻炼等途径,切实加强各级政府和社会领域其他组织的社会管理能力建设,着力提高政府社会管理决策能力、处理社会纠纷和维护社会稳定的能力、有效开展群众工作和激发创造社会活力的能力;加强社会管理基层基础建设,健全基层管理和服务体系,提高基层党组织和基层政权的社会管理和依法办事能力,提高基层群众自治组织自我管理、自我服务、自我教育、自我监督能力;加强社会管理信息系统建设,提升社会管理信息化水平,健全社会舆情汇集和分析机制,着力提高社会管理快速反应力。四要加强社会管理人才队伍建设。进一步加强高等教育对社会管理人才的培养,强化对社会管理人员的在职培训,为社会管理提供人才保证;积极营造尊重、支持社会管理人才工作良好的社会环境,激励他们的工作热情,发挥他们的工作潜能;搞好社会管理人才的选拔和引进,多渠道、多方位选拔政治素质好、业务素质好的人员,充实加强社会管理队伍。

创新社会管理,首先要创新管理理念。切实做到以人为本、服务优先,把实现好、维护好、发展好最广大人民的根本利益作为出发点和落脚点,寓管理于服务之中,实行依法管理、科学管理、柔性管理、人性化管理,推动社会管理科学化、规范化和常态化,努力让人民群众切实感受到服务更到位、管理更有序、社会更和谐。要按照发展社会主义民主政治的要求,扩大人民民主,保证人民当家作主,进一步健全民主制度,丰富民主形式,拓宽民主渠道,从各个领域、各个层次扩大公民有序政治参与,依法保障人民的知情权、参与权、表达权、监督权。其次,要创新管理主体。要从单纯重视政府作用向社会共同治理转变,既要发挥党委、政府的领导和主导作用,又要鼓励和支持社会各方面参与社会管理,发挥多元主体的作用,从传统的社会管理向现代社会治理转变。第三,要创新管理方式。要从偏重管制控制向更加重视服务、重视协商协调转变,坚持更多地运用群众路线的方式、民主的方式、服务的方式,教育、协商、疏导的方式,化解社会矛盾,解决社会问题。第四,要创新管理环节。要从偏重事后处置向更加重视源头治理转变,把工作重心从治标转向治本、从事后救急转向源头治理,使社会管理关口前移。第五,要创新管理手段。要从偏重行政手段向多种手段综合运用转变,在运用行政手段进行社会管理的同时,更多地运用法制规范、经济调节、道德约束、心理疏导、舆论引导等手段,并加强道德建设和思想政治工作。第六,要创新管理制度。要坚持加强源头治理体系建设、强化动态协调机制建设、推进应急管理制度建设,构建相互联系、相互支持的规范、机制和制度体系。

社会管理格局四位一体、相辅相成

党的十七届五中全会通过的《中共中央关于制定国民经济和社会发展第十二个五年规划的建议》和我国《国民经济和社会发展第十二个五年规划纲要》提出,要"按照健全党委领导、政府负责、社会协同、公众参与的社会管理格局的要求,加强社会管理法律、体制、能力建设"。党委领导是根本,政府负责是关键,社会协同是依托,公众参与是基础,四位一体,有机联系,不可分割。这是对我国多年来社会管理实践的科学总结,符合我国现阶段社会管理的客观要求,具有中国特色,体现时代特征。在新的形势下,加强和创新社会管理必须切实加以遵循。

党委领导,就是要发挥党委在社会管理格局中总揽全局、协调各方的领导核心作用。认真贯彻党的路线、方针、政策和工作部署,支持政府依法行政和依法管理,引导各种社会组织、群众组织、自治组织和人民群众积极有序参与社会管理,充分发挥基层党组织和共产党员在社会管理中的作用。合理配置党政部门社会管理职责权限,切实解决多头管理、分散管理、难以形成有效合力的问题。在坚持党的领导的同时,要不断改善党的领导,发挥政治优势,善于舆论引导,充分发挥各种媒体作用,不断提高化解各种社会矛盾、构建和谐社会的能力。

政府负责,就是要强化政府的社会管理职能,做到职能到位,既不越位,也不缺位。凡是公民、法人和其他组织通过自律能够解决的,行业和中介组织能够解决的问题,政府就不去干预,而该由政府管理的事项则应当管住管好。国家要通过制定法律法规、完善社会政策、健全社会管理体系、培育和管好社会组织、畅通公民参与渠道等,来发挥政府在社会管理中的主导作用。要建立和完善社会管理考核机制,研究制定科学的社会管理考核指标,把考核结果作为政府及其工作人员奖惩和使用的重要依据。

社会协同,就是要发挥各类社会组织的作用,组织社会力量参与社会管理。基层单位是社会协同管理的基础,要加强以城乡社区为重点的基层基础建设,在基层构建横向到边、纵向到底的社会管理体系,切实把社会问题和社会矛盾解决在基层。各类社会组织是社会协同管理的重要力量,要发挥社会组织的作用,推动包括社会团体、行业组织、中介机构、志愿者团体等在内的各种社会组织发展壮大,坚持鼓励发展和监管引导,提高社会组织在社会管理中的协同能力。要规范发展社会组织,加强社会组织管理和服务体系建设,发挥各类社会组织提供服务、反映诉求、规范行为的作用。企业事业单位负有社会管理的重要责任,要强化各类企事业单位社会管理责任,鼓励和支持它们继续承担有关社会管理和社会服务的责任,包括发挥好各类所有制企业在社区建设、安全生产、处理劳资关系、发展慈善事业、促进社会和谐稳定等方面的作用。

公民参与,就是要充分发挥人民国家人民管理的作用,引导公民依法理性有序参与社会管理。大力培育公民参与意识,履行公民义务,探索公民参与社会管理的机制和途径,拓宽公民参与渠道,为公民参与社会管理创造条件。要提高基层群众自治组织自我管理、自我服务、自我教育、自我监督能力。在加强政法队伍建设同时,加快组建专业社会工作者队伍,大力发展信息员、保安员、协管员、巡防队等多种形式的群防群治力量,真正把社会管理建立在广泛的群众基础之上。积极开展志愿服务活动,健全社会志愿者服务长效机制,努力形成社会管理人人参与、人人共享的良好局面。

加强和创新社会管理的重大意义和主要任务[*]

（2011 年 5 月 24 日）

社会管理是人类社会必不可少的一项管理活动。作为发展中国家的中国正在进行的是一场人类历史上规模空前的社会变革,社会管理任务更为艰巨和繁重。因此,必须认真贯彻落实中央关于加强和创新社会管理的重大决策,深入研究社会管理领域存在的突出问题及其原因,完善社会管理格局,创新社会管理体制机制,加强和改进群众工作,努力提高社会管理水平,为实现"十二五"时期经济社会发展目标凝聚强大力量。

一、充分认识加强和创新社会管理的重大意义

正确理解和科学界定社会管理的内涵和边界,是当前深入研究加强和创新社会管理的重要前提。我国理论界和实际工作部门对社会和社会管理都有不同的理解和看法。概括起来,大体有三种意见:第一种是,大范围的社会和社会管理,社会即人类社会,与自然界相对应,社会管理是对整个人类社会活动的管理,包括政治、经济、社会、文化等广泛的领域和范围。第二种是,中范围社会和社会管理,社会与经济相对应,社会管理

　＊ 本文系作者在国家发展和改革委员会举办的"发展改革大家谈"上所作的报告（节录）。

是对人类从事经济活动以外的各类社会活动的管理。第三种是,小范围社会和社会管理,是指经济、政治、文化以外的社会建设与管理,社会管理范围相应较小。显然,大范围社会和社会管理过于宽泛,中范围社会和社会管理也偏宽。中央明确强调的社会管理,是中国特色社会主义经济建设、政治建设、文化建设、社会建设以及生态文明建设总体格局中关于社会建设的一部分。社会管理,是指党委和政府以及其他社会主体运用法律、法规、政策、道德、价值等社会规范体系,直接或间接地对社会领域各方面、各环节进行服务、协调、组织、监控的过程和活动。社会管理的根本目的,是维护社会秩序、促进社会和谐;基本任务包括协调社会关系、规范社会行为、解决社会问题、化解社会矛盾、促进社会公正、应对社会风险、保持社会稳定,创造既有活力又有秩序的经济社会发展环境。只有准确把握社会管理的内涵和边界,才能正确研究和提出社会管理的思路、任务和举措。

党中央、国务院始终高度重视社会管理,为形成和发展适应我国国情的社会管理制度进行了长期探索和实践,取得了重大进展,积累了宝贵经验。特别是党的十六大以来,中央从时代发展和战略高度,更加重视社会管理问题,作出了一系列重要决策和部署。2004 年党的十六届四中全会明确提出,"加强社会建设和管理,推进社会管理体制创新"。2007 年党的十七大强调,要完善社会管理,健全社会管理格局,健全基层社会管理体制,最大限度激发社会创造活力,最大限度增加和谐因素,最大限度减少不和谐因素。2010 年党的十七届五中全会进一步作出"加强和创新社会管理"的战略部署。2011 年 2 月,中央举办了省部级主要领导干部社会管理及其创新专题研讨班,胡锦涛总书记等中央领导同志作了重要讲话,深刻阐述了加强和创新社会管理的重要性和紧迫性,并明确提出了重点任务和要求。2011 年 3 月温家宝总理在十一届全国人大四次会议上作的《政府工作报告》,对加强和创新社会管理作出了明确部署。在《国民经济和社会发展第十二个五年规划纲要》中,专门用第九篇分五章全面部署了今后五年"标本兼治,加强和创新社会管理"的重大任务。近些年来,我国在社会管理的理论和实践都有创新。党中央、国务院把社会管理放在现代化建设更加重要的战略位置,是我们党对人类社会发展规律、社会主义建设规律、共产党执政规律认识的新升华,是深入分析我国发展新的阶段性特征作出的重大战略,也是人民群众对党和政府的新期待。我们要按照中央的部署和要求,切实加强和创新社会管理,加快构建中国特色社会主义社会管理体系。

加强和创新社会管理是一个事关国家发展全局的重大决策,具有十分重要的现实意义和长远战略意义。

(一)这是我国发展新的阶段性特征的客观要求

改革开放以来,我国经济总量以年均近 10% 的速度增长,2010 年人均国内生产总值达到 4400 多美元,跃居全球第二大经济体。中国用了30 多年时间走完了西方发达国家上百年走过的道路,工业化、信息化、城镇化、市场化、国际化等人类社会的重大变革在中国短期内同时展开,谱写了宏伟壮观的历史画卷。也正因为如此,发达国家在不同时期渐次出现的许多社会矛盾和社会问题,在我国相对集中的较短时间里显现出来。当前我国既处于发展的重要战略机遇期,又处于社会矛盾凸显期,社会管理领域问题不少,有些问题还相当突出,有些问题也将在较长时期内存在。主要表现在以下几个方面:

第一,人民内部矛盾多样多发。近年来,因各种人民内部矛盾、社会矛盾引发的群众上访和群体性事件已成为影响社会和谐稳定的第一位问题。2010 年,全国信访总量虽然比 2009 年下降 6%,但仍在高位运行,并呈现一些新的特点。一是矛盾主要集中在农村土地征用、城镇房屋拆迁、国有企业改制、涉法涉诉等领域。二是矛盾涉及各行业各阶层。既有农民、城镇居民、离退休人员、个体工商业者、出租车司机等人群。三是触点增多、燃点降低。一些一般性矛盾纠纷因处理不及时、不妥当,容易演化为大规模群体性事件。四是关联性增强,历史遗留问题和改革发展中的问题、经济领域问题和社会领域问题、合理诉求和不合法方式、多数人合理诉求和少数人无理要求、群众自发行为和敌对势力插手利用相互交织。

第二,流动人口和特殊人群管理和服务问题增多。一是流动人口大量增加,给社会管理带来了巨大压力。最为突出的是农民工现象。据统计,我国大约有2.3亿农民工,其中有1.5亿左右在异地"打工"。农村劳动力大范围流动不仅造成了数以千万计的农村"留守儿童"、"留守老人",而且导致城市的违法犯罪行为增多。二是老龄人口快速增长,目前全国60岁以上人口已近1.7亿人,到2015年将达到2.1亿人,而相应社会服务明显不适应。三是孤残流浪儿童和有不良行为的青少年增多。据有关部门不完全统计,目前全国有闲散青少年2820万人。闲散青少年违法犯罪呈增加趋势。四是境外来华人员快速增多,近年来每年出入境外国人达5000万人次,目前在我国常住的外国人有近50万。境外来华人员增多促进了我国经济社会发展,同时也使非法入境、非法居留、非法就业问题凸显,给社会管理带来新的课题。

第三,公共安全事故频繁发生。一是安全生产事故增多,2010年全国发生安全生产事故36.3万起、造成7.96万人死亡,其中重大安全生产事故74起,特别重大安全生产事故11起;涉及人员伤亡的道路交通事故21.95万起,发生火灾事故13.17万起,给人民群众生命财产造成重大损失。二是食品药品安全问题突出,毒大米、假酒、假药等时有出现,严重影响人民群众的生命和健康安全。三是自然灾害频发,地震、泥石流、台风、洪涝、干旱、低温雨雪冰冻恶劣天气等自然灾害严重危害人民生命财产安全。

第四,非公有制经济组织和社会组织的管理和服务问题突出。改革开放以来,我国非公有制经济组织、社会组织大量增加,但相关管理服务工作跟不上。一是非公有制经济组织中的党组织和工青妇组织不健全、作用发挥不充分;一些非公有制经济组织片面追求经济效益,没有承担起管理和服务员工的社会责任,导致停工、聚集、上访事件时有发生。二是各类社会组织迅速增多。截至 2009 年底,全国依法登记的社会组织 43.1 万个,专职工作人员 540 万人,兼职工作人员 500 多万人;还有上百万个没有登记就开展活动的社会组织。大多数社会组织在各个领域发挥着积极作用,但发展培育不足、规范引导不够、结构和分布不合理问题也很突出。

第五,信息网络建设管理面临严峻挑战。以数字技术、网络技术为代表的现代信息科学技术突飞猛进和广泛应用,带来了社会生产方式、生活方式的深刻变革,对人们思想观念和行为方式的影响越来越大,互联网已经成为人们丰富文化生活的重要途径,成为社会思想文化的集散地和社会舆论的放大器,成为社会组织动员的重要手段。目前,我国有 4.57 亿网民、8.59 亿手机用户,博客用户超过 2.94 亿,互联网普及率达 34.3%,是世界上使用互联网人口最多的国家。这既为传播先进文化搭建了平台,为文化繁荣开辟了新的空间。同时,也给社会管理带来了不少新情况、新问题。一是现实社会违法犯罪向虚拟社会蔓延,利用互联网和手机等新兴媒体传播淫秽色情信息和进行赌博诈骗等违法犯罪活动猖獗。二是虚拟社会对现实社会的影响日益增强,一些影响较大的公共事件网上网下遥相呼应,导致各种社会矛盾和热点敏感问题快速扩散放大,造成严重后果,影响社会稳定。三是国家信息安全和网络运行安全面临较大风险,网上窃密泄密事件频发,危害国家安全和利益。

以上社会管理领域存在的一些突出问题,如果处理不当、解决不好,就会影响甚至干扰党和国家工作大局,影响和干扰中国特色社会主义事业的发展。搞得不好,已经取得的改革开放成果也可能付诸东流。当前社会管理领域存在的问题,原因是多方面的,既有现阶段经济社会发展水平限制带来的问题,也有工作不到位带来的问题;既有长期的历史遗留问题,也有社会深刻变革带来的现实问题;既有思想观念上的问题,也有体制机制上的问题。这也决定了我们必须通过加强和创新社会管理,妥善处理各种社会问题,应对各种社会风险,以推动经济社会持续健康发展。

(二)这是我国深入贯彻落实科学发展观的必然要求

社会管理是维系社会正常秩序、促进和谐社会建设、营造经济社会发展环境的活动。科学发展观的内在要求,是必须搞好社会管理,唯有加强社会管理,才能促进科学发展。只有坚持以人为本,用统筹兼顾的方法,加强和创新社会管理,协调各社会阶层、群体、成员间的利益关系,加强对流动人口的服务和管理,促进各类社会组织和基层社区健康发展,才能推动经济社会全面协调可持续发展。

(三)这是我国发展中国特色社会主义事业的内在要求

党的十六大以来,中国特色社会主义事业总体布局扩展为经济建设、政治建设、文化建设、社会建设以及生态建设。这就要求我们,在经济发展基础上,更加注重社会建设,着力保障和改善民生,推进社会体制改革,扩大公共服务,促进社会公平正义,推动和谐社会建设。社会建设包括发展教育医疗卫生事业、扩大就业、调整收入分配、健全社会保障体系、完善社会管理等多个方面。社会建设和社会管理是中国特色社会主义事业的重要方面。但是,由于种种原因,人们对社会管理的了解和熟悉程度,远远不如对经济管理的了解和熟悉程度。伟大的实践需要科学的理论支持。这就要求,必须对我国新形势下的社会矛盾状况进行深入分析,研究和把握社会管理规律和特点,完善适合我国国情的社会体制机制,提高社会管理的能力和水平。

(四)这是如期实现全面建成小康社会的迫切要求

党的十六大提出了全面建设小康社会的奋斗目标,党的十七大提出到 2020 年全面建成小康社会的目标要求,丰富了全面建设小康社会的内涵,强调要增强发展协调性、扩大社会主义民主、加强文化建设、加快发展社会事业、建设生态文明等。而创新社会管理模式,对全面建成小康社会具有重大的作用。构建与社会主义市场经济发展相适应、与社会主义和谐社会建设相适应的中国特色社会管理模式,具有很大的紧迫性。

(五)加强和创新社会管理还是吸取一些国家和地区经验教训的重要启示

一些国家和地区的发展历程表明,国民收入从中等收入向高收入提升的时期,往往是经济关系容易失衡、社会秩序容易失常、人们心理容易失衡的时期。拉美和东南亚一些国家之所以陷入"中等收入陷阱",除了经济发展模式转型滞后,一个重要原因是大批农民进入城市以后基本享受不到社会保障和公共服务,在农村又失去土地,成为城市的边缘人群,从而形成影响社会稳定的贫民窟问题;由于两极分化、贫富悬殊,不能为经济社会发展提供持续的动力,从而使经济社会停滞不前甚至倒退,进而导致社会矛盾加剧、政局持续动荡。我国正从中等收入向高收入国家迈进,如何防止落入"中等收入陷阱",这是同样面临的重大挑战。最近,西亚、北非一些国家相继发生骚乱,造成社会剧烈动荡,有的甚至导致政权更迭,就是重要的教训。这些国家经济发展还不错,之所以会爆发严重的社会问题,固然有多方面原因,包括国内高通胀率、高失业率和政治腐败等,其中很重要的原因在于,国家未能实施行之有效的社会管理,包括对互联网和手机疏于管理,一些国家的骚乱就是由一些"热血愤青"在网络和微博中所传播的信息煽动下,短期内搞起来的街头抗议活动,一发不可收拾。网络和手机普及后,信息在民众中传播有了新形式,容易在短期内迅速将民众动员起来,甚至触发社会动乱。当前,我国既要继续发展经济,又要确保社会和谐稳定,必须研究国外经验教训,切实加强和创新社会管理,谨防一切不可预测的风险。

总之,加强和创新社会管理,是继续抓住和用好我国发展重要战略机遇期、推进党和国家事业的必然要求,是维护国家长治久安、构建社会主义和谐社会的必然要求,是维护最广大人民根本利益的必然要求,是提高党的执政能力、巩固党的执政地位的必然要求,对于落实科学发展观、实现全面建设小康社会宏伟目标具有重要战略意义。各部门、各地区一定要把思想认识统一到中央的决策部署上来,必须深刻认识加强和创新社会管理的极端重要性和紧迫性,以强烈的政治责任感和历史使命感,切实把加强和创新社会管理置于更加突出的位置。

二、社会管理既要加强也要创新

在不同国家和不同发展阶段,进行社会管理的内容和要求有所不同。中央明确提出加强和创新社会管理,这是在准确把握我国发展新的阶段性特征、深刻认识我国现代化事业面临的新情况、新任务,以及全面分析社会管理的现状后所作出的重要战略部署。

之所以要加强,这是因为,在我们这样一个有 13.5 亿人口、经济社会快速发展的国家,社会建设和社会管理任务十分艰巨繁重;从现实情况看,当前我国经济社会发展总体形势是好的,但是社会管理工作相当薄弱,经济和社会发展"一条腿长、一条腿短"的状况并未根本改变;各社会阶层和群体之间的利益冲突趋于明显;全国刑事犯罪、社会治安案件居高不下,群体事件易发多发;社会管理体系不完善、制度不健全,基层社会管理存在着不少空白点和薄弱环节;城乡社区治理思路不够明晰,社会组织、基层自治与行政管理的关系不顺,基层社会管理和服务资源没有形成合力。因此,必须切实加强社会管理。

之所以要创新,这是因为,随着 30 多年中国历史上从未有过的大改革大开放,使我国成功实现了从高度集中的计划经济体制到充满活力的社会主义市场经济体制、从封闭半封闭到全方位开放、从人民生活温饱不足发展到总体小康的伟大历史性转变,使我国社会管理环境和因素发生了深刻变化。特别是随着工业化、信息化、城市化、市场化、国际化进程不断加快,社会活力大为增强,经济结构、社会结构和社会组织形式发生深刻变动,社会流动性、开放性、活跃性前所未有,越来越多的人由"单位人"变成"社会人",人们思想活动的独立性、选择性、多变性、差异性不断增强,社会思想更加活跃更加复杂。在这种情况下,过去行之有效的管理理念、管理制度、管理手段、管理方法已难以完全适应社会管理的需要。当前我国的社会管理还没有完全摆脱传统计划经济体制下的社会管理模式。在工作布局上,重经济建设、轻社会建设;在管理主体上,重政府作用、轻多元参与;在管理方式上,重管制控制、轻协商协调;在管理环节上,重事后处置、轻源头治理;在管理手段上,重行政手段、轻法制规范和道德自律。必须深化认识,推进理论创新和实践创新,全面提高社会管理科学化、专业化水平。因此,社会管理既要加强,又要创新,只有创新社会管理,才能真正做到加强社会管理。

(一)要加强社会管理

加强社会管理的关键,是要从思想上、工作布局上更加重视社会管理,必须真正把加强社会建设和社会管理放在突出重要的位置,采取更加有力的措施,切实改变经济建设和管理与社会建设和管理"一手硬"、"一手软"的现象。要按照中央关于"加强社会管理法律、体制、能力建设"的要求,全面提高社会管理和服务水平。一要加强法律法规和政策体系建设。加强社会管理领域立法工作,依靠法律来规范个人、组织的行为,协调社会关系;完善有关社会政策,健全社会规范体系;加快建立和完善个人行为的规范体系,建立公民个人信用制度,健全违反社会公共行为准则的惩戒制度。二要加强公共安全体系建设。健全对事故灾难、公共卫生事件、食品安全事件、社会安全事件的预防预警体系建设;完善矛盾纠纷排查调处工作制度和长效机制,提高效率和水平;实行人民调解、行政调解、司法调解有机结合,把矛盾化解在基层、解决在萌芽状态。三要加强社会管理能力建设。通过集中培训和基层实践锻炼等途径,切实加强各级政府和社会组织的社会管理能力建设,着力提高政府社会管理决策能力、处理社会纠纷和维护社会稳定的能力、有效开展群众工作和激发创造社会活力的能力;加强社会管理基层基础建设,健全基层管理和服务体系,提高基层党组织和基层政权的社会管理和依法办事能力,提高基层群众自治组织自我管理、自我服务、自我教育、自我监督能力;加强社会管理信息系统建设,提高社会管理信息化水平,健全社会舆情汇集和分析机制,着力提高社会管理快速反应力。进一步加大公共安全投入力度。四要加强社会管理人才队伍建设。加强社会管理人才的培养,强化社会管理人员的在职培训,为加强社会管理提供人才保证;积极营造尊重、支持社会管理人才工作良好的社会环境,激励他们的工作热情,发挥他们的工作潜能;搞好社会管理人才的选拔和引进工作,多渠道、多方位选拔政治素质好、业务素质强的人员,充实加强社会管理的人才队伍。

(二)要创新社会管理

首先,要创新社会管理理念。总的说来,是要树立与社会主义初级阶段的基本国情相适应,与社会主义市场经济体制和我国社会政治制度相适应,与开放、动态、信息化社会环境相适应的社会管理理念,确保社会管理更好地体现时代性、把握规律性、富于创造性。一要树立以人为本、服务为先的理念。始终把实现好、维护好、发展好最广大人民的根本利益作为出发点和落脚点,践行全心全意为人民服务的根本宗旨,坚持人民主体地位,充分尊重人、理解人、关心人,寓管理于服务之中,在服务中实施管理,努力实现管理与服务的有机统一,让人民群众切实感受到服务更到位、管理更有效、社会更和谐。二要树立多方参与、共同治理的理念。现代社会管理既是政府向社会提供公共服务并依法对有关社会事务进行规范和调节的过程,也是社会自我服务并根据法律和道德进行自我规范和自我调节的过程。在社会管理中,一方面要不断提高政府的社会管理能力和成效,另一方面要不断增强政府自我管理的能力和效果。要按照发展社会主义民主政治的要求,扩大人民民主,保证人民当家作主,进一步健全民主制度,丰富民主形式,拓宽民主渠道,从各个领域、各个层次扩大公民有序政治参与,依法保障人民的知情权、参与权、表达权、监督权。三要树立关口前移、源头治理的理念。要及时发现矛盾问题,弄清原因、变化规律,不断增强工作的前瞻性、主动性、有效性,从源头上主动解决问题、减少矛盾,最大限度地实现社会矛盾不积累、不激化。这不仅仅是社会管理部门的责任,也是各级党委和政府、各部门各单位的共同责任。四要树立统筹兼顾、协商协调的理念。正确反映和协调各个方面、各个层次的利益诉求和社会矛盾,既要"左顾右盼",又要"瞻前顾后",使社会管理能够体现维护公平正义的"刚性"、协调各方利益的"柔性"、应对新情况、新问题的"弹性",促进社会动态平衡。五要树立依法管理,综合施策的理念。牢固树立依法管理,加强社会管理领域立法、执法工作,使各项社会管理工作有法可依、有法必依、执法必严、违法必究;同时,要综合运用经济调节、行政管理、道德约束、心理疏导、舆论引导等手段,规范社会行为,调节利益关系,减少社会问题,化解社会矛盾。

第二,创新社会管理主体。要从单纯重视政府作用向社会共同治理转变,既发挥党委、政府的领导和主导作用,又要鼓励和支持社会各方面,包括各类社会组织、社会团体、企事业单位和公民参与社会管理,发挥多元主体的作用,促使传统社会管理向现代社会治理转变。

第三,创新社会管理方式。要从偏重管制控制向更加重视服务、重视协商协调转变,坚持更多地运用群众路线的方式、民主的方式、服务的方式,教育、协商、疏导的方式,化解社会矛盾,解决社会问题。

第四,创新社会管理环节。要从偏重事后处置向更加重视源头治理转变,把工作重心从治标转向治本、从事后救急转向源头治理,使社会管理关口前移。

第五,创新社会管理手段。要从偏重行政手段向多种手段综合运用转变,在运用行政手段进行社会管理的同时,更多地运用法制规范、经济调节、道德约束、心理疏导、舆论引导等手段,加强道德建设和思想政治工作。

第六,创新管理体制。要加强源头治理体系建设、动态协调机制建设、应急管理制度建设,构建相互联系、相互支持的制度体系。

总之,创新社会管理就是要实现从以政府为单一主体、以单位管理为主要载体、以行政办法为主要手段、以管制为主要目的的传统模式,转向政府行政管理与社会自我调节、居民自治管理良性互动、社区管理与单位管理有机结合,多种手段综合运用,管理与服务融合、有序和活力统一的多元治理、共建共享的新模式,使社会管理与发展社会主义市场经济、民主政治、先进文化,以及与建设和谐社会要求相适应。

在加强和创新社会管理中,应当高度重视和坚持做到以下几点:

一是,坚持改革正确方向和思路。加强和创新社会管理,是社会管理领域一场深刻的革命,改革沿着什么方向,按照什么思路进行,事关中国现代化事业的成败。最重要的是坚持两条原则,一条是坚持和加强党的领导,一条是坚持和发展社会主义制度。中国共产党是领导中国现代化事业的核心力量,削弱了共产党领导,就会天下大乱。我们进行的各项改革事业都是对社会主义制度的完善和发展,加强和创新社会管理也是这样。必须从巩固党的执政地位、维护人民根本利益、保证国家长治久安的战略高度来考虑,确保改革创新始终沿着中国特色社会主义方向前进。

二是,坚持继承和创新结合。我国社会管理与基本国情和社会主义制度总体上是适应的,这是一个基本判断,也是加强和创新社会管理的基本出发点。我们要在这个基础上,以中国特色社会主义理论体系为指导,全面认识和科学分析面临的问题,从中国由传统社会向现代社会深刻变革的大背景出发,重视弘扬我国优秀的历史文化传统,发挥长期形成的各种优势,结合现实情况,与时俱进,开拓创新,既继承好的做法,又突破旧的陈规,积极稳妥地处理各种矛盾和问题,彰显中国特色、中国风格的社会管理制度优越性。

三是,坚持尊重实践和创造。尊重实践,尊重群众,善于概括群众的经验和创造,是我们党领导革命、建设和改革的根本方法。多年来特别是近些年来,许多地方在加强和创新社会管理方面进行了卓有成效的探索和实践。例如,把城镇基本公共服务延伸到流动人口身上,使他们也进入城镇社会管理覆盖范围;对特殊人群特殊关爱,使他们更好地融入社会;实行社会稳定风险评估,从源头上预防和减少社会矛盾;强化基层社区建设,发挥枢纽型社会组织的作用;增强企事业单位社会管理责任;提高公民社会管理参与度、在社会管理中引进专业社会工作者,等等。实践是检验真理的唯一标准。我们要善于总结丰富实践中的鲜活经验,敏锐地把握时代发展的脉搏,大力扶持新生事物,积极推广新鲜经验,推动社会管理理论创新和实践创新。

四是,坚持树立世界眼光。"他山之石,可以攻玉"。邓小平讲过,社会主义要赢得与资本主义相比较的优势,就必须大胆吸收和借鉴人类社会创造的一切文明成果,吸收和借鉴当今世界各国包括资本主义国家的一切反映现代社会化生产规律的先进经营方式、管理方法。在加强和创新社会管理中,我们应积极研究借鉴世界不同国家和地区进行社会管理的重要经验和有益做法,或为我所用,或开阔思路。特别是完善法律法规、综合利用各种力量参与社会管理、健全公共服务体系、注重对公民进行爱国主义教育和公民意识教育、充分利用传统文化和伦理关系凝聚人心、运用多种手段缩小贫富差距、大力推行政务公开和电子政务,以及运用疏堵并举、宽严相济办法解决突出问题等,都有借鉴意义。当然,学习借鉴国外经验,要立足我国现实国情,不能照抄照搬,要坚持走中国特色社会主义社会管理道路。

三、加强和创新社会管理需要抓好的重点任务

（一）完善社会管理工作格局

党中央明确提出，要"按照健全党委领导、政府负责、社会协同、公众参与的社会管理格局的要求"，加强和创新社会管理。这是建设中国特色社会主义社会管理体系的基本框架。党委领导是根本，政府负责是关键，社会协同是依托，公众参与是基础，四位一体，有机联系，不可分割。这是对我国多年来社会管理实践的科学总结，符合现阶段社会管理的客观要求，具有中国特色，体现时代特征。在新的形势下，加强和创新社会管理必须切实加以遵循。党委领导，就是要发挥党委在社会管理格局中总揽全局、协调各方的领导核心作用。我国社会主义的社会管理，与西方资本主义社会管理有着本质的不同，我们党是执政党，有着广泛、深厚的社会基础和群众基础，也拥有巨大的社会资源。坚持党委领导，是我们的政治优势和制度优势，也是社会管理沿着正确方向前进的根本保证。要合理配置党政部门社会管理的职责权限，支持政府履行社会管理职能，引导社会多方面积极参与社会管理的服务，切实解决多头管理、分散管理、难以形成有效合力的问题。在坚持党的领导的同时，要不断改善党的领导，充分发挥基层党组织和党员服务群众的作用，同时善于舆论引导，充分发挥各种媒体作用，不断提高化解各种社会矛盾、构建和谐社会的能力。政府负责，就是要强化政府的社会管理职能，做到职能到位，既不越位，也不缺位。各级政府要按照转变职能、理顺关系、优化结构、提高效能的要求，健全政府职责体系，该由政府管理的事项应当管住管好，切实发挥政府在社会管理中的主导作用。社会协同，就是要发挥好工青妇等群众组织、基层群众性自治组织、各类社会组织、企事业单位的作用，组织社

会力量共同参与社会管理。要加强以城乡社区为重点的基层基础建设，推动包括社会团体、行业组织、中介机构、志愿者团体等在内的各种社会组织发展壮大，发挥各类社会组织提供服务、反映诉求、规范行为的作用，强化各类企事业单位的社会管理责任。公民参与，就是要充分发挥人民国家人民管理的作用，动员组织群众依法、理性、有序参与社会管理和公共服务，实现自我管理、自我服务、自我发展。要加快组建专业社会工作者队伍，大力发展信息员、保安员、协管员、巡防队等多种形式的群防群治力量，健全群众参与的长效机制，充分发挥群众参与社会管理的基础作用；同时，要加强对群众的教育引导，使广大群众不断增强遵纪守法意识，切实履行公民义务。

（二）加强动态调节和化解机制建设

社会管理不是要消除所有社会矛盾，也不可能消除所有社会矛盾。事物的矛盾法则和矛盾的普遍性规律说明，矛盾存在于人类社会发展的各方面和全过程。在社会发展中旧的矛盾和问题解决了，新的矛盾和问题又会不断涌现出来。加强和创新社会管理，必须构建动态调节和化解机制，形成科学有效的利益协调机制、诉求表达机制、矛盾调处机制和权益保障机制，统筹协调各方面利益关系，切实维护群众合法权益，使社会处于动态平衡、动态优化、井然有序、健康运行的状态。一要建立和完善诉求表达机制。这是及时解决社会问题和社会矛盾、提高社会动态平衡能力的重要条件。要充分尊重和保护人民群众表达诉求的权利，积极引导群众依法合理地表达诉求与维护权益，对群众合理要求一定要妥善处理。要建立方式多样、规范有序、畅通高效的诉求表达渠道。要完善政务公开制度、民主决策制度，提高公众参与程度。要加强和改进信访制度，落实领导干部接访、下访、回访、联系群众制度。二要建立和完善矛盾预警和排查机制。这是有效预防社会问题、社会矛盾积累和激化、促进社会运行动态优化的重要措施。要针对社会管理中的热点、重点和难点问题，进行经常性的分析和排查,按照"见微知著、抢得先机、争取主动、防止激化"的要求,及时发现各种苗头性、倾向性、潜在性问题,千方百计把矛盾消除在萌芽状态。三要建立和完善社会矛盾调解机制。社会矛盾调解是当前有效解决社会难题的主要方式。要构建和完善人民调解、行政调解、司法调解相互衔接的大调解工作机制。建立健全由各级政府负总责、政府法制部门牵头、各职能部门为主体的行政调解工作新机制。建立全程、全员、全面的立体司法调节格局。要充分挖掘民间资源,充分利用乡规民约,调动各种社会力量参与化解调处矛盾纠纷。

(三)加强对流动人口和特殊人群的管理与服务

流动人口和特殊人群的管理与服务工作,是加强和创新社会管理的一项基础性工程,对社会和谐稳定具有十分重要的影响。一要建立覆盖全国人口的国家人口基本信息库。在加快完善居民身份证制度的基础上,融合人口和计划生育、人力资源和社会保障、住房和城乡建设、民政、教育、交通、工商、税务、统计等部门和金融系统相关信息资源,建立一套能够覆盖全部实有人口的动态管理体系,提高对流动人口的管理服务水平。例如,美国以高度电子化和网络化方式管理公民资料,记录公民资料的证件主要是驾驶执照和社会保障卡。几乎所有适龄公民都有驾驶执照,其作用基本上等同于身份证。"社会保障卡"及相对应的社会安全号,该号码终身不变和使用。公民的所有银行账号、税号、信用卡号、社会医疗保障号等都与之挂钩。这些值得研究借鉴。二要积极稳妥地推进户籍管理制度改革。放宽中小城市、小城镇特别是县城和中心镇落户条件,建立城乡统一的户口登记管理制度,积极探索流动人口管理新办法,逐步剥离附着在户籍上的福利和待遇,实现公共服务覆盖人群由户籍人口向常住人口转变。三要对特殊人群实行特殊关爱。按照以人为本、服务为先的要求,真正把由于种种因素造成的困难群体作为最需要帮助的人群来对待,关注民生重点领域的措施向他们倾斜,努力使他们感受到党和政府的温暖,感受到社会的关怀,和谐地融入社会。四要加强社会心理服务工作。在全社会开展个人心理健康知识的宣传,普及相关知识。建立健全个人心理医疗服务体系,积极开展个人心理调节疏导工作,耐心帮助那些因生活和工作等受到挫折而失去信心、法治观念淡薄、对生活没有希望的人重振生活信心,避免他们走向极端。

(四)提高基层社会管理和服务水平

基层基础建设是整个社会管理的根基。当前社会管理方面存在的许多问题,大多与基层基础工作不扎实、不到位有关。因此,要把更多的工作精力和注意力放到基层,把人力、财力、物力更多投到基层,努力在基层构建一个横向到边、纵向到底的社会管理体系,为社会管理创新奠定坚实基础。一要加强基层组织建设。加快街道、办事处的职能转变,强化街道、办事处履行社会管理和公共服务的职能、职责,为人民群众提供更加便捷的公共服务。二要完善基层群众团体和自治组织职能。加强农村村民委员会和城市居民委员会建设,强化城乡社区区域性社会管理职能,发挥好社区内物业管理、业主委员会、专业合作组织、驻社区的各类机构在社会管理中的积极作用。三要整合基层社会管理资源。整合政法、信访、司法、民政以及与群众关系密切的部门职能、职责,实行一个窗口服务群众、一个平台受理反馈、一个流程调解到底、一个机制监督落实,实现社会治安联防、矛盾纠纷联调、重点工作联动、突出问题联治、基层平台联创、工作实绩联考。

(五)健全公共安全体系

随着我国工业化、城镇化进程的不断加快和受极端气候变化影响,社会管理领域面临的突发性公共安全事件,包括自然灾害、事故灾难、公共卫生事件和社会安全事件不断增多,维护社会秩序、保障社会健康运行的公共安全体系受到挑战,需要不断提高预知、预警、预防、应急处理能力,多管齐下加以应对。一要加强食品药品安全监管。完善食品药品安全管理体制机制，全面提高监管水平。健全法制、严格标准，完善监测评估、检验检测体系。建立食品药品质量追溯制度，健全食品药品安全应急体系。特别要完善相关法律法规和严格执法，用重典治乱。二要加强安全生产管理。建立健全安全生产监管体制，完善安全生产相关体系建设，加大公共安全投入，深化安全生产专项治理，落实企业安全生产责任。三要完善社会治安防控体系。充分发挥公安警务力量的主导作用和保安、志愿者的辅助作用。建立健全由街区防控网、社区防控网、单位内部防控网、视频防控网、虚拟社会防控网等组成的治安防控体系。加强群防群治组织、110 系统以及区域警务协作的防控组织建设。充分利用现代科技手段，创新安防手段，实现人防、物防与技防的有效结合。四要推进应急管理体制建设。健全和完善突发事件监测预警机制、信息报告和信息共享机制、风险评估和事故调查机制、应急处置救援机制等应急管理机制。完善突发事件的法律、法规和应急预案体系。通过宣传相关知识和普遍加强培训，不断提高全民风险防范和应急处置能力。加快完善应急管理领导体制，建立健全各级各类应急管理机构。

（六）健全非公有制经济组织、社会组织的管理

随着我国经济社会的快速发展，非公有制经济组织和社会组织逐步成为社会管理的重要力量，并将在社会管理和服务中发挥更加重要的作用。要认真研究非公有制经济组织、社会组织进行管理和服务的规律和特点，把社会管理和公共服务职能延伸到非公有制经济组织、社会组织中。这是加强和创新社会管理面临的一个新课题。一要明确非公有制经济组织管理和服务员工的社会责任。推动在非公有制经济组织建立健全党组织、群众组织，指导和帮助非公有制经济组织完善内部治理结构，健全规章制度。建立健全非公有制经济组织经营管理者、工会、员工共同参与的员工工资集体协商机制、正常增长机制、支付保障机制，完善三方协

调劳动关系的机制,建立非公有制经济组织与员工的利益共享机制,健全劳动关系预警和争议处理机制,构建和谐劳资关系。二要推动社会组织健康有序发展。要建立一手积极引导发展、一手严格依法管理的分类发展、分类管理机制,促进社会组织有序、健康发展。重点扶持和壮大经济类、公益慈善类、城乡社区类社会组织和民办非企业单位,提高它们在社会管理中的协同能力。进一步完善法制监督、政府监督、社会监督、自我监督相结合的制度体系。支持工会、共青团、妇联等人民团体依照法律和各自章程开展工作,参与社会管理和公共服务,维护群众合法权益。三要建立健全境外非政府组织在华活动管理机制。遵循积极稳妥、趋利避害、抓住重点、注重策略的原则,明确管理主体,落实管理责任,健全管理机制,既保护其正当交往和合作,又坚决抑制和防范其渗透破坏活动。

(七)改进和完善虚拟社会管理

人类面临的是一个互联网社会。加强和改进虚拟社会管理既是当前一项极为重要而紧迫的工作,也是今后一项长期而艰巨的任务。一要改善信息网络综合管理格局。以促进互联网健康发展为目的,建立党委统一领导、政府严格管理、企业依法运营、行业加强自律、全社会共同监督的综合管理机制,形成法律规范、行政监管、行业自律、技术保障、公众监督、社会教育相结合的互联网管理体系,提高对虚拟社会的管理水平。二要健全网上舆情引导处置机制。坚持及时准确、公开透明、有序开放、有效管理、正确引导的原则,建立舆情监测体系,跟踪舆情动态、研判舆情走势、评估舆情影响,积极主动地引导网上舆论。三要健全网上网下结合的综合防控体系。把虚拟社会与现实社会作为一个整体来考虑,建立网上动态管理机制,加强对网络的实时动态管控,提升网络攻防技术能力和对网上煽动策划指挥、网下串联行动事件的处置能力。四要完善互联网法律法规,依法加强社会管理和服务,依法加强互联网发展和监管。韩国实行网络和手机实名制,提高公众意识。目前法律规定:日访问量超 10 万人以上的网站实行"强制实名制",违规网站被处罚;手机实行号码一体,个人购号入网需提交身份证,机关、企业购买手机,需提交营业执照或相应代码,从而较好地监管了网络内容。

(八)着力提高全民族文明素质

充满活力与和谐包容的社会秩序,只有成为全体社会成员高度认同、自觉遵守、共同维护的价值规范,才能牢固稳定。必须把提高全民族文明素质作为加强和创新社会管理的基础性工作。要持之以恒地加强社会主义精神文明建设,特别要加强思想道德建设。一要加强社会主义核心价值体系建设。坚持用马克思主义中国化最新成果武装全国各族人民,用中国特色社会主义共同理想凝聚力量,用以爱国主义为核心的民族精神和以改革创新为核心的时代精神鼓舞斗志,用社会主义荣辱观引领风尚,引导人民树立正确的世界观、人生观、价值观,巩固全党全国各族人民团结奋斗的共同思想基础。二要加强道德文化建设。深入推进社会公德、职业道德、家庭美德、个人品德教育,引导人们自觉履行法定义务、社会责任、家庭责任。加快建立和完善个人行为规范体系,重视积极运用伦理关系,通过自律、互律、他律,将个人行为尽可能地纳入共同行为准则的轨道。三要加强诚信文化建设和诚信制度管理。抓紧制定社会信用管理法律法规,建立完善社会诚信行为规范,建立公民个人基本信息制度、个人信息管理制度,建立公民个人和企事业单位失信惩戒机制。四要增强全社会法制意识。要维护社会主义法制尊严,树立社会主义法制权威,坚持公民在法律面前一律平等,依法保障公民权利和自由。加快建设法治政府,深入推进依法行政,严格按照法定权限和程序行使权力、履行职责。加强对权力运行的制约和监督,推进权力公开透明运行,切实防止公共权力对公民合法权益的侵犯。坚持公正司法,充分发挥司法维护社会公平正义的职能。五要加强公民意识教育。以培育现代公民意识为核心,积极开展权利意识、规则意识、责任意识和道德教育,引导人民群众牢固树立社会主义民主法治、自由平等、公平正义观念,依法行使权利、履行义务,不断提高人民群众参与社会公共生活、管理社会公共事务的素质和能力。

更加注重保障和改善民生,是解决社会突出矛盾的根本之策和任务。要把保障和改善民生为重点的社会建设作为加快转变经济发展方式的根本出发点和落脚点,加快发展教育、卫生、体育等各项社会事业,完善保障和改善民生的制度安排,使改革发展成果惠及全体人民。把就业作为民生之本,最大限度地使有劳动能力的人能够实现就业。坚持优先发展教育,更加重视教育公平,满足群众多样化的教育需求。坚持公共医疗卫生的公益性质,努力健全覆盖全国城乡的基本医疗卫生制度,逐步实现人人享有基本医疗卫生服务的目标。加大保障性住房建设和农村危房改造力度,努力解决城乡低收入家庭和各类棚户区家庭的住房问题。加快完善社会保险制度,进一步完善城镇居民养老、医疗、失业、工伤、生育保险制度,健全农村社会保险的各项制度,扩大社会保险覆盖面,提高社会保障水平。建立健全社会救助体系,充分发挥慈善机构在社会管理中的作用。要更加注重促进社会公平正义,这是改善社会管理的基本要求。要完善公共财政体系,加大基本公共服务的投入,重点向农村和中西部地区倾斜、向弱势社会群体倾斜。要合理调整收入分配关系,初次分配和再分配都要处理好效率与公平的关系,再分配更加注重公平,提高居民收入在国民收入分配中的比重,提高劳动报酬在初次分配中的比重,着力提高低收入者的收入,逐步提高最低工资标准,保障职工工资正常增长和支付,规范收入分配秩序,努力缩小城乡、区域、行业和社会成员间收入差距。近年来,党和政府对改善民生和社会建设越来越重视,采取了很多措施,取得了很大成绩,但还需要进一步加大解决问题的力度,以社会建设的加强和民生的改善更好地推进社会管理。同时,要针对困难群众权益易受侵害的实际情况,建立平等保护与特殊保护相结合的制度,保障他们的平等参与。要通过行政体制、司法体制、教育体制、卫生体制、社会保障体制等方面改革,保障行政、执法公正廉洁和基本公共服务均等。

四、进一步加强和改进群众工作

党的群众工作是党的执政能力建设和先进性建设的重要内容,是维护和实现最广大人民根本利益的现实要求,是建设社会主义和谐社会的基本途径。新形势下,我们要不断提高群众工作的能力和水平,探索群众工作的新途径和新办法,增强群众工作的实效。这不仅是密切党群关系、巩固执政地位的需要,也是加强和创新社会管理体制的需要。

(一)重视做好群众工作是我们党的优良传统

党的群众工作,是党的全部工作的基础和重要组成部分。我们党无论在革命战争年代,还是在和平发展时期,都始终注意发动、鼓舞、相信和依靠群众,加强和改进群众工作。毛泽东同志曾经从马克思主义认识论的高度对党的群众工作做了科学的论证,指出,"在我们党的一切实际工作中,凡属正确的领导,必须是从群众中来,到群众中去"。邓小平同志也反复强调,"群众是我们力量的源泉,群众路线和群众观点是我们的传家宝。党的组织、党员和党的干部,必须同群众打成一片,绝对不能同群众相对立"。江泽民同志告诫全党,"党的全部任务和责任,就是为人民群众谋利益,团结和带领人民群众为实现自己的根本利益而奋斗"。党的十六大以来,以胡锦涛同志为总书记的中央领导集体更加重视加强和改进党的群众工作,胡锦涛同志指出:"我们党的根基在人民、血脉在人民、力量在人民。保持党同人民群众的血肉联系,是我们党无往不胜的法宝,也是我们党始终保持先进性的法宝。"应该说,经过90年来的不懈努力,我们党在做好群众工作方面已经取得了宝贵的经验。社会管理的核心是对人的服务和管理,说到底就是做好群众的工作,坚持群众的观点。

在新的形势下,加强和创新社会管理应该把群众工作作为一项基础性、经常性、根本性工作来抓。继续发扬我党群众工作的优良传统,汲取和借鉴群众工作的经验,与时俱进地做好联系群众、宣传群众、组织群众、服务群众、团结群众的各项工作,把群众工作渗透到社会管理的各个方面、各个环节,真正实现一切都是为群众谋利益、一切都是为群众服好务的社会管理工作宗旨。

(二)准确把握新形势下群众工作的新特征

在不同历史时期和不同发展阶段,群众工作的环境、对象、内容都呈现新情况和新特征。在当前情况下,群众工作的新特征表现在以下几个方面:群众工作对象更加多样化。随着改革开放的深化和社会主义市场经济体制的完善,我国出现了很多新的经济组织和社会组织,人民群众中也分化出许多新的社会阶层,由过去单一的农村社员和企事业职工发展为农民、市民、公务员、企业员工以及众多个体劳动者、私营企业主、自由职业者等等。这些不同利益诉求的群体都成为群众工作的对象,导致群众反映问题、群众利益需求和群众工作主体的多元化。群众工作内容更加丰富。从工作领域和范围来说,由于社会组织结构变化和人们活动范围扩大,许多问题的解决超出了传统体制的工作范畴,解决难度加大;同时,信息传播的速度和手段发生变化,在信息化迅速发展的背景下搞好舆论和政策引导,对做好党的群众工作也是个全新的课题。从群众工作手段来说,需要更多地运用以利益驱动为杠杆的经济手段、以诚实守信为核心的伦理手段、以契约为主体的法律手段来开展社会动员和协调指导工作,使党的群众工作更趋于法制化、理性化和平等化。群众工作环境越来越复杂。境外因素与境内因素、网上互动与社会互动更加容易相互交织。群众民主意识、自由意识、平等意识、竞争意识、权利意识不断增强。这些情况都说明,新形势下群众工作面临的环境越来越复杂,任务越来越艰巨。群众工作机制需要进一步健全。一些地方,党的群众工作长效机制尚未建立,很多工作只局限在表面上、口头上,带有很强的临时性和随意性,这样不仅降低了群众工作的实效性,致使党的路线和主张难以在群众中落实,而且还不同程度地引发群众对党组织和党员领导干部的不信任和对立情绪。这就迫切需要我们建立、健全群众工作机制,构建纵横结合、全面覆盖的群众工作组织网络,才能把群众工作做细做实,使党群工作在新的平台上推进。

(三)把加强和创新社会管理作为群众工作的着力点

从人民群众最关心最直接最现实的利益问题入手,着力解决和保障民生,才能奠定社会管理深厚的群众基础,才能从根本上做好群众工作,真正找到社会管理的治本之策。一要正确把握新形势下群众工作的特点和规律。继承和发扬群众工作的优良传统,做到深入群众而不是脱离群众,服务群众而不是与群众争利,宣传群众而不是与群众相对立,特别是领导干部要适应群众而不是让群众来适应领导干部。要加强群众观念和群众路线再教育,努力使广大干部增进同群众的感情,增强为群众服务的自觉性。要开展机关干部下基层、"大接访"、"大走访"等活动,努力使机关干部学会与群众打交道、交朋友,增强干群相互信任。积极稳妥推进基层民主建设,尊重和维护人民群众的民主权利,依靠群众自身力量做好群众工作。二要积极探索群众工作的新思路、新方式。要建立社情民意调查、收集、分析机制。综合运用法律、政策、经济、行政等手段以及教育、协商、疏导等办法,采用群众喜闻乐见的方式,有的放矢开展群众工作。要掌握、运用各种新技术新手段,尤其要深入研究网上舆情引导的特点和规律,掌握网络技能,通过网络倾听群众呼声,回应群众关切。要发挥制度的长期性、稳定性、根本性、全局性优势,把群众工作中的一些新思路、新做法通过制度固定下来,使群众工作创新的要求切实成为自觉意识和实际行动。三要高度重视和切实加强基层工作。基层组织是加强和创新社会管理、做好群众工作最基本、最直接、最有效的力量。要抓好以党组织为核心的村级组织和社区组织配套建设,确保人力、物力、财力等基层组织建设的基础保障。要努力做到情况掌握在基层、问题解决在基层、矛盾化解在基层、工作推动在基层、感情融洽在基层,促使知民情、解民忧、化民怨、暖民心转变成为基层组织的经常性工作。要进一步突出重视基层的用人导向,通过多种方式使那些适合基层工作、作风好能力强的干部留在基层,让那些在基层工作有经验、有实绩的优秀干部得到更好的培养和使用。要帮助基层干部不断提高新形势下群众工作能力。四要加强和改进干部作风建设。党的事业是人民群众的事业,党的事业能否成功,根本在于能否得到人民群众的支持。因此,做好群众工作是领导干部的重要职责。各级干部要把群众立场作为根本的政治立场,最大限度地维护广大人民群众的根本利益。要将以人为本、执政为民的理念始终贯穿于言行之中,提高做好群众工作的本领。要深入基层、深入群众,及时发现新情况和新问题,紧紧依靠群众解决问题。

国家宏观调控部门在加强和
创新社会管理中的重要作用*

（2011 年 5 月 24 日）

国家发展改革委员会作为国家最大的综合宏观调控部门，是中央关于发展改革的参谋部，又是作战部。多年来在经济社会发展和改革开放中行使着重要职能，发挥着重要作用，为推进改革开放和现代化建设，作出了突出贡献。在新的历史条件下，肩负着加强和创新社会管理的重要使命。

（一）促进科学发展。这是发展社会生产力，增强社会财富的根本，也是做好社会管理工作的基础。要切实贯彻科学发展观，更加注重以人为本，更加注重全面协调可持续发展，更加注重统筹兼顾，更加注重保障和改善民生，促进社会公平正义。特别要大力推进经济发展方式转变，正确处理经济社会发展中的一系列重大关系，包括内需与外需的关系、投资和消费的关系，一、二、三产业的关系，经济增长速度与结构、质量、效益的关系，经济发展与人口、资源、环境的关系，经济建设与社会建设的关系，以及改革、发展和稳定的关系。只有处理好这些重大关系，才能提高发展的稳定性、全面性、协调性和可持续性，从而减少社会矛盾，增强解决社会问题的物质基础和条件。

---

* 本文系作者在国家发展和改革委员会举办的"发展改革大家谈"上所作报告的一部分。

（二）加强和改善宏观调控。宏观调控是保持经济平稳、健康发展和促进和谐社会建设的重要手段。宏观经济的非正常波动不仅会增加经济增长的风险，影响经济增长的质量和可持续性，而且会对社会运行带来不良后果，增加社会摩擦和社会不稳定。历史上每一次宏观经济的巨大波动都伴随着社会矛盾和社会风险的加剧。因而，必须加强和改善宏观经济调控。在新的历史条件下，宏观调控要综合运用计划、投资、分配、财政、金融政策，加强社会建设和社会管理。同时，要加强社会经济运行监测。不仅要加强经济运行情况的监测评价，还要加强社会运行情况的监测评估。要构建宏观层面的社会运行监测评估机制，及时掌握和反映重大民生政策落实和重大改革推进情况，对重大宏观决策、重大改革举措、重大工程项目等可能引发的社会影响进行综合研判和预测预警。建立信息公开披露制度，对于可能影响社会稳定的信息及时披露，做好预防工作。

（三）加大社会建设和管理投入。进一步优化公共投资结构，加大固定资产投资向民生领域和社会建设的倾斜力度，逐步提高政府投资用于改善民生和社会建设的比重，切实保障重大民生和社会建设政策的实施。加快推进城乡公共服务体系建设，逐步完善基本公共服务体系，积极促进城乡基本公共服务均等化。要引导和鼓励社会、企业投资进一步向民生和社会事业、农业农村、科技创新、生态环保、资源节约等领域倾斜；特别要高度重视和大力支持社会管理人才的培养、培训工作。

（四）全面推进体制改革创新。既要统筹推进经济体制改革，还要深入推进收入分配、户籍管理、事业单位、教育、医药卫生、城乡基本公共服务等社会领域的改革，创造有利于社会管理改革创新的制度环境。充分发挥综合部门的职能优势，从国家全局和长远发展考虑，加强改革的顶层设计、系统规划和整体推进；推动改革行政体制，转变政府职能，完善机构运行机制，提高公共服务绩效，创新公共服务供给方式，推动发展多元化、多形式的公共服务。

（五）加强政策咨询研究。要充分发挥国家发改委职能作用，就必须加强政策咨询研究，更好地成为党中央、国务院的重要智库。要主动围绕发展改革稳定中的重大问题、战略问题和长远问题进行超前研究，紧紧围绕经济社会发展和改革开放中的热点、难点、重点问题深入研究和跟踪研究，更加重视社会政策研究。国家发改委有着为中央决策服务的重要职责和义务，也有这方面的多种优势和能力。在新的形势下，充分发挥各种优势和能力，就一定会在党和国家事业发展中发挥更大的作用。

完善和发展中国特色社会管理体系[*]

（2011 年 10 月 31 日）

社会管理是人类社会十分重要的管理活动。要形成和保持良好的社会秩序，就必须有一定形式的社会管理。而不同国家和不同发展阶段有着不同的社会管理。在现代社会中，社会管理地位日益重要。当今世界经历着快速、广泛、深刻、巨大的变革，国际形势风云变幻，各种矛盾错综复杂，不稳定不确定因素增加，对各国经济、政治、社会发展都会有直接或间接的影响。面对新形势新情况，世界各国都必须加强和创新社会管理。

中国政府始终高度重视社会管理。新中国成立以来，为形成和发展适应中国国情的社会管理制度进行了长期的探索和实践，取得了重大成就，积累了宝贵经验。特别是改革开放以来，根据国内外形势发展变化，不断就加强和改进社会管理制定方针政策，做出工作部署，推动社会管理改革创新，不断解决社会管理领域出现的新情况新问题，保证了改革开放和社会主义现代建设事业的顺利进行。

当代中国正在进行一场人类历史上规模空前的社会大变革，社会主义现代化建设各项事业突飞猛进，同时也面临许多前所未有的新情况新问题新挑战，社会管理的任务更为繁重和艰巨。随着中国工业化、信息化、城镇化、市场化、国际化进程的加快，一些发达国家在不同发展阶段渐

　＊ 本文系作者在"2011 年中欧社会管理论坛"上的主旨演讲（节录），发表于《学习时报》2011年 10 月 31 日。

次出现的诸多社会矛盾和社会问题在中国较短时期内同时显现出来;随着改革开放和社会主义市场经济的深入发展,在封闭半封闭环境和计划经济条件下形成的社会结构发生全方位的深刻变化,社会流动性、开放性大为增强;随着社会经济快速发展、民主法治进程加快,人们思想意识、价值取向、道德观念多元多样多变,各种思想文化交流交融交锋趋于激烈;随着互联网等新兴媒体迅猛发展,网络虚拟社会对现实社会的影响越来越大;随着中国人口总量继续增多,流动人口、老龄人口和特殊人群不断扩大,社会管理的难度增加;随着国际经济、政治格局的深刻调整,各种传统安全和非传统安全威胁相互交织,也会对中国产生这样或那样的影响。所有这些表明,中国社会管理已经并将长期面临新的课题、新的挑战和新的要求,原有的社会管理理念思路、体制机制、法律政策、方法手段等许多方面难以适应国内外形势发展变化,必须切实加强和创新社会管理。能否加强和创新社会管理,提高社会管理科学化水平,事关国家长治久安,事关人民根本利益,事关中国特色社会主义事业兴衰成败。近些年来,中国政府顺应时代的变化,将加强和创新社会管理放在社会主义现代化建设更加重要的战略位置,这是具有历史和世界眼光的重大决策。

在我国,加强和创新社会管理,最重要的,就是不断完善和发展中国特色社会管理体系,使社会管理与发展社会主义市场经济、民主政治、先进文化以及与建设和谐社会的要求相适应。加强和创新社会管理的基本思路和目标任务是,紧紧围绕全面建设小康社会的总目标,牢牢把握最大限度激发社会活力、最大限度增加和谐因素、最大限度减少不和谐因素的总要求,完善党委领导、政府负责、社会协同、公众参与的社会管理格局,加强社会管理法律、制度、体制、机制、能力建设,完善社会管理服务,为社会主义现代化建设事业发展营造良好的社会环境。

加强和创新社会管理,完善和发展中国特色社会管理体系,是社会管理领域的一场深刻变革。必须综合考虑中国基本国情和现实情况,坚持以下四条基本原则:一是坚持正确方向和思路。30多年来,中国进行的各项改革事业都是对社会主义制度的完善和发展,加强和创新社会管理也必须始终沿着中国特色社会主义方向前进。二是坚持继承和创新结合。总体上看,中国社会管理与基本国情和社会主义制度是相适应的。我们要全面认识和科学分析当前面临的社会矛盾和问题,从中国由传统社会向现代化社会深刻变革的大背景出发,重视弘扬中国优秀的历史文化传统,充分发挥长期形成的社会制度优势,结合现实情况,与时俱进,开拓创新,既善于继承好的传统做法,又敢于突破不合时宜的陈规旧制。三是坚持尊重实践和创造。多年来特别是近些年来,中国许多地方在加强和创新社会管理方面进行了大量卓有成效的探索与实践。我们要认真学习总结和推广各种成功的做法和经验,推动社会管理理论创新和实践创新。四是坚持树立世界眼光。"他山之石,可以攻玉"。要积极研究借鉴世界不同国家、地区进行社会管理的有益做法,或为我所用,或启迪思路,努力使社会管理体现时代性、把握规律性、富于创造性。这"四个坚持",既是我们近些年来加强和创新社会管理的基本经验,也是我们进一步构建中国特色社会管理体系的重要准则。

完善和发展中国特色社会管理体系,包括多方面的内容,是一个系统工程、长期任务,既要重点突破,又要整体推进。

(一)进一步完善社会管理工作格局体系

党委领导、政府负责、社会协同、公众参与的社会管理工作格局,是建设中国特色社会管理体系的基本框架。党委领导是根本,政府负责是关键,社会协同是依托,公众参与是基础,四位一体,有机联系,不可分割。在发挥党委在社会管理中总揽全局、协调各方的领导核心作用的同时,要强化政府社会管理和公共服务职能,发挥政府在社会管理中的主导作用。按照转变职能、理顺关系、优化结构、提高效能的要求,健全政府职责体系,办好主要由政府承担的社会管理和公共服务事务。要发挥社会各方面的协同作用,组织社会力量参与社会管理。发挥人民团体和群众组织在社会管理和公共服务中的桥梁纽带作用,加强企事业单位在社会管理服务中的责任,培育与引导其他各类社会组织(如行业组织、中介机构、志愿者组织)参与社会管理与服务,发挥居(村)民委员会在以城乡社区为重点的基层社会管理与服务中的重要作用。要发挥群众参与社会管理服务的基础作用,扩大基层民主,扩大公民有序政治参与,动员和组织群众依法理性有序参与社会管理和公共服务,积极探索群众参与社会管理服务的有效途径。

(二)进一步完善社会管理制度体系

社会管理制度是中国特色社会管理体系的基础和支柱。要按照有利于保障人民群众根本利益、有利于激发社会活力、有利于促进社会公平正义、有利于维护社会和谐稳定的要求,统筹规划事关社会管理全局和长远的制度建设,及时把社会管理的成功经验上升为制度和法律,并随着实践发展不断修订完善,推进社会管理制度化、规范化、法治化。要大力推进社会管理基础性制度建设,探索建立社会保护体系,建立健全保障就业权、健康权、教育权、居住权等公民基本社会权利的基本制度。要加快人口管理制度改革,建立覆盖全国人口的国家人口基础信息库。在加快完善居民身份证制度的基础上,融合人口和计划生育、人力资源和社会保障、住房和城乡建设、民政、教育、交通、工商、税务、统计等部门和金融系统相关信息资源,建立一套能够覆盖全部实有人口的动态管理体系。要积极稳妥地推进户籍管理制度改革,放宽中小城市、小城镇特别是县城和中心城镇落户条件,建立城乡统一的户口登记管理制度,积极探索流动人口管理服务有效办法,创新特殊人群管理服务体系,以适应城市化的发展进程和社会管理面临的新形势。

(三)进一步完善维护群众权益机制体系

健全政府主导的维护群众权益机制,是完善中国特色社会管理体系的出发点和重点任务。要正确把握最广大人民根本利益、现阶段群众共同利益、不同群体特殊利益的关系,建立科学有效的利益协调机制,统筹协调各方面利益。探索构筑群众利益协调机制、群众权益保障机制、劳动关系协调机制、社会矛盾调处机制、社会稳定风险评估机制。要健全群众权益保障机制,建立信息公开制度和诉求表达机制。信息公开是听取群众意见,实现群众参与公共决策的基础。诉求表达是协调利益关系、调处社会矛盾的前提。没有诉求表达就难以实现准确有效的利益协调和矛盾化解。同时,要建立发展成果共享机制和侵害群众权益的纠错机制。着力解决农村土地征用、城镇房屋征收拆迁、企业改制、涉农利益、教育医疗、社会保障、环境保护、安全生产、食品药品安全、城市管理、涉法涉诉等方面群众反映强烈的问题,坚决纠正损害群众利益的行为。要健全劳动关系协调机制,依法实行劳动合同制度和集体合同制度,完善企业职工工资集体协商机制、正常增长机制、支付保障机制。要健全社会矛盾纠纷排查预警、调解处置机制。还要健全社会稳定风险评估机制,凡是与人民群众利益密切相关、影响面广、容易引发社会不稳定的重大决策事项,都要进行社会稳定的风险评估。

(四)进一步完善公共服务体系

扩大公共服务,是完善中国特色社会管理体系的重要方面。要加快推进公共服务体系建设,逐步完善基本公共服务体系,积极促进城乡基本公共服务均等化。特别要进一步加强农村和中西部地区基层基本公共服务体系建设。进一步优化政府投资结构,加大向公共服务体系建设倾斜的力度,积极引导和鼓励社会、企业参与发展民生和各项社会事业,切实保障民生工程和社会政策的实现。要把流动人口管理和服务纳入流入地经济社会发展规划,逐步实现基本公共服务由户籍人口向常住人口扩展。

（五）进一步完善社会规范体系

社会规范体系是中国特色社会管理体系的基石。要在社会生活的各个领域加快建立和完善个人行为的规范体系，通过自律、互律、他律，把人们行为尽可能地纳入共同行为准则的轨道。在加强社会法律体系建设的同时，推进行业规范、社会组织章程、村规民约、社会公约建设，充分发挥社会规范在调整成员关系、约束成员行为、保障成员权益等方面的作用。要健全社会诚信制度，大力推进政务诚信、商务诚信、社会诚信和司法公信建设。完善社会诚信行为规范，建立符合中国国情的公民个人和企事业单位信用管理制度，探索建立统一的信用记录平台。理顺社会信用管理体制机制，加强社会信用管理，完善信用服务市场体系。强化对守信者的鼓励和对失信者的惩戒。通过完善制度、加强教育，努力营造诚实、自律、守信、互信的社会信用环境。

（六）进一步完善公共安全体系

公共安全体系建设是完善中国特色社会管理体系的重要任务。要坚持预防和应急并重、常态和非常态结合的原则，建立健全突发事件应急体系，加强全民风险防范能力和应急处置能力建设。完善相关机制，提高对自然灾害、事故灾难、公共卫生事件、社会安全事件等突发公共事件的风险管理水平。要健全食品药品安全监管机制，制定和完善食品药品安全标准，完善食品药品质量追溯制度，加强食品药品安全风险监测评估预警和监管执法。要完善安全生产监督制度机制，加强安全生产法律法规、政策标准、技术服务、应急处置和救援、社会监督、宣传教育培训体系建设，加强安全管理和监管。要完善社会治安防控体系，健全点线面结合、网上网下结合、人防物防技防结合的立体化治安防控体系，严密防范和依法打击各种违法犯罪活动。

（七）进一步完善虚拟社会管理体系

随着信息网络的发展,加强和改进虚拟社会管理已经成为完善社会管理新的迫切任务。信息网络技术的飞速发展和广泛应用,带来了社会生产方式、生活方式的深刻变革,丰富和发展了人们的物质文化生活,成为社会活动和各种思想文化交流的重要平台,同时也对社会管理提出了新课题新要求。要按照积极利用、科学发展、依法管理、确保安全的方针,坚持建设与管理并重、发展与管理同步,加快形成法律规范、行政监管、行业自律、技术保障、公众监督、社会教育相结合的信息网络管理体系,着力提高对虚拟社会的管理水平。健全网上舆论引导机制,广泛开展文明网站创建,推动文明办网、文明上网,培育文明理性的网络环境。鼓励网民通过网络平台参与社会管理。要加强对虚拟社会特点的研究,全面把握网上、网下两个社会之间的联动关系,建立网上网下综合管理体系。健全网络安全评估机制,维护公共利益和国家信息安全。

完善和发展中国特色社会管理体系,需要从多方面提供保障和支持,尤其应当做好以下六个方面工作:

一是,树立科学发展理念。加强和创新社会管理、完善和发展中国特色社会管理体系,是深入贯彻落实科学发展观、构建和谐社会的必然要求和重要举措。唯有牢固树立科学发展观,才能有效推进中国特色社会管理体系建设。要进一步牢固树立以人为本、服务为先的理念。坚持人民主体地位,把群众满意作为加强和创新社会管理的出发点和落脚点。要寓管理于服务之中,在管理服务中加强群众工作,着力解决好群众最关心最直接最现实的利益问题。要坚持统筹协调、源头治理。按照统筹经济社会发展的要求,把科学发展作为解决社会管理领域存在问题的基础,建立健全源头治理、动态协调、应急处置相互衔接、相互支撑的机制,从源头上、根本上、基础上解决问题,减少矛盾。坚持走共同富裕道路,合理调整收入分配关系,尽快缩小城乡、区域、行业、社会成员之间收入差距,让广大人民群众共享改革发展成果。

二是，全面深化体制改革。中国社会管理体系建设涉及各方面的体制改革创新，既要统筹推进经济体制改革、政治体制改革、文化体制改革，又要深入推进社会体制改革，创造有利于加强和创新社会管理的体制制度环境。要从全局和长远出发，加强改革的顶层设计，系统规划，整体推进。积极稳妥地推进行政体制改革、司法体制改革，加快转变政府职能，整合政府社会管理资源，完善运行机制，提高政府社会管理和公共服务效率。要切实解决好政府社会管理缺位、越位和错位等突出问题，为城乡居民基层自治和公民参与社会管理创造宽松的环境和有利的条件。

三是，增加社会建设投入。加强社会建设，更加注重保障和改善民生，是解决社会突出矛盾的根本之策，也是加强社会管理的有效措施。要大力发展公共教育、医疗卫生、体育等各项社会事业；坚持实施扩大就业的发展战略，促进以创业带动就业；加快建立覆盖城乡居民的社会保障体系，健全社会救助体系，提高社会保险和社会救助水平；加快住房保障体系建设，大力发展公共租赁住房，缓解部分群众的居住困难。要加大投资力度，加快公共设施和公共服务项目建设，特别要重视现代科学技术在社会管理中的应用，加强社会管理信息化建设和社会信用体系工程建设。切实把更多财力、物力和人力用于城乡基层和欠发达地方，做到社会管理服务人员有保障、经费有保障、装备有保障、场地有保障。

四是，推进社会管理法治化。完善中国特色社会管理体系，必须认真贯彻依法治国方略，依法治理社会。要加强社会管理领域立法、执法工作，使各项社会管理工作有法可依、有法必依。特别要研究和制定社会组织发展规范、舆论引导和媒体管理、劳动关系协调、合理诉求表达和权益维护等方面法律法规。要加强社会主义法治教育，坚持依法行政、公正司法，真正依法协调社会关系、规范社会行为、查处违法犯罪活动，维护群众合法权益，维护社会和谐稳定。要在全社会树立依法办事、守法光荣的风尚，引导群众理性合法地表达利益诉求。

五是,提高社会管理科学化水平。完善中国特色社会管理体系,必须不断提高领导社会建设和社会管理的本领。要建立科学高效的领导机制和工作机制,加强社会管理和公共服务部门建设,增加社会工作专门人员。各级领导干部要学习社会管理理论和知识,学会科学分析社会形势和社会问题,提高社会管理能力。要大力培养造就宏大的社会工作人才队伍,提高社会工作人员职业素质和专业水平,推进社会工作职业化、专业化和科学化。各级各类教育机构要适应加强和创新社会管理的要求,增设社会管理相关课程,加强社会管理相关学科、教材、师资队伍建设,培养社会管理专门人才。要建立健全科学的社会管理工作考核评价指标体系,完善领导责任制、部门责任制、目标责任制和奖惩机制,把加强和创新社会管理的责任逐级落实到位。

六是,深化社会管理理论创新和政策研究。完善和发展中国特色社会管理体系,是建设和发展中国特色社会主义事业的重要组成部分,是一个关系国家发展全局和长远的重大课题,必须加强社会管理理论研究和政策研究。社会管理的理念、内容、形式会随着经济社会发展变化而不断调整,需要对社会管理领域进行全面研究、深入研究、跟踪研究。要加强对社会管理实践创新和现实问题的调查研究,及时对社会管理创新的实践经验进行科学总结和理论升华,服务理论创新,提出决策咨询;同时,要广泛研究国外社会管理的一切有益理念和做法,为加强和创新社会管理,完善和发展中国特色社会管理体系提供借鉴。

积极探索社会管理创新之路[*]

（2011 年 11 月 18 日）

加强和创新社会管理，对继续抓住和用好我国发展重要战略机遇期、推动党和国家事业发展、实现全面建设小康社会奋斗目标具有重大意义。国家行政学院组织编写的《社会管理创新案例选编》一书，日前由人民出版社出版。该书在广泛调研、充分论证的基础上，遴选出全国 100 多个社会管理创新的成功案例，并予以深入分析。社会管理创新实践的进展如何？还需要破解哪些难题？带着这些问题，记者走访了该书主编、国家行政学院常务副院长魏礼群。

记者：加强和创新社会管理的实质是什么，为什么当前如此突出强调这一问题？

魏礼群：加强和创新社会管理的实质，是要实现社会管理从以政府为单一主体、以单位管理为主要载体、以行政办法为主要手段、以管控为主要目的的传统模式，向政府行政管理与社会自我调节、居民自治管理良性互动，社区管理与单位管理有机结合，多种手段综合运用，管理与服务融合，有序与活力统一的多元治理、共建共享的新模式转变，构建起与发展社会主义市场经济、民主政治、先进文化以及构建和谐社会要求相适应的中国特色社会主义社会管理体系。其根本目的是维护社会秩

---

* 本文系作者接受《人民日报》记者的采访，全文发表于 2011 年 11 月 24 日《人民日报》。

序、促进社会和谐、保障人民安居乐业,为党和国家事业发展营造良好社会环境。

加强和创新社会管理,是以胡锦涛同志为总书记的党中央正确把握国内外形势新变化新特点,从党和国家事业发展全局出发确定的一项重大战略任务。当前,我国正处于发展的重要战略机遇期和社会矛盾凸显期,社会管理的任务极为繁重和艰巨。一是随着我国工业化、信息化、城镇化、市场化、国际化进程加快,一些在发达国家渐次出现的社会矛盾和社会问题在我国较短时期内同时显现出来;二是随着改革开放和社会主义市场经济的深入发展,我国社会结构发生全方位的深刻变化,社会流动性、开放性大为增强;三是随着社会经济快速发展、民主法治进程加快,人们思想意识、价值取向、道德观念多元多样多变,各种思想文化交流交融交锋趋于激烈;四是随着互联网等新兴媒体迅速发展,网络虚拟社会对现实社会的影响越来越大;五是随着我国人口总量继续增加,流动人口、老龄人口和特殊人群不断扩大,社会管理的难度增加;六是当今世界正处在大发展大变革大调整时期,随着国际经济、政治格局的深刻调整,各种传统安全和非传统安全威胁相互交织。所有这些表明,我国社会管理已经并将长期面临新课题、新挑战、新要求,原有的社会管理理念思路、体制机制、法律政策、方法手段等难以适应国内外形势发展变化,难以满足人民群众的期盼要求,必须把加强和创新社会管理摆在社会主义现代化建设更加重要的战略位置。

记者:《社会管理创新案例选编》一书的推出可谓正逢其时。这部书的内容来源于干部群众的实践创造,并且以基层案例居多,突出了社会管理的重心在基层这一重要特点。

魏礼群:立足我国社会管理创新的伟大实践,面向基层,的确是这本书最大的特色。社会问题、社会矛盾多发生在基层,也需要在基层处理。以此为遵循,这本书十分注重收录基层案例。书中所收录的案例有四个特点:一是典型性。都是典型的社会管理创新事件,其起因、发生、发展和处理过程的诸环节都具有典型意义。二是代表性。代表了相关领域社会管理的十几个不同类型和不同处理方式，以精选案例和较小篇幅对社会管理的思路、方法作了比较全面的分析和介绍。三是真实性。都取材于近年发生的真实事件。四是参考性。题材广泛、形式多样，既有事件介绍又有分析点评，富含哲理，引人深思。

我们在收集各种案例的基础上将内容相近的案例作了大体归类，划分出城乡社会治理模式、社会管理格局、人口管理、社会互助与社会关爱、群众利益协调机制等16个方面。这16个方面既比较系统地反映了中国特色社会主义社会管理体系的结构和内容，又不拘泥于既有的理论框架，为基于实践基础上的理论创新开放了空间。

记者：近年来，社会各界对社会管理问题给予高度重视，各地也加大了社会管理创新的力度。您如何评价我国社会管理的现状？加强和创新社会管理的难点是什么？

魏礼群：党和国家始终高度重视社会管理。特别是改革开放以来，我国逐步建立起了社会管理工作领导体系，构建了社会管理组织网络，制定了社会管理基本法律法规，初步形成了党委领导、政府负责、社会协同、公众参与的社会管理格局，社会管理与我国国情和社会主义制度总体上是适应的。

在搜集案例的过程中我们深刻地感受到，近年来，随着各级政府转变发展观念和社会各界重视程度的提高，我国社会管理水平有了一个较大幅度的提升。比如，各级政府高度重视解决农村土地征用、城市房屋拆迁、教育、医疗等涉及居民根本利益的问题；更加注重以人为本，建立信息公开平台，创新决策、管理机制，努力建立新型干群关系；注重发挥社会组织在社会管理中的作用，建立和完善各类利益协调组织；积极破解户籍制度难题，努力改善外来务工人员的居住管理；等等。但同时，我们也发现了一些亟待破解的社会管理问题。一是一些地方政府在思想观念上重经济建设、轻社会管理，在管理方式上重管制控制、轻协商协调，在管理环节上重事后应对、轻源头治理,在管理手段上重行政手段、轻法律手段,社会管理能力亟待提高。二是围绕建立和完善合理的利益格局以及利益关系而产生的一系列问题,包括适应社会主义市场经济发展要求的利益格局还没有完全建立起来;政府与市场、社会的关系有待进一步理顺;社会部门和社会组织的管理方式还需完善;公共服务体系和社会保障制度尚不健全;适应虚拟社会迅猛发展的政府管理、行业自律、个人行为规范还没有完全建立起来。三是公民参与社会管理的渠道不畅,他们的巨大潜力没有调动起来。四是还存在一些影响社会和谐稳定的突出问题。

记者:进一步加强和创新社会管理应从哪些方面着力?

魏礼群:加强和创新社会管理,是社会管理领域的一场深刻变革,必须从我国实际出发,充分发挥社会主义制度的优越性和政治优势,充分发挥优秀传统文化的作用,借鉴国外社会管理有益成果,紧紧依靠人民群众开创新形势下社会管理新局面,走出符合我国国情的社会管理创新之路。一是以加强和完善党委领导、政府负责、社会协同、公众参与的社会管理格局为抓手,最大限度激发社会活力,努力形成社会管理人人参与、和谐社会人人共享的良好局面。二是以解决影响社会和谐稳定的突出问题为突破口,通过协调社会关系、规范社会行为、化解社会矛盾和深入细致的群众工作,维护人民群众权益,促进社会公平正义,保持社会良好秩序,有效应对社会风险。三是以加强社会管理制度建设为重点,积极推进社会管理理念、体制、机制、制度、方法创新。

加强和创新社会管理,必须推动相关理论创新,加强对一系列重大问题的研究。比如,如何畅通群众利益诉求表达渠道,完善党和政府主导的维护群众权益机制;如何加强流动人口和特殊人群服务管理,加强非公有制经济组织、社会组织服务管理;如何夯实基层基础,使绝大多数矛盾和问题能够及时发现在基层、解决在基层;如何建立健全信息网络管理体系,实现信息网络健康有序安全发展;如何建立健全社会诚信制度,营造诚实守信的社会环境;如何加快推进以保障和改善民生为重点的社会建设,从源头上、根本上改进社会管理;等等。这些问题在一些地方的实践中已经破了题,并取得了较好成效。今后,需要继续总结和完善,努力形成适合推广的经验和模式,带动全国社会管理水平的全面提升。

不断深化对社会管理规律的认识*

（2011 年 12 月 9 日）

今天，我们在这里召开"加强和创新社会管理研究"重大课题成果交流会议。2011 年 9 月，国务委员兼国务院秘书长马凯同志提出这一重大研究课题，由国家行政学院、民政部、北京市、河北省有关领导同志担任课题负责人，有关科研机构、高等院校、中央部门、地方政府联合开展科研攻关，对加强和创新社会管理的理论和实践进行研究，不断深化我国社会管理规律的认识，为提高我国社会管理科学化水平提供智力支持，具有重要的现实意义和深远意义。这次会议的主要任务是，共同总结一年来的研究工作情况，相互交流研究成果，商议进一步深化这一重大课题研究思路，力求取得更多更好的成果。

下面，我先讲讲一年来课题研究的进展情况和下一步的初步考虑，供大家讨论参考。

＊ 本文系作者在"加强和创新社会管理研究"重大课题成果交流会上的讲话。

一、充分估计一年来课题研究的重要进展，前阶段已取得一大批多种形式的重要成果，产生了广泛的、积极的社会影响。

2010 年 11 月 2 日，启动了《加强和创新社会管理》这一重大课题研究。一年多来，课题组全体成员、各个分课题组、专题课题组收集和整理资料，深入进行理论研究，总结实践创新经验，进行重要理论探索，形成了一系列多种形式的研究成果，实现了预定的工作目标，有些方面比预计的成效还要好。

（一）所有分课题组和地方专题组都完成了所承担的课题任务。我们课题组全体成员紧紧围绕党和国家工作大局，以中国特色社会主义理论体系为指导，深入开展课题研究，截至 2011 年 11 月，19 个分课题组以及 9 个地方专题研究课题组，都完成了各自所承担的研究工作，提交了研究报告。这些报告，或者侧重社会管理某一方面的理论创新研究，或者侧重特定地区的社会管理实践经验总结。许多报告主题重要、内容丰富，很有分量，提出了创新性的理论观点，总结了社会管理实践的创新做法，具有重要的理论和实用价值。

（二）不少研究成果已转化为决策咨询服务，为中央和地方党政决策发挥了重要参考作用。据不完全统计，共形成 30 多篇咨询报告，其中，通过国家行政学院《送阅件》和白头件报送中央领导的 20 多篇，有些课题组还利用其他渠道报送了 10 多篇内部研究报告。一些重要决策咨询成果受到中央领导、地方领导的高度重视，一些省市领导作出了重要批示。2011 年春节期间，课题组办公室以及民政部、中央编译局、中国社会科学院、中国人民大学等课题组成员还参与了中央举办的省部级主要领导"社会管理及其创新专题研讨班"有关资料的收集整理工作，直接为中央作出决策提供智力服务。

（三）研究成果产生了广泛而积极的社会影响。有些课题研究成果公开出版或者发表。由魏礼群担任主编，何家成、窦玉沛、梁伟、赵勇担任副主编的《社会管理创新案例选编》（上、中、下），魏礼群为主编、何家成为副主编的《加强和创新社会管理讲座》，以及《新形势下加强和创新社会管理研究》等著作已经分别由人民出版社、学习出版社、国家行政学院出版社出版发行。《人民日报》对前两本书作了报道和推介。多位国家领导人、许多中央部门和省市区主要负责人通过写信、打电话等形式对研究成果给予好评。据不完全统计，各分课题、专题研究课题已公开发表论文、研究报告100多篇。部分地方专题研究课题组还认真总结本地区社会管理的典型经验，形成了许多社会管理案例。这些成果对于推动社会管理研究和指导社会管理实践发挥了积极的作用。

另外，多位课题组成员还就加强和创新社会管理接受《人民日报》、新华社、中央电视台、人民网、新华网等中央主流媒体采访。一些同志受邀到中央和国家机关、省市区为各级党政领导干部授课，产生了良好的社会影响。

二、深入研究社会管理的基本理论问题和
重要实践创新经验，形成了一系列重要
观点，深化了对社会管理规律的认识

（一）深化了对加强和创新社会管理内涵的认识。目前，对于何谓社会管理存在着一些不同的观点，应当允许进行各种观点的理论研究和学术探讨。我们课题组通过研究认为，现在研究的社会管理，是中国特色社会主义事业总体布局中关于社会建设的重要的有机组成部分。在当代中国，社会管理既要加强，也要创新。加强和创新社会管理，是指党委和政

府以及其他社会主体运用法律、法规、制度、政策、道德、价值观等社会规范体系,直接或间接地对社会领域各方面、各环节进行服务、协调、组织、监控的过程和活动。通过加强和创新社会管理,增强社会活力、维系社会秩序、规范社会行为、协调社会关系、维护社会治安、促进社会认同、推进社会和谐;化解社会矛盾、解决社会问题、应对社会风险、减少社会摩擦、控制社会冲突、弭合社会分歧,为构建和谐社会、促进社会健康发展创造既有秩序又有活力的良好运行条件和社会环境。加强和创新社会管理,首先是对社会管理理念和内容的创新,同时是社会管理体制机制和手段方法的创新。这样理解社会管理的内涵、外延,以及社会管理的主体、客体、手段、目标、任务、作用等问题,揭示了社会管理中主体与客体、社会管理与社会建设、社会管理与社会服务等之间的关系,既符合中央关于新形势下加强和创新社会管理的决策部署,也反映了社会管理规律的内在要求。

(二)深化了对加强和创新社会管理实质的认识。当前,对加强和创新社会管理有一些不同的理解和认识。有的人认为,加强和创新社会管理就是强化社会控制,把流动人口管住,把各类市场主体管住,甚至搬用计划经济时期政府对社会各方面实行严密监管的做法;也有的人认为,加强和创新社会管理就是对社会危机管理和社会问题管理;还有的人认为,加强和创新社会管理,就是更加注重行政管控。这些都是片面的。课题组研究认为,加强和创新社会管理的实质,是要着眼于发展中国特色社会主义事业,通过深化改革,实现从以政府管理为单一主体、以单位管理为主要载体、以行政办法为主要手段、以管控为主要目的的传统模式,向在党的领导下,政府行政管理与社会组织自我管理、基层群众自治管理有机衔接、良性互动,社区管理与单位管理有机结合,多种手段综合运用,管理与服务融合,有序与活力相统一的多元治理、共建共享的新模式转变,提高社会管理科学化水平,最大限度激发社会活力、最大限度增加和谐因素、最大限度减少不和谐因素,维护人民群众权益、促进社会公平正义,保持社会良好秩序,有效应对社会风险。应当说,加强和创新社会管理,不单是强化控制,还要激发活力;不单是约束,还要激励;不单是管理,还要服务;不单是应急治乱,还是常态治理;不单是"堵",还要"疏";不单是强化政府责任,还要重视社会各方面作用。总之,要形成与中国特色社会主义道路和中国特色社会主义制度相适应的社会管理体系、体制、机制、制度、方式、方法,实现社会管理的科学化、规范化、制度化、法治化,不断促进社会建设和社会进步。

(三)深化了对加强和创新社会管理原则的认识。加强和创新社会管理,是中国特色社会主义社会管理自我完善和发展过程,必须坚持正确方向,一切从实际出发,创造性地开展工作。加强和创新社会管理应当遵循如下基本原则。一是坚持党委领导、政府负责、多方参与。要发挥好党委领导核心作用,强化政府社会管理和公共服务职能,同时又要引导、动员社会各方面有效参与社会管理,形成合力。二是坚持统筹兼顾、源头治理。科学发展是解决社会管理领域存在问题的基础,要按照统筹经济社会发展的总要求,从源头上、根本上、基础上解决社会问题,减少社会矛盾。三是坚持以人为本、服务为先。社会管理说到底是对人的管理和服务,要把群众满意作为加强和创新社会管理的出发点和落脚点,着力解决好群众最关心、最直接、最现实的利益问题。四是坚持依法管理、综合施策。要从立法、执法、监督、规范各个环节,提高社会管理的法治化水平。要综合运用好法律法规、经济调节、行政管理、道德约束、心理疏导、舆论引导等各类手段,多用人性化、柔性化的方式来促进社会矛盾化解。五是坚持科学管理、提高效能。要通过科学配置管理资源、充分利用现代科技手段、加强社会管理绩效考评等方式,不断提高社会管理的针对性、实效性。六是立足国情、改革创新。要及时总结我国社会管理的成功经验,积极研究借鉴国外社会管理有益成果,做到在继承中创新、在借鉴中创新、在实践中创新,积极稳妥地推进社会管理理念、制度、体制、机制、手段、方法创新,努力使社会管理体现时代性、把握规律性、富于创造性。

（四）深化了对加强和创新社会管理内在要求的认识。追求善治是当今世界政府创新的历史潮流。这就要求社会管理必须处理好四个关系：一是社会管理目标上，要处理维护社会秩序与激发社会活力的关系。做到既保证社会的安定有序、规范运行、调控有力，又有利于激发全社会的创造活力，降低社会运行成本，提高社会运行效率，从而在有序的基础上达到最大限度激发社会活力、最大限度增加和谐因素、最大限度减少不和谐因素的目的。二是社会管理主体上，要处理好党政主导和社会多元参与的关系。既要发挥好党和政府在社会管理中的方向引领、公共服务、资源配置、社会组织和动员的主导作用，又要充分利用我们的群众工作和政治工作优势，调动群众参与社会管理和服务的积极性、主动性、创造性，充分发挥群团组织、企事业单位、城乡基层组织、"两新组织"和公民个人在社会管理中的协同、自治、自律、他律、互律作用。三是社会秩序的形成上，要处理好"自上而下"的社会管理与"自下而上"的基层社会自治的关系。要处理好国家与社会的关系，国家的社会管理要走法治化道路，要明确责任政府、有限政府的概念，约束、规范和监督公共权力，发挥城乡基层社区、社会组织等自我管理、自我服务、自我约束、自我发展的作用。四是社会管理的方法上，要处理好刚性管理和柔性管理的关系。在新的历史时期，社会管理要从单纯追求管控社会，变为推动社会进步、建设良好的社会。为此，社会管理的手段必须创新。要用人民群众更愿意接受的方式、更愿意参与的方式进行社会管理。特别注重依法管理、科学管理、人性化管理。

（五）深化了对发展和完善中国特色社会管理体系的认识。加强和创新社会管理，最重要的就是不断发展和完善中国特色社会管理体系，使社会管理与发展社会主义市场经济、民主政治、社会主义先进文化以及与建设社会主义和谐社会的要求相适应。发展和完善中国特色社会管理体系是一个系统工程，既要总体推进又要重点突破。当前和今后一个时期需要着力做好以下七个方面：一是进一步完善社会管理工作格局体系。

就是"党委领导、政府负责、社会协同、公众参与"四位一体的工作格局。党委领导是根本,政府负责是关键,社会协同是依托,公众参与是基础。四位一体,有机联系,不可分割。二是进一步完善社会管理制度体系。要推进社会管理制度化,建立社会保护体系,健全保障就业权等公民基本权利的制度、加快人口管理制度改革、建立覆盖全国人口的国家人口基础信息库等。三是进一步完善维护群众权益的体系。探索群众利益协调机制、群众权益保障机制、劳动关系协调机制、社会矛盾调处机制、社会稳定风险评估机制。四是进一步完善公共服务体系。逐步完善基本公共服务体系,积极促进城乡基本公共服务均等化,特别是进一步加强农村基本公共服务体系建设。五是进一步完善社会规范体系。在加强社会法律体系建设的同时,推进行业规范、社会组织规章、村规民约等建设。大力推进政务诚信、司法公信建设。六是进一步完善公共安全体系。建立健全突发事件应急体系,加强全民风险防范能力和应急处置能力建设,完善相关机制提高对自然灾害等突发公共事件的风险管理水平。加强食品药品安全监管机制、安全生产监督制度机制、安全管理和监管。七是进一步完善虚拟社会管理体系。坚持建设与管理并重、发展与管理同步,加快形成法律规范,行政监管、行业自律、技术保障、公众监管、社会教育相结合的信息网络管理体系。另外,要从树立科学发展理念、全面深化体制改革、增加社会建设投入、推进社会管理法制化、提高社会管理的科学化、深化管理理论创新和政策研究六个方面加强实际工作,不断完善和发展中国特色社会管理体系,不断提高社会管理的科学化水平,使中国社会既充满活力又有序运行。

此外,有些课题成果还对社会体制改革、加强法治在社会管理中的作用、培养社会管理和社会工作人才、规范和发挥社会组织作用、建立社会管理评价机制、借鉴我国历史上和国外社会管理经验等重大问题进行了较为深入系统的研究,形成了许多很有价值的观点。

三、进一步深化"加强和创新社会管理"重大课题的研究

新形势下加强和创新社会管理有许多理论和实际问题还需要深入研究,是阶段性的、初步的,有些开了头,有些还没有破题。例如:

(一)如何进一步统筹城市和农村的社会管理。根据第六次全国人口普查数据,2010年我国的城市化率已经达到49.68%,今年全国城市化率要跨过50%关口。这将意味着我国城乡结构、人口结构和社会结构已经并将发生重大而深刻的变化,也意味着我国城乡社会管理体制机制需要进行多方面相应的调整。根据国际城市化的发展规律和当前我国城市化的发展趋势,我国的城市化仍然在加速发展过程之中。中国社会正在由一个传统的农村、农民社会,转变成为现代化的城乡一体化社会。在城市化过程中,城市社会问题日益突出,许多农村社会问题有待破解,一些偏远地区农村的衰败,出现了村庄"空心化"、"留守儿童"、"留守老人"等现象。城市和农村的社会问题是有机联系在一起的。仅就城市社会管理而言,我国目前的城市社会管理体制、资源配置、社会事业发展模式等,基本都形成于计划经济时期,管理的科学化、精细化、人性化程度与城市发展的要求还有很大的差距,农民工进城落户、城市人口老龄化、特殊人群管理、城乡社区治理、城乡结合部管理等方面存在很多困难和问题。

(二)如何进一步协调政府对社会的管理和社会自我管理。经过多年改革,我国行政体制改革取得了重要进展,政府职能不断转变,社会管理和公共服务职能不断得到加强。尽管如此,政府仍然承担了许多不该管、管不了、也管不好的事务。在社会管理过程中,我们要做到党政主导,以确保社会管理的正确方向和稳定性。同时,我国社会领域的改革,也离

不开政府的强力推动。如何科学界定政府社会管理的职能和边界,解决好政府社会管理服务中的错位、越位和缺位的问题,是我们在加强和创新社会管理过程中必须着力解决好的一个问题。另一方面,社会管理和服务必须发挥公众和社会各方面的协同作用,争取形成党政机关、各类群团组织、企事业单位、社会组织、城乡社区、公民个人等心往一处想、劲儿往一起使的整体合力,特别是在新时期要通过推动城乡社区自治、培养各类社会组织、促进公民自律等来促进社会基层结构的稳固和平衡。科学推动社会自我管理和服务,是我们在加强和创新社会管理过程中必须着力研究解决好的又一个难题。更加重要的是,政府社会管理和社会自我管理相辅相成,如何统筹好这两者之间的关系,避免权力失衡、制度失效和社会失序,是新时期加强和创新社会管理的重大任务。

(三)如何统筹社会建设与社会管理。党的十六届四中全会提出"社会建设"这一重要概念。党的十六届六中全会通过的《中共中央关于构建社会主义和谐社会若干重大问题的决定》明确提出了到2020年构建社会主义和谐社会的主要目标和任务。党的十七大报告将社会建设单列一节,与经济建设、政治建设、文化建设并列为"四位一体"的社会主义建设格局中重要内容。《中华人民共和国国民经济和社会发展第十二个五年规划》中也将社会建设提高到更加重要的地位。近年来,全国政法系统深入开展了化解社会矛盾、创新社会管理和公正廉洁执法为主要内容的三项重点工作。马凯同志在2010年国家行政学院秋季开学典礼上做了"加强和创新社会管理"的主题报告。2011年2月,中央召开了省部级主要领导干部社会管理及其创新研讨班,胡锦涛同志、习近平同志、周永康同志做了重要讲话。5月份中共中央政治局专题研讨社会管理问题,7月下发了中共中央、国务院《关于加强和创新社会管理的意见》。9月,中央决定将中央社会治安综合治理委员会更名为中央社会管理综合治理委员会,调整职责任务和成员单位,充实工作力量,赋予其协调、指导加强和创新社会管理工作的重要职能。可见,社会建设和社会管理都是目前党和国家的重点工作任务。从一定程度上说,社会建设搞好了,社会领域的突出矛盾和问题就会相应减少;而搞好社会管理维护社会秩序和激发活力,又为社会建设创造良好的社会环境和条件。在实践中如何统筹协调好两者间的关系,如何做到财力、物力、人力的合理配置,协调推进社会建设与社会管理,需要理论工作者和实践工作者不断深化理论研究,总结实践经验,提供政策建议。

(四)如何统筹虚拟社会管理与现实社会管理。现代信息技术尤其是互联网的快速发展,使得人类社会进入了信息时代。这极大地方便了人民群众的生产生活,人们获取各种信息和相互沟通交流的便捷性大大提升。但是,网络所造就的虚拟社会也带来了社会管理难题。网络上不健康思想和情绪化表达泛滥,人为炒作事件突出,黄赌毒现象严重,虚拟社会对现实社会正在产生越来越大的影响。特别是现实社会中的一些偶发事件、个体性事件,在与虚拟社会结合后,产生难以预料的放大效应,引发了诸多不良社会反响。2011年英国伦敦爆发的骚乱、美国发生的"占领华尔街"运动,以及西亚北非事件等体现出现实社会与虚拟社会互动的特点,表明社会组织方式、社会动员方式在新的历史时期和信息社会条件下都在发生着深刻的变化。面对新技术革命特别是信息网络化带来的挑战,需要研究虚拟社会的规律和特点,研究虚拟社会和现实社会相互影响,研究如何加强和改进对网络和虚拟社会的管理,实现虚拟社会良性发展,推进虚拟社会与现实社会的良性互动。

以上是我简单列举社会管理领域需要重点关注和研究的问题。除此之外,社会管理领域中还有很多重大理论和现实问题迫切需要进行深入细致的研究。

四、进一步做好组织协调,加强合作交流,
不断把社会管理研究引向深入

围绕这个重大研究课题,共计组织了 28 个分课题,参加研究者 100 多人。课题组中既有中央部门的同志,也有地方的同志;有领导干部,也有专家学者;有理论研究者,也有实际工作者;既有从事社会学和政治学的专家学者,也有从事行政学、领导学、应急管理学方面的专家学者等,大家在研究中进行思想碰撞,不同部门、高校、科研机构和地方的人员在一起交流思想、取长补短、共同提高,做到理论和实际相结合。在一年多的合作研究中,各个分课题和地方专题研究课题积极配合和支持课题研究工作,按照课题总体设计和要求有序推进研究进度,及时报送研究成果。课题办公室认真做好联系沟通、组织协调、情况反映、成果整理报送、经费管理等方面的工作。正是因为大家认真负责,精诚合作,才取得了丰硕的研究成果。应该说,这次课题研究是一次多学科、多部门、多机构、多地区、多层次、参与人数众多的成功合作。

这次会议只是标志着我们完成了阶段性的研究任务,我希望我们这个研究队伍能够继续加强合作,不断深化对"加强和创新社会管理"这个重大课题的研究。

(一)围绕社会管理重大理论和现实问题,进一步做好课题研究规划和组织工作。社会管理领域研究任务重,有大量需要加以深化研究的重要课题。各地出现的新做法、新经验有待于认真总结提升;社会管理创新的顶层设计、体制机制、法律政策、方法措施等方面仍有不少研究的薄弱环节。希望大家借这次会议之机交流前一段的研究成果和工作体会,并就下一步的合作课题和合作方式进行讨论,畅所欲言,开阔思路,共同谋划,集思广益。课题组办公室要根据本次课题完成情况,结合这次会议大

家的意见和建议,提出下一阶段社会管理重大课题研究规划和方案,精选研究题目,协调研究力量,优化资源配置,创新研究方法,改进组织管理和服务方式,更好提高课题研究水平。

(二)围绕多出成果、多出人才,加强统筹协调和对外研究交流工作。任何研究领域的蓬勃发展,都要通过人才和成果两种方式表现出来。社会管理研究要有大发展,就必须及时发现人才、凝聚人才、造就人才、用好人才。要培养和吸引各方面优秀人才加入社会管理研究,支持具有发展潜力的中青年优秀人才和高水平创新团队,包括有计划地吸收在校硕士生、博士生、博士后参与研究,努力打造一支结构合理、勇于创新的社会管理研究队伍。要推动跨学科交叉融合和思想碰撞。要以事业凝聚人才、以实践造就人才、以机制激励人才,从而争取多出快出高水平的研究成果。

为避免重复研究和力量分散,同时充分发挥各单位的研究专长,通过统筹协调,实行研究方向和研究专题的适当分工是必要的。我们这次重大课题的成功就说明了这一点。下一阶段,仍将通过课题合作、课题招标、建立研究基地、提供成果报送通道等方式,调动各方面重视和支持社会管理研究的积极性。同时,通过课题组织、成果出版、研究交流、合办论坛等方式,做好社会管理课题研究的协调服务工作。

加强国际交流合作是提高研究水平的重要措施。研究国际社会治理理念、社会政策、公共服务、非营利组织管理等,对于提高我国的社会管理水平,具有借鉴价值。要广泛吸收境外相关专家和学者参与研究交流,采取措施构建有效的交流合作平台。

(三)国家行政学院近年来十分重视社会管理方面的教学、研究工作。《行政学院工作条例》和《国务院关于加强和改进新形势下国家行政学院工作的若干意见》都将社会管理学列为重点学科。行政学院系统要继续将社会管理方面的教学培训、科学研究、决策咨询等工作放在突出地位。在这次重大课题研究中,国家行政学院作为牵头单位,投入了相当大的力量,从组织协调、文献服务、成果编辑、修改、汇集、报送等方面,支持和参与这个重大课题研究,同时也使学院职能得到更好的发挥,学科建设得到加强,也锻炼了队伍。今后,我们要更好地加强和改进工作,为大家提供支持条件和工作服务。

社会管理领域是一个大有可为的研究领域。前阶段的研究工作和形成的成果,为我们进一步深化社会管理研究奠定了比较好的基础。今后的研究任务仍然十分繁重和艰巨。在过去的一年里,民政部、北京市、河北省、广州市等部门和地方为本课题的开展,提供了大力支持和帮助。各课题组主持单位和参加人员做了大量细致的工作。国家行政学院社会和文化教研部、决策咨询部、出版社等单位和课题组办公室人员高度重视、认真负责,不辞辛劳,加班加点,为课题的顺利完成作出了积极贡献。在下一步深入研究工作中,还需要各方面通力合作,密切配合,共同努力把这个重大课题研究工作做好,争取产生更多的有重要价值的研究成果。

改革社会体制　推进科学发展[*]

（2012 年 5 月 27 日）

在这桃李芬芳、百花争艳的美好时节，第二届中国社会管理论坛今天在这里成功举办。首先，请允许我本人并代表中国社会管理研究院，对各位前来参加论坛，表示热烈欢迎和衷心感谢！

本次论坛以"深化社会体制改革与推进科学发展"为主题，对社会体制与科学发展的理论与实践问题进行深入研讨，提出思路和对策，具有十分重要的现实和深远意义。这不仅是我国现阶段经济社会发展的迫切需要，也是中国特色社会主义事业长远发展的战略要求。我相信，经过与会人员的共同努力，论坛一定会取得丰硕成果。

这里，我主要围绕这次论坛的主题，讲一些个人的看法，与大家一起研讨交流。

在当代中国，发展是党执政兴国的第一要务，而发展必须是科学发展。科学发展的基本要求，就是更加注重社会建设，促进经济社会全面协调可持续发展，这是全面建设小康社会的重大任务。

加强社会建设包括更加注重改善和保障民生，也包括更加注重社会管理。社会管理是作为主导力量的党委和政府以及其他社会主体，运用法律、法规、制度、政策、道德、价值等社会规范体系，直接或间接地对社会

---

* 本文系作者在第二届中国社会管理论坛上的主旨演讲。

不同领域和各个环节进行服务、协调、组织、监管、控制的过程和活动;其基本任务是:协调社会关系,规范社会行为,解决社会问题,化解社会矛盾,促进社会公正,应对社会风险,维护社会稳定,激发社会活力,增强社会凝聚力,为构建和谐社会、促进科学发展营造既充满活力又富有凝聚力和井然有序的社会环境。

从我国现实的情况看,加强社会建设和社会管理,需要加快社会体制改革,创新社会管理。一般说来,社会体制是一种社会治理的方式和制度安排,也是一种社会行为的规范,决定着人的社会关系、行为准则和社会运行。我们现在讲的社会体制改革,有着特定的内涵和范围,就是构建适应中国特色社会主义发展要求的,与社会主义经济体制、政治体制、文化体制相一致的社会体制。我国现行的社会体制总体上是符合社会主义发展方向的,近些年来也进行了许多改革探索,但仍存在着不少缺陷和问题,主要是:社会管理的理念、组织、形式、手段、方法不适应社会经济迅猛发展,特别是社会结构、利益结构多层次、多元化和互联网新兴媒体异军突起出现的新情况、新挑战、新要求;政府、社会、企业、中介机构的社会管理职能不清、关系不顺;社会管理的体系、制度、机制不健全,难以有效发挥应有作用。解决这些问题必须进行社会体制改革。唯有如此,才能全面推进社会建设和加强社会管理,提高现代社会管理的科学化水平,实现全面建设小康社会的目标,加快中国社会主义现代化进程。

党中央高度重视社会体制改革问题。2006 年,党的十六届六中全会提出,要"坚持社会主义市场经济的改革方向,适应社会发展要求,推进经济体制、政治体制、文化体制、社会体制改革和创新。"在我们党的历史文献中,首次提出社会体制改革这个重大命题。2007 年,党的十七大强调,"更加注重社会建设","推进社会体制改革"。2010 年,党的十七届五中全会进一步提出:"必须以更大决心和勇气全面推进各领域改革,大力推进经济体制改革,积极稳妥推进政治体制改革,加快推进文化体制、社会体制改革,使上层建筑更加适应经济基础发展变化,为科学发展提供有力保障。"近年来,党中央把加快社会体制改革、加强和创新社会管理放在更加突出的战略位置,作出了一系列重要决策和部署,这是我们党对人类社会发展规律、社会主义建设规律、共产党执政规律认识的新升华,也是顺应人民群众在全面建设小康社会的新形势下对党和政府的新期待。

深化社会体制改革是一个庞大复杂的社会系统工程。必须坚持从中国国情出发,以科学理论为指导,解放思想、与时俱进,整体设计、统筹规划,因地制宜、分类施策,积极探索具有中国特色、地方特点、时代特征的社会管理体制新模式。

从理论和现实情况看,深化社会体制改革需要正确认识和处理以下一些重要关系:

一是政府和社会的关系,即政府行政管理与多元社会治理的关系。长期以来,我国政府职能和社会自治不分,政府职能缺位、错位、越位现象突出,该由政府发挥社会管理主导作用的方面,政府职能不到位,而有些该由社会多元主体自行调节和治理的方面,政府却管了不少不该管也管不好的社会事务。应实行政社分开、权责统一,明确划分政府社会管理和由社会多元治理的范围和权限,正确发挥政府在社会管理中的主导作用,并创新政府社会管理方式,规范和监督公共权力的运用;同时,要充分发挥社区、企事业、基层单位、社会组织等多元社会主体在社会治理中的重要作用。

二是条条和块块关系,即中央(部门、行业)与地方的关系。条块分割、各自为战,特别是基层各类社会服务管理资源分散,形成不少服务"盲点"、管理"真空",这是我国当前社会体制中的一大弊端。我们是社会主义国家,幅员辽阔,人口众多,社会治理的基本制度框架,必须由中央统一决策,需要中央有关部门(行业)加以指导,以建立全国统一的、科学的社会体制;同时,又必须由地方因地制宜采取符合当地实际情况的社会管理制度,以建立灵活的、有效的社会体制。应充分发挥中央和地方两个积极性,在中央统一领导下发挥各级地方的积极性。中央主要负责制定社会管理的基本规范、大政方针,各级地方负责各自范围的社会管理事务和提供公共服务。同时,正确处理社会管理中宏观调控与微观组织的关系,坚持基层在先、重在基层,通过社区、基层统筹条与块的各类服务管理资源,把中央和地方各级社会管理措施落实到社区、基层单位。

三是民生和民主的关系,即改善人民生活与发展民主政治的关系。保障民生和发扬民主都是人民群众切身权益之所在,也都是做好社会管理工作的根本要求。要坚持以人为本,把保障民生和发扬民主紧密结合起来,坚持把改善和保障民生放在首位,积极解决人民群众最关心最直接最现实的利益问题。同时,要充分尊重人民群众的主体地位。人民当家作主是社会主义民主政治的本质,也是中国特色社会主义社会体制的核心。要健全民主制度,丰富民主形式,拓宽民主渠道。让群众参与民生问题的讨论,既是发扬民主、集中民智、汇聚民力的过程,也是保证解决民生问题的政策措施得到群众理解和支持的途径。

四是德治和法治的关系,即思想道德教育与法治建设保障的关系。"礼法融合"一直是我国历史上社会管理的重要经验,现代社会管理更需要把德治与法治结合起来。既要重视发挥思想道德的教化作用,更要注重法治的保障作用;既要注重行为管理,更要注重人文关怀和心理疏导。要坚定不移地推进依法治国和以德治国相结合,健全法制,把社会行为纳入法治化轨道;同时,弘扬中华民族传统美德,推行社会主义先进文化和社会主义核心价值观,提升全民族现代文明程度。

五是社会体制和其他体制的关系,即深化社会体制改革与推进其他体制改革的关系。社会体制是整个中国特色社会主义制度的重要组成部分,社会体制改革是整个体制改革的重要内容,必须与其他方面体制改革相协调。要统筹经济体制、政治体制、文化体制、社会体制各方面改革创新。既要加快社会体制改革,争取在重点领域和关键环节不断取得新突破,又要从更高层次和更宽领域协调推进经济体制、政治体制、文化体制和社会体制改革。要把握好各方面体制改革相互联系、相互促进的规律，审时度势，科学决策，全面推进。

从根本上说，深化社会体制改革就是要构建完善的中国特色社会主义社会管理体系和社会运行机制，包括形成科学合理的社会管理权力结构和机制、社会管理组织结构和机制、社会管理功能结构和机制、社会管理动力结构和机制、社会管理保障结构和机制。进一步说，就是社会管理要实现从过去以政府为单一主体、以单位管理为主要载体、以行政管理为主要手段、以管控为主要目的的传统模式，向在党的领导下，政府行政管理与社会自我管理、基层居民自治管理良性互动方面发展，社区管理与单位管理有机结合，经济、法律、行政、教育手段综合运用，服务与管理相融合，有序与活力相统一的多元主体共同治理、全体人民共建共享的新模式转变。

当前和今后一个时期，深化社会体制改革应当把解决面临的突出问题同实现长远目标结合起来，按照最大限度激发社会活力、最大限度增加和谐因素、最大限度减少不和谐因素的总体要求，着眼于维护社会秩序、激发社会活力、推进科学发展、建设和谐社会，着力抓好以下几个方面。

（一）强化政府社会管理职能。社会管理是政府的重要职能。创新社会管理体制，必须发挥政府的主导作用。要加快政府职能转变，更加注重履行社会管理职能。政府社会管理主要是制定法规政策，规范制度标准，增加公共财政投入，加强社会行为监管。尽可能把一些社会公共服务和具体事务，以适当方式转交给社区、社会组织和中介机构。这样，既可以使政府更好履行应尽职能，又可以降低服务成本，提高服务效率。要推进公共服务供给多元化、多样化，探索政府行政管理与企事业单位、各类社会组织和城乡基层群众自治在社会运行中有效衔接与良性互动的体制。政府购买公共服务、公共服务外包，是现代社会管理的一种重要形式，应积极推行。大力构建政府提供社会管理和公共服务的综合性平台，整合各类社会服务管理资源。要加快行政体制改革，建立职能相对集中、权责密切结合、组织协调有力的综合性社会管理机构,以利于提高政府社会管理的效能和水平。

(二)扩大公民参与和社会协同功能。这是深化社会体制改革的重要方向。公民参与是中国特色社会主义社会体制的基础。城乡基层群众自治制度是我国一项基本政治制度。深化社会体制改革,必须顺应经济社会发展要求和人民群众政治参与的新期盼,保障人民群众充分享有宪法规定的各项民主权利。要健全基层民主制度,保障人民依法直接行使民主权利、管理基层公共事务和公益事业,实行自我管理、自我服务、自我教育、自我监督。要推进城乡社区自治,有序扩大基层群众自治范围,规范政府组织与基层群众自治的关系,增强基层社会自治功能。要积极探索农村再组织化的形式和途径,形成既有活力又有秩序的组织体系。同时,充分发挥企事业单位和各类社会组织应有的作用,支持企事业单位和社会组织参与社会服务与管理、承接政府转移的社会管理事务。加快事业单位改革和社会组织体制改革,完善治理结构,健全现代社会组织制度。要推动城市社区和农村社会管理服务由条块分割的单位体制向属地化、社会化的体制转变,健全覆盖全社会的社会治理和公共服务体系。要积极推进城乡社会管理体制改革,减少基层行政管理环节,提升基层组织的社会管理和服务能力,充分发挥基层社会治理的功能作用。

(三)拓展群众权益保障机制。保障群众权益是加强和创新社会管理的根本着眼点,也是深化社会体制改革的重要关键。要进一步加强和完善党和政府主导的维护群众权益机制,切实维护和保障群众利益。适应我国社会结构和利益格局的发展变化,形成科学有效的利益协调机制、诉求表达机制、矛盾调处机制、权益保障机制。特别是要适应新形势下群众诉求多样性、多变性的特点和规律,创新方式方法,拓宽诉求表达渠道,搭建多种形式的沟通平台,健全公共政策社会公示制度、公众听证制度。健全社会矛盾调处机制和多元调解体系,充分发挥人民调解、行政调解、司法调解联动的大调解工作体系的作用。强化从源头解决社会矛盾纠纷,把预防社会稳定风险的关口前移。

(四)健全各类人群服务管理体制。坚持以人为本,突出人文关怀,在服务中实施管理,在管理中体现服务,努力实现各类人群服务管理全覆盖。加强"两新组织"人员和"社会人"的服务管理,是市场经济条件下社会管理中难度很大的问题,必须转变传统思维模式,积极探索新的管理体制和机制。要不断提高各类人群服务管理信息化、精细化、科学化水平。建立覆盖城乡的全员人口统筹管理的信息系统,推进国家人口基础信息库建设,加强流动人口动态监测工作。全面推行居住证制度,行政区域内流动人口实行"一证(卡)通",积极稳妥推进户籍管理制度改革,建立城乡统一的户口登记管理制度,实现基本公共服务覆盖户籍人口和常住人口。采取积极、稳妥的措施,使农民工有序、和谐地融入城市和城镇。加强和创新特殊人群的教育、引导、服务和管理工作,根据不同类型人群特点分类施策。

(五)加快社会规范建设。规范社会主体行为,建设现代社会文明,是社会体制改革创新的基础性工作。至关重要的,一是法制,二是诚信。要建立健全社会管理的法制保障体系,加强社会管理领域立法,加快形成完善的社会管理法律法规体系。充分发挥社会法制规范在调整关系、约束行为、保障权益、创新社会管理等方面的作用。强化公正执法和严肃执法。要建立健全社会诚信制度,制定社会诚信规范,加强社会公德建设。大力推进政务诚信、商务诚信、社会诚信和司法公信建设。建设覆盖全国的征信系统,推动信用信息在全国范围的互联互通,规范和完善信用服务市场体系,健全激励惩戒机制,充分发挥信用信息对失信行为的监督和约束作用。

(六)构建虚拟社会管理制度。虚拟社会的服务与管理越来越重要,也是新形势下社会管理的重点和难点。要坚持积极利用、科学发展、依法管理、确保安全的方针,加强和改进互联网的利用与管理,坚持建设与规范并重、发展与管理同步,把互联网建设好、利用好、管理好。要加快完善网络管理的法律法规和政策,明确相关主体的权利义务,形成法律规范、行政监管、行业自律、技术保障、公众监督、社会教育相结合的互联网服务管理体系,提高依法、规范、科学、系统、动态管理水平。加快信息化基础设施建设,构建全国统一的社会管理数据中心、服务中心,尽快推行网络实名制,规范网络传播秩序。健全网上网下结合的综合服务和管理体系,统筹实施虚拟社会和现实社会管理,建立网上动态管理机制,着力完善网上影响社会稳定和国家安全问题的监测、研判、预警、处置机制和有害信息监管、查处机制。

(七)加强公共安全体系。围绕提高预知、预警、预防和应急处置能力,加强和完善主动防控和应急处置相结合、传统方式和现代手段相结合的公共安全体系。健全食品药品监管体制机制,形成政府、企业、行业组织、消费者和媒体共同参与的监管格局。完善安全生产监管体制机制,健全安全生产综合监管、行业监管、属地监管责任体系。健全立体化社会治安防控体系,全面提高社会治安综合治理水平。完善应急管理体系,加强危机管理和抗风险能力建设,提升对自然灾害、事故灾难、公共卫生事件、社会安全事件等突发公共事件的风险管理水平。

(八)完善社会管理工作格局。深化社会体制改革,加强和创新社会管理,必须充分发挥党的领导核心作用。要完善党委领导、政府负责、社会协同、公众参与的工作格局和体制。坚持把加强社会建设和社会管理作为党委和政府的重大任务。健全社会管理的政策体系,加强社会工作的统筹协调和督促检查。充分发挥社会协同和公众参与的作用。要建立和完善社会管理科学有效的评价、考核体系和机制,促进提升社会管理的科学化水平。要加强社会工作人才队伍建设,完善社会工作人才培养、评价、使用、激励制度,充分发挥他们在深化社会体制改革、创新社会管理中的聪明才智。

经济体制改革是一场深刻的革命,社会体制改革更是一场深刻的革命,任务艰巨繁重。深化社会体制改革的许多重要问题摆在我们面前,而任何一个重要问题都没有简单的答案。我们要坚持以中国特色社会主义理论体系为指导,勤于思考,勇于探索,敢于实践,善于总结,努力为深化社会体制改革、促进科学发展、发展中国特色社会主义伟大事业做出积极的贡献。

全面把握创新社会管理的内涵和要求[*]

（2012 年 8 月 15 日）

经过北京市工商行政管理局、中国行政体制改革研究会和北京师范大学中国社会管理研究院的充分酝酿和精心筹备，北京市工商系统参与推动社会管理创新培训班正式开班。下面，我讲几点看法，与大家交流。

一、深刻认识加强和创新社会管理的现实意义和长远意义

加强和创新社会管理，是以胡锦涛同志为总书记的党中央科学分析、正确把握国内外形势新变化新任务，着眼于党和国家事业全局和长远发展作出的重大战略决策。当前，我国发展正处于可以大有作为的重要战略机遇期，同时也是历史进程中难以避免的社会矛盾凸显期，社会管理任务极为繁重和艰巨。一是随着我国工业化、信息化、城镇化、市场化、国际化进程加快，一些在发达国家渐次出现的社会矛盾和社会问题在我国较短时期内同时显现出来；二是随着改革开放和社会主义市场经济的深入发展，我国社会结构发生全方位的深刻变化，社会流动性、开放性大为增

---

* 本文系作者在北京市工商系统参与推动社会管理创新培训班开班式上的讲话（节录）。

强;三是随着社会经济快速发展、民主法治进程加快,人们思想意识、价值取向、道德观念多元多样多变,各种思想文化交流交融交锋趋于激烈;四是随着互联网等新兴媒体迅速发展,网络虚拟社会对现实社会的影响越来越大;五是随着我国人口总量继续增多,流动人口、老龄人口和特殊人群不断扩大,社会管理的难度加大;六是当今世界正处在大发展大变革大调整时期,随着国际经济、政治格局的深刻调整,各种传统安全和非传统安全威胁相互交织。所有这些表明,我国社会管理已经并将长期面对新课题、新挑战、新要求,原有的社会管理理念思路、体制机制、法律政策、方法手段的许多方面难以适应国内外形势发展变化,难以满足人民群众的期盼要求,必须把加强和创新社会管理摆在社会主义现代化建设更加重要的战略位置。

加强和创新社会管理有着多方面的重要意义。加强和创新社会管理,是建设和发展中国特色社会主义事业的客观要求。党的十六大以来,中国特色社会主义事业总体布局扩展为经济建设、政治建设、文化建设、社会建设以及生态文明建设。这就要求在推动经济发展的同时,更加注重社会建设,着力保障和改善民生,扩大公共服务,促进社会公平正义,提高社会管理水平。加强和创新社会管理,也是深入贯彻落实科学发展观的必然要求。统筹经济和社会发展,增强经济建设和社会建设之间的协调性,才能实现经济社会全面协调可持续发展。加强和创新社会管理,还是如期全面建设小康社会的迫切要求。正确处理人民内部矛盾和其他社会矛盾,妥善协调各方面的利益关系,最大限度激发社会创造活力、最大限度增加和谐因素、最大限度减少不和谐因素,才能更好地应对前进道路上的困难和挑战,完成改革发展的各项任务,胜利实现到 2020 年全面建成小康社会的目标。近年来,各地区、各部门都在认真贯彻落实中央关于加强和创新社会管理的决策部署,做了大量工作,取得了重要进展,但从总体上看,加强和创新社会管理仍任重道远,还需要社会各界和各方面共同努力奋斗。

二、全面把握创新社会管理的内涵和要求

社会管理,是指党委和政府以及其他社会主体,运用法律、法规、制度、政策、道德、价值等社会规范体系,直接或间接地对社会不同领域和各个环节进行服务、协调、组织、监控的过程和活动。其基本任务是:协调社会关系,规范社会行为,解决社会问题,化解社会矛盾,促进社会公正,应对社会风险,维护社会稳定,为构建和谐社会、促进科学发展营造既充满活力又富有凝聚力和井然有序的社会环境。它与中国特色社会主义经济建设、政治建设、文化建设、社会建设以及生态文明建设密切相关,是社会建设的重要内容。

从我国当前实际情况看,社会管理既要加强,又要创新,只有创新社会管理,才能更好加强社会管理,提高社会管理科学化水平,取得良好的社会效果。创新社会管理,包括 8 个方面:创新社会管理理念、创新社会管理主体、创新社会管理内容、创新社会管理体制、创新社会管理制度、创新社会管理环节、创新社会管理方式、创新社会管理手段。

——在创新社会管理理念上,就是要从传统的社会管理理念向现代社会管理理念转变。牢固树立以人为本、服务为先的理念,坚持人民主体地位,充分尊重人、理解人、关心人,寓管理于服务之中,在服务中实现管理,努力实现管理与服务的有机统一。

——在创新社会管理主体上,就是要从单纯重视政府作用向社会多元主体共同治理转变。既要发挥党委、政府的领导和主导作用,强化政府社会管理职能,又要扩大社会协同和公民参与功能,要鼓励和支持社会各方面,包括各类社会组织、社会团体、企事业单位和公民参与社会管理,形成社会治理合力。

——在创新社会管理内容上,就是要拓宽社会管理和服务领域,要加

强公共服务体系建设、拓宽群众权益保障、增加公共服务产品,强化对流动人口和特殊人群的管理与服务,努力实现各类人群管理服务全覆盖,完善食品药品安全监管、风险应急管理等公共安全体系,健全非公有制经济组织、社会组织的管理,加快社会诚信建设,特别要加强和改进虚拟社会管理,把互联网建设好、利用好、管理好。

——在创新社会管理体制上,就是要构建中国特色社会主义管理体系和社会运行机制,包括形成科学合理的社会管理权力结构和机制、社会管理组织结构和机制、社会管理功能结构和机制,特别要充分发挥城乡社区的重要作用。

——在创新社会管理制度上,就是要健全和发展与社会主义市场经济、社会主义民主政治和社会主义先进文化,以及与开放、动态、信息化社会相适应的法律法规和一系列具体工作制度,全面实施依法治国、依法行政、依法治理社会,推进社会管理科学化、规范化、制度化。

——在创新社会管理环节上,就是要从偏重事后处置向更加重视全方位治理转变,做到源头预防、动态治理、应急处置相结合,使社会管理关口前移,从治标转向治本,健全科学的多维化社会管理评价体系。

——在创新社会管理方式上,就是要从偏重于管住、控制向更加重视服务、协商、教育、疏导转变,注重运用群众路线的方式、发扬民主的方式、人情感化的方式,及时化解社会矛盾,有效解决社会问题。

——在创新社会管理手段上,就是要从单纯运用行政手段管理社会向各种手段综合运用转变,在运用行政手段进行社会管理的同时,更多地运用经济调节、社会规范、道德教化、舆论引导等手段,特别要重视运用信息化手段,加强网络技术手段和管理服务能力建设,提高社会管理的信息化、现代化水平。

总之,创新社会管理就是要按照坚持和发展中国特色社会主义的要求,加快社会体制改革,健全社会管理体制,完善公共服务体系,实现社会管理从过去以政府为单一主体、以单位管理为主要载体、以行政管理为主要手段、以管控为主要目的的传统模式,向在党委领导下,政府行政管理与社会自我管理、基层居民自治管理良性互动方面发展,社区管理与单位管理有机结合,多种手段综合运用,管理与服务融合,有序与活力统一的社会多元治理、共建共享的新模式转变,构建起与发展社会主义市场经济、民主政治、先进文化以及构建和谐社会要求相适应的中国特色社会主义社会管理体系。

三、工商部门要在加强和创新社会管理中积极有为

工商行政管理与加强和创新社会管理有着直接的、广泛的、密切的联系。以上讲的社会管理创新各个方面,都同工商行政管理密切相关,都应当参与和推动。这里的关键是要强化、改进和规范政府的社会管理职能,做到职能到位,既不越位,也不缺位。积极参与推动社会管理创新,就是工商部门适应新形势、新任务的要求,主动转变工作模式,转变政府职能,创新社会管理的具体体现。

2011 年 12 月 8 日,国家工商行政管理总局发布了《关于充分发挥工商行政管理职能作用积极参与加强和创新社会管理工作的意见》,要求各级工商行政管理机关要立足职责,开拓创新,找准工商行政管理与加强和创新社会管理的切入点和着力点,充分发挥职能作用,积极参与加强和创新社会管理工作。2012 年 8 月 13 日,北京市工商行政管理局又发布《参与推动社会管理创新,全面提升工商履职效能,建设首都良好市场生态环境的工作意见》,提出要通过全景式服务、参与式监督、互动式合作、联动式执法,发挥在"经济调节、市场监管、社会管理、公共服务"方面的积极作用,大力提升工商监管和服务效能,推动良好的市场生态环境和社会环境建设。国家工商行政管理总局的文件和你们的工作部署比较全面、比较清晰,切入点和着力点也比较准确,具体举措具有可行性,要狠抓

落实,取得实效。工商行政管理系统在加强和创新社会管理中完全可以大有作为,也一定能够大有作为。

四、几点希望

工商系统参与推动社会管理创新,是工商部门面对新形势、应对新挑战的创新之举,是响应党中央、国务院加强和创新社会管理的一次实际行动,也是参与推动社会管理创新的再学习、再动员、再部署。

一是解放思想,提高认识。在新的形势下,加强和创新社会管理的任务越来越繁重,也越来越紧迫。加强和创新社会管理,关键是要从思想上、工作部署上更加重视社会管理,真正把加强和创新社会管理放在突出重要的位置,以高度的使命感和时不我待的精神,积极参与加强和创新社会管理工作。

二是坚定信心,勇于探索。加强和创新社会管理,事关国家长治久安,事关人民根本利益,事关中国特色社会主义事业的兴衰成败。我国社会管理面临不少困难和挑战,任何一个重要问题都没有简单的答案。要坚持以中国特色社会主义理论体系为指导,立足本职,勤于思考,勇于探索,敢于实践,善于总结,不断提高社会管理科学化水平。

三是理论联系实际,学以致用。新的形势对工商队伍社会化工作能力提出了新要求,希望你们通过培训中精心设置的各环节,包括理论学习、经验介绍、分组研讨等,坚持理论与实际统一,用理论指导实际工作,用实践创新推动理论创新,学用结合,学以致用,主动适应社会需求,更新思想观念,更好地掌握和运用新的工作方法,不断提升监管能力、执法能力、服务能力、协调合作能力、做群众工作的能力和公共关系处理能力。

创新社会管理　建设和谐中国^{*}

（2013 年 1 月）

中国共产党第十八次全国代表大会，是在我国进入全面建成小康社会决定性阶段召开的一次十分重要的会议，也是我们党的奋斗历程中又一次承前启后、继往开来的大会。大会高举中国特色社会主义伟大旗帜，明确提出了全面建成小康社会和全面深化改革开放的目标要求，对当前和今后一个时期我国经济建设、政治建设、文化建设、社会建设、生态文明建设和各方面体制改革作出了一系列新决策、新部署。特别是明确提出，要在改善民生和创新管理中加强社会建设，这表明我们党对建设社会主义和谐社会，即建设和谐中国，实现"中国梦"，思路更加清晰，目标更加明确，要求更加迫切。

一、"中国梦"与建设社会主义和谐社会

（一）构建社会主义和谐社会的指导思想和基本原则

"中国梦"的深刻内涵，就是在中国特色社会主义伟大旗帜指引下，

---

*　本文系作者为《中国梦》一书写的一章中主要部分。

让国家更富强、社会更和谐、人民更幸福,实现中华民族伟大复兴。社会和谐是中国特色社会主义的本质属性,是实现国家富强、人民幸福、民族振兴的重要保证和目标。构建社会主义和谐社会,是我们党适应我国改革开放和现代化建设进入新阶段的客观要求,从全面建设小康社会、推进中国特色社会主义事业全局出发作出的一项重大战略决策,体现了广大人民群众的根本利益和共同愿望。中国特色社会主义道路,就是在中国共产党领导下,立足基本国情,以经济建设为中心,坚持四项基本原则,坚持改革开放,解放和发展社会生产力,建设社会主义市场经济、社会主义民主政治、社会主义先进文化、社会主义和谐社会、社会主义生态文明,促进人的全面发展,逐步实现全体人民共同富裕,建设富强民主文明和谐的社会主义现代化国家。因此,建设社会主义和谐社会,是国家现代化的重要目标,也是"中国梦"的重要内容。

在以往一个较长的历史时期中,我国社会建设一直是我国发展道路上的短腿。党的十六届四中全会首次将社会建设纳入我国现代化建设的总体布局,由"三位一体"发展成为经济、政治、文化、社会建设"四位一体",进而提出建设社会主义和谐社会的战略任务。党的十六届六中全会又进一步作出了《中共中央关于构建社会主义和谐社会若干重大问题的决定》,全面系统地阐明了构建社会主义和谐社会的指导思想、目标任务、基本原则和重大部署。党的十八大报告专门列出一部分阐述在改善民生和创新管理中加强社会建设。加强社会建设,是社会和谐稳定的重要保证。必须从维护最广大人民根本利益的高度,加快健全基本公共服务体系,加强和创新社会管理,从而推动社会主义和谐社会建设。

我们要构建的社会主义和谐社会,是在中国特色社会主义道路上,中国共产党领导全体人民共同建设、共同享有的和谐社会。总的指导思想是:坚持以马克思列宁主义、毛泽东思想、邓小平理论、"三个代表"重要思想和科学发展观为指导,坚持党的基本路线、基本纲领、基本经验,坚持以科学发展观统领经济社会发展全局,按照民主法治、公平正义、诚信友爱、充满活力、安定有序、人与自然和谐相处的总要求,以解决人民群众最关心、最直接、最现实的利益问题为重点,着力发展社会事业、促进社会公平正义、建设和谐文化、完善社会管理、增强社会创造活力,走共同富裕道路,推动社会建设与经济建设、政治建设、文化建设、生态建设协调发展。

促进社会主义和谐社会建设,要遵循以下原则。

——必须坚持以人为本。始终把最广大人民的根本利益作为党和国家一切工作的出发点和落脚点,实现好、维护好、发展好最广大人民的根本利益,不断满足人民日益增长的物质文化需要,做到发展为了人民、发展依靠人民、发展成果由人民共享,促进人的全面发展。

——必须坚持科学发展。切实抓好发展这个党执政兴国的第一要务,统筹城乡发展,统筹区域发展,统筹经济社会发展,统筹人与自然和谐发展,统筹国内发展和对外开放,转变经济发展方式,提高发展质量,推进节约发展、清洁发展、安全发展,实现经济社会全面协调可持续发展。

——必须坚持改革开放。坚持社会主义市场经济的改革方向,适应社会发展要求,推进经济体制、政治体制、文化体制、社会体制改革和创新,进一步扩大对外开放,提高改革决策的科学性、改革措施的协调性,建立健全充满活力、富有效率、更加开放的体制机制。

——必须坚持民主法治。加强社会主义民主政治建设,发展社会主义民主,实施依法治国基本方略,建设社会主义法治国家,树立社会主义法治理念,增强全社会法律意识,推进国家经济、政治、文化、社会生活法制化、规范化,逐步形成社会公平保障体系,促进社会公平正义。

——必须坚持正确处理改革发展稳定的关系。把改革的力度、发展的速度和社会可承受的程度统一起来,维护社会安定团结,以改革促进和谐、以发展巩固和谐、以稳定保障和谐,确保人民安居乐业、社会安定有序、国家长治久安。

——必须坚持在党的领导下全社会共同建设。坚持科学执政、民主执政、依法执政,发挥党的领导核心作用,维护人民群众的主体地位,团结一切可以团结的力量,调动一切积极因素,形成促进和谐人人有责、和谐社会人人共享的生动局面。

(二)改革开放是建设社会主义和谐社会的强大动力

改革开放本质上是我们党在新的历史条件下领导人民进行的新的伟大革命,是各项事业发展进步的不竭动力。改革开放的根本目的,就是要解放和发展社会生产力,实现国家现代化,让中国人民富裕起来,振兴伟大的中华民族;就是要推动我国社会主义制度自我完善和发展,赋予社会主义新的生机活力,建设和发展中国特色社会主义;就是要在引领当代中国发展进步中加强和改进党的建设,保持和发展党的先进性,确保党始终走在时代前列。只有坚持改革开放,才能不断破除阻碍生产力发展的桎梏,加快实现国家富强和人民富裕;才能不断调整和完善社会主义的生产关系和上层建筑,为科学社会主义注入新的活力;才能使我们党始终保持与时俱进的精神状态,始终保持和发展党的先进性、纯洁性,提高党的执政能力。正是因为我们党对改革开放有着清醒、明确、坚定的认识,才郑重地把改革开放作为党的重要指导方针,作为党在社会主义初级阶段基本路线的重要组成部分,并且同建设富强民主文明和谐的社会主义现代化国家这个总任务、总目标紧密地联系在一起,从而不断有力地推进改革开放,促进党和人民事业的发展。

2012年7月23日,胡锦涛同志在省部级主要领导干部专题研讨班开班式上的重要讲话中再次强调:"只有改革开放才能发展中国、发展社会主义、发展马克思主义。"这进一步指明了改革开放在坚持和发展中国特色社会主义、推进我国现代化事业中的重要地位和作用。30多年来,我们所取得的每一项成就,在前进道路上能战胜各种困难,都是同坚持并不断深化改革开放分不开的。

——改革开放大大解放和发展了社会生产力,推动我国以世界上少有的速度持续快速发展起来。我国经济从一度濒于崩溃的边缘发展到总量跃至世界第二,人均国内生产总值跨入中等收入国家行列;出口和进口贸易总额分别位居世界第一位和第二位;人民生活从温饱不足到总体小康,并正向全面小康迈进;政治建设、文化建设、社会建设取得举世瞩目的成就。中国的快速发展,不仅使中国人民稳定地走上了富裕安康的广阔道路,而且为世界经济发展和人类文明进步作出了重大贡献。

——改革开放推动社会主义制度自我完善和发展,坚持和发展了中国特色社会主义。通过改革开放,我们突破了社会主义只能实行单一公有制和计划经济的束缚,建立了公有制为主体、多种所有制经济共同发展的基本经济制度,建立和完善社会主义市场经济体制;把推动经济基础变革同推动上层建筑改革结合起来,坚持党的领导、人民当家作主、依法治国的有机统一,发展社会主义民主政治;把对内改革和对外开放结合起来,在与世界合作共赢中展示开放、包容、负责任的大国形象。30 多年来,通过不断深化经济体制、政治体制、文化体制、社会体制以及其他各方面体制改革,形成了一整套相互衔接、相互联系的制度体系,彰显了中国特色社会主义制度的巨大优越性。

——改革开放推动思想解放和理论创新,开辟了马克思主义中国化新境界。30 多年来,我们党在改革开放伟大实践中,既坚持马克思主义基本原理,又不断谱写新的理论篇章,系统回答了建设什么样的社会主义、怎样建设社会主义,建设什么样的党、怎样建设党,实现什么样的发展、怎样发展等一系列重大问题,形成了中国特色社会主义理论体系,社会主义和马克思主义在中国大地上焕发出勃勃生机。

事实雄辩地证明,改革开放始终是推动党和人民事业发展的强大动力,也是实现"中国梦",构建社会主义和谐社会的必然要求和根本途径。

改革开放之所以取得巨大成功,最根本的经验就是始终坚持中国特色社会主义的正确方向。其关键在于,既坚持科学社会主义的基本原则,又根据我国实际和时代特征赋予其鲜明的中国特色。这就是坚持在中国共产党领导下,立足基本国情,以经济建设为中心,坚持四项基本原则,坚持改革开放,解放和发展社会生产力,巩固和完善社会主义制度,建设社会主义市场经济、社会主义民主政治、社会主义先进文化、社会主义和谐社会,建设富强民主文明和谐的社会主义现代化国家。没有改革开放,就没有今天中国全面繁荣发展的大好局面,创造中国的美好未来,必须坚定不移依靠改革开放。当前,世情国情党情继续发生深刻变化,我国发展中不平衡、不协调、不可持续问题依然突出,制约科学发展的体制机制障碍躲不开、绕不过,必须通过深化改革加以解决。我国要到2020年全面建成小康社会,到本世纪中叶基本实现社会主义现代化。实现这样的宏伟目标,必须更加自觉、更加坚定地推进改革开放。

——坚持中国特色社会主义方向不动摇。在新的历史起点上推进改革开放,必须始终不渝地坚持中国特色社会主义方向,坚持解放思想、实事求是、与时俱进,决不走封闭僵化的老路,也决不走改旗易帜的邪路,不为任何风险所惧,不被任何干扰所惑,使改革开放始终沿着正确的方向前进。

——坚持改革创新精神不懈怠。当前,改革的复杂性、艰巨性明显加大,面临着不少"硬骨头",要打一些"攻坚战"。我们必须弘扬改革创新精神,锐意进取,攻坚克难,决不回避矛盾,决不畏惧困难,坚持把改革创新精神贯彻到治国理政各个环节。

——坚持推进改革开放不停步。全面审视当今世界和当代中国发展大势,全面把握我国发展新要求和人民群众新期待,认真总结30多年改革开放的成功经验,不断在制度建设和创新方面迈出新步伐;充分尊重人民群众的主体地位和首创精神,正确处理各方面利益关系,使改革发展成果更多更公平惠及全体人民。这样,就一定能够把改革开放不断推向前进,党和人民事业必将在中国特色社会主义道路上蓬勃发展。

（三）准确把握构建社会主义和谐社会的主要任务

《中共中央关于构建社会主义和谐社会若干重大问题的决定》指出,

到二○二○年,构建社会主义和谐社会的目标和主要任务是:社会主义民主法制更加完善,依法治国基本方略得到全面落实,人民的权益得到切实尊重和保障;城乡、区域发展差距扩大的趋势逐步扭转,合理有序的收入分配格局基本形成,家庭财产普遍增加,人民过上更加富足的生活;社会就业比较充分,覆盖城乡居民的社会保障体系基本建立;基本公共服务体系更加完备,政府管理和服务水平有较大提高;全民族的思想道德素质、科学文化素质和健康素质明显提高,良好道德风尚、和谐人际关系进一步形成;全社会创造活力显著增强,创新型国家基本建成;社会管理体系更加完善,社会秩序良好;资源利用效率显著提高,生态环境明显好转;实现全面建设惠及十几亿人口的更高水平的小康社会的目标,努力形成全体人民各尽其能、各得其所而又和谐相处的局面。

在经济发展基础上逐步提高人民生活水平,是改革开放和社会主义现代化建设的根本目的,也是推动经济持续健康发展、保持社会和谐稳定的重要保证。改革开放以来特别是近些年来,我们在保障和改善民生方面作出极大努力,取得明显成效。同时也要看到,人民群众对过上更好生活的要求也在增强,对加快解决民生领域突出问题的期盼也在提高。党的十八大报告顺应各族人民过上更好生活的新期待,在党的十七大报告提出的社会事业发展目标基础上提出了新要求,作出了新部署。概括起来说,保障和改善民生是重点,加强和创新社会管理是关键,深化社会体制改革是根本。

二、保障和改善民生是建设社会主义
和谐社会的基本任务

社会建设作为中国特色社会主义事业总体布局的重要组成部分,其内涵主要包括发展社会事业、扩大公共服务、协调利益关系、完善社会管理、调处社会矛盾、促进社会公平正义等，以及这些方面的改革和建设。党的十八大报告确立了社会主义经济建设、政治建设、文化建设、社会建设、生态建设五位一体的总体布局，并强调以改善民生为重点加快推进社会建设，这是我们党对中国特色社会主义事业的新认识、新概括，也是构建社会主义和谐社会的基本任务，在理论上和实践上都具有重大意义。

（一）深刻认识以保障和改善民生为重点的社会建设的重大意义

"社会主义的本质，是解放生产力，发展生产力，消灭剥削，消除两极分化，最终达到共同富裕。"邓小平同志关于社会主义本质的这一科学和精辟的论述，体现了生产力和生产关系的统一，既要求大力发展生产力，为提高人民生活水平提供物质基础，又要求不断完善生产关系和分配关系，使全体人民走共同富裕道路。我们党领导人民进行社会主义现代化建设的根本任务和根本目标，就是通过解放和发展生产力，极大地增加社会物质财富，努力满足人民群众日益增长的物质文化需求，不断提高人民生活水平；同时，坚持走共同富裕道路，大力促进社会公平正义，极大地激发全社会创造活力，不断促进社会全面进步。我们党关于现代化建设"三步走"的战略部署，每一步都把经济发展的目标同改善人民生活和促进社会进步的目标有机地结合起来，作出统一部署。着力解决关系人民群众切身利益的生活、生产问题，保障人民群众的经济、政治、文化和社会权益，努力实现人的全面发展，是我们党和国家一切工作的出发点和落脚点。强调以改善民生为重点加快推进社会建设，这是我们党牢牢把握中国特色社会主义本质特征的集中体现，也是发展中国特色社会主义的重要部署，反映了全体人民的共同愿望。

科学发展观，是马克思主义同当代中国实际和时代特征相结合的产物，是马克思主义关于发展的世界观和方法论的集中体现，是中国特色社会主义理论体系的最新成果。科学发展观，第一要义是发展，核心是以人为本，基本要求是全面协调可持续，根本方法是统筹兼顾。发展是我们党执政兴国的第一要务,只有抓住机遇实现经济持续健康发展,才能不断增强综合国力,推动社会全面进步,提高人民生活水平。离开发展,一切无从谈起。发展必须坚持以人为本,尊重人民主体地位,发挥人民首创精神,做到发展为了人民、发展依靠人民、发展成果由人民共享。科学发展观要求发展必须坚持全面协调可持续,全面推进经济建设、政治建设、文化建设、社会建设、生态建设,统筹城乡发展,统筹区域发展,统筹经济社会发展,统筹人与自然和谐发展,统筹国内发展和对外开放,兼顾和协调好改革发展进程中的各种利益关系,促进现代化建设各个环节、各个方面相协调。其中一个重要方面,就是要在经济发展的基础上,注重保障和改善民生,加强社会建设,推动经济和社会协调发展。这是深入贯彻落实科学发展观的重要任务。

构建社会主义和谐社会,是我们党从中国特色社会主义事业总体布局和全面建设小康社会全局出发提出的重大战略任务。加快推进以改善民生为重点的社会建设,抓住了维护和实现社会公平正义的关键,抓住了解决经济社会发展不平衡和影响社会和谐安定问题的关键。构建社会主义和谐社会是贯穿中国特色社会主义事业全过程的长期历史任务,是在发展的基础上正确处理各种社会矛盾的历史过程和社会结果,同时又是十分重要而紧迫的工作。其基本要求,就是要以解决人民最关心、最直接、最现实的利益问题为重点,着力发展社会事业,促进社会公平正义;就是要扩大公共服务,逐步实现基本公共服务均等化;就是要理顺分配关系,增加城乡居民收入,处理好公平和效率的关系;就是要完善社会管理,增强社会创造活力,维护社会安定团结。这样,才能形成全体人民各尽所能、各得其所而又和谐相处的局面,把人们的积极性、主动性、创造性充分发挥出来,万众一心地推进中国特色社会主义事业。

党的十六大以来,我国全面建设小康社会的伟大事业取得了重要进展,目前社会经济发展总体形势很好,我们拥有加快推进现代化事业的许多有利条件。但是,在前进中还面临不少困难和问题,突出的是:经济增长的资源环境代价过大;城乡、区域、经济社会发展仍然不协调;农业稳定发展和农民持续增收难度加大;劳动就业、社会保障、收入分配、教育卫生、居民住房、安全生产、司法和社会治安等方面关系群众切身利益的问题依然较多,部分低收入群众生活比较困难;等等。这些问题如果解决不好,就会严重影响社会和谐稳定和全面建设小康社会的大局。同时,人民群众在新的发展阶段,期待过上更加美好的生活,对教育、卫生、社会保障、公共服务、生活环境以及个人全面发展等方面提出了更高的要求,全社会的公共需求快速增长,也更加需要加快社会事业发展。我们党提出全面建设更高水平的小康社会,目标是经济更加发展、民主更加健全、法制更加完备、科教更加进步、文化更加繁荣、社会更加和谐、人民生活更加富足。这就必须坚持经济建设、政治建设、文化建设和社会建设协调发展,缺少其中任何一个方面,都不可能实现全面建成小康社会的奋斗目标。加快推进以解决民生问题为重点的社会建设,切实改变经济发展和社会发展"一条腿长一条腿短"的状况,是全面建成小康社会的必然要求和重要课题。

总之,我们要从全局和战略的高度,着眼于发展中国特色社会主义伟大事业,着眼于推动科学发展、促进社会和谐,着眼于实现全面建成小康社会的奋斗目标,深刻认识、全面把握加快推进以改善民生为重点的社会建设的精神实质,为夺取全面建成小康社会新胜利、开创中国特色社会主义事业新局面而奋斗。

（二）认真领会和贯彻落实党的十八大对保障和改善民生的新要求

加强社会建设必须以保障和改善民生为重点。民生连着民心,民心关系全局。只有不断改善人民生活,使广大人民群众共享改革发展成果,人民群众才能发自内心地拥护党的领导和社会主义制度、赞成党的理论和路线方针政策、支持党领导的改革开放和社会主义现代化建设。现在,我们满足人民日益增长的物质文化需要的基础还比较薄弱,特别是教育、就业、社会保障、医疗、住房等方面关系群众切身利益的问题较多。要坚持把保障和改善民生作为社会建设的重点,多谋民生之利,多解民生之忧,解决好人民最关心最直接最现实的利益问题,在学有所教、劳有所得、病有所医、老有所养、住有所居上持续取得新进展,使发展成果更多更公平惠及全体人民,努力让人民过上更好生活。为此,党的十八大报告作出了一系列新部署新要求。

——努力办好人民满意的教育。要坚持教育优先发展,全面贯彻党的教育方针,坚持教育为社会主义现代化建设服务,把立德树人作为教育的根本任务,全面实施素质教育,深化教育领域综合改革,着力提高教育质量,培养学生社会责任感、创新精神、实践能力,大力促进教育公平,合理配置教育资源,重点向农村、边远、贫困、民族地区倾斜,支持特殊教育,提高家庭经济困难学生资助水平,积极推动农民工子女平等教授教育。

——推动实现更高质量的就业。实施就业优先战略和更加积极的就业政策,鼓励多渠道多形式就业,促进创业带动就业,加强职业技术培训,增强就业稳定性,增强失业保险对促进就业的作用,健全劳动标准体系和劳动关系协调机制。

——千方百计增加居民收入。深化收入分配制度改革,努力实现居民收入增长和经济发展同步、劳动报酬增长和劳动生产率同步,提高居民收入在国民收入分配中的比重,提高劳动报酬在初次分配中的比重。这两"同步"、两"提高"是党的政治报告首次提出,实现了这个要求,将会明显增加城乡居民收入。初次分配和再分配都要兼顾效率和公平,再分配更加注重公平。多渠道增加居民财政性收入。规范收入分配秩序,保护合法收入,增加低收入者收入,调节过高收入,取缔非法收入。

——统筹推进城乡社会保障体系建设。坚持全覆盖、保基本、多层次、可持续方针,以增强公平性、适应流动性、保持可持续性为重点,全面建成覆盖城乡居民的社会保障体系。建立兼顾各类人员的社会保障待遇确定机制和正常调整机制。完善社会救助体系,健全社会福利制度,支持发展慈善事业,建立市场配置和政府保障相结合的住房制度。

——提高人民健康水平。健康是促进人的全面发展的必要要求。建立人人享有的基本医疗卫生服务制度,不但是对医疗卫生事业的准确定位,也是让全体人民共享改革发展成果的突出体现。坚持为人民健康服务的正确方向,重点推进医疗保障、医疗服务、公共卫生、药品供应、监管体制综合改革,为群众提供安全有效、方便价廉的公共卫生和基本医疗服务。改革和完善食品药品安全监管体制机制。开展爱国卫生运动,促进人民身心健康。逐步完善人口政策,促进人口长期均衡发展。

三、加强和创新社会管理是构建社会主义 和谐社会的重要保障

随着经济社会不断发展,我国经济体制深刻变革、利益格局深刻调整、思想观念深刻变化,社会活力显著增强,同时社会结构和社会组织形式发生深刻变动,社会管理领域出现了一些新问题:人民内部矛盾多样多发,流动人口和特殊人群服务管理问题突出,刑事犯罪居高不下,公共安全事故频发,非公有制经济组织、社会组织服务管理相对滞后,信息网络建设管理呈现新特点,外部势力千方百计插手,对我国社会管理提出严峻挑战。这些都表明,我国社会管理环境发生了深刻变化,过去行之有效的管理理念、管理制度、管理手段、管理方法难以完全适应。这就要求我们必须从维护最广大人民根本利益的高度,加强和创新社会管理,提高社会管理科学化水平。

为此,党的十八大报告作出新部署新要求。强调必须加强社会管理法律、体制机制、能力、人才队伍和信息化建设,改进政府提供公共服务方式,加强基层社会管理和服务体系建设,增强城乡社会服务功能,强化企

事业单位、人民团体在社会管理和服务中的职责,引导社会组织健康有序发展,充分发挥群众参与社会管理的基础性作用。完善和创新流动人口和特殊人群管理服务。正确处理人民内部矛盾。建立健全重大决策社会稳定风险评估机制。强化公共安全体系和企业安全生产基础建设。深化平安建设,完善立体化社会治安防控体系。还提出了完善国家安全战略和工作机制,确保国家安全。

加强和创新社会管理是时代提出的新课题,适应我国经济社会发展的新形势新情况,必须加强和创新社会管理。深入贯彻落实科学发展观,必须加强和创新社会管理。发展中国特色社会主义事业,必须加强和创新社会管理。实现全面建成小康社会的宏伟目标,必须加强和创新社会管理。完善和发展中国特色社会管理体系是一个系统工程、长期任务,既要总体推进又要重点突破。当前和今后一个时期需要着力做好以下几方面工作:

——进一步完善社会管理体制。党委领导、政府负责、社会协同、公众参与、法治保障的管理体制是健全社会管理体系的基础。党委领导是根本,政府负责是关键,社会协同是依托,公众参与是基础,法治保障是法宝。

——进一步完善社会管理制度体系。推进社会管理科学化、制度化、规范化,建立社会管理保护体系,建立健全保障就业权等公民基本权利的制度。加快人口管理制度改革,建立覆盖全国人口的国家人口基础信息库。建立起一套能够覆盖全部人口的动态管理体系。

——进一步完善维护群众权益体系。探索群众利益协调机制、群众权益保障机制、劳动关系协调机制、社会矛盾调处机制、社会稳定风险评估机制。健全群众权益保障机制,建立信息公开制度和诉求表达机制。同时,要建立发展全国共享机制和侵害群众权益的纠错机制。

——进一步完善公共服务体系。逐步完善基本公共服务体系,积极促进城乡基本公共服务均等化,特别是进一步加强农村基本公共服务体系建设。

——进一步完善社会规范体系。在加强社会法律体系建设的同时，推进行业规范、社会组织、村规民约。大力推进政务诚信、司法公信建设。

——进一步完善公共安全体系。建立健全突发事件应急体系，加强全民风险防范能力和应急处置能力建设，完善相关机制提高对自然灾害等突发公共事件的风险管理水平。加强食品药品安全监管机制、安全生产监督制度机制、安全管理和监管。

——进一步完善网络社会管理体系。坚持建设与管理并重、发展与管理同步，加快形成法律规范，行政监管、行业自律、技术保障、公众监管、社会教育相结合的信息网络管理体系。

四、加快推进社会体制改革是构建
社会主义和谐社会的必由之路

完善的社会体制机制和制度体系，是促进社会和谐、实现社会公平正义的重要保证。当前，我国既处于发展的重要战略机遇期，又处于社会矛盾凸显期，积极稳妥地解决好社会领域存在的突出问题，必须加快推进社会体制改革。只有建立科学、合理的社会体制，社会管理的科学化水平才能全面提高，改善人民生活、促进社会和谐的社会基础才会更加坚实。要紧紧围绕构建中国特色社会主义社会管理体系，加快推进社会体制改革，建立确保社会既充满活力又和谐有序的体制机制。

从我国现实的情况看，加强社会建设和社会管理，需要加快社会体制改革，创新社会管理。一般说来，社会体制是一种社会治理的方式和制度安排，也是一种社会行为的规范，决定着人的社会关系、行为准则和社会运行。我们现在讲的社会体制改革，有着特定的内涵和范围，就是构建适应中国特色社会主义发展要求的，与社会主义经济体制、政治体制、文化体制相一致的社会体制。我国现行的社会体制总体上是符合社会主义发展方向的,近些年来也进行了许多改革探索,但仍存在着不少缺陷和问题,主要是:社会管理的理念、组织、形式、手段、方法不适应社会经济迅猛发展,特别是社会结构、利益结构多层次、多元化和互联网新兴媒体异军突起出现的新情况、新挑战、新要求;政府、社会、企业、中介机构的社会管理职能不清、关系不顺;社会管理的体系、制度、机制不健全,难以有效发挥应有作用。解决这些问题必须进行社会体制改革。唯有如此,才能全面推进社会建设和加强社会管理,提高现代社会管理的科学化水平,实现全面建设小康社会的目标,加快中国社会主义现代化进程。

党中央高度重视社会体制改革问题。2006 年,党的十六届六中全会提出,要"坚持社会主义市场经济的改革方向,适应社会发展要求,推进经济体制、政治体制、文化体制、社会体制改革和创新。"在我们党的历史文献中,首次提出社会体制改革这个重大命题。2007 年,党的十七大强调,"更加注重社会建设","推进社会体制改革"。2010 年,党的十七届五中全会进一步提出:"必须以更大决心和勇气全面推进各领域改革,大力推进经济体制改革,积极稳妥推进政治体制改革,加快推进文化体制、社会体制改革,使上层建筑更加适应经济基础发展变化,为科学发展提供有力保障。"党的十八大报告提出了推进社会体制改革的总体要求和基本框架,这就是"四个加快",即加快形成党委领导、政府负责、社会协同、公众参与、法治保障的社会管理体制,加快形成政府主导、覆盖城乡、可持续的基本公共服务体系,加快形成政社分开、权责明确、依法自治的现代社会组织体制,加快形成源头治理、动态管理、应急处置相结合的社会管理机制。近年来,党中央把加快社会体制改革、加强和创新社会管理放在更加突出的战略位置,作出了一系列重要决策和部署,这是我们党对人类社会发展规律、社会主义建设规律、共产党执政规律认识的新升华,也是顺应人民群众在全面建设小康社会的新形势下对党和政府的新期待。

加快社会体制改革,应当围绕构建中国特色社会主义社会管理体系,加快形成党委领导、政府负责、社会协同、公众参与、法治保障的社会管理体制,加快形成政府主导、覆盖城乡、可持续的基本公共服务体系,加快形成政社分开、权责明确、依法自治的现代社会组织体制,加快形成源头治理、动态管理、应急处置相结合的社会管理机制。当前和今后一个时期,要着力抓好以下几个方面。

——强化和改进政府社会管理。社会管理是政府的重要职能。创新社会管理体制,必须发挥政府的主导作用。要加快政府职能转变,更加注重履行社会管理职能。政府社会管理主要是制定法规政策,规范制度标准,增加公共财政投入,加强社会行为监管。改进政府提供公共服务方式,加快把一些社会公共服务和具体事务,以适当方式转交给社区、社会组织和中介机构,还可以通过委托或购买公共服务,来改进政府提供社会服务方式。这样,既可以使政府更好履行应尽职能,又可以降低服务成本,提高服务效率。要加快行政体制改革,建立职能相对集中、权责密切结合、组织协调有力的综合性社会管理机构,以利于提高政府社会管理的效能和水平。

——加快形成政府主导、覆盖城乡、可持续的基本公共服务体系。提供公共服务是政府的基本职能,政府必须承担保障基本公共服务的职责。同时,政府不是唯一的供给主体,要推进公共服务供给多元化、多样化,探索政府行政管理与企事业单位、各类社会组织和城乡基层群众自治在社会运行中有效衔接与良性互动的体制;覆盖城乡,强调的是城乡基本公共服务一体化的问题,要人人共享基本公共服务;可持续,强调的是基本公共服务的供给标准要保持合理的持续增长,并且要切实体现公平性。

——扩大公民参与和社会协同功能。这是深化社会体制改革的重要方向。公民参与是中国特色社会主义社会体制的基础。城乡基层群众自治制度是我国一项基本政治制度。深化社会体制改革,必须顺应经济社会发展要求和人民群众政治参与的新期盼,保障人民群众充分享有宪法规定的各项民主权利。要健全基层民主制度,保障人民依法直接行使民主权利、管理基层公共事务和公益事业,实行自我管理、自我服务、自我教育、自我监督。要推进城乡基层自治,有序扩大基层群众自治范围,规范政府组织与基层群众自治的关系,增强基层社会自治功能。同时,加快事业单位改革,充分发挥企事业单位和各类社会组织应有的作用,支持企事业单位和社会组织参与社会服务与管理、承接政府转移的社会管理事务。

——加快形成政社分开、权责明确、依法自治的现代社会组织体制。政社分开,就是政府的行政职能和社会的自我管理相分离,即行政权力与自治权利分离;权责明确,就是要通过法律明确社会组织的权利和责任,权利和责任要对等;依法自治,就是要以法律为自治根基。根据我国现代化进程的要求,并研究借鉴国外的有益做法,加快培育和规范发展各类社会组织,尤其要加快培育公益类、服务类、慈善类社会组织,建立健全符合中国国情的城乡社区组织,充分发挥各类社会自治组织的自治功能,落实自我管理、自我监督、自我教育、自我服务的要求。要理顺社区内部治理关系,健全相关自治制度,规范决策办事程序,要积极探索农村再组织化的形式和途径,形成既有活力又有秩序的组织体系。

——拓展群众权益保障机制。保障群众权益是加强和创新社会管理的根本着眼点,也是深化社会体制改革的重要关键。要进一步加强和完善党和政府主导的维护群众权益机制,切实维护和保障群众利益。适应我国社会结构和利益格局的发展变化,形成科学有效的利益协调机制、诉求表达机制、矛盾调处机制、权益保障机制。特别是要适应新形势下群众诉求多样性、多变性的特点和规律,创新方式方法,拓宽诉求表达渠道,搭建多种形式的沟通平台,健全公共政策社会公示制度、公众听证制度。健全社会矛盾调处机制和多元调解体系,充分发挥人民调解、行政调解、司法调解联动的大调解工作体系的作用。强化从源头解决社会矛盾纠纷,把预防社会稳定风险的关口前移。

——健全各类人群服务管理体制。坚持以人为本,突出人文关怀,在服务中实施管理,在管理中体现服务,努力实现各类人群服务管理全覆盖。加强"两新组织"人员和"社会人"的服务管理,是市场经济条件下社会管理中难度很大的问题,必须转变传统思维模式,积极探索新的管理体制和机制。要不断提高各类人群服务管理信息化、精细化、科学化水平。建立覆盖城乡的全员人口统筹管理的信息系统,推进国家人口基础信息库建设,加强流动人口动态监测工作。全面推行居住证制度,行政区域内流动人口实行"一证(卡)通",积极稳妥推进户籍管理制度改革,建立城乡统一的户口登记管理制度,实现基本公共服务覆盖户籍人口和常住人口。采取积极、稳妥的措施,使农民工有序、和谐地融入城市和城镇。加强和创新对刑释教人员、肇事肇祸精神病人、吸毒人员、有不良行为青少年等特殊人群的教育、引导、服务和管理工作,根据不同类型人群特点分类施策。健全社会关怀帮扶体系,帮助他们解决在就业、就学、就医和生活、家庭等方面的实际困难。

——加快社会规范建设。规范社会主体行为,建设现代社会文明,是社会体制改革创新的基础性工作。至关重要的,一是法制,二是诚信。要建立健全社会管理的法制保障体系,加强社会管理领域立法,加快形成完善的社会管理法律法规体系。充分发挥社会法制规范在调整关系、约束行为、保障权益、创新社会管理等方面的作用。强化公正执法和严肃执法。要建立健全社会诚信制度,制定社会诚信规范,加强社会公德建设。大力推进政务诚信、商务诚信、社会诚信和司法公信建设。建设覆盖全国的征信系统,推动信用信息在全国范围的互联互通,规范和完善信用服务市场体系,健全激励惩戒机制,充分发挥信用信息对失信行为的监督和约束作用。

——构建网络社会管理制度。网络社会的服务与管理越来越重要,也是新形势下社会管理的重点和难点。要坚持积极利用、科学发展、依法管理、确保安全的方针,加强和改进互联网的利用与管理,坚持建设与规范并重、发展与管理同步,把互联网建设好、利用好、管理好。要加快完善网络管理的法律法规和政策,明确相关主体的权利义务,形成法律规范、行政监管、行业自律、技术保障、公众监督、社会教育相结合的互联网服务管理体系,提高依法、规范、科学、系统、动态管理水平。加快信息化基础设施建设,构建全国统一的社会管理数据中心、服务中心,尽快推行网络实名制,规范网络传播秩序。健全网上网下结合的综合服务和管理体系,统筹实施网络社会和现实社会管理,建立网上动态管理机制,着力完善网上影响社会稳定和国家安全问题的监测、研判、预警、处置机制和有害信息监管、查处机制。

——加强公共安全体系。加快形成源头治理、动态管理、应急处置相结合的社会管理机制。党的十八大报告首次对"社会管理机制"的基本构成要素进行了论述。源头治理,就是社会管理关口前移,从源头上维稳;动态管理,针对中国流动社会、开放社会的基本特性,强调社会管理的全过程;应急处置,针对突发社会公共事件,这是影响社会稳定的重要风险源,并最能体现政府应对风险的能力。围绕提高预知、预警、预防和应急处置能力,加强和完善主动防控和应急处置相结合、传统方式和现代手段相结合的公共安全体系。健全食品药品监管体制机制,形成政府、企业、行业组织、消费者和媒体共同参与的监管格局。完善安全生产监管体制机制,健全安全生产综合监管、行业监管、属地监管责任体系。健全立体化社会治安防控体系,全面提高社会治安综合治理水平。完善应急管理体系,加强危机管理和抗风险能力建设,提升对自然灾害、事故灾难、公共卫生事件、社会安全事件等突发公共事件的风险管理水平。

——完善社会管理体制。相对于党的十七大报告而言,党的十八大报告对社会管理体制的论述增加了"法治保障",从而实现了从"社会管理格局"到"社会管理体制"的完善。它表明了更加重视依法治国、依法治理的基本理念和手段。社会管理必须依靠制度建设,要有坚实的制度保障,从"格局"提升到"体制",关键和核心在于制度建设,而法律正是最为核心的制度要素。深化社会体制改革,加强和创新社会管理,必须充分发挥党的领导核心作用。坚持把加强社会建设和社会管理作为党委和政府的重大任务,发挥总揽全局、协调各方作用,确保加强和创新社会管理的正确方向。健全社会管理的政策体系,加强社会工作的统筹协调和督促检查。政府负责,就要充分发挥各级政府的主导作用,健全政府职责体系,整合政府资源,明确任务分工,形成各负其责、运转高效的合力。要充分发挥社会协同和公众参与的重要作用,强化人民团体、企业事业单位社会管理服务职能,促进社会组织体系发展,动员和组织广大群众参与社会管理与服务,形成社会和谐人人参与、和谐社会人人共享的良好局面。要重视发挥法治的保障作用,依法管理是现代社会运行的基本特点,一切社会管理活动都要于法有据,领导者要善于运用法治思维和法治方式管理社会,把各项社会管理纳入法治化轨道。要建立和完善社会管理科学有效的评价、考核体系和机制,促进提升社会管理的科学化水平。要加强社会工作人才队伍建设,完善社会工作人才培养、评价、使用、激励制度,充分发挥他们在深化社会体制改革、创新社会管理中的聪明才智。

经济体制改革是一场深刻的革命,社会体制改革更是一场深刻的革命,任务艰巨繁重。深化社会体制改革的许多重要问题摆在我们面前,而任何一个重要问题都没有简单和现成的答案。我们要坚持以中国特色社会主义理论体系为指导,勤于思考,勇于探索,敢于实践,善于总结,努力为深化社会体制改革、促进科学发展、发展中国特色社会主义伟大事业做出积极的贡献。

五、提高应急管理能力与水平

全面履行政府职能　提高应急管理能力[*]

（2007 年 1 月 1 日）

加强应急管理,有效应对各种风险,是关系国家经济社会发展全局和人民群众生命财产安全的大事,是人民政府的重要职责。深刻认识加强应急管理的重要性和紧迫性,加强服务型政府建设,显著提高应急管理能力,对于全面落实科学发展观、构建社会主义和谐社会,具有重大意义。

一、充分认识加强应急管理工作的重要性

党中央、国务院高度重视应急管理工作。特别是党的十六大以来,把加强应急管理放在经济社会发展更加重要的位置,对建立健全应急体系提出了明确要求和部署。党的十六届六中全会通过的《中共中央关于构建社会主义和谐社会若干重大问题的决定》(以下简称《决定》),从构建社会主义和谐社会的高度,明确提出要完善应急管理体制机制,有效应对自然灾害、事故灾难、公共卫生事件、社会安全事件,提高危机管理和抗风险能力。这是中央在新的历史条件下,根据我国经济社会发展和世界政治经济发展面临的新情况,作出的重要决策和部署。

---

[*] 本文发表于《中国应急管理》创刊号,2007 年第 1 期。

从国内看,当前我国正处于全面建设小康社会、加快社会主义现代化的重要阶段,改革发展进入关键时期。在改革开放大潮的推动下,经济体制深刻变革,社会结构深刻变动,利益格局深刻调整,思想观念深刻变化。这种空前的社会经济变革,给我国的发展进步带来了巨大活力和动力,也不可避免地带来了各种各样的矛盾和问题。工业化、城镇化、市场化不断发展,社会利益关系错综复杂。城乡、区域、经济社会发展不平衡,人口资源环境压力加大,劳动就业、社会保障、收入分配、教育、医疗、社会治安以及在土地征用、房屋拆迁、企业改制、环境保护、安全生产等方面关系群众切身利益的问题比较突出。重大自然灾害、重大安全事故、重大公共卫生事件和社会安全事件时有发生。突发公共事件不仅给人民生命财产造成巨大损失,还会影响社会稳定,甚至对国家安全和经济社会发展全局也会产生重大影响。

从国际上看,世界多极化和经济全球化趋势深入发展,和平、发展、合作成为时代潮流,我们既面临着前所未有的发展机遇,同时也面临着前所未有的严峻挑战。国际环境复杂多变,国际竞争日趋激烈,影响和平与发展的不稳定不确定因素增多,各种传统的和非传统的、自然的和社会的安全风险交织并存,重大疫情传播范围扩大,恐怖主义抬头,民族宗教矛盾和地区冲突加剧。不少公共安全事件的诱因和影响呈现出较强的世界性特点。特别是随着经济全球化不断发展,世界各国经济联系更加紧密,这一方面有利于各国的经济发展,另一方面也加大了各国发展的风险。随着我国加入世界贸易组织过渡期结束后对外开放进入新阶段,我国经济社会发展同世界政治经济的变化密切相关。国际间的风云变幻,往往会对我国产生这种那种影响。我们必须未雨绸缪,做好应对各种挑战和风险的准备。

总之,面对新的形势,我们必须居安思危,增强忧患意识、危机意识,深刻认识我国发展的阶段性特征和当今世界政治经济的复杂变化。凡事预则立,不预则废。只有进一步加强应急管理工作,才能更好地贯彻以人为本的科学发展观，才能加强社会主义和谐社会建设，才能维护经济安全、社会安全，也才能保障国家长治久安，从而为推进改革开放和现代化建设创造稳定、安全的社会环境。我们必须从国家发展全局和战略高度，从维护最广大人民根本利益的高度，充分认识加强应急管理工作的极端重要性和紧迫性，增强做好这项工作的主动性和自觉性，切实把加强应急管理这件利国利民的大事抓紧抓好。

二、提高应急管理能力是政府建设的重要任务

党的十六届六中全会《决定》，从构建社会主义和谐社会的要求出发，明确提出要"建设服务型政府，强化社会管理和公共服务职能"。加强应急管理，提高应急管理能力，是提高政府社会管理和公共服务水平的重要方面，是建设服务型政府的重要任务。

近几年来，国务院和各级政府按照中央的部署，在加强应急管理方面做了大量工作。国务院组织制定了《国家突发公共事件总体应急预案》和各类专项应急预案以及部门应急预案，各省区市也完成了省级总体预案制定工作，绝大多数的地市级和县级政府也完成了总体预案的编制工作。目前全国已制定各级各类应急预案24300多件，基本覆盖了常见的突发公共事件，初步形成了全国应急预案框架体系。建立健全应急管理体制、机制和法制等各项工作也在有序推进。各级政府保障公共安全和处置突发公共事件能力有了很大提高。2007年7月，国务院又下发了《关于全面加强应急管理工作的意见》（以下简称《意见》），这是继2005年《国家突发公共事件总体应急预案》公布实施后的又一个重要文件。这个《意见》进一步明确了加强应急管理的指导思想和工作目标，对进一步完善应急管理体制机制、加强应急管理规划和制度建设、做好各类突发公共事件防范工作、加强应对突发公共事件能力建设、制定和完善全面加

强应急管理政策措施等方面,都提出了明确要求。各地区、各部门应认真贯彻执行。

我国应急管理工作虽然取得了很大成绩和进步,但还存在着许多薄弱环节,需要不断加强。第一,有些地方和单位缺乏忧患意识、危机意识,还没有真正把应急管理摆上应有日程。第二,应急管理体制不健全,相关的管理机构不完善,应急资源分散,社会动员机制不完善。第三,应急管理基础工作薄弱,应急管理队伍建设、技术手段、基础装备等方面不适应快速反应和处置危机的需要,应急监测、预测、预警、预防工作亟须加强。第四,社会公众防灾减灾意识不强,应对各种突发公共事件的知识有待进一步普及和提高。第五,应急管理法律法规体系不健全,依法预防和处置突发公共事件的法制保障不足。我们必须如实地看到我国应急管理工作存在的这些问题。

加强应急管理工作,关键在于加快政府职能转变,大力建设服务型政府。在社会主义市场经济条件下,政府的基本职能是经济调节、市场监管、社会管理和公共服务。各级政府必须牢固树立以人为本、执政为民的施政理念,按照全面落实科学发展观和构建和谐社会的要求,全面履行政府职能,特别要强化社会管理和公共服务职能,调整政府管理政策和资源配置,优化政府职能和机构设置,高度重视应急管理体系建设,从组织领导、政策支持和人力物力等方面给予有力的保证。

当今世界,危机管理在任何一个国家都是政府的一项重要职能。面对世界不安宁的形势,各主要国家政府危机管理职能都呈现不断强化的趋势。国际社会和各国民众普遍都把危机管理能力,包括危机防范能力、快速反应能力、紧急动员能力、组织协调能力、抢险救援能力、危机处置能力等,作为衡量政府管理水平和能力的重要指标。我们是人民政府,更应该把加强危机管理作为政府的重要职能,把提高保障公共安全、处置突发公共事件的能力作为政府建设的重要任务,作为对人民负责和衡量政府管理水平能力的重要标准。

三、全面提高政府应急管理的能力和水平

提高政府应急管理和有效应对各种风险的能力,必须以保障人民生命财产安全为根本,以落实和完善应急预案为基础,以提高预防和处置突发公共事件能力为重点,全面加强应急管理工作。要坚持预防为主,常备不懈,一旦发生情况,能够做到快速反应,妥善处置,为公共安全提供有效保障。为此,需要着力抓好以下几个方面。

(一)继续推进"一案三制"工作。就是编制和完善应急预案、建立健全应急管理体制、机制和法制。这是加强应急管理的基础,也是提高应急管理能力的保证。要加强应急预案体系建设和管理。国家总体应急预案是全国应急预案体系的总纲。各地区、各部门要根据国家总体应急预案抓紧编制和完善本地区、本部门、本行业和领域的各类应急预案,各基层单位也要根据实际情况制订和完善本单位预案,明确各类突发公共事件防范措施和处置程序,形成由国家总体应急预案和各类专项应急预案、部门应急预案、地方应急预案及企事业单位应急预案构成的,覆盖各地区、各部门、各行业、各单位的应急预案体系。要做好各级各类相关应急预案衔接工作,加强对应急预案的动态管理,不断增强应急预案的针对性和实效性。要加强应急管理的体制和机制建设,明确和落实各级政府及部门、行业组织、机关、学校、城乡社区、企事业等单位的在应急管理工作中的责任,建立健全党委领导下的行政领导责任制和分类管理、分级负责、条块结合、属地为主的应急管理体制,形成统一指挥、反应灵敏、协调有序、运转高效的应急管理机制。要加强各地区、各部门以及各级各类应急管理机构协调联动和资源、信息共享机制,加快建立健全社会运行状况监测体系和危机预警体系。加强应急管理的宣传教育工作,普及预防、避险、自救、互救等防灾减灾知识、提高公众的参与能力和责任意识,实现社会预

警、社会动员、快速反应、应急处置整体联动,建设专业化、社会化相结合的应急保障体系,形成政府主导、部门协调、军地结合、全社会共同参与的应急管理工作格局。要加强应急管理的法制建设,根据预防和处置自然灾害、事故灾难、公共卫生事件、社会安全事件等各类突发公共事件的需要,做好有关法律法规的制定修订工作,逐步形成规范各类突发公共事件预防和处置的法制体系,提高应急管理科学化、规范化、法制化水平。

(二)建立加大应急管理投入机制。要建立健全国家、地方、企业、社会相结合的风险防范和应急保障资金投入机制。首先国家要加大对应急管理的投入。各级政府要按照事权、财权划分原则,分级负责应急管理工作中应由政府负担的资金投入,并纳入本级财政预算。要健全应急管理资金拨付制度,中央财政要进一步完善对地方财政的专项转移支付制度,支持财政困难地区提高应急管理能力。对应急管理方面的科学研究、技术创新和产品开发,要在资金投入、税收政策等方面给予支持,推动建立健全应急管理科技支撑体系,提高应急技术和产品开发能力。要明确和落实企业安全生产的责任,建立健全企业对安全生产的投入机制,增强企业安全生产的保障能力。

(三)加快建设应急平台体系。国家应急平台体系建设是加强应急管理的基础性工作。要按照预防与应急并重、常态与非常态结合的原则,建设具备监测监控、预测预报、信息报告、辅助决策、调度指挥和总结评估等功能的统一高效的应急平台,形成以国务院应急平台为中心、以部门和省级应急平台为重点,各地区、各部门和各专业机构上下贯通、左右衔接、互联互通、信息共享、互有侧重、互为支撑的国家应急平台体系。要加强有效防范各类突发公共事件的基础性工作。各地各部门都要建立经常开展风险隐患普查排查工作的制度,全面地、动态性地掌握本地区、本部门、本行业的各类风险隐患情况,建立健全分级、分类管理制度,实现对各类风险隐患的动态管理和监控。要加强突发公共事件信息报告预警工作。建立健全信息报告工作制度,一方面要加强各级政府和有关部门信息报告工作,同时要通过建立社会公众报告、举报奖励制度,设立基层信息员等多种方式,不断拓宽信息报告渠道;建立健全预警信息通报与发布制度,充分利用各种新闻通讯媒体和手段,及时发布预警信息,提高全社会的应急响应和快速反应能力。

(四)加强应急管理和救援队伍建设。要把队伍建设作为加强应急管理和建设国家应急体系的一项重要工作。各级政府要按照强化社会管理和公共服务职能的要求,完善应急管理机构和编制设置,加强人员配备。企业、机关、学校和城乡社区,都要有专人或专门机构负责应急管理工作。要高度重视并加强各类应急抢险救援队伍建设,建立应急救援专家队伍,发挥专家学者在应急救援工作中的专业特长和技术优势;大中型企业特别是高危行业企业要建立专职或兼职应急救援队伍,并积极参与社会救援工作;动员和鼓励志愿者参与应急救援工作,加强对志愿者队伍的招募、组织和培训。逐步建立社会化的应急救援机制,形成充分发挥公安消防、特警及武警、解放军、预备役民兵的骨干作用,各类专业应急救援队伍各负其责、互为补充,企业专兼职救援队伍和社会志愿者共同参与的应急救援体系。

加强突发事件应急管理能力建设[*]

（2008 年 11 月 18 日）

党中央、国务院对加强领导干部应急管理能力建设高度重视。2008年初，胡锦涛总书记作出重要批示："提高党的执政能力要求提高各级领导干部处置公共事件的能力。需认真研究，并采取有效的措施，对干部进行必要的培训，在实践中不断总结经验，得到提高。"温家宝总理在2008年3月《政府工作报告》中指出：要"加强应急体系和机制建设，提高预防和处置突发事件能力；加强对现代条件下自然灾害特点和规律的研究，提高防灾减灾能力"。党中央、国务院领导同志的重要指示，从加强执政能力的高度，深刻阐明了新形势下提高领导干部处置突发事件能力的重大意义和实现途径。因此，要以党的十七大精神为指导，高举中国特色社会主义伟大旗帜，深入贯彻科学发展观，认真实施《突发事件应对法》，掌握应急管理理论和知识，研究新形势下突发事件的特点和规律，总结近年来突发事件应急管理的经验教训，探讨加强应急管理体制和机制建设的有效途径，提高省部级领导干部应对突发事件的能力和水平。

---

　　* 本文系作者在国家行政学院举办的省部级领导干部"突发事件应急管理"专题研讨班开班式上的讲话（节录）。

一、加强应急管理能力建设的重要意义

国家应急管理的能力,是国家有效应对和化解各种公共危机的实际能力。加强应急管理能力建设,有着重要意义。

第一,这是深入贯彻落实科学发展观的重要举措。科学发展观的核心是以人为本,基本要求是全面协调可持续。政府的一切工作都是为了人民,为了实现经济社会全面协调可持续发展。综合分析各种因素,随着经济社会快速发展和现代化程度的不断提高,经济、社会、自然方面存在的安全风险会不断加大。突发事件往往具有难以预测和危害大的特点。如果预防不周、应对不力、处置不当,就会使人民群众的生命财产遭受巨大损失,使经济社会发展受到重大影响,甚至引发社会不稳定。只有始终坚持人民的利益高于一切,树立科学的发展观和正确的政绩观,切实加强突发事件应急管理工作,实现科学发展、和谐发展、安全发展,才能保障人民群众的生命财产安全和社会和谐稳定,也才能实现长时期、高质量、高水平的发展。在中央统一安排下,现在省部级单位正在开展深入学习实践科学发展观活动。领导干部要从理论与实践的结合上,研究解决新问题,进一步增强做好突发事件应急管理工作的新本领和责任感,提高贯彻落实科学发展观的自觉性和坚定性。

第二,这是适应应急管理工作新形势的迫切需要。当前,我国改革开放和现代化建设正处于关键时期。我们面临着良好的发展机遇,但也面临着包括公共安全方面严峻的挑战。在经济体制深刻变革、社会结构深刻变动、利益格局深刻调整、思想观念深刻变化的新形势下,经济社会发展的活力不断增强,同时也不可避免地会引发各种各样的矛盾和问题。我国是世界上自然灾害发生最为严重的少数国家之一,全球气候变化更加剧了我国极端气象灾害的频率和强度。一些不明原因的群体性疾病和重大疫情的跨地区、跨国传播不断出现,防控难度也在增大。2008 年初,我国南方部分地区发生了历史罕见的低温雨雪冰冻灾害,5 月 12 日,四川汶川发生了新中国成立以来破坏性最强、波及范围最广、救灾难度最大的地震灾害。不久前,又发生了涉及面很广、影响很大的问题奶粉事件等。在社会政治生活中,出现了西藏"3·14"打砸抢烧暴力犯罪事件和贵州瓮安"6·28"群体性事件。频繁发生的重大公共安全事件,使人民群众的生命财产和经济社会发展蒙受了巨大损失,还影响了和谐稳定的社会局面,给政府工作造成了巨大的压力。桩桩事件发人深省,教训十分深刻。要全面分析我国公共安全所面临的复杂形势和严峻挑战,认真总结突发事件应对处置的经验教训,进一步增强危机意识、忧患意识和责任意识,提高应对突发事件的能力,预防和减少各类突发事件。

第三,这是提高领导干部应急管理能力的有效方式。应急管理能力是一项重要的行政能力,是新时期各级领导干部的基本功、必修课。近些年来,各级政府处置突发事件的能力不断提高,特别是在四川汶川特大地震抗震救灾中,生动展现了党和政府强有力的领导和指挥能力。但是,应急管理依然还是政府工作中的薄弱环节。相当多的干部没有经过系统培训,缺乏应急管理的科学知识,经验不多,处置突发事件能力不强,以致工作中出现一些失误。提高预防和处置突发事件的能力,对加强本地区本部门应急管理工作具有重要的作用。

二、加强突发事件应急管理能力建设

加强应急管理能力建设是一项系统工程,内容十分复杂,任务非常繁重。从当前情况看,至关重要的是需要抓好以下三个方面:

第一,学法懂法执法,严格依法办事。法律手段是应对突发事件的基本手段。做好应急管理工作,加强法治是根本。近年来,我国先后修改或制定了《传染病防治法》、《防震减灾法》等单行法律 30 余部、行政法规 40 余部和部门规章 50 多件。截至目前,包括企事业单位应急预案在内,我国已有各级各类应急预案 246 万件,其中国家级应急预案 1461 件。近年来制定的这一系列应急预案在突发事件应对处置过程中发挥了积极作用,但也暴露出不少预案缺乏衔接、内容不完整、可操作性差、启动标准难以把握、预警等级不够明确和实战演练不够充分等问题,不同程度影响了处置效果。2007 年 11 月开始实施的《突发事件应对法》,为各级政府全面履行政府职能、加强应急管理工作提供了法律依据。深入学习领会这部法律的立法背景、基本精神和确立的主要制度。我们一定要学法懂法执法,坚持有法必依、执法必严、违法必究,切实把依法行政的原则贯穿于应对突发事件的全过程,运用法律手段解决各种矛盾和问题,努力将应急管理工作的全部活动纳入法治化轨道。

第二,掌握科学知识,提高实际能力。突发事件是指突然发生,造成或者可能造成严重社会危害,需要采取应急处置措施予以应对的自然灾害、事故灾难、公共卫生事件、社会安全事件等。应急管理包括预防与应急准备、监测与预警、应急处置与救援、事后恢复与重建等各个环节,理论性、实践性都很强。许多内容对于我们来讲都是新东西,需要认真学习和掌握。整个培训设计,着眼于提高省部级领导干部应对突发事件的实际能力,既有专题讲授,又有经验介绍;既有案例分析,又有现场教学;既有分组研讨,又有大会交流;既总结国内实践,又借鉴国际经验;既注重教学相长,又提倡学学相长,体现了针对性、系统性和实效性。要进一步提高突发事件的预测判断能力、应对决策指挥能力和组织协调能力。

第三,完善体制机制,夯实物质基础。要在认真总结经验的基础上,全面加强应急管理能力建设,特别要推进体制机制创新、充实物质技术手段,包括完善应急管理机制,健全应急管理保障体系,加强应急队伍建设,增加应急管理投入,提升防灾减灾的科技水平,增强灾害监测预警能力,加强防灾减灾基础设施建设,充实防灾减灾资金和物资储备,确保及时有效地应对各类自然灾害和处置各种突发事件,以切实保障国家安全和人民生命财产安全。

公共危机管理是我国现代化建设进程中始终面临的重大课题。提高防灾减灾能力,是保卫人民生命安全、保卫改革开放和社会主义现代化建设成果的必然要求。从全球范围看,公共危机事件呈增多趋势,今后面临的任务将更加艰巨。应对公共危机的能力,不仅可以反映出一个国家、一个地方的经济社会发展水平和实力,而且可以反映出一个地方、一个部门的执政理念和管理能力,也可以反映出一个领导干部的整体素质和领导本领。因此,一定要在思想上高度重视,务必从提高科学行政能力和全面履行政府职能的高度,增强学习掌握应急管理知识、能力的紧迫感和自觉性。领导干部长期工作在一线,对当前经济社会发展中的突出矛盾和问题有切身的体会,不少同志还亲自指挥过各种突发事件的应对与处置,对如何完善应急管理体制机制进行过深入思考,积累了宝贵的实践经验。要坚持理论联系实际,深入分析现状,认真思考案例,努力破解实际工作中的难题,积极建言献策,使研讨班成为提高认识、增加知识、开阔视野、拓宽思路、研究对策、增强能力的平台。

拓展中欧应急管理项目合作[*]

（2009 年 1 月 20 日）

欧盟驻华使团与国家行政学院有着长期合作关系。2003 年至 2007 年，国家行政学院在欧盟驻华使团的支持下，与欧方合作实施了中欧公共管理项目，取得了丰硕的成果。去年 11 月，在安博大使的大力支持下，国家行政学院邀请了欧盟委员会主席巴罗佐先生到学院演讲，反响很好。目前，在中国商务部的支持下，我院正积极与欧盟方面商讨开展中欧应急管理合作项目。今年 2 月初，我院将迎接欧方专家小组来华考察。中国政府和国家行政学院非常重视这一合作项目。安博大使在百忙中与我会见，也表明了欧盟对中欧应急管理项目的重视。借此机会，我向大使介绍我院在应急管理研究咨询和培训领域的重要职责以及近期正在开展的有关重要工作。

近年来，中国政府以"一案三制"（即应急预案、应急管理体制、机制和法制）为核心，大力推进应急管理工作的发展。2005 年，完成了全国应急预案编制工作，包括国家总体应急预案、专项应急预案和部门应急预案。2006 年，设置了国务院应急管理办公室。各部门、各省市也相继成立了应急管理机构。2007 年，颁布了《突发事件应对法》。

2008 年 1 月的中国南方雪灾和"5·12"汶川地震发生后，中国政府

　＊　本文系作者在会见欧盟驻华大使赛日·安博时的谈话（摘要）。

和中国人民团结奋斗,在包括欧盟在内的国际社会的帮助下,救灾工作取得了阶段性的成绩;同时也认识到,中国在应急管理系统,特别是在能力建设方面还存在薄弱环节。因此,中国政府进一步加大了应急管理体系的建设步伐。

为了加强中国应急管理的政策研究和咨询,提高中国高中级公务员的应急管理水平和能力,2007年秋季,国务院决定在国家行政学院设立国家应急管理人员培训基地。这是国务院赋予国家行政学院的新的重要职责。在我赴任国家行政学院常务副院长后,温家宝总理专门指示,要加快国家应急管理人员培训基地的建设。我们学院深感这项工作的紧迫性和重要性,正在全力以赴地开展应急管理学科建设、师资培训、课题开发等各项工作,正在整合充实专家队伍,提高科研和咨询能力,开设培训课程,为中央和地方政府提供及时有效的政策建议;同时,应急管理教学楼也正在设计建设中。

2008年,我们学院已经举办了多期应急管理专题培训班,其中包括省部级领导干部培训班和司局级干部培训班。去年下半年,国家行政学院在中国商务部的支持下,与多个国家开始商谈应急管理合作项目。

从2009年起至2011年的三年时间内,中国政府将与德国政府合作开展"中德灾害风险管理项目"。德国内政部及下属的联邦技术救援署、联邦公民保护和灾难救援署将作为德方合作伙伴,中国国家行政学院和德国技术合作公司负责项目实施。

2009年起,国家行政学院和英国内阁办公室下设的英国紧急事务规划学院将共同实施为期两年的中英应急管理合作项目。项目的主要活动在四川进行,也邀请四川周边受地震影响的甘肃、陕西、云南等地区参与,项目成果将通过国家行政学院传播到其他地区。

中国国家行政学院和瑞典国防大学下设的国家应急管理研究和培训中心已经就双方开展应急管理项目合作进行了接触和交流,就双方签订合作谅解备忘录取得了一致意见。今年春季,该中心将派专家来我院讨论具体合作事宜。另外,美国国际发展署(美国国际开发署,USAIO)也表示,愿意与我院加强应急管理案例研究,共同建设中美应急管理案例库。

下面,我就中欧开展应急管理合作项目谈几点建议:

第一,温家宝总理近日将访问欧盟,我院已将前一阶段与欧盟开展应急管理合作进展情况向总理作了汇报。我们建议,把中欧应急管理合作作为温家宝总理访问欧盟的一项内容进行交流,并将双方达成的共识写入中欧联合声明。

第二,成立中欧应急管理研究所(院),开展专题研究与决策咨询。专题研究与咨询的内容包括:公民保护与应急预防、安全规划与设计、风险分析与管理、应急预案编制与演练、多部门应急决策与指挥、应急沟通与信息平台建设、应急管理中的社会参与与国际合作、业务持续性管理等。

第三,合作建设应急管理学科。到目前为止,中国的应急管理学科建设还处于初级阶段,尚未建立独立的课程体系,专业培训刚刚起步;而应急管理学科在欧洲已经很成熟,许多高校早已建立了学科体系。我们希望,通过与欧盟合作,学习欧洲在应急管理学科建设方面积累的经验,从课程开发、教学方法、师资培养等方面全面推动中国国家行政学院的危机管理学科建设;同时在开发学位教育课程时,邀请欧方专家提供授课支持。

第四,共同开展跨地区、跨部门应急管理政策开发和领导能力培训。欧盟和中国在应急管理方面面临着一些相似的情况,比如说在地域辽阔的地理环境下,如何协调地区间和部门间的合作。我们了解到,欧盟正在开发欧盟层面的应急管理和协调机制,中国在这方面也有同样的需求。我们希望,通过中欧应急管理合作项目,双方可以加强交流,互相切磋,共同研讨出科学合理的跨地区、跨部门协调机制,并组织开展这方面的领导能力培训。

广泛开展应急管理领域的国际合作[*]

（2009 年 9 月 29 日）

一、关于中德应急管理合作项目的
政治意义及专业意义问题

　　近年来，中德关系发展良好，两国高层接触频繁，经贸合作不断扩大，科技、教育、文化、青年等领域的交流富有成果，在国际事务中沟通与协作日益增强。2009 年初，中国国务院总理温家宝成功访德，对推进中德具有全球责任伙伴关系的发展，起到了重要的作用。温家宝总理访欧期间，在与欧盟委员会主席巴罗佐会谈时明确提出："加强中国国家行政学院与欧盟有关国家及机构在应急管理方面的合作"，并将"中欧双方同意加强在应急管理方面的合作"写入了会谈后发表的《中欧联合声明》。2009 年 3 月 24 日，在中国北京签署了《中德关于应急管理合作项目执行协议》。我认为，这一协议的签署和实施，对于中国学习研究借鉴德国在应急管理方面的经验，提高各级政府和领导干部应对突发事件的能力和水平，进一步完善中国特色应急管理体系，提升应急管理教学培训、科研咨询和国际交流合作能力，具有重要的专业意义；同时，对于进一步加强中德之

---

　　* 本文系作者接受德国《公民保护》杂志采访的提纲。

间的关系,增强战略共识,扩大合作交流,共同分享发展机遇,共同应对各种挑战,为建设持久和平、共同繁荣的和谐世界,也具有重要的政治意义。

二、关于德国怎样在应急管理合作项目框架内 帮助中国改善灾难保护体系问题

中国是世界上自然灾害最为严重的国家之一。灾害种类多、分布地域广、发生频率高、造成损失重。洪涝、干旱、台风、冰雹、雷电、高温、沙尘暴、地震、地质灾害、风暴潮、赤潮、森林草原火灾和植物森林病虫害等灾害在中国都有发生。70%以上的城市、50%以上的人口分布在气象、地震、地质和海洋等自然灾害严重地区。仅2008年,全国就有4.7亿人次受灾,死亡和失踪88928人,因灾直接经济损失达11752.4亿元。在中国政府的坚强领导下,依靠全国人民的共同努力,我们虽然取得了抗击南方雨雪冰冻灾害和四川汶川大地震等自然灾害的重大胜利,但也暴露了中国在巨灾综合应对体系、灾难保护体系等方面还有不少需要进一步改进的地方。

德国在"灾难风险管理项目"的框架内可以从以下一些方面帮助中国改善灾难保护体系。在灾难的预测预警方面,如何充分利用现代科学技术特别是信息技术,建立起比较完善的预测预警体系;在综合减灾科普宣传教育方面,可以帮助中国建立面向中高级公务员、减灾工作者以及普通民众的,集教育培训和模拟演练为一体的教育培训体系;在非营利组织与志愿者参与综合减灾方面,可以帮助支持中国群众团体、民间组织和基层自治组织开展防灾避险知识宣传,指导中国基层民众掌握预防、避险、自救、互救和减灾等基本技能;在综合减灾法律和保险等制度建设方面,德国可以帮助中国进一步完善灾难保护的法律和保险体系,尤其是在巨灾综合应对方面的法律体系和保险体系。

三、关于德国在中德应急管理合作项目中
从中国可以学到什么的问题

中华人民共和国成立以来,中国政府在领导中国人民应对各种灾难过程中积累了丰富的经验,德国可以在中德应急管理合作项目中从中国学到很多东西。比如,学习中国应对灾难的强大社会动员能力。中国在应对各种灾难时,政府能够广泛进行社会动员,全民参与,政府、企业与各种社会组织之间有效地组合力量,形成政府主导、全社会共同参与的救灾格局,在各种灾害特别是巨灾面前,显示出强大的社会动员能力。又比如,学习中国应对灾难的统一指挥、协调联动机制。中国应对各种灾难时,政府进行统一领导和部署,公安、消防、气象、水利、电力、交通、民政、医疗、防疫等政府部门之间协调联动,一方有难,八方支援,打破条块分割、部门分割、地域分割、军地分割的界限,形成了协同应急救灾的巨大合力,发挥了社会主义集中力量办大事的体制优势。再比如,中国应对灾难实行军民结合、平战结合的有效做法。中国武装力量具有顽强的意志、良好的体力、严密的组织和超常的快速反应能力、应急机动能力及远程投送能力等,执行抢险救灾等非军事任务,具有体制优势,等等。可以说,中德应急管理合作项目是一个互利共赢的项目,不仅中国可以从德国学到很多先进的应急管理技术和经验,德国从中国同样能学到很多成功的做法和经验。

四、关于在应急管理协调方面中国能在
多大程度上借鉴德国的经验问题

中国是一个单一制国家,德国是一个联邦制国家。由于中德在行政

管理体制和政治、经济等体制上的不同,两国在应急管理协调的侧重点和机制方面也有很大的差异,但注重应急管理过程中的协调沟通则是两国共同之处。由于中国幅员辽阔,人口众多,地区、部门之间差别大,行政结构和层次复杂,目前正处在社会转型时期,各种利益矛盾的协调任务比德国繁重,因此,在应急管理过程中对政府协调能力的要求更高。在这个问题上,我认为中德之间应相互学习借鉴,互相取长补短,达到共同提高的目的。比如,中国可以学习借鉴德国在协调政府部门与非政府组织之间关系的经验;德国也可以学习借鉴中国在协调整合政、军、民等各方面资源方面的经验。

五、关于中国在应急预案工作方面有哪些需要改进的问题

中国非常重视应急预案工作。2003 年"非典"后,国务院成立了应急预案工作小组,研究制定国家应急总体预案,组织国务院部委拟定专项预案和部门预案,指导各省(区、市)政府制定相应的应急预案。2005 年 1 月颁布了《国家突发公共事件总体应急预案》,还编制了 25 件专项预案、80 件部门预案。截至目前,在国家层面中国已经制定各类应急预案 135 万多件,各省(区、市)、97.9% 的市(地、盟)和 92.8% 的县(市、区)和 100% 的中央企业均制定了应急预案,高危行业绝大部分规模以上企业也制定了应急预案,全国所有街道、乡镇、社区、村庄和各类企事业单位也完成了应急预案编制工作。中国已经形成从国家总体应急预案到专项应急预案、部门应急预案、地方政府应急预案、企事业单位应急预案、社区应急预案和重大活动应急预案,"纵向到底、横向到边",贯通行政和各类组织层级,覆盖社会各个层面的应急预案体系,而且在各类突发事件应对过程中发挥了重要作用。

当然,中国的突发公共事件应急预案体系还有不少需要进一步改进的地方。比如,中国的应急预案内容比较原则,操作性不太强,大多应急预案缺乏实战演练;应急预案的专业化、标准化、规范化还不够,修订也不太及时等。这些问题已经引起中国政府的高度重视,并积极采取措施加以解决。例如,加强应急预案的定期评估与检查工作,据此对应急预案进行定期修订;加强应急预案实战演练,强化其可操作性;引入专家机制,提高应急预案的专业化、标准化、规范化水平等。

六、关于中德通过应急管理项目合作形成的人际关系网如何利用的问题

中德之间开展的长达 3 年的这一合作项目,双方不仅投入大量的人、财、物,而且在这期间一定会产生很多新的、融合大量相关经验和专业水平的高层人际关系网,我认为,这是一笔十分宝贵的财富。充分利用好这一财富,不仅对深化中德之间在应急管理方面的合作交流,具有十分重要的意义,而且对扩大中德在经济、政治、文化、科技等各方面的合作交流,推进中德具有全球责任伙伴关系的进一步发展,也具有重要的推动和促进作用。要利用好这一财富,关键要寻找一个有效载体,在我们之间架起一座能够进行长期合作交流的桥梁。国家行政学院愿意在这方面做更多的工作,一方面,做好这 3 年的合作项目的实施、协调等工作,另一方面,也为我们充分利用这 3 年合作的成果进行长期合作提供平台等。关于这个问题,我们可以进一步讨论研究。

七、关于类似德国这样的志愿者体系
是否适合中国的问题

从我们的考察了解来看，德国的应急救援志愿者体系比较发达，组织有序、运转高效、救灾效果突出。我认为，德国在加强应急救援志愿者体系建设方面的一些成功做法，值得中国研究借鉴。

近年来，中国的志愿者体系发展迅速。1994 年 12 月 5 日，中国青年志愿者协会正式成立，这标志着中国志愿者活动进入了有组织、有秩序阶段。中国青年志愿者协会与社区志愿者组织是中国规模最大的两个志愿者组织，他们都与政府机构有一定联系。中国青年志愿者协会隶属于共青团中央，它主要通过组织大型活动，推动全国性志愿者服务项目。社区志愿者组织隶属于民政系统，它的各级组织都与各级民政部门有一定联系，最基层的志愿者组织在街道居委会，并接受相应政府组织的领导与指导。截止到 2008 年，中国的志愿者大约有 500 多万人。

中国的志愿者也大量地参与各种应急救援活动。例如，直接参与四川汶川大地震救灾的志愿者多达 400 多万，而全国间接参与汶川大地震救灾的志愿者人数就更多。当然，中国的志愿者参与应急救援活动还存在一些需要改进的问题。比如说，不少政府部门、志愿者组织和公众认为，应急救援是政府和专业人员的事，对志愿者的组织和队伍建设重视不够；志愿者组织缺乏必要的应急救援培训，专业化水平不高，救援能力不强；志愿者组织与政府之间缺乏制度化的联系沟通，志愿者组织发育滞后等。德国从志愿者组织的定位和培训、组织建设、社会参与渠道开拓、资金来源、运作模式、管理体制、法律保障等诸多方面入手，强化志愿者的组织体系建设和应急救援能力建设，这些做法值得中国研究借鉴。

加快构建中国特色应急管理体系[*]

（2010 年 6 月 19 日）

  在北京美好的仲夏时节，来自世界 20 多个国家（地区）和有关国际组织的官员、应急管理专家学者与实际工作者，相聚在一起，就全球关切的应急管理问题进行深入研讨，这对于推动应急管理方面的国际交流合作，相互取长补短，共同应对人类面临的各种危机和挑战，具有重要的现实意义和战略意义。在此，我谨代表中国国家行政学院，对 2010 年应急管理国际研讨会的召开表示热烈的祝贺！对各位嘉宾和朋友的到来表示诚挚的欢迎！

  预防和应对危机，始终贯穿于人类历史发展的进程。一部人类文明发展史，从一定意义上说，就是不断应对各种危机、战胜各种灾难的奋斗史。当今世界，人类面临的发展希望和机遇增多，同时，面临的风险和挑战也在增加。各种传统的和非传统的、自然的和社会的安全风险相互交织，重大灾难频繁发生，重大疫情传播范围扩大，能源资源紧缺和生态环境恶化，跨国犯罪和恐怖主义活动增加，民族宗教矛盾和地区冲突不断，经济社会发展不稳定不确定因素增多。预防和应对各种风险、危机及突发事件，成为国际社会和世界各国政府面临的重大课题。

  借此机会，我主要就中国应急管理体系建设进展情况和面临的重点

---

  * 本文系作者在应急管理国际研讨会上的主旨演讲。

任务作一些介绍,与大家一起交流。

中国政府高度重视应急管理工作,改革开放 30 多年特别是近些年,坚持把构建中国特色应急管理体系作为预防和应对各种风险、危机,促进科学发展、和谐发展的重大任务,围绕应急管理预案、体制、机制、法制,即"一案三制"建设,进行了坚持不懈地努力,开展了多方面卓有成效的工作。

一是应急管理思想理念不断明确。坚持以人为本,把保障公民生命财产安全放在第一位,把加强应急管理体系建设作为全面履行政府职能、提高政府行政能力的重要内容,全国上下防范风险和应对各种危机的观念明显增强。

二是应急管理预案体系基本形成。从 2005 年国务院颁布《国家突发公共事件总体应急预案》以来,全国已制定各级各类应急管理预案 200 多万件,基本形成了一个覆盖各类突发事件,"纵向到底、横向到边"的预案体系。

三是应急管理体制初步建立。以各级政府应急管理办公室成立和综合协调职能的加强为标志,形成了统一领导、综合协调、分类管理、分级负责、属地管理为主,全社会共同参与的应急管理体制架构和工作格局。

四是应急管理机制不断完善。按照统一指挥、反应灵敏、协调有序、运转高效的要求,各级政府和各部门建立了信息通报、预防预警、应急处置、恢复重建、社会动员、跨地区跨部门协作机制,应急管理效率不断提高。

五是应急管理法制建设逐步健全。以《中华人民共和国突发事件应对法》的颁布实施为标志,目前,国家已有应对各种自然灾害、事故灾难、公共卫生事件和社会安全事件的法律、法规和部门规章 200 多部,为应急管理工作的全面开展提供了法律依据和法制保障。

六是应急管理队伍体系已经形成。全国上下形成了以公安、武警、军队为骨干和突击力量,以防汛抗旱、抗震救灾、森林消防、海上搜救、矿山救护等专业队伍为基本力量,以企事业单位专兼职队伍和应急志愿者为辅助力量的应急管理队伍体系。

七是应急管理保障能力明显提升。各级政府不断加大财政投入,重点加强了应急物资储备和应急队伍装备,灾害监测网络日趋完善,预警系统建设进一步加强,保障能力明显提升。

八是应急管理知识普及得到加强。国家级应急管理培训基地建设进展顺利,各级应急管理教育培训逐步展开,国际应急管理交流合作日趋频繁,公务员和社会公众的应急管理知识、公共安全意识,以及应急管理能力、自救互救能力等不断增强。

由于国家重视应急管理体系建设,我国应对各种突发公共事件的动员能力、反应能力、处置能力和恢复重建能力有了明显提高。近些年来,我们在预防和应对各种重大突发公共事件中取得了比较显著的成效,包括及时、有力、有效地应对了破坏力极强的地震灾害和极端气候灾害,以及重大突发事件,保障了我国改革开放不断深化和经济社会持续发展。同时,我们也清醒地看到,目前中国正处在工业化、信息化、城镇化、市场化深入发展的过程中,面临着体制转换、结构调整、保护环境、改善民生、消除贫困等多重压力,社会利益关系错综复杂,各种自然灾害频繁发生,安全生产事故难以避免,公共安全面临许多新的挑战,应急管理工作形势严峻。这就要求我们必须增强忧患意识,更加重视应急管理工作,为全面建设小康社会、加快推进现代化建设提供一个稳定、安全、和谐的社会环境。我们要认真研究探索应急管理工作的规律,学习借鉴世界各国应急管理的成功做法和经验,继续全面构建中国特色应急管理体系。

当前和今后一段时期,我国加强应急管理体系建设的基本任务,就是以提高全社会应急管理综合能力为主线,以强化基层应急管理工作为重点,以健全完善突发公共事件预测预警预防体系、综合协调机制和社会矛盾化解机制等为主要内容,形成统一指挥、结构合理、功能完善、反应灵敏、协调有序、运转高效、特色鲜明的应急管理体系,使全社会预防各类风险和危机的意识进一步增强,应对各种突发公共事件的能力水平显著提高,为促进经济社会的科学发展、和谐发展提供有力保障。

为此,我们将遵循以下一些重要原则:一是始终坚持以人为本、生命至上、民生第一的理念,把保障人民群众的生命财产安全放在首位,作为构建应急管理体系的根本出发点和落脚点;二是始终坚持预防为主,预防与应急相结合、常态管理与非常态管理相结合,加强风险防范,完善预测预警机制,提高应急管理工作的预见性、科学性和有效性;三是始终坚持统一领导、加强协调配合、强化协同应对,完善上下贯通、左右配合、综合协调、区域协作、全社会参与的体制机制;四是始终坚持依法应急、科学应急、民主应急,以法制规范应急管理行为,以科技引领支撑应急管理工作,以民主确保应急管理公开公正公平;五是始终坚持以加强应急管理基础能力建设为重点,强化基层、广泛动员,发挥各方面优势,整合各方面资源,提高全社会防范应对突发公共事件的综合能力。这"五个始终坚持",既是我们近些年来应急管理工作实践经验的科学总结,也是我们进一步构建中国特色应急管理体系必须坚持的基本原则。

进一步构建中国特色应急管理体系,需要着力抓好以下几个方面重点工作:

第一,全方位推进应急管理体制机制建设。要以提高基层应急能力为重点,进一步理顺各级应急管理体制,强化综合协调,完善应急决策指挥机制,形成快速反应、高效运转的应急管理体制机制。要完善突发事件监测预警机制,强化风险管理,实现对各种风险和隐患治理的制度化、规范化和常态化。要完善信息报告、信息共享、信息发布和舆论引导机制,强化应急处置协调联动机制,加强各方面的协同配合,形成有效处置突发事件的合力。要完善社会动员机制,充分发挥群众团体、企业、社会组织、基层自治组织及公民在突发事件预防、应对和处置等方面的作用。

第二,全面强化应急管理基础能力建设。要把防灾减灾纳入城乡建设发展规划,在做好灾害风险评估的基础上,重点加强电力、交通、通信等各类基础设施的抗灾和保障能力建设,提高学校、医院、大型商场等人员密集场所抗灾设防标准。要督促各类生产企业加大安全技术投入力度,改善安全生产条件,大力提高矿山、危险化学品等高危行业安全生产水平,切实加强安全生产基础能力建设。要完善城乡医疗救治体系和疾病预防控制体系,提高重大传染疫情、群体性不明原因疫病等监测、检测、处置能力,健全食品安全检验检测体系,加强公共卫生保障能力建设。要健全科学有效的利益协调机制、诉求表达机制、矛盾调处机制、救助保障机制和社会治安防控机制,积极化解各种社会矛盾,夯实社会安全的基础。

第三,进一步完善应急管理法律和预案体系。依法预防和处置各种突发公共事件,是实施依法治国方略的重要方面,也是推行依法行政的重要方面。要进一步完善各类突发公共事件应对方面的法律法规,抓紧制定各项配套规定,并认真抓好贯彻实施,使应急管理纳入法制化、规范化、科学化轨道。要全面开展应急管理规划和预案评估工作,定期组织规划实施情况的检查和预案的演练,及时修订完善各类规划和预案,不断提高针对性、实用性和可操作性。

第四,切实加强应急管理保障体系建设。要进一步加强应急物资储备和管理体系建设,优化应急物资储备布局,改进应急物资调拨配送方式,合理确定储备品种和规模,加强跨部门、跨地区、跨行业的应急物资协同保障。要以提高基层应急保障能力为重点,加大应急管理资金投入力度,开辟多元化的筹资渠道,实行政府、企业、社会各方面相结合的应急保障资金投入机制。要加快建立国家巨灾保险体系,充分发挥各类社会保险的应急功能,建立应急管理公益性基金,提高灾害救济补助标准,有效分散风险、减少损失。要研究制定应急管理方面的资金、税收等优惠政策,支持应急管理企业产业发展。加快推进应急管理平台建设,提高应急管理的信息化、社会化、科学化水平。

第五,注重提高全社会风险防范和灾害应对能力。要加大应急管理知识宣传普及力度,充分发挥各级政府和政府各部门以及新闻媒体和社会各界的作用,深入开展应急管理科普教育活动,大力推进防灾避险、自救互救等应急救援知识、技能进社区、进农村、进企业、进学校活动,大力提高全社会的防灾避险意识和自救互救能力。要全面加强应急管理教育培训工作,加快国家应急管理人员培训基地建设,完善各级各类应急管理教育培训网络,提高各级领导干部应对突发事件的指挥协调能力和处置能力。加强应急管理志愿者队伍建设,提高组织化、专业化水平。加强各类应急管理人才培养和专家队伍建设,积极开展应急管理科学技术研究和决策咨询工作。要加强对现代条件下各类突发事件特点和应对手段的研究,建立科技应急管理支撑系统,为科学应急提供现代化服务和手段保障。

这次研讨会的召开,为我们了解掌握国际应急管理最新动态,学习借鉴各国应急管理先进理念、做法和经验,提高构建中国特色应急管理体系水平提供了机会,也为加强国际应急管理的交流合作搭建了平台。中国国家行政学院作为中国政府培训高中级公务员、培养高层次公共管理和政策研究人员的重要机构,开展公共行政理论和政府管理创新研究的重要基地,以及为政府提供决策咨询服务的重要思想库,我们正在按照中国政府的要求,建设国际一流行政学院,特别是坚持高起点高标准,加快国家应急管理人员培训基地建设。国务院已明确要求,要依托国家行政学院整合中央国家机关、地方政府和有关高校、科研机构的相关教学研究资源,广泛借鉴国外成功经验,建设成为全国应急管理人员培训中心、应急管理政策研究和咨询中心以及国际交流与合作中心。充分发挥国家应急管理人员培训基地的示范辐射和对国(境)外交流的平台作用。开展全方位、多渠道、宽领域的国际应急管理交流合作,既是中国政府赋予国家行政学院的重要职责,也是我们建设国际一流行政学院的重要目标。

2009 年以来,在国务院和有关方面的大力支持下,国家行政学院全面加快了国家应急管理人员培训基地建设的进程,国家已正式批准学院成立应急管理的相关机构,建筑面积达 2.3 万多平方米的应急管理教学楼和学员宿舍楼正在紧张地建设中,面向国内外招聘和选调各类应急管理人才工作已经并将继续进行。我们真诚希望各位代表围绕研讨会的主题,广泛交流、深入研讨,为构建中国特色应急管理体系发表箴言良策,为提高国家应急管理人员培训基地的教学培训和科研、咨询水平提出建议。让我们在相互交流中加深了解,在相互研讨中形成共识,在互相学习中提高水平,在相互借鉴中实现共赢。

为构建中国特色应急管理体系积累经验*

（2011 年 3 月 12 日）

当今世界，各种危机和突发事件频发。切实加强应急管理，有效预防、应对、处置各种危机和突发事件，成为世界各国和人民面临的共同课题。中国是世界上各种危机和突发事件多发的国家之一。一部中华文明发展史，从一定意义上讲，就是不断应对各种灾害、战胜各种灾难的奋斗史。新中国成立以来，特别是近些年来，党中央、国务院高度重视应急管理问题，全面推进应急管理工作，在全力应对各类重特大突发事件中，不断总结经验，探索规律，使我国应急管理综合能力有了显著提升，在有效应对近年来发生的南方部分地区低温雨雪冰冻灾害、四川汶川和青海玉树特大地震、甲型 H1N1 流感疫情、西南地区干旱、山西王家岭矿难、甘肃舟曲特大山洪泥石流等各类重大突发事件中，在成功举办北京奥运会、上海世博会、广东亚运会等各类重大活动中，取得了令世人瞩目的成就，对推动"十一五"期间我国经济社会发展发挥了重要作用。

由于我国特殊的地理气候条件、自然环境和基本国情，加上目前我国正处于工业化、信息化、城镇化、市场化、国际化加速发展时期，在全面建设小康社会、加快推进社会主义现代化的历史进程中，我们面临的各种矛盾和问题前所未有，应对各种危机和突发事件任务的艰巨性、复杂性、繁

---

* 本文系作者在《中国应急管理年度报告（2011）》编委会座谈会上的讲话（节录）。

重性世所罕见,不断总结经验教训,全面加强应急管理工作,大力推进应急管理能力和水平的提升,成为"十二五"时期乃至今后很长一段时期,我们面临的一项十分重大而紧迫的战略任务。

正是基于上述考虑,我们在筹建国家应急管理人员培训基地过程中,感到有必要通过组织编写《中国应急管理年度报告》的形式,汇聚各方面的智慧和力量,对每年的应急管理工作进行全面回顾总结。为构建和完善中国特色应急管理体系积累经验,为不断改进应急管理工作、全面提升应急管理能力和水平提供帮助和借鉴,为全面推进应急管理教育培训、科学研究、决策咨询和国际交流合作等提供服务和平台,为促进科学发展、和谐发展,实现"十二五"时期经济社会发展目标任务提供支撑和保证。我们的这一设想,得到了马凯国务委员的首肯和国务院应急办的大力支持,也得到了民政部、卫生部、安监总局等部门和一些地方政府及应急管理部门的积极响应。国务院应急办领导多次审阅修改报告编写方案,反复修改审定报告全书,并责成相关处、派出专门人员自始至终指导、参与这项工作。从框架的确定、材料的组织、案例的提供等各方面给予了全面指导和支持。民政部、卫生部、安监总局等部门派出精兵强将,参与框架的讨论修改、材料的组织撰写以及修改完善。北京、广东、江苏、山东、四川、陕西、吉林等地方政府和应急管理部门在典型经验和案例材料的提供等方面也给予了积极配合。作为报告组织编写的牵头单位,国家行政学院更是积极主动地履行自己的职责,学院应急管理培训中心抽调专门力量,组成专门的编辑部,负责从方案设计、内容整合到修改出版等一系列工作。可以说,《中国应急管理报告(2010)》(以下简称《报告》)一书是大家协调配合、共同努力的结果,凝聚了各方面的智慧和力量。

综观《报告》全书,与国内已出版的同类书籍相比,具有以下三个显著特点:一是权威性、客观性。参与《报告》组织编写的都是我国应急管理领域最权威的部门和机构,是各类重特大突发事件的主管部门和处置机构,也是各类突发事件管理法律法规和政策的制定部门和机构。其所提供的数据、案例、材料和情况等,既全面客观,又准确权威。特别是《报告》的整个组织编写工作,自始至终是在国务院应急办直接指导和亲自参与下进行的,每一个数据、每一个案例、每一份材料都进行了反复的审核、斟酌和修改,其准确性、客观性和权威性非一般报告所能比拟。二是全面性、系统性。《报告》既有全国应急管理工作的总体概况,又有分类分析;既有地方政府应急管理工作经验介绍,又有各行各业应急管理工作创新专题分析;既有年度重特大应急管理典型案例,又有应急管理工作年度大事记;既有应急管理工作成功做法和经验的总结介绍,也有存在问题的全面分析和相关对策建议,全面性、系统性非常强。一册在手,可总揽全年应急管理情况,是从事应急管理理论研究不可多得的资料数据库,也是从事应急管理实际工作不可缺少的工具书。三是创新性、指导性。《报告》通篇贯穿应急管理工作创新这一主线。无论是全国应急管理工作总体概况的介绍,还是分类综述;无论是地方应急管理工作的典型介绍,还是分专题分析;无论是典型案例的选择,还是大事记的编写,都突出了应急管理工作创新这一主线。可以说,《报告》是年度应急管理工作创新的系统总结和集中反映。同时,《报告》始终坚持将指导应急管理实际工作作为编写的根本出发点和落脚点,无论是框架的设计还是内容的编排;无论是文字的表述,还是角度的选择,都突出强调对应急管理实际工作的指导性。许多应急管理实际工作者都认为,《报告》的指导性非常强,从中不仅可以了解全国的应急管理情况,而且能学到许多成功的做法和经验。

当然,由于是第一次组织编写,加上时间仓促,《报告》也还有不尽完善的地方。比如,出于保密等因素的考虑,《报告》中缺少社会安全和管理方面的内容;由于启动时间晚,《报告》反映的是 2009 年的应急管理工作,显得有些滞后等。这些都有待于我们在今后的《报告》编写中加以改进。

组织编写《中国应急管理年度报告》,是一项政治性、改革性、业务性都非常强的工作。做好这项工作,意义重大。既需要紧紧围绕党和国家工作大局来谋划和推进,也需要从应急管理工作实际出发来组织和落实。借此机会,我想就进一步组织编写好和使用好《中国应急管理年度报告》,提以下四点建议。

第一,提高认识,加强领导。要把组织编写好和使用好《中国应急管理年度报告》,同深入学习贯彻胡锦涛总书记等中央领导在省部级主要领导干部社会管理及其创新专题研讨班开班式上的重要讲话精神,同学习贯彻"两全"精神,加强和创新社会管理,提高社会管理科学化水平,做好新形势下群众工作,最大限度激发社会活力、最大限度增加和谐因素,最大限度减少不和谐因素,促进社会和谐稳定和公平正义,为实现"十二五"时期经济社会发展目标任务凝聚强大力量结合起来,同进一步加强和改进应急管理工作,建立健全中国特色应急管理体系,不断提高应急管理的科学化、民主化、法制化能力和水平结合起来,加强领导,强化组织,加大工作力度。

第二,丰富内容,完善体系。要在全面总结去年编写《报告》经验的基础上,不断丰富内容,增加"应急管理权威论述"、"应急管理政策、法律、法规"、"应急预防与风险管理"等内容,特别要加强与公安、政法、维稳等部门的沟通协调,争取补上社会安全和管理等方面的内容。要进一步全面总结和反映各级地方政府和社会各行各业应急管理的创新做法和经验,增加上海世博会、广东亚运会等各类重大活动的成功经验和有效模式,突出我国的政治优势和体制优势性。要采取各种切实有效的措施,不断增强《报告》的权威性、客观性、全面性和可读性,今年编写时可适当增加图表、图片、相关链接资料和英文目录等,也可做成多媒体检索光盘,以进一步丰富内容、完善体系。

第三,加强协调,提高质量。国家行政学院作为《报告》组织编写的牵头单位,要主动承担责任,切实加强与国务院应急办、民政部、卫生部、公安部、中央政法委、中央维稳办、军队和武装警察部队等单位和部门的沟通协调,争取他们的指导和支持。要为《报告》的组织编写和出版提供良好条件,要严把选题、编写、编辑和出版质量关。编委会各成员单位之间也要进一步加强协调配合,做好资料、案例的收集整理等工作,不断提高《报告》编写质量。从今年开始,我们要建立健全编委会主任会议、编委会单位联络人会议及编辑部人员会议等制度,定期沟通交流情况,及时研究解决编写过程中碰到的各种困难和问题。力争每年的5月份拿出报告初稿,6月份争取出版发行。

第四,加强宣传,扩大影响。《报告》出版后,争取每年举行一次首发式,邀请社会各界人士参加,以加大宣传力度。同时,定期召开《报告》编写、出版、发行、使用座谈会,认真听取社会各界对《报告》编写出版的意见建议,交流编写、出版、发行、使用《报告》的经验和体会。编委会各成员单位要率先在本部门、本系统做好《报告》组稿、宣传、学习、发行等工作,要把组稿、宣传、学习、使用《报告》同总结、改进本部门本系统应急管理工作,提高应急管理能力水平有机结合起来。《报告》编委会可通过开展读、评、用报告座谈会、经验交流会、评选中国应急管理创新奖等多种形式,对组稿、宣传、发行、使用《报告》工作做得好的部门和单位给予适当表彰和奖励。条件成熟的话,也可同时出版英文版《报告》,以扩大影响,发挥《报告》的作用。

我相信,有党中央、国务院的坚强领导,有国务院应急办的大力指导和支持,有编委会各成员单位的积极配合和共同努力,我们一定能把《中国应急管理年度报告》打造成在国内外有影响力的品牌,一定能为构建和完善中国特色应急管理体系,促进经济社会科学发展,实现全面建设小康社会的宏伟目标做出积极的贡献。

全面推进中国特色应急管理体系建设[*]

（2011 年 11 月 26 日）

  这次论坛以"社会管理创新与国家安全"为主题，体现了党中央、国务院在新形势下加强和创新社会管理的决策部署，顺应了我国当前社会各界的普遍关切，有着重要的意义。全面推进中国特色应急管理体系建设，是进行社会管理创新、维护国家安全的重要任务，我想主要就这个问题讲一些看法，与大家一起交流。

  预防和应对各种公共危机，确保国家安全，是各国政府长期面临的共同课题。当今世界正处在大发展大变革大调整时期，各种传统的、非传统的安全威胁相互交织，经济、政治、文化、社会、自然等方面的公共危机和突发事件增加，人类社会进入公共安全问题多发的高风险时代。面对复杂多变的公共安全形势，各国都把建立健全符合本国实际的应急管理体系，作为化解各类危机、确保国家安全的重要举措。当代中国仍处于可以大有作为的重要战略期，推进发展改革的有利条件很多，同时，又处于各种矛盾凸显期，面临的安全风险和社会矛盾前所未有，应对各种危机和挑战的艰巨性、复杂性世所罕见。加快推进中国特色应急管理体系建设，全面提升防范和应对各种危机及突发事件的能力，尤为重要和紧迫。

  党中央、国务院高度重视各种危机的应对和突发事件管理，特别是

  * 本文系作者在第十届中国国家安全论坛上的主题演讲，原载《行政改革内参》2011 年第 6 期。

2003年初发生"非典"严重疫情以后,更加注重加强应急管理体系建设,在应急管理法制、体制、机制、能力建设等方面做了大量工作,不断总结实践经验,深入探索应急管理规律,使我国应对各种危机和突发事件的综合能力得到了显著提升。

一是应急管理理念不断明确。坚持以人为本、生命至上,把保障公民的生命财产安全放在第一位;坚持预防为主、预防与应急并重、常态与非常态结合,把加强应急管理作为全面履行政府职责、提高行政能力的重要方面。全国上下防范和应对各种危机的观念明显增强。

二是应急管理预案体系大体形成。从2005年国务院颁布《国家突发公共事件总体应急预案》以来,全国已制定各级各类应急管理预案200多万件,大体形成了"横向到边、纵向到底"的覆盖各类突发事件的应急预案体系。

三是应急管理体制基本确立。建立了统一领导、综合协调、分类管理、分级负责、属地为主、全社会共同参与的应急管理体制。各级党委、政府在预防和应对各种危机和突发事件中的领导责任及相关部门的工作职责不断明确。

四是应急管理机制逐步完善。加强了各类风险评估排查、监测预警预防、信息报告发布、应急处置救援、灾后恢复重建,以及舆论引导、军地协作等各个环节的工作,应急管理预防、处置等协同机制不断完善。

五是应急管理法制建设得到加强。国家颁布实施了突发事件应对法,组织制定了一系列配套法规,各部门、各地方制定有关应急管理的法规和规章200多部,为应急管理工作全面开展提供了法律依据和保障。

六是应急管理保障能力明显增强。各级政府加大了财政投入,加强了应急物资储备、应急科技研发、应急技术装备等各方面建设。全国上下形成了以公安、武警、军队为骨干,行业专业队伍为基本力量,企事业单位专兼职队伍和应急志愿者为辅助力量的应急管理队伍体系。

七是应急管理科普宣教工作不断深入。加快了国家应急管理人员培训基地建设,加大了应急管理知识和技能的宣传普及力度,全社会的安全防范意识和应急管理能力不断提高,初步形成了全社会共同参与防范处置各种危机和突发事件的良好局面。

总之,经过多年的努力,具有中国特色的应急管理体系初步形成,并在应对近年来发生的各种重特大突发事件中发挥了重要作用,取得了显著成效,同时也积累了许多宝贵经验。

在充分肯定成绩的同时,我们也要清醒地看到,由于我国特殊的国情和发展阶段,目前的应急管理体系与复杂和多变的公共安全形势还不完全适应,主要是:应急管理体制机制不完善,组织管理"条块"分割、权责脱节的现象比较严重;跨部门、跨区域的综合应急监测预警体系和信息共享制度还没有建立起来;应急队伍建设规模、标准、专业化水平有待提升;应急保障能力比较弱、技术含量偏低,应急设施和救援装备难以满足实际需要,特别是巨灾防范应对能力亟待进一步提高;对全民的公共安全教育薄弱,应急管理人才不足等等。中国特色应急管理体系建设任重而道远。

全面推进中国特色应急管理体系建设,事关广大人民的福祉,事关和谐社会建设,事关国家的长治久安,是加强和创新社会管理的重点工作。同时,这也是一项复杂而又艰巨的系统工程;既是紧迫任务,也是长期任务;既要立足当前,又要着眼长远;既要坚持从我国基本国情和现实情况出发,又要大胆学习借鉴国外的成功做法和先进经验;既要勇于从理论上探索,又要敢于在实践中创新。当前和今后一段时期的主要任务应当是:以提高全社会应急管理综合能力为主线,以强化基层应急管理工作基础为重点,以健全突发事件预测预警预防体系、综合协调联动机制和社会矛盾化解机制为主要内容,大力推进改革创新,完善体制机制,加强能力建设,加快形成统一指挥、结构合理、功能完善、反应灵敏、协调有序、运转高效、特色鲜明的应急管理体系,使全社会预防各类风险和公共危机的意识明显增强,应对各种突发事件的能力和水平不断提高,为实现经济社会科学发展、维护国家安全提供更加有力的保障。具体地说,要继续全面推进

"六个体系建设"。

(一)全面推进中国特色应急管理规划和预案体系建设。科学的应急管理规划和预案,是推动应急管理事业科学发展和确保应急管理工作有效开展的前提和基础。要着眼于促进科学发展和维护国家安全,抓紧制定全国应急管理体系建设中长期规划,地方各级政府也应制定这样的中长期规划。应急体系建设规划要与经济社会发展规划、城乡建设规划、社会建设规划等相衔接,重点加强应急能力建设,优化各类资源配置,制定支持政策措施,以有效发挥作用。要完善预案体系,规范预案编制、修订的程序,加强对预案编制的科学论证和实施检查,克服有些应对突发事件预案上下一般粗、相互之间照搬照抄、定位不准、衔接不紧、操作性不强等问题。要加快对国家各类专项预案及配套标准、规范的完善工作,特别要加强应急预案的评估、人员培训和实际演练,不断增强应急预案的针对性、可行性和实效性,避免有些应急预案不合乎实际或者形同虚设,公共安全事件发生后就手忙脚乱,随意决策和造成损失。

(二)全面推进中国特色应急管理法律法规体系建设。完善的法律法规体系是应急管理法治化的基础,也是应急管理工作得以有序有效开展的制度保证。要加快应急管理法律法规体系建设,健全公共安全领域的法律法规,根据各种不同危机和突发事件预防处置的需要,及时做好相关配套法律法规的制定、修订和完善工作,特别要通过立法进一步明确中央与地方在突发事件预防处置中的权责关系,以及各级政府和领导干部在应对和处置突发事件中的责任,为有序、有效、有力应对各种突发事件提供全面、系统、具体的法制保障。要严格执法,特别要认真抓好《突发事件应对法》等各项法律法规的实施,严格依法预防和处置各种公共危机和突发事件,依法规范各种应急管理行为,切实维护好广大人民群众的权益,使各种公共危机和突发事件的防范处置纳入法治化、规范化、制度化的轨道。

(三)全面推进中国特色应急管理监测预警体系建设。健全的监测预警体系是有效预防和应对各种危机和突发事件的关键环节。要坚决克服那种重事后处置,轻事前预测、预警和预防的倾向,将防范安全风险的关口前移,按照预防为主、预防和应急并重、常态与非常态结合的原则,全面开展各种公共危机、突发事件和社会管理的风险评估,建立健全各种风险分级分类管理制度,加强对风险隐患及危险源的普查、监测和预警工作,落实风险排查、监测预警预防职责和综合防范处置措施,实现对各种危机、风险、隐患管理的科学化、规范化和常态化。大力推进"天—空—地—现场"一体化突发事件监测预警体系和群测群防体系建设,完善公共危机和突发事件信息报告和预警制度,提高报告和预警的及时性、规范性和科学性。加快推进国家和各级应急平台体系建设,合理布局各级各类突发事件监测系统,切实提高监测预警和风险识别、评估及防范能力。

(四)全面推进中国特色应急管理处置救援体系建设。完善应急管理处置救援体系,是有效应对各种危机和突发事件的重要任务。要进一步理顺行政应急管理体制,明确定位、规范职能,推进各地区、各部门以及高危行业大中型企业完善应急管理体制和工作机制建设,着力加强地方、部门、军队之间信息共享、协调联动机制建设。加强公共安全和突发事件应急管理指挥决策系统建设,进一步形成以国家和省级指挥平台为骨干,市、县级信息网络为支撑,具备指挥调度、现场监控、异地会商、全面保障等功能的综合应急指挥系统。切实加强各级各类综合应急救援体系建设,整合各方面资源和力量,积极构建覆盖国内外的安全保障体系,提升应急处置救援水平。特别要以社区、乡村、学校、企业等基层单位为重点,加大人、财、物投入,增强第一时间应对处置各类危机和突发事件的反应和救援能力,显著提高城乡基层的应急救援水平。

(五)全面推进中国特色应急管理保障体系建设。健全高效的应急保障体系是有效应对各种危机和突发事件的重要保证。要进一步加强应急物资储备和管理体系建设,优化应急物资储备布局,加强跨部门、跨地区、跨行业的应急物资协同保障管理。加强应急救援队伍体系建设,理顺体制,改善装备,强化培训,提高能力,进一步完善以公安、武警、军队为骨干和突击力量,以防汛抗旱、抗震救灾、海上搜救、矿山救护等专业队伍为基本力量,以企事业单位专兼职队伍和社会志愿者为辅助力量,各负其责、优势互补的应急队伍体系。要学习借鉴国外的做法,大力加强志愿者队伍建设,有效整合青年、社区、环保、红十字、医疗等各级各类志愿者资源和力量,建立健全相对统一的志愿者队伍协调机构,完善相关法律法规和激励支持政策,推动志愿者队伍建设的系统化、规范化、专业化和常态化及作用的发挥。以提高基层应急保障能力为重点,加大应急管理资金投入力度,建立政府、企业、社会各方面相结合的应急管理保障资金投入机制。加快建立国家巨灾保险体系,建立应急管理公益性基金。支持和鼓励应急管理企业和产业的发展,建立公共安全科技支撑体系,不断提高应对各种危机和处置突发事件的科技保障水平。

(六)全面推进中国特色应急管理文化体系建设。应急管理文化是应急管理工作的重要支撑。要大力推进中国特色应急管理文化建设,在全社会加大公共安全教育力度,加强应急管理科普宣传工作,深入开展各类应急预案、预防、避险、自救、互救、减灾等知识和技能教育,提高全社会的公共安全危机防范意识和能力。高度重视公共安全危机和突发事件的信息发布、舆情分析和舆论引导工作,建立健全媒体沟通协调机制、快速反应机制和舆情收集分析引导机制。全面加强应急管理教育工作,高度重视在各级各类学校进行公共安全教育,大力进行应急管理教育培训。积极开展应急管理国际交流合作,研究借鉴世界各国在应急管理体系建设方面的有益经验,积极宣传我国在应对各种危机和突发事件方面的政策措施和成功做法,在扩大国际交流合作中提高我国应急管理工作的科学化水平。

蓬勃发展的中国特色社会主义事业呼唤着中国特色应急管理体系建设的全面推进,广大人民群众期待着全面加快中国特色应急管理体系建设。经国家有关部门批准、由国家行政学院主管的中国行政体制改革研究会成立以来,坚持把全面推进中国特色应急管理体系建设作为研究会的重要任务和职责,开展了一系列的活动。这里我还想告诉大家,一年前成立的国家行政学院应急管理培训中心,作为国家级应急管理人员培训基地,正在按照中央提出的整合各方面资源,广泛借鉴国外成功经验,努力把基地建设成为全国应急管理教育培训中心、政策研究和咨询中心及国际交流合作中心的要求加快建设。国家行政学院应急管理培训中心围绕全面推进中国特色应急管理体系建设,先后开展了一系列的国内外培训、重大课题研究和国际交流合作活动。我们愿以这次论坛的举办为契机,进一步加强与各方面的交流合作,共同为全面推进中国特色应急管理体系建设、加强和创新社会管理、维护国家安全,做出不懈努力和应有贡献。

六、国际金融危机与公共行政改革

国际金融危机与公共行政创新[*]

（2009 年 8 月 5 日）

很高兴来到巴西里约热内卢参加国际行政院校联合会 2009 年年会，感谢组委会的周到安排。本届年会是在全球应对国际金融危机的特殊背景下召开的，会议围绕"可持续发展的公共治理：公共行政教育与实践"这一主题，共同探讨可持续发展的公共治理之策，具有十分重要的现实意义。预祝本届年会取得圆满成功！

借此机会，我主要就国际金融危机与公共行政创新谈一些认识，与大家一起交流。

去年以来，人类社会经历了一场最为严重的国际金融危机。其波及范围之广、冲击强度之大、影响程度之深、危害损失之烈，都是前所未有的。危机爆发后，各国和国际社会积极采取应对措施，对提振信心、缓解危机、防止全球金融体系和世界经济崩溃起到了积极作用。但是，当前国际金融危机的影响还在加深，世界经济陷入深度衰退，全球经济复苏将是一个缓慢和曲折的过程。危机是对各国经济社会发展的严峻挑战，同时也是对各国公共行政能力的重大考验。应对危机，迫切要求对公共行政理念、公共行政管理、公共行政方式等方面进行创新，这已经成为一个世界性的重大而紧迫的课题。

＊ 本文系作者参加在巴西里约热内卢召开的国际行政院校联合会 2009 年年会上的演讲。

一年多来,中国政府面对持续蔓延的国际金融危机冲击,极为重视公共行政创新,紧紧围绕保增长、保民生、保稳定和可持续发展这条主线,及时采取了积极的财政政策和适度宽松的货币政策,制定和实施了既应对当前困难又着眼长远发展的一揽子计划以及一系列配套措施,大力推进政府自身改革和建设,公共治理水平不断提高。

——着眼于扩大内需和保经济增长,大规模增加政府支出和实施结构性减税。去年10月,果断地推出了总额达4万亿元的两年投资计划,主要投向公用工程、基础设施、生态环保等方面建设和地震灾后重建;推出了大规模的减税计划,全面实施增值税转型,出台中小企业、房地产交易相关税收优惠政策等;同时,出台了一系列金融促进经济增长的政策措施,引导金融机构扩大贷款总量,优化信贷结构,改善金融服务。既注重扩大投资需求,也重视增加消费需求。扩大内需的一系列政策措施,对遏制经济增速过快下滑发挥了重要作用。

——着眼于转变发展方式和提高经济素质,加快推进经济结构调整和自主创新。大范围实施产业调整振兴规划,推进企业兼并重组,淘汰落后产能,提高产业集中度和资源配置效率;大力推进科技创新和企业技术改造,全面提升产业竞争力和自主创新能力,为经济发展提供科技支撑;更加注重加强节能环保,发展循环经济、低碳经济、绿色经济,积极应对气候变化;加大对农村、欠发达地区和中西部地区支持力度,统筹城乡、区域协调发展。这样,确保经济发展上水平、有后劲、可持续。

——着眼于保障和改善民生,大幅度提高公共服务水平。公共资源配置向就业、教育、医疗卫生、文化、住房和社会保障领域倾斜。大力实施扩大就业的发展战略和更加积极的就业政策,广开就业门路和稳定已有就业岗位;大幅度增加教育投入,增强全民族的科学文化素质;积极推进基本医疗保障制度,促进基本公共卫生服务逐步均等化;加快完善社会保障体系,扩大社会保障覆盖范围,提高社会保障水平;加大保障性住房建设,着力解决低收入者住房困难。这对于促进人的全面发展,有效扩大消费需求,增进人民福祉,保持社会和谐稳定,有着重大意义。

——着眼于激发创造活力和增进效率,加快推进重点领域和关键环节改革。注重在深化改革中破解发展难题,在扩大开放中赢得发展机遇。面对国际金融危机,改革开放并没有停滞,而是不失时机地推进,努力消除妨碍经济社会发展的体制机制弊端;包括推进资源性产品价格改革,完善公共财政制度,实施增值税转型改革,深化金融体制改革,推动文化、教育、卫生领域改革和社会管理改革;继续实施"引进来"、"走出去"和互利共赢的对外开放战略,加强国际间金融、经济合作,对外开放迈出新步伐。

——着眼于提高行政能力和公共服务水平,大力推进政府改革创新。在复杂多变和处于逆境的形势下,加快法治政府、服务政府、责任政府、效能政府建设,注重提升政府的领导力、创新力、执行力和公信力。着力增强公共政策的预见性、针对性,做到见事早、决策准、行动快,根据国内外形势发展变化,及时调整宏观政策的方向、重点和力度;着力发挥政府和市场"两只手"作用,高度重视政府这只"有形之手"的引导和调控作用,也注重市场这只"无形之手"的竞争和调节作用,使"两只手"作用都发挥得好;着力提高政府工作效率和透明度,打造效能政府,建设阳光政府。推行政务公开,凡涉及公众利益和公共政策的事项,都及时征求公众意见,充分发扬民主;着力加强政府监管和社会监督。强化市场监管,促进公平竞争,改进金融监管,防范金融风险;着力营造行政新风,政府带头勤俭节约,压缩行政开支,降低行政成本,建设节约型政府,与公民共克时艰;着力增强政府执行力,严格推进依法行政,实施行政问责和绩效管理制度,确保国家的各项决策部署得到贯彻落实,使社会和企业等各类市场主体能够得到更方便、更快捷、更高效、更优质的服务。

实践充分证明,一年来中国政府应对国际金融危机的一系列方针政策和公共行政创新举措,是完全正确的,已经并正在显现成效。目前,我国经济运行中的积极因素不断增多,企稳向好势头日趋明显,整个经济保持平稳较快增长。今年上半年,国内生产总值同比增长71%,增幅比一季度和去年四季度分别加快 1 个和 0.3 个百分点;城镇新增就业 569 万人;城乡居民收入大幅增加;社会大局稳定。同时也化"危"为"机",为未来发展积累和创造了更加有利的条件。这些说明,中国的公共治理模式具有明显优势,能够克服前进道路上任何可以预见和难以预见的困难和风险,确保实现经济社会可持续发展。

成功应对这场史无前例的国际金融危机,是各国和国际组织的共同艰巨任务,也是国际行政院校的共同重要使命。行政学院的根本任务是通过教育和培训公务员来提高公共行政部门的能力和绩效,其基本途径是教学、科研与社会实践相结合。因此,行政学院应通过教学、培训、科研、咨询等活动,积极服务于克服国际金融危机冲击和世界经济衰退带来的严重影响,更加有效地教育和培训公共行政人员,使他们全面提高综合素质和行政能力,更好地从事公共行政活动。更加积极地开展应对危机的科学研究,提供有价值、高质量的科研成果和决策咨询服务,使政府更好地提高公共治理水平。去年 5 月,由联合国经济社会事务部和国际行政院校联合会发布的《公共行政教育与培训卓越标准》,为各国行政院校在新的形势下提高公共行政教育与培训水准提供了重要参考。各国应结合自己的国情,研究制定具体的标准和办法,以更好地履行行政院校职能,用勇于创新的精神和追求卓越的努力,为提高公共行政水平和绩效服务。

中国国家行政学院是培训高中级公务员、培养高层次管理人才和政策研究人才的新型重要学府,是公共行政理论和政府管理创新研究的重要基地,是为政府提供决策咨询服务的重要机构。国际金融危机爆发后,我们学院紧紧围绕应对国际金融危机、保持经济平稳较快发展、维护社会大局稳定,创新教育培训理念,更新教学培训内容,改进组织活动方式,有针对性地进行教学、培训、科研和决策咨询服务,在推进公共行政创新中发挥了应有作用。一是紧紧围绕提高公务员应对金融危机的能力开展教育培训工作。连续开设了省部级领导干部"突发事件应急管理"专题研讨班、"政府管理创新和自身建设"专题研讨班、重点金融机构领导人员和重点金融企业负责人"国家金融安全"专题研讨班等各类班次。举办的其他班次也都充实应对国际金融危机的教育培训内容。通过教育与培训，增强了有关领导人员应对复杂局面、创新公共行政的素质和能力。二是紧紧围绕应对国际金融危机的重大问题深入开展研究。包括保增长、保民生、保稳定的研究，深化行政管理体制改革的研究，加快完善社会保障体系的研究等，形成了一批高质量研究成果，既促进了教育培训质量的提高，也推动了公共行政的创新。三是紧紧围绕在国际金融危机这一特殊时期如何加强政府自身改革和建设，提高政府行政能力、公信力和服务水平开展咨询服务，建言献策，为加强和改进政府工作提供了决策依据。四是紧紧围绕公共行政创新加强相关学科建设。为了适应现代社会发展对危机管理的需要，今年学院又开始建设国家应急管理人员培训基地，在加强应急管理人员培训的同时，加强危机管理等相关学科的建设，为推进国家应急管理体制、机制和制度建设提供人才保障和智力支持。

对外开放是中国国家行政学院的鲜明特色和突出优势。我们学院成立15年来，大力实施开放办院战略，不断提升国际化水平。目前，我们学院已与44个国家（地区）的60多所行政院校和有关机构建立了长期友好合作关系，已有84个国家和地区的公务员来我院学习，我院教研人员和学员也被派往多个国家学习培训。许多外国政要、著名学者来学院演讲和讲学。我们还举办了中欧政府管理高层论坛等国际性会议，为推进政府管理经验共享和国际学术合作搭建了重要平台。中国国家行政学院作为国际行政院校联合会的重要成员，十分重视推动与世界各国行政院校的联系。本届年会，中国派出了20多名专家学者参加各专题工作组的交流，我们将认真向世界各国同行学习。我们也真诚愿意并希望继续加强交流，深化合作，为促进世界各国行政院校事业的发展，为应对国际金融危机、推进公共行政创新，为推动世界经济复苏和实现可持续发展，作出不懈努力和更大贡献。

应对国际金融危机与加强公共行政教育培训[*]

（2010 年 11 月 8 日）

今天，"金融危机下的政府管理"国际研讨会在这里举行。首先，我谨代表中国国家行政学院和中国行政体制改革研究会，对各位嘉宾和朋友的到来表示诚挚欢迎！

这次研讨会是在世界经济正逐步摆脱国际金融危机阴影、缓慢走向复苏的重要时刻召开的，来自不同国家和国际组织的官员和专家学者相聚在一起，共同回顾两年来国际社会应对金融危机的历程，交流金融危机下的政府管理经验，研讨追求卓越的公共行政教育与培训，具有重要的意义。

两年前，人类社会爆发了一场席卷全球的金融危机，其波及范围之广、冲击强度之大、影响程度之深、危害损失之烈，实属历史罕见。这既是一场严重的国际金融危机，也是一场深度的国际经济危机。世界各国政府都面临严峻的挑战。两年来，各国政府和国际社会共同努力，积极应对国际金融经济危机，取得了明显成效。国际金融市场信心逐步提升，国际贸易和投资呈现恢复性增长，世界经济逐步走出谷底、回升复苏。在应对严重的国际金融危机过程中，各国都积累了许多有益的经验，这是人类社会共同的精神财富，值得我们认真研讨、总结升华、相互交流。

---

　　* 本文系作者在国家行政学院和中国行政体制改革研究会举办的"金融危机下的政府管理"国际研讨会上的致辞（节录）。

同时,种种迹象表明,尽管当前世界经济最困难的时期可能已经度过,但回升复苏的基础不牢固,进程不平衡,不稳定因素仍然较多。发达经济体增长乏力,国际金融和商品市场动荡加剧,全球流动性过剩压力进一步加大。这说明,世界经济全面复苏还有一个复杂、曲折的过程。巩固和发展应对国际金融危机的成果,推动世界经济持续回升发展,仍然是各国政府和国际社会面临的共同课题。

应对国际金融危机与加强公共行政教育培训应对国际金融危机,既是各国政府和国际组织的共同艰巨任务,也是国际行政院校、公共行政科学研究机构的共同重要使命。两年多来,国际行政学界和各国行政院校围绕提高政府应对金融危机的能力开展了大量工作,发挥了很好的作用。在全球抗击金融危机的关键时刻,国际行政院校联合会于 2009 年 8 月在巴西召开年会,世界各国行政院校领导人和专家学者围绕"可持续发展的公共治理:公共行政教育与实践"这一主题,共同探讨了国际金融危机与公共行政创新问题,寻求可持续发展的公共治理之策,会议取得重要成果,对于推动国际金融危机下的公共行政创新发挥了积极的作用。同时,各国行政学院通过有针对性地开展教学培训、科学研究、决策咨询活动,积极参与克服国际金融危机和世界经济衰退的严重影响。公共行政理论界密切同公共行政部门合作,加强对金融危机环境下公共行政理论和实践问题的研究,为遏制危机的恶化做出了巨大的努力,同时在应对危机中也进一步提升了行政学院和科研机构的学术理论水平与服务政府管理的能力。

中国国家行政学院是培训高中级公务员、培养高层次管理人员和政策研究人员的新型学府,是公共行政理论和政府管理创新研究的重要基地,是为政府提供决策咨询服务的重要思想库。学院成立以来,始终坚持以政府工作为主题,自觉服务于国家经济社会发展大局。国际金融危机爆发后,我们把研究政府管理创新,提高公共行政水平,作为自己的重要使命和职责,紧紧围绕如何应对国际金融危机冲击、保持经济平稳较快发展、维护社会大局稳定,紧紧围绕这一特殊时期如何提高政府决策力、公信力、执行力和服务水平,富有成效地开展了教学培训、科学研究和决策咨询服务工作。我们连续举办多期与应对国际金融危机直接相关的省部级领导干部、司局级公务员专题研讨班,并在其他各类班次中增加应对国际金融危机冲击的相关教学培训内容,增强了参训人员应对金融危机冲击和创新公共行政的能力。我们组织专家教授对国际金融危机演变趋势以及对中国经济的影响进行了系统深入地研究,积极向中央政府建言献策,为领导机关科学决策提供依据。我们围绕在国际金融危机冲击下加强政府自身改革和建设、增强政府决策力、公信力、创新力和服务水平,深入实际调查研究,提出多项重要建议,被中央政府和有关部门决策采纳。我们更加重视应急管理培训工作,加快了国家应急管理人员培训基地建设,加大了应急管理领域国际交流合作的力度,加强了危机管理等相关学科建设,努力为推进国家应急管理体制、机制建设提供人才保障和智力支持。在两年多应对金融危机冲击的丰富实践中,学院的办院能力也得到了明显提升。

这次"金融危机下的政府管理"国际研讨会,是我们相互学习交流、博采各方之长、加强多方合作的重要平台和良好机会。我相信,在与会代表的共同努力下,这次研讨会一定会取得丰硕的成果。通过研讨问题、交流智慧、深化合作,为继续有效消除国际金融危机的影响、推动世界经济复苏和可持续发展,为更好推进国际公共行政教育与培训事业、提高全球公共行政理论创新水平作出新的贡献。

国际金融危机与中国政府管理[*]

（2010 年 11 月 8 日）

　　这次国际研讨会以交流"各国政府应对金融危机的经验"为主题，顺应了当前国际社会的普遍关切，有利于及时总结交流应对国际金融危机的经验、深入研讨在危机情况下的公共行政领域理论和实践创新问题。借此机会，我主要就中国政府近两年应对国际金融危机的做法，谈一些认识，与大家交流。

　　近两年来，人类社会经历了一场极为严重的国际金融危机和经济危机。中国虽然没有发生金融危机，也没有发生经济危机，但这场国际金融经济危机对我国经济造成的冲击是巨大的。突出表现为：经济增速一度陡然下滑，2008 年经济增长速度由 2007 年的 13%降至 9%，其中第四季度猛降至 6.8%，2009 年一季度进一步降至 6.1%；出口大幅下降，由 2008年增长 17.2%转为 2009 年下降 16%；许多企业生产经营困难，不少企业停产倒闭，失业人员大量增加，大批农民工返乡。

　　面对席卷全球的金融危机的严重冲击，党中央、国务院及时对国内外金融经济形势作出全面分析和准确判断，果断决策，从容应对。主要做法有：

　　一是着力加强和改善宏观调控，扩内需、保增长。从 2008 年第四季

---

　　* 本文系作者在"金融危机下的政府管理"国际研讨会上的主旨演讲。

度开始,就果断实行积极的财政政策和适度宽松的货币政策,实施并不断丰富应对国际金融危机的一揽子计划和一系列措施。包括大规模增加财政支出和实行结构性减税,大幅度增加货币信贷投放,扩大投资规模,增加消费能力,主要靠国内需求来拉动经济增长。

二是着力调结构、上水平,增强经济持续发展后劲。坚持把保增长与调结构紧密结合起来,注重解决制约发展的结构性矛盾。包括大幅度增加对农业、农村、农民的投入,巩固和加强农业基础。大力促进产业结构优化升级,推动科技创新和进步,实施十大重点产业调整振兴规划,出台抑制部分行业产能过剩和重复建设的政策措施,加强节能减排和生态保护。制定和实施支持重点地区发展的规划和政策措施,促进区域协调发展。

三是着力深化改革开放,完善促进科学发展的体制机制。坚持把深化改革开放作为应对国际金融危机的强大动力,努力消除体制性障碍。适时推动一些重点领域改革,包括全面实施增值税转型,推进成品油价格和税费改革,有序进行地方政府机构改革,全面启动医药卫生体制改革。同时,采取符合国际惯例的方式支持出口企业,不断提高开放型经济水平。

四是着力保障和改善民生,加快社会事业发展。更加注重解决人民群众最关心、最直接、最现实的利益问题。包括实施更加积极的就业政策,重点解决高校毕业生、农民工和困难群体就业;显著增加社会保障投入,加快完善社会保障体系;大幅度增加教育支出,促进教育公平;全面推开城镇居民基本医疗保险制度试点,加强基层医疗卫生服务体系建设。

由于及时、果断采取应对国际金融危机的一揽子计划和政策措施,从2009年第二季度开始,经济增速下滑趋势迅速扭转,中国经济在全球率先企稳回升,并保持较快的发展势头。主要标志是:经济平稳增长,2009年我国国内生产总值逐季快速回升,二季度回升到7.9%,四季度达到10.4%,全年比上年增长9.1%;2010年1月至9月GDP同比增长

10.6%。就业不断增加,2009年城镇新增就业1102万人;2010年1月至9月城镇新增就业931万人,同比多增80万人。出口快速回升,2009年12月出口增长由负转正,同比增长17.7%;2010年1月至9月,出口同比增长34%。物价保持稳定,2009年居民消费价格总水平同比下降0.7%,2010年以来物价温和回升,1月至9月,同比上涨2.9%。与此同时,调整经济结构和转变经济发展方式也取得重要进展。

实践证明,中国政府应对国际金融危机的一揽子计划和政策措施是有力、有效的,中国的发展模式也在这次国际金融危机冲击中经受住了考验。

中国政府在积极应对国际金融危机冲击中,积累了在复杂经济环境中推动经济又好又快发展的重要经验。概括起来说,有以下几点:

一是注重发挥政府和市场"两只手"的作用。一方面,积极运用政府这只"看得见的手",充分发挥我国社会政治制度决策高效、组织有力、集中力量办大事的优势,采取果断措施,迅速稳定市场预期,提振社会信心,扩大即期社会需求。同时,尊重市场规律,坚持政府调控和市场机制的有机统一,既重视弥补市场失灵,又重视激发市场活力。

二是注重处理好短期和长期两者关系。远近结合、标本兼治,既克服短期困难、解决突出矛盾,又加强重点领域和薄弱环节、为长远发展奠定基础。在经济增长遇到严重困难的特殊情况下,采取超常规做法,把保持经济平稳较快发展作为首要任务。同时,重视短期增长目标与长期发展目标相衔接,强调保持宏观调控的针对性、灵活性,把握好宏观经济政策的重点、力度和节奏,提高经济增长质量和效益,增强可持续发展能力。

三是注重统筹国内国际两个大局。在全球受金融危机冲击、外需急剧收缩的情况下,更加注重把扩大内需作为经济发展的基本立足点,加大开拓国内市场力度,挖掘国内市场潜力,充分发挥内需对经济发展的拉动作用。同时,坚定不移地实行互利共赢的开放战略,采取有力措施稳定外需,努力保持国际市场份额,形成内需外需协调拉动经济增长的格局。

四是注重兼顾经济发展和社会发展两方面。既采取一系列有力措施,促进经济平稳较快发展,又坚持发展经济与改善民生、维护社会公平正义的内在统一,通过加快社会建设促进经济结构优化,增强经济发展拉动力。注重围绕保障和改善民生来谋划发展,加大公共财政支出,加强社会公共服务,着力促进教育、卫生、文化等社会事业发展,加快建立公共服务体系,促进经济社会协调发展。

五是注重调动中央和地方两个积极性。中央政府审时度势,总揽全局,调动各种资源,及时出台一系列重大政策措施,引导和调控经济社会发展,帮助各地方解决突出矛盾和问题;同时,鼓励各级地方政府因地制宜,创造性开展工作,从而调动了各方面积极性、形成共克时艰的强大合力。

需要特别指出的是,在积极应对国际金融危机冲击过程中,高度重视推进政府自身改革和建设。这方面包括:增强政府决策力,建立宏观经济监测和预警制度,做到见事早、决策准、行动快,并完善政府科学民主决策机制。增强政府应变力,创新政府管理理念,优化行政权力结构,完善政府运行机制,做到反应敏捷、对策灵活。增强政府执行力,加强行政督察检查,建立行政问责和绩效评估制度,确保国家各项决策部署得到贯彻落实。增强政府公信力,政府带头勤俭节约,压缩行政开支,降低行政成本,营造行政新风。同时,大力建设服务型政府,构建公共服务体系,强化市场监管,促进公平竞争,改进金融监管,防范金融风险,强化突发公共事件应急管理。发展电子政务,提高办事效率。推行政务公开,提高行政决策和行政执法透明度,完善社会听证和社会公示制度。加强行政法制建设,推进依法行政。通过推进政府自身改革和建设,有力地提升了政府管理创新能力和水平。

以上这些做法和经验,不仅使中国经济化危为机,取得显著成绩,而且进一步丰富了中国发展模式的科学内涵。

当前世界经济虽然缓慢复苏,但国际金融危机的阴霾仍未散去,全球经济复苏进程将是艰难、曲折的过程。中国经济发展虽然总体形势向好，但也面临一些长期积累的结构性矛盾和体制性矛盾，存在不少亟待解决的棘手问题。巩固和扩大应对国际金融危机冲击的成果，促进国民经济步入良性循环轨道，仍是我国面临的重大任务。

不久前，在中国共产党第十七届五中全会上，通过了《关于制定国民经济和社会发展第十二个五年规划的建议》，这个重要历史文献在深入分析当前国际国内形势、综合考虑未来发展趋势和条件的基础上，对我国今后五年的经济社会发展作出了全面部署，十分明确地提出，中国发展仍处于可以大有作为的战略机遇期，要增强机遇意识和忧患意识，科学把握发展规律，主动适应环境变化，有效化解各种矛盾，更加奋发有为地推进改革开放和社会主义现代化建设。特别是要求以科学发展为主题，以加快转变经济发展方式为主线，更加注重以人为本，更加注重全面协调可持续发展，更加注重统筹兼顾，更加注重保障和改善民生，促进社会公平正义；要坚持把经济结构战略性调整作为主攻方向，坚持把科技进步和创新作为重要支撑，坚持把保障和改善民生作为根本出发点和落脚点，坚持把建设资源节约型、环境友好型社会作为重要着力点，坚持把改革开放作为强大动力，实现经济社会又好又快发展。

在总体战略部署上，着力抓好以下四个方面。

（一）坚持扩大内需战略，保持经济平稳较快发展。这是巩固和扩大应对国际金融危机冲击成果的必然选择，也是实现经济长期持续发展的重大方针。为此，要进一步加强和改善宏观调控，处理好保增长、调结构和管理通胀预期的关系，保持宏观经济政策的连续性和稳定性，提高宏观调控的科学性和预见性，防范各类潜在风险。要把扩大消费需求作为扩大内需的战略重点，建立扩大消费需求的长效机制，进一步释放城乡居民消费能力。要发挥投资对扩大内需的重要作用，保持投资合理增长，调整优化投资结构，有效拉动经济增长。

（二）坚持调整和优化结构，提升经济建设现代化水平。要推进农业现代化,加快社会主义新农村建设;发展现代产业体系,提高产业核心竞争力;促进区域协调发展,积极稳妥推进城镇化;加快建设资源节约型、环境友好型社会,提高生态文明水平;深入实施科教兴国战略和人才强国战略,加快建设创新型国家。

(三)坚持保障和改善民生,加强社会建设。逐步完善符合国情、比较完整、覆盖城乡、可持续的基本公共服务体系,提高政府保障能力,推进基本公共服务均等化。促进就业和和谐劳动关系,合理调整收入分配关系,健全社会保障体系,加快医疗卫生事业和教育事业改革发展。加强和创新社会管理。同时,推动文化大发展大繁荣,提升国家文化软实力。

(四)坚持推进改革开放,完善社会主义市场经济体制。要继续深化经济体制改革,坚持和完善公有制为主体、多种所有制经济共同发展的基本经济制度。要推进行政体制改革,进一步转变政府职能,加快建设法治政府和服务型政府;继续优化政府结构、行政层级、职能责任;推进政务公开,增强公共政策制定透明度和公众参与度;降低行政成本,提高行政效率;加强行政问责制,完善政府绩效评估制度。要加快财税体制改革,积极构建有利于转变经济发展方式的财税体制,改革和完善税收制度。要深化金融体制改革,构建逆周期的金融宏观审慎管理制度框架;稳步推进利率市场化改革,加强金融监管协调,建立健全系统性金融风险防范预警体系和处置机制。要深化资源性产品价格和要素市场改革,理顺资源类产品价格关系,完善重要商品、服务、要素价格形成机制。

贯彻落实以上决策部署,就一定会成功开创科学发展的新局面,中国的综合国力、国际竞争力、抵御风险能力会进一步提高,就可以为到2020年全面建成小康社会打下具有决定意义的基础。无疑地,新的形势和繁重任务,对中国公共行政能力提出了新的更高要求,但完全可以相信,在新的历史进程中,中国行政管理创新能力和水平一定会不断得到提升,既定的各项目标和任务也一定能够实现。

一位伟人说过,"人类遭遇的每一次灾难,总是以社会的进步作为补偿的"。近年来爆发的国际金融危机,是人类社会遭遇的一场灾难。通过应对这场灾难,各国政府和国际社会也积累了宝贵经验,将会更有力地推进全球经济发展和社会进步。我们正处在一个复杂多变、充满不确定性的世界,各国政府和国际社会迫切需要提高预防和应对各种危机的能力,这也是国际公共行政学界面临的重大课题。让我们共同努力,点燃思想火花,激发真知灼见,深入探讨问题,加强交流合作,为各国政府提高公共行政水平,更好地推动经济发展和社会进步,作出应有的贡献!

全球金融危机后的公共治理[*]

（2011 年 6 月 15 日）

  很高兴来到世界历史文化名城罗马参加国际行政院校联合会成立 50 周年庆典暨 2011 年年会,感谢组委会的精心组织和周到安排。本届年会围绕"公共行政之 50 年:全球公共行政的机遇与挑战"这一主题,共同探讨当前全球公共行政的相关问题,很有意义。

  借此机会,我主要就全球金融危机后的公共治理问题,谈一些看法,与大家交流。

  正确分析和判断全球金融危机后国际经济形势,是改进和加强公共治理的重要前提和基础。2008 年下半年,由美国次贷危机引发的席卷全球的金融危机,导致了世界经济大衰退,对国际经济政治发展也造成深远影响。中国虽然没有发生金融危机,但也受到巨大冲击。近三年来,在国际社会和各国政府的共同努力下,全球范围剧烈动荡的金融经济形势有所缓解,主要经济体的经济进入恢复性增长,但世界经济仍没有走上正常增长轨道,金融危机的阴影和造成的创伤依然存在,不稳定、不确定性因素不少,全球经济全面复苏将是一个艰难漫长而曲折的过程。

  当前,世界经济发展还存在着多重风险和挑战:

  一是扩张性救援政策负面影响显现。在应对来势凶猛的金融危机过

———————————
  * 本文系作者在意大利罗马召开的国际行政院校联合会 2011 年年会上的演讲。

程中,世界各国普遍迅速实施了大规模的非常规的货币政策,造成全球流动性泛滥。这种政策的负面影响已经和正在显现。国际大宗商品价格高位振荡。全球通货膨胀压力加大,美国今年一季度通胀率升至 3.8%,为 2008 年第三季度以来最大升幅;欧元区今年四月通胀率升至 2.8%,是 2008 年 11 月以来的最高值;新兴经济体也面临通货膨胀高企。美元、欧元、日元等主要货币汇率波动加剧。这些情况影响着世界经济复苏进程。

二是部分国家主权债务风险加大。发达国家财政赤字突出,债务负担超过偿还能力。日本公共债务占 GDP 比重已达 200%;美国国债总额已突破 14 万亿美元,占 GDP 比重近 100%;欧元区国家目前债务占 GDP 比重平均为 85.2%,有的国家陷入债务漩涡。一些国家高额债务已成为世界经济可持续复苏的一大风险。

三是金融系统风险隐患依然存在。一些国家应对金融危机中,对有问题的金融机构主要采用注资、收购等救助性措施,而没有根本解决发生金融危机的机制制度问题,发达国家金融体系仍未完全恢复,再度发生金融危机的风险依然存在。大量资本无序流动也威胁国际金融市场稳定。

四是可持续增长动力机制尚未形成。这次全球性金融危机的根本原因,是美国长期透支国家信用,虚拟经济无节制扩张,消费需求膨胀,世界经济结构失衡。一些国家面对大量失业问题,贸易保护主义抬头。形成可持续的经济增长机制还面临诸多困难。

五是世界经济形势增加新变数。近半年来,国际社会发生了两件大事:一是西亚、北非部分国家政局持续动荡,国际石油市场受到冲击。二是日本发生特大地震、海啸和核辐射灾害,经济复苏进程放缓。这些增加了世界经济复苏的不确定性。

这次全球金融危机带来的破坏历史罕见,处理应对艰难复杂,造成的影响持久深远。如何提高全球金融危机后的公共治理能力,是摆在国际社会和各国政府面前的共同任务。一方面,要采取更加有效的政策措施,巩固应对金融危机的成果,使世界经济走上正常发展轨道;另一方面,要着眼于世界经济的长远发展,认真反思金融危机发生的原因,深刻总结经验教训,构筑实现世界经济持久繁荣的体制机制。纵观全球金融和经济发展新情况,提高公共治理能力和水平,需要着力研究解决以下 5 个新课题。

第一,树立公共治理新理念。这次全球金融危机给传统的公共治理理念,特别对完全自由放任市场作用的理念是一个很大的冲击。在经济全球化的时代,市场作用无疑是至关重要的,但不受任何管理的市场经济是注定行不通的。当今世界,公共治理的成效愈来愈依靠政府与市场、企业、公民、社会之间相互影响和良性互动,只有建立多元参与的治理机制,才能实现有效的公共治理。在公共治理中,必须既重视多元协调又发挥政府主导作用、既重视市场自发调节又加强政府引导监管作用。政府是国家利益、公众利益的维护者,是市场公平、社会公正的构建者,也是市场规制、公共管理政策的制定者、执行者,应更加注重提高公共行政能力、公共行政质量和公共行政效率,要充分发挥积极的、正当的、有效的作用。为此,应推进政府管理改革。同时,要强化企业自律和履行社会责任。

第二,构筑全球公共治理新体系。创新公共治理体系是加强全球金融危机后公共治理的重要基础。在全球金融危机严重冲击下,原来由少数几个发达国家所垄断的传统国际经济协调平台已难以应对复杂多变的世界经济形势,必须形成更多国家平等参与、共同发挥作用的新机制。应该逐步建立起以主权国家为核心和主导,其他各类国际组织、国际团体和社会群体广泛参与的全球性公共治理新体系。应深化对国际货币、金融、财政、贸易公共治理架构的改革,理顺国际货币基金组织、世界银行和国际贸易组织的职能关系,提升整体治理效能,充分发挥各类会商机制在国际经济和金融体系中的治理作用,尤其要注重发挥新兴经济体国家和发展中国家在国际会商机制中的作用。跨国公司的生产和经营活动同全球性问题密切相关,应该将其纳入全球公共治理主体的范围,发挥其在全球公共事务治理中的作用。

第三,重建国际金融新秩序。构建高效安全的全球金融体系是防止金融危机再度发生的重要保障。要探讨建立多元竞争的国际货币体系,逐步健全国际储备货币发行的调控机制和监督预警制度,保持主要储备货币汇率相对稳定,促进国际货币体系多元化、合理化。推进国际金融体系监管改革,加强对金融衍生品和信息披露的监督,构建新的国际金融协调与磋商机制,加大对重要金融机构和跨国公司的监管力度,加紧完善相关监管的标准和规范,防止风险投机过度。强化全球金融监管联合行动机制,加强对评级体系和国际评级机构的国际监管。推进国际金融机构改革,促进各国际金融组织互相配合、各司其职。提高新兴经济体和发展中国家在国际金融体系中的发言权和代表性,加强国际基金组织能力建设和监管改革。

第四,建设可持续发展新格局。这次国际金融危机反映了世界经济结构的严重失衡,全球面临可持续发展的困境。因此,建设可持续发展新格局才是治本之策。金融危机和经济危机,既是全球传统经济增长模式的"危",也是全球新的经济增长模式形成的"机"。全球金融危机后,世界经济进入调整期。国际社会要通过重组全球经济结构来启动新一轮经济增长。发达国家要增加技术、服务和高端产品的出口,减少经常项目赤字,增加对发展中国家的投资;发展中国家要注重扩大内部需求,减少对出口的依赖,改善投资环境,吸纳发达国家的资本和技术的转移,提高自主创新能力。要正确处理虚拟经济与实体经济的关系,防止经济过于虚拟化。金融资本、虚拟经济不能完全脱离产业资本、实体经济,否则就会带来灾难。

第五,推进全球合作新体制。当今世界,各国相互依存、利益交融达到前所未有的程度,携手合作、同舟共济符合各国共同利益。只有保护世界的共同利益,才能使各方的利益得到有效保护。应当利用国际上各类型、多层次多边合作机制,广泛开展务实有效合作。20国集团是包括发达经济体和新兴经济体在内的治理经济的重要平台,应当充分发挥作用,不断加强在更广泛领域的合作。要推动建设开放自由的全球贸易体制，共同反对各种形式贸易保护主义，坚持以对话协商妥善处理贸易摩擦。应该按照诚信、互利、共赢的原则，及时妥善解决合作中遇到的问题，促进多边贸易和投资便利化。

以上概括起来说，就是国际社会和各国政府在全球金融危机后要提高公共治理的创新能力、组织能力、服务能力和合作能力，提升全球公共治理的预见性、协调性、合理性和有效性。这些是十分重要的启示和结论。

中国实行改革开放30多年来，经济社会发展取得了举世瞩目的历史性成就。近三年来，我国全面实施并不断丰富应对全球金融危机冲击的一揽子计划和政策措施，在加强政府引导和调控作用的同时，充分发挥市场、企业和社会多元主体的作用，变危机冲击为发展机遇，变严峻挑战为强大动力，实现了经济平稳较快增长。2009年、2010年国内生产总值分别增长9.2%和10.3%，既持续推动了中国现代化事业，也为全球应对金融危机作出了重要贡献。中国积极参与国际金融和经济治理合作，同世界联系的广度和深度达到前所未有的水平，在国际和地区事务中发挥了重要的建设性作用。实践证明，中国特色公共治理模式符合自己的国情，具有明显的优势。

前不久，中国政府在全面审视和科学分析国际国内形势的基础上，制定了国民经济和社会发展第十二个五年规划纲要，明确了未来5年中国经济社会发展的战略目标和主要任务，对提升公共行政能力也提出了新的要求。我国适应国内外形势新变化，坚持以科学发展为主题，以加快转变经济发展方式为主线，继续把巩固和扩大应对全球金融危机冲击成果作为重要任务，并着眼于国家现代化建设事业的长远发展，将重点围绕以下方面展开工作：一是加强和改善宏观调控，防止通货膨胀，今年把控制物价总水平作为宏观调控的首要任务；二是大力调整经济结构，推动经济尽快走上内生增长、创新驱动的轨道，实现全面协调可持续发展；三是走绿色发展道路,加强节能环保和生态建设,建设资源节约型、环境友好型社会;四是加强区域统筹协调,积极稳步推进城镇化发展;五是保障和改善民生,完善基本公共服务体系,提高城乡人民生活水平;六是加强和创新社会管理,强化政府社会管理职能,建设和谐包容社会;七是提高对外开放水平,不断拓展新的开放领域和空间,推动实现互利共赢;八是深化体制改革,完善市场经济体制,建设服务型政府。全面实施这个规划,必将促进中国经济长期持续较快发展和社会全面进步,也必将对深化同世界各国的互利合作、推动国际金融经济秩序健康发展发挥重要的作用。

提升全球金融危机后的公共治理水平,既是国际社会和各国政府的迫切任务,也是国际行政院校义不容辞的重要责任。行政院校的重大使命是通过教育培训公务员、提供科研咨询服务,来增强公共治理能力,这既包括增强本国公共行政能力,也包括增强国际公共行政的能力。因此,紧紧围绕提高全球金融危机后公共治理水平,围绕提升各国政府公共行政能力,大力开展教学、培训、科研、咨询等活动,是当前国际行政院校十分重要的课题。

国际行政院校联合会(IASIA)是在全球公共行政领域有着重要影响的学术性国际组织,也是世界行政院校系统最高层次的国际学术机构。50年来,依靠各会员的合作举办各种活动,致力于国际行政管理人才的教育、培训和公共机构管理能力的提高,为推动全球公共治理作出了很大的努力和积极贡献,受到了国际社会和各国政府的关注和好评。近十年来,中国国家行政学院和国际行政院校联合会在中国联合举办了三次大型的国际研讨会,即2000年的"增进政府的责任性、回应性和效率:面向新世纪的观念与启迪"国际研讨会、2004年的"危机管理——全球的经验和警示"国际研讨会、2010年的"金融危机下的政府管理"国际研讨会。这些活动都获得很好的效果,有力地推动了公共行政理论和实践的发展。

中国国家行政学院是培训高中级公务员、培养高层次管理人才和政策研究人才的新型学府,是公共行政理论和政府创新研究的重要基地,是为政府提供决策咨询服务的重要思想库。全球金融危机爆发后,我们紧紧围绕应对危机冲击、保持经济平稳较快发展和维护社会大局稳定,创新教育培训理念,更新教育培训内容,改进教育培训方式,有针对性地开展教学、培训、科研和咨询服务,为国家成功应对金融危机冲击发挥了积极的作用。

对外开放办学是中国国家行政学院的鲜明特色和突出优势,目前已经与80个国家(地区)的130多所行政院校和有关机构建立了友好合作关系,已有109个国家的公务员先后来到这里参加培训或研修活动。中国国家行政学院十分重视加强同国际行政院校联合会及其会员之间的联系,将努力推动国际行政院校联合会发挥更大的作用,为提高全球公共治理能力和公共行政水平,促进世界经济全面繁荣和可持续发展,作出不懈努力和更大贡献。

七、推进行政体制改革研究与创新

突出特色 服务大局
办好《行政管理改革》杂志 *

（2009 年 9 月 25 日）

在中华人民共和国成立 60 周年和国家行政学院建院 15 周年前夕，《行政管理改革》正式出版发行了。首先，我谨代表国务委员兼国务院秘书长、国家行政学院院长马凯，代表国家行政学院，对《行政管理改革》的创刊表示热烈的祝贺，向参加座谈会的各位领导、专家和新闻界的同志们、朋友们表示热烈欢迎和衷心感谢！

创办《行政管理改革》，是学院在开展学习实践科学发展观活动中，经过对党和国家事业发展需要的深入思考和对国家行政学院如何更好地履行职能的深刻认识提出来的。从党和国家事业发展的大局看，我国改革开放和社会主义现代化建设取得了举世瞩目的巨大成就，已经在新的历史起点向全面建成小康社会的更高目标迈进。发展中国特色社会主义事业，实现国家现代化，必须不断推进经济体制改革、政治体制改革、社会体制改革和行政管理体制改革，而行政管理体制改革是深化全面改革的重要环节。胡锦涛总书记在党的十七大报告中指出，"加快行政管理体制改革，建设服务型政府"，并提出了明确的要求。党的十七届二中全会进一步作出了深化行政管理体制改革的重大部署。贯彻落实中央关于行

---

* 本文系作者在《行政管理改革》杂志创刊座谈会上的讲话。

政管理体制改革的决策部署,是摆在我们面前十分重要的任务。从学院发展的要求看,国家行政学院是培训高中级公务员、培养高层次管理人才和政策研究人才的重要基地,是从事科学研究特别是开展公共行政领域科学研究、为中央提供决策咨询服务的重要机构。党中央、国务院高度重视和十分关心国家行政学院的发展。温家宝总理不久前作出明确指示:"要坚持高标准、严要求,更加突出特色,创建国际一流的行政学院。"并提出学院要把推进行政管理体制改革、转变政府职能、建设服务型政府作为重要任务。为此,国家行政学院必须进一步全面履行职能,特别是要更加注重围绕行政管理理论和实践的探索,服务党和政府推进行政管理体制改革的决策部署,创新行政管理制度,加强政府自身改革和建设,全方位提高教学培训、科学研究、决策咨询工作水平,这是彰显学院鲜明特色、建设国际一流行政学院的重要举措,也是更好发挥学院在党和国家事业发展中作用的必然要求。总之,行政管理体制改革的加快推进和国家行政学院职能的全面正确履行,迫切需要创办一个刊物。《行政管理改革》就是在这样的大背景、新形势下应运而生。

《行政管理改革》的创办得到了党中央、国务院领导的亲切关怀,温家宝总理亲自为《行政管理改革》题写了刊名,马凯国务委员为《行政管理改革》撰写了发刊词。这是对学院改进工作的殷切期望,也充分体现了中央对行政管理体制改革的高度重视。《行政管理改革》的创办也得到了党中央、国务院有关部门的大力支持,特别是新闻出版总署领导和各有关部门的同志采取特事特办措施,以最快的速度批复了学院的创刊申请。借此机会,我代表国家行政学院向关心、支持学院工作的各位领导和所有同志表示诚挚的谢忱!

《行政管理改革》是以理论研究和实践创新并重的刊物,主要任务是:宣传、研究和推进行政管理体制改革,为建立完善的中国特色社会主义行政管理体制,建设服务型、现代化和人民满意的政府服务。办刊的基本宗旨是,坚持以马列主义、毛泽东思想、邓小平理论和"三个代表"重要思想为指导,深入贯彻落实科学发展观,自觉地服务党和国家的理论创新、制度创新、实践创新、工作创新;坚持理论与实际相结合,紧紧围绕我国行政管理体制改革进程中的重点、难点和热点问题推进理论研究和实际工作,及时反映国内外行政管理改革新的科学思想、科学理念、科学观点和科学方法,为深化行政管理体制改革、建立完善的中国特色社会主义行政管理体制提供智力支持,努力使之成为学习、宣传、贯彻党和国家关于行政管理体制改革指导思想和决策部署的重要阵地,成为研究、探索、交流、推介行政管理体制改革理论和实践成果的重要平台,成为沟通、联系行政管理改革理论工作者和实际工作者的重要纽带。

《行政管理改革》的上述任务和宗旨,就决定着这个刊物的内容、形式和风格。它将刊载什么样的文章,它和别的类似刊物有些什么不同?简而言之,这个刊物总的特征和要求是:服务改革,虚实结合,求精求新,独树一帜。进一步地说,它要体现以下一些具体特征和要求:一是突出创新性,注重改革创新,主要反映行政管理体制改革理论创新、制度创新、实践创新、工作创新的新进展、新成果,推进行政管理领域学科体系、学术观点、科研方法创新;二是突出应用性,注重理论联系实际,立足中国国情,从实际情况出发,借鉴国外经验,广泛开展行政管理领域科学理论研究,深入探索社会主义市场经济条件下行政管理的特点和规律,及时反映改革进程中的新情况、新创造;三是突出权威性,注重导向正确,准确反映党和政府关于行政管理改革的思想、理论、决策、部署和举措,全面反映国内外行政管理的成功做法和经验;四是突出建设性,注重广开言路,正确反映一切科学的新思想、新观点、新知识、新经验,但不搞无谓争论。

《行政管理改革》要办出特色、办出水平、办成精品,必须把握好以下几个方面:

一是坚持正确方向。正确的政治方向是刊物的灵魂。这就是要始终高举中国特色社会主义伟大旗帜,坚持以发展中国特色社会主义事业为职责,坚持以人为本、执政为民的根本宗旨,坚持完善中国特色社会主义行政管理体制的方向和目标。要始终保持政治上的清醒和坚定，增强政治鉴别力和政治敏感性，防止和排除各种错误思想与观点，坚持刊物的正确舆论导向。唱响主旋律，为推进行政管理改革营造良好的思想舆论氛围服务。

二是坚持服务大局。围绕中心、服务大局，是国家行政学院职能的内在要求，也是办好《行政管理改革》杂志的关键。要紧紧围绕党和国家的中心任务，密切关注我国行政管理体制改革的重大问题和现实问题，及时反映国内外行政管理体制改革前沿的理论研究成果和实践创新成果，引导广大行政管理理论工作者和实际工作者自觉服务于党和国家工作大局。要反映中央部门和地方政府行政管理改革的实践探索，及时关注国内行政管理体制改革的最新动态，努力为党和政府决策提供有科学理论价值和实践价值的对策建议。当前和今后一个时期，要特别重视研究与贯彻落实科学发展观相适应、与应对国际金融危机影响所需要的行政管理体制、制度和机制，着力推进政府创新和改革。

三是坚持突出特色。鲜明的特色和精品的质量是刊物的生命。一个刊物是否具有竞争力和生命力，能不能占有市场和成长壮大，关键在于刊物的特色和质量。要实行"特色立刊"战略和"质量兴刊"战略，特别应注重发挥学院的各种优势。要充分发挥国家行政学院作为培训高中级公务员的重要机构和科研咨询的重要基地、教学培训与咨询研究功能合一的特有优势，充分发挥全国行政学院系统研究行政管理科学理论专家学者众多的特有优势，充分发挥国家行政学院直接联系中央各部委、地方各级政府的特有优势，充分发挥国家行政学院拥有既有理论功底、又有实践经验的广大学员的特有优势。这些都是办好刊物的宝贵资源。要广泛吸引、动员、组织广大从事行政管理科学研究的专家学者和实际工作者，从理论和实践的结合上不断探索创新。要着力推出一些有真知灼见、有重要理论价值和实践价值、影响力大的精品力作。凡是真正有见解、有创新、有价值的文稿，不分部门、不分地方，不论年龄辈分、不论职务级别，都要刊用。还应当成为推介新经验、力荐新人物的刊物。

四是坚持"双百"方针。要始终坚持为人民服务、为社会主义服务的方向,贯彻"百花齐放、百家争鸣"的方针,努力营造宽松的科学探讨和研究氛围,积极为一切致力于行政管理体制改革的人员提供思想交流和建言献策的平台。要博采众长、广纳善言,鼓励研究行政管理体制改革的领导干部、专家学者勇于探索,破除迷信,追求真理,运用新方法,拓展新领域,提出新观点。要坚持刊物的开放性、包容性,坚持用世界眼光、战略思维分析问题,对古今中外在行政管理方面一切有益的文明成果都要认真宣传、研究、借鉴。积极参与国际行政管理学术交流。

五是坚持良好文风。既要追求思想理论的深刻性和学术的严谨性,也要重视知识性、可读性。提倡写短文,清新活泼,言之有物,言简意赅,力戒冗长晦涩、肤浅空洞、套话连篇,反对哗众取宠、乱造概念、词句离奇。要强化质量意识和品牌意识,有正有奇,求新求精,编排明亮。这样,才能表现出中央要求的勇于开拓创新的精神风貌,体现出中央要求的坚决改进文风的积极态度。

《行政管理改革》杂志作为一个新生事物,在当前刊物如林的情况下,要办出特色、创出品牌,生存成长,很不容易。关键要有一支政治素质好、理论水平高、业务能力强的编辑队伍。编辑部的同志要勤奋学习,学习政治、学习政策、学习理论、学习知识,学习其他单位办刊的成功经验;要增强责任感、事业心,爱岗敬业,甘于奉献,不怕苦、不怕累;要坚持解放思想、实事求是、与时俱进,勇于开拓创新;要树立严谨细致的工作作风,一丝不苟,精益求精,严防差错。

办好《行政管理改革》,是学院的一件大事,需要大家动手,群策群力。全院各级领导干部和广大教职工要积极支持和呵护刊物的成长,包括帮助出主意,推荐好稿件,亲自写文章。我们要齐心协力,集思广益,共同把《行政管理改革》杂志真正办成特色鲜明、堪称精品、深受广大读者欢迎的一流专业期刊。

国家行政学院是《行政管理改革》的主管主办单位,但办好刊物,必须在中央的领导下,在中宣部和新闻出版总署的指导下,面向理论界、教育界和实际工作部门,依托全国行政管理理论研究者和实际工作者。办好刊物,离不开党中央、国务院有关部门的大力支持,也离不开思想理论界、哲学社会科学界和新闻界等社会各界的大力支持。希望在座的各位领导、专家和新闻界的朋友今后能对《行政管理改革》给予更多的关心、帮助和指导!

最后,衷心祝愿《行政管理改革》越办越好!

齐心协力　奋发有为
为推进行政体制改革作出积极贡献[*]

（2010 年 4 月 17 日）

中国行政体制改革研究会第一次会员代表大会，表决通过了《中国行政体制改革研究会章程》，选举产生了研究会第一届理事会。在第一届理事会会议上，选举产生了研究会的常务理事和领导成员，圆满完成了各项议程。会议开得很好、很成功。在研究会筹备期间，中央有关部门和地方的负责同志、社会有关方面以及全体会员，给予了大力支持、配合和帮助。在此，我代表研究会表示诚挚的感谢！

党中央、国务院对中国行政体制改革研究会的创办和发展高度重视。研究会成立经国务院领导同意，并经民政部批准。在明天举行的研究会成立大会上，国务委员兼国务院秘书长、国家行政学院院长马凯将代表国务院作重要讲话。我们一定不辜负中央领导同志的期望，坚持高起点、高标准，努力把研究会办成具有鲜明特色的创新型、开放性、高水平学术团体和研究咨询机构。

大会选举我为研究会第一届会长，我对全体理事的信任表示衷心感谢！我一定严格按照研究会章程办事，尽职尽责，尽心尽力，不负大家的信任和重托，努力为广大会员服务，认真地做好各项工作。

＊ 本文系作者在中国行政体制改革研究会第一届理事会第一次会议上的讲话。

下面,我就做好研究会的工作,讲几点意见。

一、研究会的使命和作用

中国行政体制改革研究会,是研究行政体制改革理论与实践的全国性社团组织,承担着研究和推进我国行政体制改革的历史责任和重要使命。行政体制改革是政治体制改革的重要内容,是上层建筑适应经济基础客观规律的必然要求,贯穿我国改革开放和社会主义现代化建设的全过程。党中央、国务院历来高度重视行政体制改革。改革开放以来,几次全国党的代表大会,都把行政体制改革作为政治体制改革的重要任务,从而有力地推动了改革开放和现代化建设的历史进程,取得了明显成效。党的十七大对加快行政管理体制改革、建设服务型政府作出了新的重要部署。党的十七届二中全会进一步明确了行政管理体制改革的指导思想、基本原则,提出了"到2020年建立起比较完善的中国特色社会主义行政管理体制"的总体目标、主要任务和重要举措。近几年来,按照党和国家的统一部署,行政体制改革不断取得新进展。本届政府的国务院机构改革任务已基本完成,地方政府机构改革正在深入推进,政府职能转变和自身建设迈出重要步伐。特别是在应对国际金融危机冲击中,注重推进行政理念、行政决策、行政方式、行政制度等方面的改革创新,着力提高政府公信力、执行力和服务水平,为经济社会持续稳定较快发展提供了重要保障。当前,我国处于改革发展和全面建设小康社会的关键时期,国际政治经济形势复杂多变,国内经济社会生活中矛盾和问题不少。面对新形势新任务,深化行政体制改革、加强政府自身建设和创新,尤为重要而紧迫。在这种情况下,中国行政体制改革研究会的成立,可以说是顺势而为、应时而生。

成立中国行政体制改革研究会,有着多方面的意义:一是有利于加强我国行政体制改革理论和实践问题研究。成立研究会,可以发挥全国性、社团性、学术性组织的桥梁和纽带作用,为深入研究行政体制改革问题提供一个新平台。二是有利于形成更为广泛的行政体制改革研究队伍。行政体制改革涉及中央和地方各方面,涉及行政理论研究和实践各领域,理论性、专业性、实践性都很强。成立研究会,可以汇聚各有关方面力量,更好地开展研究咨询工作。三是有利于加强合作与交流。研究会的会员中,既有行政科学理论研究的人员,也有行政实际工作者和企业家,还有开展教学培训的专家学者,各方面人员各有所长,从事行政管理理论研究、教学培训、咨询服务等专业机构和个人,从事实际工作的干部和企业家,可以相互切磋,取长补短,开展合作,举办相关活动,共同提高理论研究和实际工作的水平。

总之,中国行政体制改革研究会的成立,是深入贯彻科学发展观、落实党的十七大和十七届二中全会精神的需要,是更好研究推动我国行政体制改革、研究提高政府建设科学化水平的需要,是进一步密切广大行政理论工作者和实际工作者联系、加强合作交流的需要。我们肩负着光荣的责任和使命,一定要从服务中国特色社会主义事业发展的全局、服务党和国家中心任务的大局,来认识研究会成立的重要意义,增强责任感和使命感,凝聚智慧,群策群力,打造品牌,扩大影响,切实把研究会办好,使之真正发挥我国公共行政领域理论研究的基地作用以及研究深化行政体制改革方面的思想库作用。

二、研究会的定位和宗旨

中国行政体制改革研究会章程对研究会的性质和定位作了明确规定:第一,研究会是全国性、非营利性学术团体。第二,研究会既从事中国特色行政管理理论研究,又从事行政管理体制改革对策研究,是行政科学理论研究和决策咨询服务相统一的研究咨询机构。第三,研究会既进行行政理论学术研究、行政体制改革研究,又进行行政领域教学培训研究,为提高公务员培训质量和水平服务。这三方面相辅相成、相互促进。

研究会章程对本会的宗旨也作了明确规定:高举中国特色社会主义伟大旗帜,以邓小平理论和"三个代表"重要思想为指导,深入贯彻落实科学发展观,围绕党和国家中心任务,服务政府工作大局,研究行政体制改革和政府管理创新方面重大理论和实践问题,为建立完善的中国特色社会主义行政管理体制、提高政府建设的科学化水平、建设服务型现代化政府提供理论支撑与决策咨询服务。我们在实际工作中,一定要认真体现这个宗旨,紧紧围绕党和政府工作需要,深入开展行政管理和行政体制改革理论研究,又要重视行政管理和行政体制改革对策研究,深入开展公共行政教学培训研究,不断推出有价值、有分量的研究咨询成果,努力发挥研究会在全面建设小康社会和实现社会主义现代化中的重要作用。

三、研究会的业务和任务

研究会章程规定了研究会的业务范围。概括起来,主要有四个方面:一是服务理论创新。重点开展行政体制和政府管理创新方面的研究和探索。二是决策咨询服务。努力为建立完善的中国特色社会主义行政管理体制提供理论支撑、方案设计和决策咨询建议。三是总结实践经验。跟踪我国行政体制改革的进展,研究、总结和宣传改革进程和取得的经验。四是参与人才培训和培养。研究和促进公共行政教学培训工作,为提升公务员培训和其他人才培养水平提供服务。

我们要按照研究会章程规定的业务范围,着重开展以下活动:

一是开展重点课题研究。要把课题研究作为研究会工作的重中之重,紧紧围绕党和国家的中心任务,及时选择改革发展中的重要课题开展深入研究。既要认真研究行政体制改革、政府自身建设和创新的全局性、战略性和前瞻性的重大问题,也要广泛研究行政体制改革、政府自身建设中的热点、难点和重点问题,努力为行政体制改革理论创新和实践创新提供智力支持与服务。

二是深入实际调查研究。组织相关力量,深入基层了解中央有关行政改革的决策和工作部署落实情况以及实践中出现的新情况、新问题,深入了解各地方各部门在行政体制改革、政府自身建设方面的新进展,总结经验,提出建议。

三是组织多种形式的学术活动。通过举办论坛、报告会、研讨会、讲座等形式,搭建学术平台;编辑出版刊物、会员通讯、专题文集等,反映国内外有关行政科学理论研究与实践创新的成果,交流研究信息和经验,促进研究资源和成果共享。

四是加强对外学术交流。坚持以我为主、开放办会,建立与国(境)外学术团体、研究机构和行政学院、高等院校的交流渠道,了解学术动态和实践创新动态。通过组织学术活动和人员互访等形式,既研究借鉴其他国家公共行政理论的新进展与政府创新的新举措,也积极宣传我国行政体制改革和政府建设的进展情况,为提升国家的软实力和国际影响力服务。

今年是研究会工作的开局之年,一定要起好步、开好头。要重点抓好以下几项工作:一是精心办好中国行政改革论坛。明天将举行研究会成立大会暨首届中国行政改革论坛。这次论坛的主题是"科学发展与行政改革",由中国行政体制改革研究会与中国机构编制管理研究会、中国行政管理学会共同发起。我们要把中国行政改革论坛作为一个鲜明体现我们研究会标志的重要品牌,坚持长期做下去,注重实际效果,努力提高水平。二是组织开展重点课题研究。要按照党中央、国务院的工作部署,围绕深化行政体制改革和政府建设确定一批研究课题。包括组织力量从创新公共行政管理角度总结应对国际金融危机的成功经验;总结"十一五"

行政体制改革的进展情况;开展"十二五"规划中深化行政体制改革问题的研究;完成好有关地方委托的深化行政管理体制合作研究课题。当前需要研究的课题比较多,要统筹安排,协调好有关力量。三是积极开展国际交流与合作。发挥研究会与国(境)外联系方便、渠道畅通的优势,努力为会员开展对外合作研究和交往服务。四是组织有关力量,研究制定本届理事会任期内的工作规划和重点任务,以增强工作的计划性、预见性、实效性。五是着力夯实研究会的基础性工作。包括建立组织机构、做好制度建设和资料收集整理等,建立研究会信息沟通渠道;申请创办研究会会刊,着手筹办研究会内部通讯;建立研究会网站,加强宣传和外部联系,为会员从事研究工作和相互往来提供平台与服务。

四、研究会的办会原则

行政体制改革研究会研究的领域和涉及的问题,社会关注度高,政策性和敏感性强,我们在工作中要把握好以下几条原则:

第一,坚持正确的政治方向和学术方向。这是研究会的宗旨所决定的。研究会的工作和活动,要讲政治,包括政治方向、政治立场、政治纪律、政治鉴别力。要牢牢把握政治方向和学术方向,始终坚持中国特色社会主义基本理论、基本路线、基本纲领,主动为党和国家事业发展大局服务。要坚持解放思想、实事求是、与时俱进,崇尚真理,锐意创新。这样,研究会才能富有生命力和创新力。

第二,坚持理论与实际相结合。理论联系实际是我们党的优良作风。要提倡深入扎实地研究理论,紧密联系实际特别是行政体制改革的实际,在理论与实际的结合中勇于创新。树立科学严谨、求实创新的治学态度。行政体制改革各方面的情况发展变化很快,基层的实践丰富多彩,我们要经常深入基层、深入实际、深入群众,掌握第一手情况和材料,及时了解新情况,发现新事物,总结新经验。研究会将根据需要,适当组织一些集体调研活动,也希望大家结合自身工作,主动开展多种形式的调查研究。

第三,坚持民主办会和集思广益。研究会是一个社团组织,要紧紧依靠全体会员的力量,充分发挥会员的聪明才智和积极性。要贯彻"百花齐放、百家争鸣"的方针,努力营造宽松的学术氛围。只要有利于发展中国特色社会主义事业,有利于完善中国特色社会主义行政管理体制,就要鼓励大胆探索,勇于创新。要发扬团结协作精神,探索和形成相互支持、优势互补、共同攻关的合作机制,努力营造科学、民主、团结、和谐的良好氛围,不断增强研究会的凝聚力,把研究会办成会员之家,不断增强自身发展活力。

五、研究会自身建设

研究会事业要顺利发展,形成有特色、高水平的研究咨询机构,必须加强自身建设,注重提升整体素质。

一要加强学习。行政体制改革的政治性、政策性、理论性很强。必须把加强学习、打牢理论功底作为一项长期性、基础性的重要任务。只有加强学习,掌握科学理论,正确理解与把握党和国家关于行政体制改革的方针、政策,才能坚持正确的方向,提出的咨询建议才能合乎党和政府的决策需求,才能提高战略思维、创新思维、辩证思维能力,在理论创新和实践创新中有所作为。要深入学习和掌握中国特色社会主义理论体系,学习和掌握中央有关改革开放的决策部署和文件精神,用以武装思想,指导工作。我们要努力把研究会建设成为学习型社团组织。

二要主动服务。国家行政学院是中国行政体制改革研究会的业务主管单位,研究会要自觉接受学院的指导。会员是研究会存在的根基,为广大会员服务是研究会工作的重要职责。研究会必须紧紧依靠行政学院,依靠广大会员,主动争取学院和会员的支持。要在为学院服务、为会员服务中,充分发挥研究会的功能和作用。

三要建设队伍。这是研究会发展的根本大计。要广揽人才,逐步扩大会员队伍,把那些有志于行政体制改革研究、有较高理论水平、较丰富实践经验和富有创新精神的理论工作者和实际工作者吸收到研究会来,努力使研究会成为研究行政体制改革和政府管理创新的人才高地。推荐介绍新会员,这是老会员的职责,希望大家共同做好这方面的工作。要坚持单位会员和个人会员并举,积极发展单位会员,注意把从事行政体制改革研究和实际工作的相关单位请进研究会来。要注重加强青年才俊的发现和培养,使研究会始终充满生机活力。

四要健全制度。实行符合社团组织特点的管理方式和灵活宽松的工作机制。科学规范各项活动制度,包括建立资产管理、使用和课题立项、组织实施、经费管理以及研究成果的检查评估、使用和奖励等规章制度。要根据章程,建立健全研究会和理事会等各项工作制度,用科学、有效的制度保障研究会健康发展。

中国深化行政体制改革的任务繁重而艰巨,我们研究会的使命重要而光荣。让我们携起手来,在党中央、国务院领导下,齐心协力,锐意进取,奋发有为,为建立完善的中国特色社会主义行政体制、实现全面建设小康社会和国家现代化的宏伟目标作出积极贡献。

大力实施质量兴刊战略[*]

（2010 年 10 月 20 日）

今天，我们召开座谈会，庆祝《国家行政学院学报》创刊 10 周年和《行政管理改革》创刊 1 周年。回顾刊物成长经历，总结办刊经验，明确前进方向，很有意义。首先，我代表国家行政学院，向《国家行政学院学报》、《行政管理改革》创办 10 周年和 1 周年表示热烈祝贺！向所有支持两个刊物成长发展的各位领导和朋友表示衷心感谢！

刚才，大家观看了介绍两个刊物的多媒体短片，几位与会领导和专家发表了很好的意见，对做好刊物工作很有启发和帮助。借此机会，我讲几点想法，主题就是大力实施质量兴刊战略，多出精品力作，不断提高两个刊物的质量和水平。

一、两份刊物在探索中成长进步

《国家行政学院学报》和《行政管理改革》，是国家行政学院主管主办的两个重要学术刊物，是改革开放、与时俱进的产物。

1999 年创刊的《国家行政学院学报》，是顺应国家行政学院事业发展

* 本文系作者在《国家行政学院学报》创刊 10 周年和《行政管理改革》创刊 1 周年座谈会上的讲话，全文发表在《行政管理改革》2010 年第 12 期。

而诞生的重要学术理论期刊。创刊 10 年来，这一刊物以国家行政学院的独特优势和丰厚资源，立足学院，面向社会，在探索中不断前进，取得了明显成绩，声誉日隆。刊物发表了大量反映我国改革开放和经济社会发展的实践经验和理论研究成果，推出了一批有较高学术水平和影响力的精品力作，逐步成为一家比较知名、独有风格的学术理论期刊。学报创刊不久就进入"中国人文社科学报核心期刊"和"中国百强社科学报"，随后相继进入"中国人文社会科学核心期刊（CASS）"、"中文社会科学引言索引（CSSCI）来源期刊"、"高均值计量指标期刊"；在最近举行的中国人文社科学报评优活动中，又被评为"中国社科学报权威期刊（RCCSE）"和"全国三十佳学报"。学报还努力扩大国际影响，先后与一些国家行政学院的相关机构建立了合作交流关系。应当说，学报为推进学科体系、学术观点、科研方法创新，提高国家行政学院的办院水平发挥了重要作用。

《行政管理改革》创刊虽然只有 1 年，但已经比较好地显示其理论性、创新性、高层次性和权威性，定位较准、起步较高，开局良好。紧紧围绕行政管理改革这条主线刊发了一批立意正确鲜明、论述系统深刻、文风质朴清新的重要文章，包括先后刊发了党和国家领导人的重要文章，以及许多省部级领导干部和知名专家学者的文章，一些重要文章被全国性权威刊物转载，为宣传、研究、交流和推动贯彻落实科学发展观、推进行政体制改革和政府自身建设，发挥了重要作用。

在办刊过程中，两个刊物始终遵循办刊宗旨，围绕党和政府中心工作，服务改革发展稳定大局，坚持正确的办刊方向；围绕学院教学培训、科学研究和决策咨询职能任务，开展学术探索，服务理论创新和实践创新，为繁荣发展我国哲学社会科学事业作出积极贡献。两个刊物不仅自身理论品味、学术水平、应用价值和影响力不断提升，而且为不少领导干部和专家学者提供了展示学识、能力和水平的重要平台。

同时，在办刊的实践中，还培养锻炼了办刊队伍，不少工作人员思想素质和业务能力得到明显提升。这些都为进一步办好刊物，积累了宝贵经验,奠定了坚实基础。同时,我们也清醒地看到,这两个刊物与国家改革发展的新形势新任务还不完全相适应,与建设有特色高水平国际一流行政学院的要求还有一些差距,主要表现为:刊物的质量还不够高,特色不够突出,有重要价值和影响力的作品不够多。我们必须坚持高标准、高质量、高水平,继往开来,再接再厉,着力提高质量,更加突出特色,不断提升水平,使这两个刊物在新的形势下发挥更大的作用。

二、大力实施质量兴刊战略,多出精品力作

我国目前发行的各类报刊达 12 000 多种,仅社会科学类学术刊物就有 2 000 多种,在如此庞大的报刊集群中,国家行政学院两份担负重要使命的刊物,如要脱颖而出,最根本的是要牢固树立质量兴刊思想,大力实施质量兴刊战略,切实把提高刊物质量放在首位,多出有分量、有价值的精品力作。

第一,大力实施质量兴刊战略,是提升刊物生命力、竞争力和影响力的根本大计。人们常讲:"百年大计,质量为本"、"百年大计,质量第一"。一个项目,工程质量决定它的生命周期;一个企业,产品质量决定它的市场空间。同样道理,一份刊物,能不能自立于期刊之林,受到读者青睐,关键在于质量。质量是刊物的生命,是刊物成长进步的基石。能否表现出勃勃生机和拥有广阔的发展前景,关键取决于刊物的质量。刊物中的文章能否更有高度、更有深度、更有价值、更具有不可替代性,从而更有权威性、更有层次性、更有创造性、更有影响力,这种高度、深度、价值和不可替代性就是刊物的质量,这种权威性、层次性、创造性、影响力就是刊物的生命力、竞争力。走质量兴刊之路,以质量求生存求发展,已成为期刊出版界的共同选择。实施质量兴刊战略,就是抓住了办刊的关键,必须把这个战略贯穿办刊始终。

第二,大力实施质量兴刊战略,是服务党和国家工作大局的必然要求。《国家行政学院学报》办刊主旨是宣传党和国家的方针政策和工作部署,反映改革开放和现代化建设进程中的新鲜经验和前沿性研究成果。《行政管理改革》主旨在于宣传、研究和推进行政管理体制改革,为建立和完善中国特色社会主义行政管理体制、建设服务型政府服务。两个刊物承担的使命都是致力于为发展中国特色社会主义伟大事业服务。办好刊物对于服务党和政府的中心工作、服务改革发展稳定大局、繁荣哲学社会科学具有重要意义。国家行政学院的定位、职能决定了两个刊物服务党和国家中心工作大局的能力和水平,理应是全国一流。在中国的国际影响力、吸引力、感召力日益上升的大环境中,两份刊物在国际公共行政理论和政府管理创新领域,应该占有一席之地。只有提高质量,才能为推动我国行政改革和政府工作作出更大贡献,才能把服务党和国家工作大局的职能履行得更好。

第三,大力实施质量兴刊战略,也是建设国际一流行政学院的重要举措。综观世界上一些著名学府和研究机构,都有与之相适应的名刊。《国家行政学院学报》和《行政管理改革》是学院事业的重要组成部分,一方面,建设有特色高水平国际一流行政学院需要有高质量、高水平的一流的刊物,作为提升学院水平、扩大学院影响的窗口和载体;另一方面,刊物的研究导向、学术层次、质量水平、价值标准,与学院的发展息息相关。通过两份刊物,宣传党中央、国务院在公共行政和政府管理方面的要求和部署,研究探讨经济社会发展中的重点难点热点问题,介绍国内外行政体制改革的最新进展,凝聚行政理论界和实际工作者智慧。只有不断提高刊物质量,才能更有力地服务学院的教学培训、科学研究、决策咨询工作,才能更好地在建设有特色、高水平的国际一流行政学院中发挥窗口、平台和支撑作用。

三、切实把质量兴刊战略落到实处

《国家行政学院学报》、《行政管理改革》这两个刊物,作为国家行政学院主管主办的学术理论和思想理论核心期刊,作为学习、研究、宣传中国特色社会主义理论和实践的重要阵地,任务光荣、责任重大。这两个刊物要发挥更大的作用,就必须把全面实施质量兴刊战略真正落到实处。为此,需要着力把握好以下几个方面:

第一,要更加把握好正确方向。方向是质量的根本因素。办刊方向发生错误,任何其他提高质量的努力都将毫无意义甚至可能更加有害。因此,必须始终坚持正确的办刊方向。当前国内外形势发生着广泛而深刻的变化,思想领域呈现多元、多样、多变的态势,在这种情况下,坚持正确的办刊方向尤为重要。要不断增强政治敏感性和政治鉴别力,在大是大非面前,必须旗帜鲜明。坚持正确的办刊方向,就要始终高举中国特色社会主义伟大旗帜,坚持以邓小平理论和"三个代表"重要思想为指导,深入贯彻落实科学发展观,全面、准确宣传党的理论、路线和方针政策。坚持正确的办刊方向,就要始终紧紧"围绕中心、服务大局",自觉站在时代发展的前沿、理论创新和实践创新的前沿,围绕党和国家的中心任务确定选题、遴选文稿。当前要把学习、宣传、贯彻党的十七届五中全会精神,作为重要任务。坚持正确的办刊方向,就要全面贯彻党的"双百"方针,要坚持刊物的政治标准和科学探索相统一,思想性、指导性和开放性、包容性相统一,广取博采,使刊物成为解放思想、求实创新、促进各种真知灼见沟通交流的平台。

第二,要更加突出刊物特色。没有特色就谈不上刊物的质量和水平,也很难生存和发展。特有的定位和宗旨,规定了两个刊物应有的特色。特色就是事物的差异性、可识别性,就是能够更加吸引人眼球的"招牌"。

突出特色,就是要更加明确自己的优势,发挥自己的专长,形成对其他刊物的有力竞争力。刊物的特色,除了刊物的定位,还包括刊物的内容和形式、装帧设计等,但最根本的是体现在内容上,刊物内容首先要有特色。国家行政学院的最大特色是"行政",学院主管主办的刊物的突出特色理所当然也是"行政"。必须紧紧围绕公共行政理论创新和行政体制改革,围绕政府自身改革建设和政府工作,组织和发表有权威、高层次的文稿。突出刊物特色,就要及时、准确地把握国内外形势和中央最新的决策部署,充分吸收最前沿的学术理论和实践创新成果,还要把办刊宗旨和反映社会诉求进行有机结合。要紧紧围绕政府建设和政府工作中重大理论和实践问题,紧紧围绕国家改革开放和现代化建设中全局性、战略性、前瞻性问题,紧紧围绕经济社会发展中迫切需要回答的热点、难点、重点问题,有针对性地确定文稿主题,设定栏目,组织力量,撰写文稿,引导科研创新、推出优秀成果、塑造精品名牌。要办出特色,就要充分发挥学院靠近中央领导和中央部委的优势,发挥学院教学培训、科学研究、决策咨询相结合的功能优势,发挥全国行政学院系统研究行政管理科学理论专家众多的优势,发挥国家行政学院拥有既有理论功底、又有实践经验的广大学员的优势,多渠道、多形式征集文稿。这样,刊物就会源源不断涌现出紧贴时代潮流、反映国家发展大局、顺应人民意愿,深受读者欢迎、又有决策参考价值的精品力作。

第三,要更加注重理论联系实际。学术层次、应用价值是衡量刊物质量高低的重要标准,而对于国家行政学院的刊物,其质量高低主要应体现在文稿对重大理论问题和现实问题剖析的深度和解决问题的作用程度。这就要求,我们必须始终把坚持理论与实际的密切结合作为办刊的基本原则,体现在组稿重点、审稿标准、价值取向等各个方面,要紧紧贴近生活、贴近基层、贴近群众,及时推出那些善于从理论与实际结合上研究和解决重大问题的优秀成果,从而充分发挥刊物在推进我国改革开放和现代化建设中的重要作用。做到这一点,对于提升两份刊物质量、展示自身价值、激活办刊活力、扩大刊物社会影响,极其重要。立足于研究解决国家发展中的理论问题和实际问题,是学院刊物鲜明标志和使命所在,必须持之以恒,发扬光大。

第四,要更加注重精益求精。这是实施质量兴刊战略的重要方面。只有精益求精,才能多出精品。重要的是,要切实抓好审稿、编排、校对、印刷四个环节,在求精上做文章。做到精审稿、精编辑、精校对、精印刷。精审稿,就是要按照期刊宗旨,对所有文稿的价值和质量都要认真地进行鉴识和评估,把导向正确、创新性强、理论和实用价值高、文风好的文稿选出来。这就要倾注编辑人员的才、学、识。精编辑,就是要用情、用心、用智,对选用的文稿投入感情、精心进行审读和编辑加工,做必要的删改,精雕细琢。精心修改,妙笔生花。古人的许多至理名言,都为我们提供了很好的借鉴。韩愈的"丰而不余一言,约而不失一辞",郑板桥的"删繁就简三秋树,标新立异二月花",都强调认真修改、善于修改。修改的重点是删去文稿中有明显错误的观点、提法和事例,修改游离文稿主题的段、句、词和华而不实的套话、空话、假话,使文章的主题更突出、观点更鲜明、内涵更丰富、语言更精美。精校对,就是校对要精确,一字一句、一个标点一个符号地校,决不发生丝毫差错。精印刷,就是包括封面、版式设计和印刷三个方面都要求精,封面要体现个性、特色鲜明、简洁明快、美观大方,正文版式要力求新颖、不呆板。印刷是最后环节,应该将刊物编辑延伸到印刷厂,加强对印刷流程的全过程监控。

第五,要加强编辑队伍建设。这是提高刊物质量的关键。正确的办刊宗旨、高质量的刊物,归根结底要靠一支素质优良的编辑队伍。《行政管理改革》创刊之时,温家宝总理指出:"办好刊物,关键要有一个好的编辑部。"马凯国务委员也指出,要尽快组建"一支优秀的编辑队伍"。只有坚持高标准、严要求,切实抓好以素质能力为核心的编辑队伍建设,才能为不断提高办刊质量、打造精品刊物奠定坚实基础。要按照"政治强、业务精、纪律严、作风正"的要求,全面提高编辑人员的基本素质和业务能力。要建立一支学习型编辑人才队伍，每一位编辑人员都要苦练内功，加强学习，提高自己，以适应实施质量兴刊战略的要求。

实施质量兴刊战略，还要大力发挥刊物编委会和专家的审稿作用，加强把关，在需要时聘请有关专家和实际工作者审读。同时，要按照中央的有关要求，抓紧研究完善学院刊物管理体制。

实施质量兴刊战略，需要靠全院教职工的聪明才智。全院各级领导干部和教职工，要积极为提高刊物质量出谋划策、提供帮助。学院各部门都要关心、支持院刊工作。同时，还恳请宣传新闻界和社会各界给予更多的关心、支持和帮助。

国家行政学院担负着干部教育培训和科研、咨询的重要职责。我们要不负众望、不辱使命，一定要坚持高标准、高质量、高水平，锐意进取，开拓创新，努力把《国家行政学院学报》和《行政管理改革》办成我国公共行政理论界和实际工作部门公认的精品名刊，在建设有特色高水平国际一流行政学院、服务党和国家事业发展中作出更大的贡献。

履职创新　办好中国行政体制改革研究会[*]

（2010 年 11 月 21 日）

今天,我们研究会第一次会长办公会议开得很好。围绕履职创新的会议议题,大家敞开思想,各抒己见,进行了深入的讨论。下面,我根据会议讨论情况,讲几点意见。

一、关于研究会成立以来工作的基本估计

大家一致认为,半年多来研究会特别是秘书处做了大量工作,开局良好,初步展示了我们研究会富有朝气、充满活力,工作扎实、富有成效,发挥了应有的作用。概括起来,主要做了两个方面的事情:一是抓研究会履行职能,也就是抓业务;二是抓队伍,也就是抓自身建设。两手抓,一手抓业务,一手抓建设。开始酝酿成立研究会时,遇到一些困难,成立研究会只有半年,就做了这么多工作,很不容易。万事开头难。社会上给予了高度评价。从大型研讨会的组织、协调,到重要课题的组织、参与,以及有关活动的筹备和谋划,秘书处的工作人员付出了很大辛劳,在人少事多的情况下工作很有成效。刚才,各位会长都给予了充分的肯定。

---

[*] 本文系作者在中国行政体制改革研究会第一次会长办公会上的讲话。

前几个月成绩的取得;是与国家行政学院作为业务主管单位给予指导、支持分不开的。中央和国务院有关部门也给予了多方面帮助,包括中编办、民政部、人力和社会保障部、发改委等单位都热情支持;中国建设银行、国家开发投资公司不仅是副会长单位,而且从资金方面给予支持。因此,研究会取得的工作成绩,是各方面的支持和帮助的结果。我们表示诚挚的感谢!

二、关于明年的主要任务

我们要根据研究会的《章程》的规定,全面开展工作,认真履职创新。概括起来,还是两手抓,一手抓开创工作局面,一手抓夯实发展基础。开创工作局面,就是要把研究会应该发挥的作用继续发挥好,在已取得成绩的基础上开拓进取。夯实基础,就是全面加强研究会自身建设,包括制度建设、队伍建设、机构建设等。要着力抓好以下几项主要工作:

(一)办好年会和论坛

根据研究会《章程》规定,研究会一年要召开一次年会暨行政改革论坛。秘书处要按照大家的讨论意见拟定一个好的主题。选题的内容宽一些,层次宏观一些。要紧紧围绕"十二五"期间经济社会发展的主题、主线,选定现实针对性强的题目。刚才大家议的几个题目,都是可以考虑的,包括"科学发展与服务型政府建设"、"转变经济发展方式与深化行政体制改革"等。今年4月,研究会成立时举办的论坛题目是"科学发展与行政改革";明年年会的论坛主题可为"转变发展方式与行政体制改革"。

至于是否筹划一个"服务型政府建设的国际比较"研讨会? 可以再深入研究一下。服务型政府建设是当今世界的潮流,各个国家国情不同,对服务型政府建设各有自己的理念、内涵、形式。理论是实践的先导,实践是理论的基础。现代化的政府要有现代化的理念，像美国、加拿大、欧盟等国家，他们的一些行政理念和做法可以作我们研究问题的参考，但绝不能照搬。我们的政府是人民的政府，是中国共产党领导的政府，是中国特色社会主义国家的政府，要根据我们的国情研究服务型政府建设的理念、思路和目标模式。

（二）抓好重大课题研究

我们研究会的功能作用能否充分发挥，能否有生机活力，能否有影响力，很重要的是看能否抓好重大课题研究。研究会成立以来之所以有成效，就是因为我们集中力量抓了一个广东省近两年行政体制改革这个重大课题。温家宝、李克强、汪洋、马凯等中央领导同志对研究成果都作出了重要批示，给予充分肯定。这不仅是对我们研究成果的肯定，更是对我们研究方向的肯定。这个方向就是要围绕中心、服务大局，要组织专家、学者深入基层、深入实际，认真调查研究。所以，我们要精心选题，采取招标方法，也可以采取委托办法，搞好一些重大课题研究。

我思考了几个题目供大家参考：比如，"网络时代与行政改革"。当今时代信息化迅速发展，怎样改革行政体制才能适应时代的发展？怎样利用网络为政府现代化建设服务？很值得深入研究。又如，"提高政府建设科学化水平"。政府自身建设该怎样才能提高科学化水平？这个题目与服务型政府建设紧密相关。再如，可以对一些正在深入进行的行政体制改革试点作跟踪调研，包括省直管县、省管县财政改革，建设"法治政府"、"阳光政府"等。中编办抓了一批试点，我们可以对这些试点进行深入调研，从理论上加以概括，提出一些建议，以推动改革。再比如，"城乡一体化与行政体制改革"，现在强调实行城乡统筹，但行政体制如果还是市场割据，很难实现城乡一体化。这些现实中的问题，都有深入研究的必要。我们要采取各种形式，充分动员会员的力量，坚持理论联系实际，争取多输出一些精品研究成果。

（三）办好研究会刊物

大家都赞同创办一个研究会刊物。我认为办一个刊物很有必要。像中国经济体制改革研究会的《改革内参》，既有权威论坛，又有热点讨论，还有国内外理论和实践创新性、前沿性学术观点的介绍。要把研究会内刊办成一个权威性、高层次的刊物。刊物的名称可叫作《行政改革内参》。摊子不要铺得太大，人要少而精，要选调那些政治强、素质高且有能力的人来办。争取在明年上半年试刊，并办理相关出刊手续。我们研究会做事，首先要讲求质量，注重提高水平，要珍重名誉，营造我们研究会的品牌。

为了加强同研究会会员、理事的信息交流，可以办一个内部《通讯》，使大家能够及时了解研究会的工作情况，进行信息沟通、交流等。

（四）编写《行政改革蓝皮书》

会议赞成出版《行政改革蓝皮书》。我认为，蓝皮书要体现权威性、综合性和可持续性。可持续性，就是不能搞一本就搞不下去了，要长期坚持下去。为此，我专门研究了一下有关类别的蓝皮书，目前各种蓝皮书名目繁多。中国行政体制改革研究会出版的行政改革蓝皮书要有鲜明特色和权威性，要做到高标准、高水平。

编写行政改革蓝皮书工作可继续准备，经过一年的努力，争取明年年底前出版一本。第一本的内容可以全面回顾一下改革开放以来的行政体制改革的主要进展，这一本容量相对较大。我倾向先出一本年度报告。先把年度报告这个品牌打出去，再出版蓝皮书。这两项工作可以并行不悖，并通过年度报告的编撰为蓝皮书的编写出版发行打好基础。

（五）成立研究会分会的问题

为了拓宽同国内外有关科研机构和学会、协会的联系，可以考虑成立研究会分会。这涉及到研究会的组织体系以及与国内外有关方面加强联系。能否成立分会,大家可以再商议。刚才秘书处在汇报中提到了设立应急管理分会和电子政务分会两个专业分会,杨士秋副会长又提出设立公务员专业分会等。成立分会的问题,可以深入论证一下。据我所知,美国公共行政学会在美国国内已建立1000多个分会。

（六）研究会自身建设

大家发言中都赞成加强对研究会人、财、物方面的管理,这一点非常重要。研究会的内设机构都要按《章程》办事。刚才,大家也审议通过了几个副秘书长人选的提议。对提交会议审议的几个具体的规章制度,各位可以把规章制度草案带回去,仔细审阅后将修改意见反馈给秘书处。这是研究会的基础性工作,我们要使研究会的各项工作都有章可循。

对于研究会工作运行机制,我赞同大家提出的每半年召开一次会长办公会议的意见,对于重要的事情,秘书处要随时向会长报告。同时,秘书处也要研究、借鉴其他学术团体的做法,尽快完善各项会议制度,使研究会的各项工作纳入科学化、规范化、制度化轨道。

三、关于研究会工作中需要注意的问题

我想强调一下研究会工作需要注意的几个原则性问题。

（一）把握大局。我们一定要把研究行政体制改革工作放在国家改革开放和现代化建设的大局去思考,不能因循守旧、墨守成规,但也要注意积极稳妥,审时度势,谨慎行事。有些敏感性的观点、看法,可以在内部讨论,不要公开发表。

（二）坚定方向。行政体制改革是为发展中国特色社会主义事业服务的,我们一定要坚持讲政治,最重要的是坚定中国特色社会主义方向。

在研究问题过程中,要把握三个不动摇,即坚持共产党的领导不动摇,坚持社会主义基本制度不动摇,坚持中国特色社会主义政治发展道路不动摇。我们研究会工作在政治上要特别清醒、坚定。

(三)服务中心。坚持围绕党和国家的中心任务,做一些我们力所能及的工作,包括课题研究、召开论坛、学术活动等,都要围绕党和国家的中心任务来进行。

(四)办出特色。在研究会成立之初,国务院领导就要求我们要办出特色。我们是学术团体组织,并非党政机关部门。要按照学术团体组织的性质、特点,规范运作模式,开展多种形式的活动。无论是举办论坛进行学术交流,还是开展其他各种活动,都要注重质量,打造品牌,力求出精品。

突出特色　开拓进取　服务行政体制改革[*]

（2011 年 7 月 9 日）

一、一年多来的主要工作

中国行政体制改革研究会成立以来，根据《章程》的规定，积极开展工作，各方面都取得了明显成绩。主要做了以下几个方面的工作。

（一）认真抓好第一次会议成果宣传工作

2010 年 4 月研究会成立后，我们就抓紧落实第一次会议确定的各项任务，认真抓好第一次会议成果宣传工作。我们组织撰写了有关研究会成立大会暨首届中国行政改革论坛的情况和成果报告，上报国务院领导。我们编辑了中国行政体制改革研究会会刊，并在学院主办的《行政管理改革》杂志上推出了一期专刊；撰写了首届中国行政改革论坛综述，先后在《人民日报》、《学习时报》、《中国行政管理》和国家行政学院报送中央领导刊物《送阅件》等报刊上发表。首届中国行政改革论坛论文集收入《科学发展与行政体制改革》一书，分别送研究会全体理事会员。这些工作产生了广泛的社会影响。

　＊　本文系作者在中国行政体制改革研究会第一届理事会第二次会议上所做的工作报告（节录）。

（二）组织开展重大课题研究

开展课题研究是研究会立会之本。按照《章程》规定和要求，我们围绕党和国家的中心工作，积极探索中国行政体制改革方面的重大理论与实践问题。我们在筹备首届中国行政改革论坛过程中，集中力量参与广东省政府委托国家行政学院的重大研究课题《广东省行政体制改革研究》项目。该课题由魏礼群担任组长、何家成副会长担任副组长。课题从 2010 年 4 月开始调研，到 10 月底完成阶段性任务，共形成一个总报告和 10 个专题研究报告。10 个专题报告通过国家行政学院《送阅件》和白头件的形式，直接报送至党中央、国务院、全国人大、全国政协领导同志和中央有关部门负责人；其中有四份《送阅件》得到国务院领导重要批示，温家宝总理、李克强副总理、回良玉副总理、马凯国务委员分别作出重要指示。中共中央政治局委员、广东省委书记汪洋分别在课题中间成果和总体报告上作出重要批示，又专门给我打了一次电话，对课题研究成果予以充分肯定和高度评价。

研究中国特色社会主义行政管理体系和深化改革，是关系改革全局的重大课题。我会部分人员受国家社科规划领导小组委托，承担了《中国现代行政管理体系研究》国家社科重大项目，该课题共设立七个子课题，计划三年时间完成，已推出了一批前期研究成果。配合国家制定"十二五"规划建议，我们还承担了国家发改委委托的《十二五行政体制改革研究》课题，2010 年 8 月完成任务，受到好评。配合"十二五"规划纲要的制定工作，研究会开展了前瞻性研究。2010 年 10 月，我会为《新华月报》组织了"建言十二五"一组 6 篇文章，在社会上产生了积极的反响。

对正在进行行政体制改革实践的跟踪研究，是研究会开展课题研究的重要任务。我们在组织专家学者深入实际调查研究，积极承担有关地方、企业委托的研究课题。研究会主持或参与实施了国家关于应急管理、社会管理课题研究以及《县域公共权力运行架构与公共财政改革研究——浙江省富阳市之实践》等专项研究,取得了一批研究成果。在这些成果的基础上,形成了三个《送阅件》,受到中央领导同志的重视。

通过委托招标等方式,动员、吸引相关学术机构参与课题研究,是研究会工作的重要特点。一年多来,根据改革发展形势的需要和可能,我们先后确立并组织实施了一批有意义、有价值的课题项目,包括:《网络时代对行政管理的影响和行政改革》、《十二五期间推进大部制改革研究》、《统筹城乡发展与行政体制改革研究》、《省直管县改革》、《政府绩效评估和问责制制度实施情况调查》、《阳光政府建设调查》、《降低行政成本研究》、《推进西部开发与实施人才战略研究》共 8 大课题,分别委托有关高等院校、地方政府研究机构、行政学院和社团组织等单位承担研究。这种方式不仅有效地带动了学术界的科研力量,也发挥实际工作部门的研究人员作用,提升了社会各方面对行政改革工作的积极性,扩大了我会的社会影响。

（三）逐步展开对外交流合作

坚持以我为主、开放办会,是研究会《章程》规定的工作方针。一年多来,我们与国（境）外一些知名学术团体、研究机构和行政学院、高等院校建立了交流合作渠道。经国务院批准,2010 年 6 月初,我带领一个代表团以中国行政体制改革研究会的名义访问台湾有关学术机构,主要目的是开辟与台湾行政学界有关教育和咨询研究机构的联系,建立相对稳定的交流渠道与合作平台。我们访问了台湾三所大学、三所研究机构、一个学会和一所培训机构,重点宣传介绍了中国行政体制改革研究会的职能作用,并与台湾世新大学就加强交流合作签署了会议纪要,分别与台湾国政基金会、亚太和平基金会和两岸统合学会等智库进行了沟通交流,他们也都表示愿意加强双方合作,并提出了一些交流合作的具体内容和方式。8 月 17 日,台湾华夏行政学会、台湾中华训协代表团来学院访问,我代表研究会会见了代表团一行,双方就合作内容和运行模式进行了深入的探讨。

积极推动中德公共管理合作项目,不断拓展国际合作新形式和新途径。在 2010 年筹备研究会成立时,我们就与德国技术公司签订了"中德纵向行政层级改革研究"合作项目,组团对德国的行政层级改革进行考察,并接待德方专家来华考察。在此基础上,2010 年 10 月 18 日,我会在北京成功举办了中德县域公共治理比较国际会议,共有 60 多人出席会议。随后,双方签署了研究课题合作纪要。2011 年 4 月 11 日,德国行政科学大学费施校长、费尔伯尔教授率团来研究会访问,就中德行政层级改革合作项目在国家行政学院举行了协商会议,双方商定将于 2011 年 9 月在德国行政科学大学举办"中德行政层级改革学术研讨会"。此次研讨会的主题是:德国地方区域职能改革和中国省直管县改革。中德纵向行政层级改革合作课题,后续还将启动一些合作项目,计划到 2012 年结束。这个项目的合作研究,有利于研究借鉴外国行政层级的做法和经验教训,为深化我国行政层级改革提供智力支持。

2010 年 11 月 8 日,我们研究会参与承办了"金融危机下的政府管理"国际会议。这次会议由国家行政学院和国际行政院校联合会主办,中国行政体制改革研究会、国际行政科学学会、美国行政管理学会、中东行政院校联合会等单位承办。其中,我会负责第一天的研讨内容,主题是"各国政府应对国际金融危机",本会有 3 位会领导出席了会议,5 位专家在大会上做了主题演讲,收到了良好效果。与会人员对这次国际研讨会的成功举办都给以高度评价,认为这是国际行政院校和国际行政研究机构的空前盛会,对加强国际行政理论界的交流合作起到了重要的推动作用。2010 年 11 月 10 日,美国公共行政学会纽曼主席率团来访,双方就加强交流合作进行了友好会谈,并签署了合作协议。2011 年 4 月 19 日,国际行政院校联合会前主席罗森鲍姆和国际行政院校联合会副主席(北美区)、美国公共行政学会前主席纽曼一行来我会访问,双方就深化研究会与国际行政院校联合会、美国公共行政学会、美国佛罗里达国际大学等机构的合作,共同召开国际研讨会,互派会员培训等事宜进行了深入的探讨,达成了一致意见。2011 年 6 月 12—23 日,我率代表团访问了意大利、欧盟总部和美国。6 月 13 日,在国际行政院校联合会执委会会议上,一致通过中国行政体制改革研究会的入会申请。7 月 8 日,国际行政科学学会执委会审议并通过了中国行政体制改革研究会入会申请。在访美期间,我们访问了世界著名智库美国布鲁金斯学会,双方就加强合作交流达成了共识。

通过开展对外交流合作,我们一方面了解了国(境)外公共行政理论的新进展与政府创新的新举措,另一方面也积极宣传了我国行政体制改革和政府建设的进展情况,扩大了研究会的国际影响力。

(四)着力打造特色品牌

中国行政体制改革研究会要办出水平、发挥应有的作用,就必须产生出一批有价值、有影响的研究成果,特别是打造有特色的品牌成果。经过论证,我们把《中国行政体制改革蓝皮书》作为创建研究会名牌的重点工程之一。2010 年 10 月,研究会召开了蓝皮书编委会会议,对秘书处提出的实施方案、编写大纲、体系框架等进行讨论。为了慎重起见,经会长办公会研究,从 2011 年开始,先推出《中国行政体制改革年度研究报告》,目前此项工作正在抓紧进行。

定期举办中国行政改革论坛,是研究会在筹备成立期间,决定要打造的一个高起点、高水平的学术平台。通过该平台,汇聚会内外专家学者及各方力量,开展行政领域的理论研究交流。首届中国行政改革论坛成功举办之后,引起社会各界的关注。今年初以来,我们就组织力量着手筹备第二届论坛。办好论坛,创出水平,主题至关重要,我们根据本会宗旨,着眼于围绕中心、服务大局,结合行政改革领域理论和实践最新进展,提出了一些选题,经研究,确定第二届论坛的主题是:“十二五:转变经济发展方式与行政体制改革”。这个主题之所以得到大家一致同意,就在于它集中体现了我会围绕中心服务大局的宗旨。我们要认真总结经验,不断提高论坛水平,使之成为我会履行职能、展示形象的重要窗口和平台。

（五）申请创建《行政改革内参》杂志社

根据《章程》规定,研究会需要创办一个会刊进行学术和信息交流,同时也为理事和会员相互交流思想、讨论问题提供一个平台。通过反复论证,决定创办《行政改革内参》。经过坚持不懈的努力,2011 年 5 月 18 日,国家新闻出版总署正式批复同意创办《行政改革内参》杂志,颁布全国统一刊号 CN10—1019/D,批准我会出资设立杂志社。这是研究会建设中又一项重要进展。《行政改革内参》杂志由国家行政学院主管、中国行政体制改革研究会主办。

国务委员兼国务院秘书长、国家行政学院院长马凯同志,在百忙之中为《行政改革内参》撰写发刊词,充分体现了对中国行政体制改革研究会工作的关怀和支持,发刊词中的重要论述和要求为办好刊物指明了方向。发刊词开宗明义指出:"这是中国行政体制改革研究会推进行政管理体制改革研究,更好地为党中央、国务院服务的新平台。"马凯同志对办刊工作明确提出三点要求:始终坚持政治方向、办刊宗旨;始终坚持解放思想、实事求是;始终坚持突出特色、办出水平。这三个方面是办好刊物的根本保证。发刊词振奋精神,鼓舞士气,编辑部同志加班加点于 7 月 1 日推出创刊号,为建党 90 周年献礼。刊物内容既有权威论坛,又有热点讨论,还有一些国际行政管理领域创新性、前沿性的介绍,及时反映了当前国内外关于行政体制改革方面的理论动态和实践创新成果。杂志社的创立不仅为研究会搭建了学术交流的重要平台,也为研究会持续、长期发展提供了实体支撑。

为加强研究会系统联系,促进会员之间信息沟通和学术交流,根据第一次会长办公会议精神,秘书处还创办了内部《通讯》,面向全体理事会员发行,已出版 3 期。同时,我们还开通了中国行政体制改革研究会网站,注册了中国行政改革论坛域名。

(六)设立"中国行政体制改革研究会行政改革研究基金"

为了吸引、汇聚社会力量参与中国行政体制改革研究工作,中国行政体制改革研究会第一次会长办公会研究同意设立中国行政体制改革研究会专项基金。秘书处根据国家有关规定,拟定了设立"中国行政体制改革研究会行政改革研究基金"的方案,起草了"中国行政体制改革研究会专项基金管理办法",以通讯方式征求本会常务理事意见后,形成常务理事会决议,上报民政部。不久前,民政部已批准建立"中国行政体制改革研究会行政改革研究基金"和"中国行政体制改革研究会行政改革研究基金管理委员会"。"行政改革研究基金"是中国行政体制改革研究会的内设专项基金,主要用于资助开展中国行政体制改革和相关改革问题研究;资助围绕行政体制改革所开展的各种形式国内外交流活动;奖励对中国行政体制改革和政府管理创新做出突出贡献的机构和人员;符合有关规定的研究基金管理成本支出。半年来,"行政改革研究基金"得到了社会各界的认可,中国建设银行、中国银行、中国工商银行、中国农业银行、中国石油天然气集团公司、中国长江三峡集团公司、新华信托股份有限公司、中兴通讯股份有限公司、中经国际新技术有限公司、北京飞立信科技股份有限公司等企业,积极支持,为研究会今后更好地开展工作打下了坚实的基础。

(七)重视研究会内部建设

研究会成立之初,我们就抓紧办理中国行政体制改革研究会的各项登记事项。2010年6月21日,我们接到民政部《关于中国行政体制改革研究会成立登记的批复》(民函【2010】136号),准予中国行政体制改革研究会成立登记。我们先后办理了《社会团体法人登记证书》、《中华人民共和国组织机构代码证》、《税务登记证》、《开户批复书》等,及时完成了社团登记事项。

着手建立研究会各项规章制度。根据《章程》,我们制订了包括研究会办公会议制度、文秘工作制度、人事管理制度、财务管理制度、会费管理办法、课题管理制度、学术会议管理制度等,力求使研究会的各项工作和活动做到有章可循,有序运行。

研究会成立以来,严格依据《章程》进行会费收缴工作。研究会 2010 年度应收会费总额 536000 元整,已收会费 358000 元,未交会费 178000 元。我会会员及会员企业队伍还在继续壮大,会费收缴工作还在有条不紊地进行中。

加强队伍建设。2010 年 11 月,我们召开了中国行政体制改革研究会第一次会长办公会,根据秘书长提名,经过严格考察,秘书处聘请了 6 位年富力强同志担任副秘书长。在国家行政学院党委和人事局支持下,秘书处先后调入几位年轻同志,聘用了几名品学兼优的高校毕业生充实到相关岗位,他们中有博士、硕士和归国留学生。至此,秘书处初步建立了年龄层次、知识结构比较合理的工作队伍,为研究会长远发展打下人才基础。

回顾一年多来的工作,可以说开局良好。这些成绩的取得,是党中央、国务院有关部门和有关地方、企业给予大力支持的结果,是业务主管单位国家行政学院指导和帮助的结果,是各副会长单位和各位理事鼎力支持的结果,也是秘书处成员顽强拼搏、奋发进取的结果。在此,我代表理事会向关心指导我会的主管单位国家行政学院表示感谢! 向一年来给予我会有力支持的有关部委有关单位和同志表示感谢! 向全体理事会员和秘书处成员表示感谢!

我们在看到成绩的同时,也要看到存在的问题和不足。主要是:研究会《章程》规定的一些业务工作尚未实施;联系专家学者还不够广泛;发挥研究会理事、专家学者的作用还不够充分;内部管理制度还不健全。我们要努力改进工作,欢迎各位理事对工作进行监督,多提出建议,齐心协力地把研究会办得更好!

研究会经历了一个艰苦创业的过程。在一年多的探索实践中,我们对办好研究会有了更深入的认识,归结为三点:

第一,必须牢记宗旨、坚定方向。行政体制改革研究领域和涉及的问题,社会关注度高,政策性和敏感性强。因此,研究会的工作和活动必须始终秉承办会宗旨,坚持正确的政治方向和学术方向,坚持中国特色社会主义基本理论、基本路线、基本纲领。这样,研究会才能富有生命力和创造力。

第二,必须围绕中心、服务大局。坚持站在党和国家事业全局的高度,进行理论研究和实践探索。要自觉围绕党和国家中心任务,围绕改革发展全局性、战略性以及热点、难点问题,开展课题研究、学术交流、决策咨询工作。增强服务意识,使各项工作都要服从于、服务于发展大局。

第三,必须解放思想、善于创新。在当前各类研究会名目众多的现实情况下,中国行政体制改革研究会要有所作为,产生较大影响力,决不能因循守旧、墨守成规,而要不断解放思想,与时俱进,开拓创新。坚持理论联系实际,深入基层、深入实际、深入群众,加强调查研究,掌握第一手情况和材料,及时发现新事物,总结新经验;要突出办会特色,注重发挥优势。

二、下一年度的重点任务

"十二五"时期,是我国全面建设小康社会的关键时期,是深化改革开放、加快转变经济发展方式的攻坚时期。"十二五"规划纲要把推进行政体制改革作为重大任务专章进行论述。这充分显示了行政体制改革的重要性和紧迫性。今年是实施"十二五"规划的开局之年,研究会工作的总体思路是:高举中国特色社会主义伟大旗帜,深入贯彻落实科学发展观,围绕中心,服务大局,坚持两手抓,一手抓业务、一手抓建设,一手抓当前、一手抓长远,开拓创新,乘势而上,巩固和发展研究会的良好开局。下一年度将着力抓好以下八个方面的重点工作。

（一）围绕中心工作,开展课题研究

开展行政领域科学研究是研究会的基本职能,也是研究会全部工作的重中之重。今年要紧紧围绕党和国家的中心任务,围绕深化行政体制改革和政府自身建设,着力完成已经确定的课题,适时提出新的研究课题,力争推出若干有一定影响力的研究成果。

第一,深入开展转变经济发展方式与行政体制改革重大课题研究。加快转变经济发展方式是贯彻落实科学发展观的必然要求。加快转变经济发展方式必须深化行政体制改革。明天举行的第二届中国行政改革论坛,就是以"转变经济发展方式与行政体制改革"为主题。研究会要紧紧围绕推进科学发展、加快转变经济发展方式,围绕经济社会发展全局性、战略性问题和难点问题,集中力量组织好课题研究。包括研究影响经济发展方式转变的行政理念、行政机构、行政制度、行政方式等,为加快转变经济发展方式提供智力支持。

第二,积极开展中国特色行政理论研究。继续完成国家社科规划领导小组委托的《中国现代行政管理体系研究》项目。这是一项重大的理论研究,是一个系统的研究工程。建立中国特色社会主义行政理论,不仅要总结我国以往长期的行政体制演变历史,特别是新中国成立60多年来的正反两方面经验和改革开放30多年的丰富实践,还要着眼长远,深入研究今后20年甚至更长期行政体制建设的目标任务,为完善中国特色社会主义行政管理体制提供思想理论支持。

第三,继续为推进政府自身改革做好决策咨询服务。继续深化广东行政体制改革研究课题。2010年,甘肃省政府、重庆市政府分别与国家行政学院签署战略合作协议,为研究会开展政府机构改革课题提供了有利条件。我们要深入基层,跟踪调研正在深入进行的行政改革试点,总结地方行政体制改革和政府自身建设的好思路、好做法。在行政体制改革研究中,要大力抓好重点问题研究,推进难点问题研究,涉足热点问题研究,我们要探讨"提高政府建设的科学化水平"、"网络时代与行政改革"等基础性、前沿性课题;同时,深入开展省直管县、省管县财政、政务公开、政府绩效评估、公务员能力建设、法治政府建设、服务型政府建设等问题的研究。

第四,积极开展创新社会管理与行政体制改革研究。加强和创新社会管理是党中央根据新形势、新情况做出的战略决策,是当前和今后一个时期的重大任务。这为行政管理体制改革提出了新要求、新目标,为研究会提出了新课题、新任务。2011年初,根据国务院领导的指示,由国家行政学院牵头,民政部等国务院有关部门和北京市、河北省等有关负责同志成立课题组,对"加强和创新社会管理"这个重大课题进行深入研究。研究会参与这一课题研究并承担重要任务。课题组已编辑《社会管理体制创新实践选编》,正待出版。我们要以此为契机,加大创新社会管理与行政体制改革研究工作的力度。

第五,紧贴改革实践,拓展研究领域。要围绕我国经济社会发展中遇到的热点、难点问题,不断开拓课题研究领域。根据"十二五"规划重点内容,开展区域规划、主题功能区建设与政府绩效评估课题研究,服务转变经济发展方式中心任务;关注社会民生,开展教育制度、医疗卫生制度、住房制度改革研究,加快服务型政府建设;探索事业单位改革与行政体制改革关系,为中央提供决策建议。各项课题要统筹力量,把握时间进度,确保完成任务。

在组织好以上重点方面研究的同时,还要开展对当前国外行政改革理论和实践的比较研究。

（二）树立品牌意识，办好中国行政改革论坛

举办学术活动是研究会开展工作的重要载体。办好中国行政改革论坛，对扩大研究会的社会影响至关重要。中国行政改革论坛是中国行政领域理论和实际工作者一年一度的学术盛会。要树立品牌意识，精心组织好以"中国行政改革论坛"为品牌的学术论坛和研讨会。"第二届中国行政改革论坛"经过紧张的筹备，明天就要召开了。截至目前，大会秘书处已经收到学术论文 120 多篇，我们还邀请了国内知名专家学者和有关部委领导、地方党委政府负责人作主旨演讲。我们相信，本届论坛将在全国产生积极影响。我们要把中国行政改革论坛作为鲜明体现我们研究会特色和水平的一个重要品牌。要通过各种途径，广泛利用社会各种资源，积极组织和开展各种形式的学术活动；要注重实际效果，努力提高水平，通过举办报告会、研讨会、讲座等形式，搭建学术平台，不断扩大研究会的影响力。

（三）强化精品意识，筹办中国行政改革网

经过艰苦的努力和精心的筹划，《行政改革内参》终于面世了。这是一个良好的开端。我们要突出精品意识，精心选题，精心策划，精心编辑，使之成为反映各级政府各方面公共行政改革的决策建议、咨询报告和相关信息的平台，成为深入研究行政体制改革理论与实践问题的平台，成为广大会员交流思想和研究成果的平台。要以成功创办杂志社为契机，构建研究会覆盖全国的信息网络。要加快建设研究会网站，加紧网页栏目设计，充实提高内容质量，强化技术支持能力，使之成为了解我会、展示我会形象的窗口。要发挥主管单位资源优势和研究会网络优势，联通全国各级政府 4500 家行政服务中心，加强与各地区和各部门政府门户网站互联互通，积极筹备成立中国电子政务网站联盟，建立社会效益和经济效益俱佳的新媒体信息系统。

（四）打造标志产品，编好中国行政体制改革年度报告

编辑出版《中国行政体制改革蓝皮书》，是研究会成立后作出的重要决策。通过编辑出版"蓝皮书"，可以把中国行政体制改革研究会的职能更好地发挥出来。要组织国内行政体制改革领域的一流研究机构的一流专家学者，对每个年度我国行政体制改革领域的现状和发展态势进行深入研究、认真分析和科学预测。蓝皮书编辑出版工作，政治上要把握方向，服务大局，内容上要全面客观，实事求是，组织上要形成队伍，保障进度，力求把《中国行政体制改革蓝皮书》做成研究会的标志性产品，编出高质量、高水平、在国内有重要影响的蓝皮书。

（五）坚持开放办会，扩大国际合作

今年要在开放办会方面迈出更大步伐，大胆"引进来"，积极"走出去"。一要坚持以我为主，开放办会，充分发挥主管单位和研究会学术团体的双重优势，要将两个优势结合好、发挥好，以更加宽广的胸怀、更加开放的眼光来观察国际行政改革动态。二要提高对外开放的层次和水平。积极拓展对外合作的领域和渠道，创新合作模式。在继续推进"中德公共管理合作"等项目的基础上，总结经验，扩大开放。三要加强与国（境）外公共行政领域研究机构的交流合作。要深化研究会与国际行政科学学会、国际行政院校联合会、美国公共行政学会等研究机构的合作，拓宽合作领域。筹划举办"服务型政府建设国际比较研讨会"，既研究借鉴其他国家公共行政理论的新进展与政府创新的新举措，也积极宣传我国行政体制和政府建设的进展情况，为提升国家的软实力和国际影响力服务。

（六）凝聚会员力量，拓宽发展空间

理事会员是研究会宝贵的财富。他们中有享誉国内外的专家学者，有中央有关部委、地方政府的领导，也有许多行业的知名企业家。充分发

挥理事会员的资源优势,凝聚全会的力量,是我会更好地履行职能、健康发展的根本保证。

充分发挥理事会员资源优势,进一步加强与地方、企业和有关部门的联系,为研究会发展拓宽更大的空间。建议各省市区行政学院根据各地实际,申请成立省(市、区)行政体制改革研究会或研究中心,可以独立运作,起到分会的作用,为我会的发展提供支持。通过建立地方性研究会或研究中心可以吸引更多人才,协调各方力量,推动行政管理理论研究,更好地为深化行政体制改革、推进政府建设与管理创新服务。

充分发挥理事会员资源优势,开展行政体制改革方面的培训工作。教学培训是我会重要的职能任务。我会理事中有许多教研培训专家,拥有广泛的社会资源。我们要大力开展培训工作,为丰富公务员培训内容和提升人才培养水平,为各级政府部门提高行政管理水平,提供培训和咨询服务。

充分发挥理事会员资源优势,要求我们加强与单位和个人会员的联系,强化为理事会员的服务意识,倾听大家的意见建议,群策群力,把研究会工作提升到新的水平,推动我会又好又快健康发展。

(七)健全和严格执行制度,管好用好"行政改革研究基金"

管好用好"行政改革研究基金"对于研究会持续、稳定发展具有重要意义。目前,"行政改革研究基金"处于初创阶段,还需要进一步取得社会各界的支持,做好基金的募集工作。同时要健全"行政改革研究基金管理委员会",加强对"行政改革研究基金"的管理、监督,保证"行政改革研究基金"的使用和所资助的项目符合国家有关政策和研究会的宗旨。严格执行"行政改革研究基金"的使用管理和审批程序,切实发挥"行政改革研究基金"在研究、交流等方面的作用。规范"行政改革研究基金"的财务管理,遵守国家相关法律法规。要按照国家有关规定,安全运作,确保"行政改革研究基金"保值增值。

（八）进一步加强自身建设，注重提升整体素质

加强自身建设、切实提高研究会整体素质是研究会事业顺利发展的一项基础性工程。研究会要建成有特色、高水平、全国一流学术团体，必须加强自身建设。一要加强理论学习。行政体制改革的政治性、政策性、理论性很强，必须把加强理论学习、打牢理论功底作为一项长期性、基础性的重要任务。要深入学习和掌握中国特色社会主义理论体系，学习和掌握中央有关改革开放的决策部署和文件精神，用以武装思想，推动工作，把研究会建设成学习型社团组织。二要加强队伍建设。提高研究会各项工作水平，关键靠人才、靠队伍。要广开门路，广揽人才，加大引才、育才、聚才力度，积极创造条件，把那些有志于行政体制改革研究、有较高理论水平和丰富实践经验、富有创新精神的理论工作者和实际工作者吸收到研究会来，注重实践锻炼，搭建成长阶梯，努力使研究会成为研究行政体制改革和政府管理创新的人才高地。三要加强制度建设。科学规范各项活动制度，加大建立健全研究会和理事会等各项制度，探索并逐步形成符合社团组织特点的管理方式和工作机制，完善岗位设置管理制度，用科学有效的制度保障研究会的健康发展。

艰辛成就伟业，奋斗创造辉煌。中国行政体制改革的任务繁重而艰巨，我们研究会的使命重要而光荣。让我们携起手来，高举中国特色社会主义理论伟大旗帜，深入贯彻落实科学发展观，坚持一手抓履行职能，一手抓自身建设，紧紧围绕中心，服务大局，积极发挥研究会作为全国性学术社团的作用，吸引资源、凝聚力量，积极探索，开拓进取，深入探索我国行政体制改革的重大理论和实践问题，为建立完善的中国特色社会主义行政体制，实现全面建设小康社会和现代化宏伟目标作出积极贡献！

进一步开创行政体制改革研究工作新局面[*]

（2011 年 12 月 27 日）

一、对研究会一年来工作的基本估计

2011 年，我们研究会坚持办会宗旨，围绕中心，服务大局，按照研究会的特点，扎实工作，锐意进取，一手抓业务工作，一手抓自身建设，研究会工作迈入了规范化、制度化发展的轨道。今年，我们做了大量卓有成效的工作，主要是以下四个方面。

（一）筹办几个大型会议。7 月 10 日，召开第一届理事会第二次会议，顾问、研究会领导成员、理事们都参加了。同时，举办了"第二届中国行政改革论坛"，这两个会议同时举办，会议开得很成功，各方面的反响都很好。国务委员兼国务院秘书长、国家行政学院院长马凯同志出席论坛并作重要讲话，二三十位部级领导和著名专家学者参加了会议，30 多家媒体对论坛进行了全方位宣传报道。2011 年 10 月 25 日《人民日报》理论版头条发表了长达 5000 多字、题为《以行政体制改革推进经济增长方式转变》的综述，各大网站转载，扩大了研究会的社会影响。同时，我们还与中国政策科学研究会、北京大学联合举办了"第十届国家安全论

＊ 本文系作者在中国行政体制改革研究会 2011 年度会长办公会议上的讲话（节录）。

坛",这个论坛办得也很成功。

(二)组织开展重大课题研究,成果颇多。研究会围绕中心,服务大局,紧密结合我国经济社会发展和行政体制改革中的热点问题,积极组织开展重点课题研究。完成了全国哲学社会科学规划办公室委托的"中国现代行政管理体系研究"。我们还与国家行政学院有关专家学者共同承担了《广东省行政体制改革研究》课题,也取得了重要的成果。研究会还围绕"统筹城乡发展与行政体制改革"、"阳光政府建设调查"等8个热点问题进行研究,各课题已取得积极进展。同时,围绕经济社会发展中的难点问题,组织力量承担重大委托课题研究。包括承担了国家有关部委、重点企业和有关地方政府委托的一些研究项目,为有关方面提供了重要的决策咨询报告。

(三)着力打造品牌,《中国行政体制改革蓝皮书》顺利出版。筹备编辑出版《中国行政体制改革蓝皮书》是研究会今年的重点工作之一,研究会专门成立了课题组,精心组织撰写,精心编辑出版。12月12日,蓝皮书出版发行。《中国行政体制改革蓝皮书》对我国行政体制改革领域的现状和发展态势进行了实事求是的分析,内容全面丰富,案例客观详实,社会影响很好,占领了行政体制改革领域的一块学术阵地,填补了国内蓝皮书系列的一个空白。

(四)加强对外合作,拓宽国际交流平台。研究会本着大胆"引进来",积极"走出去"的原则,在开放办会上迈出更大步伐,加大了与国(境)外学术团体、研究机构的交流,合作内容不断丰富,领域不断拓宽。1.推进了与国际行政科学学会和国际行政院校联合会的合作,我们研究会已经成为这两个国际行政学机构的会员单位,为研究会参与国际活动搭建了很重要的平台。2.我带领研究会代表团参加了在意大利召开的国际行政院校联合会50周年庆祝大会和派团参加在瑞士召开的国际行政科学学会。3.与美国智库——布鲁金斯学会加强了合作。邀请美国公共行政学会候任主席刘国材来国家行政学院访问演讲,我们与美国的公共行政机构建立起了联系。4.拓展了与联合国经济和社会事务部的合作,双方进行刊物和信息交流,共同开展国际公共行政体制比较研究等合作都在积极推进。

(五)搭建新平台,创办《行政改革内参》杂志。经国家新闻出版署批准,研究会刊物《行政改革内参》7月份正式创刊,马凯国务委员亲自撰写了发刊词。《行政改革内参》杂志社的成立,是研究会推动学术研究和信息交流平台建设中的一项重要成果。杂志社自创办以来,坚持突出特色,各项工作都取得明显进展。《行政改革内参》和《中国行政体制改革研究会通讯》作为我们搭建的平台,发挥了对外联系的作用。

(六)研究会自身建设得到加强。2011年,研究会不断加强内部建设,秘书处队伍结构趋于合理,内部规章制度不断完善。为了适应工作需要,特别是为了办刊物,公开招聘了一些工作人员。内部信息渠道不断加强,开通了中国行政体制改革研究会网站。研究会还设立了"行政改革研究基金",用于对行政体制改革研究的资助、奖励,也为研究会的持续发展提供了必要条件。

总之,以上这些工作对研究会开好局,起好步,稳步发展,不断提高水平,有重要意义。刚才,大家充分肯定了今年的工作,今年取得这么多的成绩,主要归功于四个方面:一是,我们研究会各位顾问、各位副会长和有关理事单位的积极参与、支持。二是,业务主管单位国家行政学院领导的关心、支持,包括在座的何家成副院长、周文彰副院长和各位领导都给予了有力帮助。三是,中央和国务院有关部门的多方面支持。四是,研究会全体同志的辛勤努力,他们很年轻,很有朝气。在此,我代表研究会向给予积极支持的各位领导、各个单位表示衷心的感谢!

二、存在的问题和不足

通过一年多的努力,研究会的工作有了很大进展,但也要清醒地看到,研究会仍处于打基础的起步阶段,发展中仍存在诸多问题和不足。

第一,对研究会中长期发展研究得不够。中国行政体制改革研究会承担着研究和推进我国行政体制改革的历史责任和重要使命。但研究会对中长期发展规划工作还没有来得及研究。要准确把握我们研究会的性质、职能和定位,把为党和国家大局服务体现到规划中,用中长期发展规划来保证我们更好地履行职能。

第二,有重大影响力的高质量成果还不多。围绕党和政府的中心任务开展课题研究工作,是由研究会的宗旨和性质决定的。课题研究的关键在于研究成果的质量,有重大影响力的成果较少,一定要多出高质量、高水平的精品成果。

第三,研究会的系统功能发挥得不够。研究会是一个全国性的社团学术组织,但目前还没有形成一个横向联系、纵向贯通的系统,理事会员的优势还没有充分发挥出来。今后要研究如何更好地发挥研究会的系统优势,吸引更多人才,协调各方力量,共同推动行政体制改革研究。

第四,研究会自身建设还有待加强。比如,信息发布不及时。当前,国内各类研究会和学术团体名目繁多,中国行政体制改革研究会要建成有特色、高水平、全国一流学术团体,就必须把自身建设作为一项长期性、基础性的工作抓紧抓好,不断加强组织建设、制度建设、作风建设,不断提高自身素质和能力。

三、认真做好 2012 年的工作

安排 2012 年的工作,必须充分考虑和深入分析我们面临的形势和任务。当前,国际形势更加复杂、严峻,国内改革发展任务更加繁重、艰巨。2012 年将召开党的十八大,这是全党全国各族人民政治生活中的一件大事。研究会工作总的指导思想是:高举中国特色社会主义伟大旗帜,深入贯彻落实科学发展观,认真贯彻中央关于明年工作的总体部署,在大局下行动,坚持"稳中求进"总基调,紧紧围绕中心,自觉服务大局,坚持一手抓业务、一手抓建设,一手抓当前、一手抓长远,再接再厉,乘势而上,把研究会各项工作推上一个新水平。

(一)精心筹办好论坛活动。举办论坛活动对扩大研究会影响、树立研究会形象十分重要,我们要利用好这个平台。首先,筹办好第三届"中国行政改革论坛"。要研究确定"第三届中国行政改革论坛"的主题,会议主题要考虑全局性、前瞻性、针对性。围绕促进科学发展、转变经济发展方式的主题主线,可考虑两个题目:一个是"科学发展与社会管理创新",一个是"政府职能转变与社会管理创新"。还可以围绕召开"十八大"深入开展行政体制改革研究,确定一个题目。要认真拟定会议方案,及早着手准备,确保会议办出水平,办出特色。同时,要开好中国行政体制改革研究会第一届理事会第三次会议。其次,要积极参与筹办"亚太地区行政院校和公共行政研究机构"国际研讨会。这次会议是由国家行政学院与国际行政院校联合会共同承办,中国行政体制改革研究会参与协办,不断积累举办国际会议的经验。

(二)精心组织好课题研究。紧紧围绕我国经济社会发展中的热点、难点问题,从宏观上和战略上做一两个题目。比如"深化行政体制改革的顶层设计"研究,这个题目非常重要。再比如,全面总结本届政府五年行政体制改革的进展。又比如,"今后五年深化行政体制改革的任务和对策研究",也是一个好选题。还要深入研究建设法治政府和服务型政府,以及互联网社会的行政创新、国际公共行政比较等问题,结合我国实行政务公开、绩效管理、问责制等存在的问题进行深入研究。可以考虑编辑出版《政务公开案例选编》等。课题研究要认识组织实施,做好课题项目管理。

(三)探索中国行政体制改革研究会行政改革研究基金的奖励和评奖方式。基金会既要资助课题研究,又要奖励高质量的研究成果,可以考虑对改革开放以来行政体制改革领域的重要文章进行评奖活动,可以先对过去五年来在行政体制改革研究方面有重要理论建树的文章进行评奖,由行政改革研究基金出资或募集资金进行奖励。

(四)继续扩大对外合作。要坚持以我为主、开放办会。一要加强与国(境)外公共行政领域机构的交流合作,抓好与联合国经济和社会发展事业部关于国际行政体制比较研究的合作。二要进一步加强与有关部门、地方、企业的联系,强化服务意识,用项目带动合作,吸引理事会成员参与到研究会的活动中来。

(五)办好《行政改革内参》。《行政改革内参》要加强选题策划,勇于创新,增加信息量,增强可读性,特别是要有思想火花和新观点。当然,要把握好尺度。还要加强与各地区、各部门政府门户网站的合作,不断拓宽研究会信息与成果交流平台。

(六)精心编好《行政体制改革蓝皮书》。中国行政体制改革蓝皮书,是中国行政体制改革研究会的标志性产品。要继续筹划编写出版2012年《中国行政体制改革蓝皮书》。组织国内行政体制领域的一流专家学者进行相关研究,编辑出版工作要严谨科学,力求编出高质量、有影响的蓝皮书。另外,还要组织有关力量编辑出版《中国公共服务年鉴》,对中国公共服务问题进行跟踪研究。

(七)加强行政体制改革研究会系统建设。要充分发挥国家行政学院作为研究会主管单位的资源优势和研究会自身优势。加强与地方的联系,成立地方行政体制改革研究会或研究中心。还要加大与相关机构或科研单位的合作,筹备成立若干有特色的研究中心,推动学术交流。

(八)加强研究自身建设。要加强交流平台建设,办好研究会网站,及时、准确宣传研究会成果。要进一步加强队伍建设、制度建设,为研究会更好发展打下基础。

积极为行政体制改革贡献力量[*]

（2012 年 6 月 16 日）

一、一年来的主要工作

过去的一年,中国行政体制改革研究会紧紧围绕党和国家中心任务,服务工作大局,各项工作取得新进展。

（一）成功召开第二届中国行政改革论坛

第一届理事会第二次会议后,我们于 2011 年 7 月 10 日举办了第二届中国行政改革论坛,主题是:"十二五:转变经济发展方式与行政体制改革"。国务委员兼国务院秘书长、国家行政学院院长马凯同志亲自出席论坛并作重要讲话,二十多位省部级领导和专家学者参加论坛并作演讲发言,会议开得很成功,各方面的反响都很好。新华社、中央电视台、光明日报、中央人民广播电台等 30 多家媒体对论坛进行了全方位宣传报道。会后,我们认真抓好论坛成果的总结宣传工作,向国务院报送了这次论坛的成果,受到了国务院领导同志的重视。编辑出版了《中国行政体制改革研究会第一届理事会第二次会议会刊》和《第二届中国行政改革

---

* 本文系作者在中国行政体制改革研究会第一届理事会第三次会议上的工作报告（节录）。

论坛专刊》,汇集领导致辞、主旨演讲、嘉宾演讲和论坛观点综述,以及从论坛征文中精选优秀论文出版了《转变发展方式与行政体制改革》一书,并在学院主管主办的《行政管理改革》和研究会主办的《行政改革内参》上推出两期论坛专刊。以上这些都已分别送我会会员、理事、顾问和有关部门领导。2011 年 10 月 25 日《人民日报》理论版头条发表了题为《以行政体制改革推进经济增长方式转变》的长篇文章,全面反映了第二届中国行政改革论坛学术成果,被各大网站转载,进一步扩大了研究会的社会关注度和影响力。

(二)组织开展改革发展中重大课题研究

一年来,研究会组织有关人员紧密结合我国经济社会发展和行政体制改革的热点、难点问题,积极开展重大课题研究,取得一些重要成果。

积极参与社会管理创新研究。遵照国务委员兼国务院秘书长、国家行政学院院长马凯同志的指示,由国家行政学院领导牵头,我会部分人员与有关部门、地方政府参加,共同成立了"加强和创新社会管理研究"重大课题组。据不完全统计,课题组出版了 5 部著作,公开发表了 80 多篇学术论文,撰写了 30 多篇政策咨询研究报告。其中,《加强和创新社会管理讲座》、《社会管理创新案例选编》(上、中、下)等著作产生了广泛的社会影响,不少成果为党和国家决策提供了参考,为深化社会管理研究发挥了积极作用。2011 年 12 月 9 日,举行了"加强和创新社会管理研究"重大课题成果交流会,总结了前阶段工作,研究部署了下一步任务。目前,这个重大课题研究正在深入进行。

深入推进全国哲学社会科学规划办公室委托的重大课题"中国现代行政管理体系研究"。该课题立项以后,主要由研究会专家学者承担任务。课题组先后完成了中国现代行政管理体系总体研究和 7 个子课题的研究,形成 1 个总体研究报告和 23 个分报告。研究成果对中国现代行政管理体系的特征、主题、内涵、结构、体系等方面进行了较为深入的分析和论证。2011 年 11 月 10 日,举行《中国现代行政管理体系研究》课题鉴定会,评审专家组充分肯定了课题研究成果,经报全国科学规划办公室审查批准,《中国现代行政管理体系研究》课题顺利通过验收。《中国现代行政管理体系研究》一书,也于今年 4 月由国家行政学院出版社公开出版发行。

委托有关单位和人员作一批重要研究课题。包括:"网络时代的政府行政管理改革"、"十二五期间深入推进大部制改革研究"、"城乡统筹下的行政体制改革"、"国家推进省直管县改革的政策研究"、"控制行政成本研究"、"推进西部大开发与实施人才战略研究"、"我国阳光政府建设调查报告"、"政府绩效管理实施情况调查报告"。这些课题研究进展顺利,作为研究成果汇总的《行政体制改革新探索》一书即将出版。

承担了有关地方、部门、企业委托的咨询研究课题。包括中国商用飞机公司委托的"国际民机相关产业和行业协会及其对民机产业政策影响研究"、淄博市委托的"淄博市统筹城乡发展若干重大问题研究"、国家旅游局委托的"我国旅游业实现战略目标的体制改革创新研究"等重大研究项目;同时,与唐山轨道客车有限责任公司签署合作协议,围绕社会转型背景下的行政管理改革与经济社会发展重大问题进行科研咨询研究。目前,国家旅游局委托的课题已顺利完成,形成总报告及若干咨询报告。中国商用飞机公司和淄博市委托的课题相继结项,形成多篇《送阅件》,有些研究成果得到了多位国务院领导同志的重视并作出批示。

(三)积极开展对外交流与合作

一年来,研究会进一步加大了与国(境)外学术团体、研究机构以及国际机构的交流,合作内容不断丰富,领域进一步拓宽。

推进与国际行政科学学会和国际行政院校联合会的合作。2011 年 6 月 13 日,国际行政院校联合会执委会一致通过中国行政体制改革研究会的入会申请;7 月 8 日,国际行政科学学会执委会审议并通过了中国行政体制改革研究会入会申请。至此,中国行政体制改革研究会正式成为国际行政科学学会和国际行政院校联合会的会员单位,已经开展刊物交换、信息交流等合作。我会把第二届中国行政改革论坛观点综述和有关材料送国际行政科学学会发布,扩大了研究会的国际影响。

加强与美国智库布鲁金斯学会合作。积极落实 2011 年 6 月我会访问美国布鲁金斯学会的成果,进一步探索项目合作、学术交流以及课题研究等方面合作。去年 11 月 10 日,布鲁金斯学会有关负责人来访,双方就进一步合作进行了深入交流,达成合作共识。

深化中德公共政策对话项目合作。2011 年 9 月 4 日至 17 日,中国行政体制改革研究会代表团组成的"纵向行政体制改革考察团",在德方的安排下,赴德国、意大利和奥地利三个国家,进行考察和学术研讨活动,取得了多项成果。按照中德公共政策对话项目计划,我会于今年 3 月 21 日至 22 日在杭州举办了"城乡一体化背景下的县域公共财政改革"专题研讨会,并在浙江富阳市召开了"城乡一体化背景下的县域公共财政改革——浙江富阳经验交流座谈会"。这次活动注重理论探索和实践经验的双重交流,吸引中德双方地方行政机构与财政改革领域的不少专家和实际工作者参与。双方分别就德国地方财政设计多样性与共同面临问题之间的平衡、德国社区和区域财政保障情况、德国地方税改革以及中国县级财政改革方向、省直管县体制下的财政转型思考与实践、城乡一体化背景下的财政改革等专题发表演讲、深入交流。今年 3 月 23 日上午,我在国家行政学院会见了参加中德公共政策对话项目"城乡一体化背景下的县域公共财政"专题研讨会的德方代表团一行,双方就开展下一步的合作交换了意见。

开展与联合国经济和社会事务部合作。根据联合国有关规定,我会抓紧申请联合国经济和社会理事会咨商地位,目前各项材料已经准备齐全,正在按程序申报;进一步加强刊物和信息交流工作。我会申请加入联合国公共行政网,目前已将备案材料提交给外交部,正准备网上申报材料;加强互访及学术交流。2012 年 4 月我会组团赴美国访问,以观察员身份参加了联合国经济和社会理事会公共事务管理专家委员会第十一届会议,并访问了美国公共行政学会。这次考察使我们开阔了眼界,扩大了研究会的对外合作和交流。

拓展与美国公共行政学会合作。2011 年 7 月 19 日,美国公共行政学会候任主席刘国材教授访问了中国行政体制改革研究会,双方就推动落实我会与美国公共行政学会签署的合作备忘录事宜进行了深入探讨。今年 5 月 9 日,刚刚当选美国公共行政学会主席的刘国材教授再次访问我会,双方就信息交流与合作等方面内容进行了深入交流,取得多项共识。

拓展与台湾研究机构和学术机构交流合作。2010 年 6 月由我带领研究会组成的代表团赴台湾访问,与有关学术团体和高等院校达成一批合作协议或意向。在此基础上,2012 年 3 月 25 日至 4 月 1 日,中国行政体制改革研究会副会长周文彰同志又率团访问台湾,与台湾文化、教育、学术机构等多方面人士广泛接触,推进了合作交流,宣传推介了中国行政体制改革研究会,也达成了一些项目合作意向。

深化与新加坡公共服务学院合作。今年 5 月 15 日,新加坡公共服务学院治理与领导学研究中心派人来我会访问,共同探讨双方开展的信息交流、项目合作等内容,并邀请我会专家赴新加坡出席明年研讨交流会。

(四)打造《蓝皮书》系列品牌

《行政改革蓝皮书》是研究会开展行政体制改革研究的重要平台和载体,研究会为此成立课题组,经过精心策划,精心编写,第一本《行政改革蓝皮书——中国行政体制改革报告(2011)》于去年 12 月 12 日顺利出版发行。该书对我国行政体制改革领域的现状和发展趋势进行了实事求是的分析,内容比较丰富,案例客观实在,产生了积极的社会影响。2012 年的《行政体制改革蓝皮书》编辑工作已经启动;同时,我会积极开展中国社会管理改革创新问题研究,组织有关人员着手编写《中国社会体制改革蓝皮书》,推动关于社会管理创新等重要学术著作和课题成果的出版发行,交流经验,促进工作。

（五）申办成立分支机构,拓展业务范围

一是成功申办行政文化委员会。今年4月10日,国家民政部正式批准我会提交的关于成立中国行政体制改革研究会分支机构行政文化委员会的申请(民政部民社登[2012]第6075号批复)。这是我会成立的第一个专业分会,标志着我会业务有了新拓展,是一件值得庆贺的事。

二是成立中国保障性住房研究中心。为了适应保障性住房建设政策咨询需要,研究会秘书处组织部分实际部门工作者和研究机构专家学者成立中国保障性住房研究中心,开展保障性住房有关课题研究,取得了积极成果。

三是着手筹备成立行政绩效管理专业委员会。今年5月,研究会筹备设立行政绩效管理专业委员会,积极开展政府及其公共部门绩效管理的研究,为实际工作部门提供相关咨询建议。

（六）编辑出版《行政改革内参》杂志

2011年7月1日,经国家新闻出版总署批准,我会主办的《行政改革内参》杂志正式创刊。国务委员兼国务院秘书长马凯同志在发刊词中指出:"这是中国行政体制改革研究会推进行政体制改革研究,更好地为党中央、国务院服务的新平台。"创刊以来,杂志社认真贯彻国务院领导的指示精神,按照办刊宗旨,着力打造行政体制改革研究和决策咨询的新平台。

一是突出特色,精心编辑。推出了一批比较有分量的文章,产生了积极的社会影响。出版了12期内参,共发表200余篇文章,其中不少文章出自行政体制改革研究领域的专家之手。许多地方和基层的作者紧扣改革前沿和关键环节的热点难点问题,提出决策建议,受到国务院领导和有关部门关注重视。

二是重视开拓市场,大力宣传发行。杂志社 2011 年底完成注册组建工作后,即不失时机地进入 2012 年征订宣传工作。在主管单位国家行政学院的大力支持下,学院办公厅向各省、自治区、直辖市行政学院、各副省级城市行政学院、新疆生产建设兵团行政学院,发出《关于请协助做好2012 年度〈行政改革内参〉宣传发行工作的函》。杂志社全体动员,奔赴各地开展征订宣传工作。杂志订阅量迅速增加,基本覆盖了全国县级以上行政学院(校)并进入政府主要部门和研究机构。

三是加强队伍建设,提高专业素质。杂志社在创立之初就十分重视人才引进,并先后两次公开招聘。目前杂志社初步形成有较高水平和富有活力的编辑队伍。为提高专业素质,编辑部主动与学院培训部、教研部建立采编协作机制,跟班参与学习和组稿,既提高了业务能力,又吸引学员积极投稿。杂志社注重发挥主管、主办单位的双重优势,逐步彰显出《行政改革内参》的权威性和影响力。

(七)进一步加强横向交流与合作

我会自成立以来,一直重视与兄弟学会、研究会之间的横向联系,学习借鉴管理经验,探索合作方式与合作机制,促进共同发展。2011 年 11月 26 日,我会与中国政策科学研究会、北京大学联合成功举办第十届中国国家安全论坛,论坛主题为"社会管理创新与国家安全",京内外 200多位专家学者参加,我在开幕式上发表了题为"加快构建中国特色应急管理体系"的主旨演讲。我会还组织国家行政学院部分专家在论坛上发表演讲,得到社会广泛关注和积极评价。2011 年 7 月 27 日,由中国行政管理学会主办的"全国行政管理学会联络会议"在吉林长春举行。受中国行政管理学会邀请,我会派专人出席会议,并在会上介绍了我会成立以来的有关情况;2011 年下半年和 2012 年上半年,分别应中国行政管理学会和中国机构编制管理研究会的邀请,我会专门派人先后出席了中国行政管理学会 2011 年会暨"加强行政管理研究推动政府体制改革"研讨会、中国机构编制管理研究会第四次联席会议暨"如何进一步深化大部制改革"理论研讨会,学习借鉴兄弟学会的办会经验,进一步加强兄弟单位之间的交流与沟通。2012 年 3 月,中国行政体制改革研究会、中国机构编制管理研究会和中国行政管理学会三家单位的领导进行商谈,一致认为应该整合资源,加强合作,优势互补,建立"合作机制"。随后,三家单位就联合攻关课题、共同举办论坛、互相参加年会等事项进行多次协商,达成多项合作协议。明天召开的第三届中国行政改革论坛就是三家单位联合主办。我们希望通过这种合作形式,进一步汇聚更多的智力资源,更好地为党和国家事业发展服务。

(八)推进信息交流工作

一是完成研究会门户网站的升级改版。改版后的研究会门户网站于今年 3 月 5 日正式上线。研究会一些重大活动能够及时发布在网络上,力求用丰富的传播符号记录研究会的工作动态,用详实的内容传达研究会的工作成果,用方便的形式搭建研究会信息交流的平台。

二是办好《中国行政体制改革研究会通讯》。发挥交流平台作用,更好地为会员和理事服务,把研究会最新工作动态和工作成果汇编起来,向会员传递研究会新闻。自 2011 年 3 月 10 日创办以来,现已编辑发行了 9 期。

三是编辑发行《网络文摘》。《网络文摘》于 2012 年 2 月创办,主要汇集当前行政改革领域改革思路、意见、建议,围绕经济社会和行政改革领域的热点问题,收集最新的消息和言论,为理事、会员研究工作提供信息服务。

（九）加强自身建设，保障研究会日常工作运转

一年来，研究会秘书处紧紧围绕各项重点工作，在人手少、时间紧、任务重的情况下，进一步加强内部建设，努力提高工作水平，确保了研究会日常工作的完成。

一是制定年度工作要点和任务分解表。根据第一届理事会第二次会议以及第二次会长办公会精神，制定下发了研究会年度工作要点和任务分解表，增强了研究会各项工作的规范性、计划性和指导性，明确分工、明确责任、各司其职、加强考核。

二是定期组织召开秘书处例会。秘书处坚持每周召开秘书处例会，交流信息、通报情况、研究问题，已经成为秘书处一种工作常态机制，取得了较好的效果。

三是成立研究会秘书处党支部和工会小组。经学院机关党委和工会批准，先后成立研究会秘书处党支部和秘书处工会小组，积极参与学院组织的各项活动，进一步融入学院建设中。

四是加强内部规章制度建设。目前，秘书处综合管理制度、会议制度、人事制度、财务制度等内部规章制度不断健全，各部门职能不断完善，队伍结构日趋合理；尤其是面向社会公开招聘一些年富力强的人员，为研究会的下一步发展注入新的动力。

五是完成了研究会财务情况等相关年审工作。按照民政部社团管理部门的要求，对研究会 2011 年工作情况和活动开展情况进行了汇总，认真整理年检相关报送材料，顺利通过了年审。

各位理事，过去的一年，是研究会继往开来、开创局面的一年，是锐意进取、务实创新的一年，也是吸引力、凝聚力和影响力不断提高的一年。这些成绩的取得，是全体会员理事共同努力、认真履责的结果，是全体同志辛勤工作、共同奋斗的成果，是各级领导热心帮助的结果，更是国家行政学院领导关心和支持的结果。在这里，我代表中国行政体制改革研究

会第一届理事会,向各位常务理事、理事,向所有关心和支持研究会建设的领导和各界人士,表示衷心的感谢!

通过一年多的努力,研究会的工作又有了明显进步,但我们也清醒地看到,我会仍处于打基础的起步阶段,发展中仍存在一些问题和不足。一是对研究会长远发展研究不够。中国行政体制改革研究会承担着研究和推进我国行政体制改革的历史责任和重要使命,但研究会还没有研究制定中长期工作规划。应准确把握我们研究会的性质、职能和定位,把为党和国家大局服务体现到规划中,用中长期发展规划来保证我们更好地履行职能。二是有重大影响力的高质量成果还不多。研究会存在和发展的关键在于研究成果的质量,但目前我们有重大影响力的成果还比较少。三是研究会的系统功能发挥得不够。研究会是一个全国性的社团学术组织,拥有一大批富有智慧才华的会员理事,但是平常联系不多,系统内活动较少,目前还没有形成一个横向联系、纵向贯通的系统,理事会员的优势还没有充分发挥出来,合作交流的方式和途径还需要进一步拓宽等。我们要研究如何更好地发挥研究会的系统优势,吸引更多人才,协调各方力量,共同推动研究会各项工作更有生机活力和富有成效。

二、下一年度的工作重点

2012 年是我国发展进程中具有重要意义的一年。我们党即将召开十八大,在新的历史起点上推进中国特色社会主义伟大事业。当前,国际形势更加复杂、多变,国内改革发展任务更加繁重、艰巨。我们要遵照即将召开的党的十八大精神,坚定不移地贯彻中央决策部署,把握稳中求进的总基调,紧紧围绕中心,服务大局,认真做好研究会工作。总的指导思想是:高举中国特色社会主义伟大旗帜,以邓小平理论和"三个代表"重要思想为指导,深入贯彻落实科学发展观,坚持正确的政治方向,全面履行宗旨职责,坚持一手抓业务、一手抓建设,一手抓当前、一手抓长远,再接再厉,乘势而上,积极为发展中国特色社会主义行政理论、深化行政体制改革、转变经济发展方式、促进科学发展作出新贡献,进一步开创研究会各项工作新局面。下一年度将着力抓好以下几方面工作:

(一)紧紧围绕中心工作,开展重大课题研究

开展重大课题研究是研究会的主要任务。一方面,要继续做好已经提出的研究课题项目,抓进度,抓质量,确保如期完成各项目标任务;另一方面,今年下半年党的十八大召开后,我们要认真学习和贯彻党的十八大精神,进一步确定一批重点研究课题。主要做好以下几个方面的工作:

一是深入开展新形势下行政体制改革研究。认真总结行政体制改革的进展、经验和存在的问题,围绕建设人民满意的服务型政府,进一步推进政企分开,正确处理政府与市场的关系,转变政府职能和履行职能方式、优化行政组织结构、推进大部制改革、健全行政职责体系等开展研究,力争推出一批有价值、高质量的科研成果。

二是深入开展政务公开、建设阳光政府研究。编辑出版《我国政务公开案例选编》。

三是深入开展政府绩效评估研究。系统总结我国政府绩效管理试点的进展情况,形成调研报告,出版《我国政府绩效管理案例选编》。

四是深入开展政务服务中心建设研究。以"中国政务服务中心建设与发展研究"为切入点,总结分析各地进展情况,提出对策措施,最终形成一批研究报告和成果。

五是深入开展公共服务问题研究。编辑出版《中国公共服务年鉴》,力求以权威统计数据和典型案例为标志,突出综合性、权威性和学术性,全面反映我国公共服务的发展进程。

六是深入开展社会管理创新研究。包括中国特色社会管理理论创新和实践创新研究,建立中国特色社会管理体系研究,推进社会体制改革研

究。通过总结社会管理创新试点地区、城市和基层单位的经验总结等,形成一批研究成果,重点推出首部《中国社会体制改革蓝皮书》。

七是深入开展转变经济发展方式与推进行政体制改革研究。围绕经济社会发展中的重点、难点问题,着重研究深化行政体制改革推进经济发展方式转变。

八是深入开展区域经济一体化与行政体制改革研究。依据区域经济一体化中的实践创新,提出推进行政体制对策建议。

九是深入开展政府职能理论与我国政府职能转变的途径研究。

十是深入开展社会组织在社会管理创新中作用的研究。通过对创新性的组织制度、社会组织模式以及项目管理模式的研究,为社会组织政策制定和社会组织管理提供参考。

此外,还要根据改革发展进程中面临的新任务,及时提出一些研究课题。

（二）精心办好第三届中国行政改革论坛

树立品牌意识,全力办好第三届中国行政改革论坛。经过商定,第三届中国行政改革论坛由中国行政体制改革研究会、中国机构编制管理研究会、中国行政管理学会共同主办。今年论坛主题是:"中国行政体制改革的回顾与前瞻",重点回顾、总结党的十六大以来中国行政体制改革的进展、成效和存在的问题,深入研讨实现 2020 年行政体制改革目标的思路、任务和举措。这项活动已做了大量的准备工作,明天论坛就要召开,要加强协调和沟通,做好各项会务工作,确保本届论坛办出特色、办出水平、办出影响。我们要通过本届论坛的举办,进一步积累新经验,探索新模式,力争把中国行政改革论坛这项活动打造成为研究会的重要品牌。

（三）扩大对外交流与合作

当前,研究会对外交流与合作已经呈现出较好的发展势头。我们要抓住契机,加大对外合作与交流的力度,进一步提升研究会的国际知名度和影响力。

一要积极参加国际行政院校联合会年会和国际行政科学学会年会各项活动。国际行政院校联合会将于 2012 年 7 月 16 至 21 日在泰国曼谷召开年会,主题是:"二十一世纪地方政府治理和发展所面临的挑战"。大会要求每个参会人员先提交中、英文论文摘要,由研究会统一报送国际行政院校联合会秘书处进行筛选,目前我会共有 6 位会员论文入选并获邀参会;国际行政科学学会将于 2012 年 6 月 18 日至 22 日在墨西哥梅里达召开 2012 年年会,主题是:"社会经济发展的首要问题及公共行政"。本着与该会其他会员单位进行交流学习、展现我会形象的目的,我会积极组织理事、会员以及社会各界参与大会论文征集活动。目前,共有 3 位同志论文入选并获邀参会。

二要办好今年 10 月中旬在广州召开的"国际行政院校联合会亚太区域会议"。此次会议由国家行政学院和国际行政院校联合会主办,国际行政科学学会、中东欧行政院校联合会、亚洲公共行政网络和美国公共行政学会协办,具体由中国行政体制改革研究会和广东省行政学院承办。我会作为这次会议的主要组织方和承办方,要尽职尽责、全力以赴组织专家学者参会,确保会议取得圆满成功。

三要加强同联合国经济和社会发展事业部、美国公共行政学会、新加坡公共服务学院等交流、科学研究等方面的合作。今年 9 月我会将组团赴澳大利亚、新西兰、新加坡进行学术交流和专题考察。

四要继续做好与德国国际合作机构关于中德公共政策对话项目的后期合作,深化合作关系,巩固合作成果,拓展新的合作领域与合作途径。今年 6 月下旬,按照中德公共政策对话项目时间安排,我会将组织在行政层级改革方面的专家、官员赴德国及欧洲国家进行学术交流和专项考察。同时,德方将派遣联邦德国公共行政学院有关专家到国家行政学院来访问交流;今年 10 月,中德双方将汇总合作成果,联合召开项目结项会,要力求使这项合作取得更多、更好的成果。

(四)认真编好《行政改革蓝皮书》

我会组织编写的 2011 年《行政改革蓝皮书》面世之后,取得良好的社会反响,有效地提高了中国行政体制改革研究会的知名度和影响力。2012 年蓝皮书的编辑工作要再接再厉,坚持高起点、高标准,组织国内行政体制改革领域的有关科研机构、行政院校专家学者和实践工作者,对我国近五年行政体制改革所取得的进展进行深入研究、归纳总结,对未来五年的发展趋势进行科学预测,编辑出版《行政改革蓝皮书——中国行政体制改革报告(2012)》,确保编写质量,着力打造研究会的重要标志性品牌,为我国行政领域理论创新和实践创新服务。

(五)进一步办好《行政改革内参》

《行政改革内参》创办不到一年时间里,取得了明显成绩,产生了较大影响。进一步办好《行政改革内参》,就要始终坚持正确的政治方向、办刊宗旨,坚持解放思想、实事求是、改革创新、求真务实,坚持突出特色、注重质量、办出水平。

一是要在提高质量上下功夫。坚持高标准,严要求,紧紧围绕推进行政理论和实践创新、深化行政体制改革、建设现代化服务型政府、提高行政科学化水平、转变发展方式,精选内容,精心编辑,积极为各方面提供决策信息、咨询建议。

二是在突出特色上下功夫。着力形成鲜明的办刊风格。要学习借鉴新华社、人民日报社等办知名内刊的经验,在此基础上形成行政改革领域特有的办刊风格。

三是要完善办刊机制,带好队伍。《行政改革内参》处在初创时期,要在激烈竞争的市场上生存发展,必须建立市场化的经营机制和专业化的高水平队伍。杂志社要逐步建立广泛性的采编网络,通过多种形式及时反映有关地方行政改革创新经验,在此基础上逐步建立调研采访队伍,进一步扩大稿源和发行渠道,不断提升《行政改革内参》的办刊水平和办刊效益。

(六)努力提高研究会网站建设管理水平

网络作为现代社会的新兴媒体和传播手段,其影响作用越来越大。研究会今年要着力提升门户网站的建设水平,坚持正确导向,开拓创新,严格管理;既要解放思想,创新网站设计理念,又要正确把握信息内容,确保信息内容的客观性、真实性和科学性。精心设计网页栏目,充实提高内容质量,强化技术支持能力,搭建一个展示研究会形象、加强交流合作的窗口和平台。同时,完善研究会英文网站的建设,加大研究会的对外宣传力度,建立社会效益和经济效益俱佳的新媒体信息系统,进一步提升研究会的影响力和知名度。

(七)积极筹备成立行政文化委员会和有关专业研究中心

一是努力办好行政文化委员会。国家民政部正式批准我会申请报告后,秘书处已经按照程序完成了注册登记工作。目前,周文彰副会长主持"行政文化委员会成立大会暨首届行政文化论坛"筹备工作,初步确定本次理事会结束之后,在做好各项准备工作的基础上召开成立大会。在此,希望各位理事关心支持行政文化委员会工作,积极参与首届行政文化论坛。

二是筹备成立若干专业的研究中心。当前,我会已与上海行政学院达成合作意向,拟成立"中国行政体制改革研究会上海研究中心"。秘书处要根据任务分工,抓紧制定合作方案,推进合作成果早日实现,进一步拓宽研究会的业务发展领域。要进一步增强同国内外有关研究机构和学会的联系,根据双方实际情况,积极同其他学术机构联合成立一些专业分会、专业的研究中心,推动学术交流和科研合作;当前正在策划与清华大学联合成立"中国网络政府研究中心",各项工作正在积极洽谈对接之中。

(八)开展多种形式行政体制改革学术研究活动

生命在于运动。研究会的生命在于组织推动行政体制改革研究的各类活动。研究会理事、会员是研究会宝贵的资源和财富,我们应进一步创造条件和机会,有目标、有计划地组织推动一些学术研讨活动,发挥各方面专家、学者和领导参与此项研究的积极性、主动性和创造性;活动力求地域化、小型化、专题化,做到小活动、低成本、大宣传。

一是主办、承办或协办一些小型专题研讨会。今年要根据改革发展中的热点问题,通过筹划、举办诸如"科技创新与行政体制改革"、"行政体制改革和城镇化建设"、"实施行政区域规划、推动行政体制改革"等专题研讨会,掌握前沿的学术动态和实践创新成果,为我国的行政体制改革和政府管理创新服务。

二是举办各种不同形式、不同规模的报告会。定期安排我会一些知名理事、常务理事举办一些小型报告会,交流行政改革研究成果、传播新思路、新方法,营造学术氛围,活跃研究气氛。

三是开展优秀论文评选和有奖征文,推动行政改革问题的研究。去年,我会组织一批专家学者对第二届中国行政改革论坛参会论文进行了认真筛选,评选出30篇优秀论文,颁发优秀论文证书,并按相关主题编辑成书出版发行;今年,我们将继续组织专家对第三届中国行政改革论坛的100多篇参会论文进行认真研究和筛选,评出30篇优秀论文,给作者颁发优秀论文证书,并予以编辑出版发行。

(九)充分发挥行政改革研究基金的作用

必要的财力支撑是研究会履行职能和可持续发展的保证。在各有关方面的大力支持下,并经民政部批准,我会在去年设立了行政改革研究基金,并建立了行政改革研究基金管理委员会。经过一年来的努力,行政改革研究基金的各方面工作已经基本步入正轨。研究会开展的重大课题研究和国内外合作交往,以及优秀论文的评选等,绝大部分将是行政改革研究基金资助的项目。行政改革研究基金管理委员会要按照有关规定,严格履行管理和监督职能,切实管好、用好资金,确保每一项支出都执行规范的审批制度,并加强项目执行过程中的检查和项目成果的验收、使用,发挥好行政改革研究基金的应有作用,促进我国行政体制改革和政府管理创新,将社会捐赠的资金回报社会。

（十）继续抓好研究会秘书处内部建设

研究会秘书处要坚持规范化、科学化、标准化管理,要在已有的规章制度基础上,学习、借鉴其他类似机构的经验做法,健全各项工作制度,使研究会的各项工作有据可依、有章可循。

一是进一步强化制度建设。严格按照章程规定,完善各项规章制度,打好各项工作基础,用制度保障研究会各项工作健康开展。

二是继续加强队伍建设。优化人才队伍结构,提高研究会的工作水平,使其成为学习型、服务型、创新型的组织,推动研究会各项工作步入科学化、规范化、制度化的轨道。根据工作需要,将在适当时候以适当方式,增补一些常务理事、理事。

三是搞好秘书处文化建设。研究会秘书处要多举办一些有益的活动,营造一种积极进取、健康向上的文化氛围,增强队伍的凝聚力、创新力和吸引力。

今年是党的十八大召开之年,也是"十二五"规划承上启下之年。国家面临的改革发展任务繁重而艰巨。中国行政体制改革研究会要进一步增强使命感和责任感,认真履行职能,凝心聚力,扎实工作,奋力前行,为推进改革发展,完善中国特色社会主义行政体制,全面建成小康社会和实现国家现代化作出应有的贡献。

加强行政文化建设[*]

（2012 年 11 月 25 日）

行政文化是伴随人类社会的行政实践活动产生的，是一定社会的政治和经济的反映，它是上层建筑特别是意识形态领域的一种特殊的文化形式，是行政活动之魂。一般地说，行政文化包括行政观念文化、行政行为文化、行政制度文化和行政物质文化，主要表现为行政信仰、行政理念、行政思想、行政价值、行政道德、行政行为，以及与之相应的行政体制、行政制度、行政准则、行政规范、行政方式、行政风格等。一个国家一定时期的行政文化由其政治、经济所决定，又给予重大影响和作用于一定社会的政治和经济。因此，任何国家都高度重视行政文化建设。当代中国，社会、经济领域已经并继续发生广泛和深刻的变革，研究行政领域的理论和实践问题，必须研究行政文化的理论和实践问题；研究深化行政体制改革问题，必须研究行政文化建设问题，尤其是需要研究行政观念文化、行政制度文化和行政行为文化建设问题。

党的十八大高举中国特色社会主义伟大旗帜，对坚持和发展中国特色社会主义、全面建成小康社会作出了新的决策部署。其中重要的方面，就是强调走中国特色社会主义政治发展道路，扎实推进社会主义文化强国建设，包括深化行政体制改革，加快建立中国特色社会主义行政体制，

* 本文系作者在中国行政体制改革研究会行政文化委员会成立大会暨首届行政文化论坛开幕式上的致辞。

深化文化体制改革,走中国特色社会主义文化发展道路。建设中国特色社会主义行政文化,既是中国特色社会主义政治发展的内在要求,也是中国特色社会主义文化建设的重要内容。因此,加强行政文化的研究和建设,是坚持和发展中国特色社会主义、全面建成小康社会的重要任务。

中国行政体制改革研究会是经国务院领导同意、民政部批准成立的全国性学术社团组织。自2010年成立以来,坚持全面履行职责,坚持正确政治方向,坚持围绕中心任务、服务工作大局,积极组织开展各种活动,着力打造特色品牌,重视加强自身建设,为推动行政体制改革理论创新和实践创新、加快完善中国特色社会主义行政体制、促进现代化服务型政府建设,发挥了应有作用。

建立中国行政体制改革研究会分支机构,是中国行政体制改革研究会持续健康发展的重要组成部分。经我们申请并经民政部批准,中国行政体制改革研究会成立第一个分支机构行政文化委员会。这个分会主要致力于研究、总结和宣传我国行政文化,特别是研究、创新行政观念文化和行政行为文化,为推进行政体制改革和构建中国特色社会主义行政文化提供智力支持。行政文化委员会的成立,为加强我国行政文化理论和实践问题研究提供了一个新的平台,这有利于发挥学术团体组织的桥梁和纽带作用;有利于汇聚力量形成更加广泛的行政文化研究队伍;有利于深入地开展行政科学、行政体制改革研究工作;有利于促进研究行政文化人才各展其长、相互交流、发挥才智;有利于推进行政体制改革和提高行政管理科学化水平。我们一定要从服务中国特色社会主义事业发展大局的高度,来认识行政文化委员会成立的重要意义,切实办好行政文化委员会,使之发挥促进中国行政文化发展的思想库作用。

下面,我就做好行政文化委员会工作,提几点希望。

第一,遵守宗旨,明确方向。要认真按照《中国行政体制改革研究会章程》和行政文化委员会管理办法规定开展会务工作,执行国家法律法规,遵守办会宗旨,坚持正确政治方向,以中国特色社会主义理论体系为指导,自觉围绕中心、服务大局,把行政文化委员会建成我国研究行政文化方面的专业性、开放性、创新性和非营利性学术组织,努力推动行政文化理论和实践创新,促进中国特色社会主义行政文化的繁荣和发展。

第二,发挥优势,突出特色。行政文化委员会汇聚了长期从事理论研究和实际工作的专家学者和领导干部,要充分发挥行政文化研究人才荟萃的优势,坚持理论与实际相结合,深化行政文化研究。要着力深入研究行政文化的内涵、特征和价值,深入研究行政思想、行政理念、行政伦理和行政规范在行政改革建设中的作用,深入研究行政文化对建设现代化服务型政府、提高政府决策科学化、民主化、法治化的影响,深入研究中外行政文化资源,积极借鉴人类社会文明一切有益的行政成果。着力打造品牌特色,创造性地推进中国特色社会主义行政文化建设。

第三,解放思想,勇于探索。坚持马克思主义的思想路线,解放思想,实事求是,与时俱进,求真务实,努力把握时代发展的要求,不断探索中国特色社会主义行政科学规律,勇于实践,勇于创新。要充分发扬学术民主,营造各种学术观点、各种学术流派相互切磋的浓厚学术氛围,积极推动行政文化观念、内容、风格、流派创新发展。

第四,打好基础,规范建设。办好行政文化委员会关键是要夯实基础,加强自身建设。特别要健全各项制度,建立符合社团组织特点的活动方式和工作机制。要积极开展多种形式的活动,注重实效,促进同有关方面的合作交流。逐步使行政文化委员会各方面活动做到经常化、规范化、制度化。

努力把中国行政体制改革
研究会办成一流的智库[*]

（2013 年 1 月 20 日）

　　非常感谢各位顾问、各位副会长和参加会议的同志们。大家对研究会去年的工作给予了充分肯定,对今年的工作提出了宝贵的建议,同时对如何办好研究会也发表了很好的意见。会议开得很好,秘书处的同志要认真吸收会议讨论的意见,并在工作中落到实处。我主要就把我们研究会办成一流的智库再强调以下几点。

　　一、进一步明确研究会的性质和功能。研究会怎么办? 最近我也做了一些思考。办好研究会,可以为党和国家的工作提供决策咨询服务和建言献策。我们进一步明确研究会的性质、功能和定位,就是要把研究会办成党和国家的"智库"。党的十八大明确提出要发挥"思想库"的作用,这是我们党的文献第一次明确提出的要求。在去年底召开的中央经济工作会议上,习近平总书记更加明确地提出,要健全决策咨询体制,按照服务决策、适度超前的原则,建设高质量智库。我们研究会作为全国性的一个社团组织,应当瞄准建设一流"智库"的目标,充分发挥应有的作用,为党和国家的工作提供决策咨询服务。

　　二、工作要统筹安排。作为研究会的标志性品牌,我们一定要办好每

<hr />

　　* 本文系作者在中国行政体制改革研究会 2012 年度会长办公会上的讲话。

年一次的"行政改革论坛",紧紧围绕党和国家的中心工作,关注行政体制改革方面的热点、难点问题,使主题更加突出。另外,我们还要结合社会发展实际,选择一些好的主题,举办若干小型的研讨会。

三、抓好重点课题研究。今年的研究重点和课题,总的来说还是符合中央精神的,但选题相对松散一些,要再集中一些。课题的形式可灵活多样,不拘泥于一年的时间,有些重大课题可能需要做两年或更长时间,要根据情况灵活把握。课题的选题要进一步细化,例如"降低行政成本"这个选题,就可细化到公车制度改革研究和"三公"公务消费的改革研究等。总之,课题的选题既要有宏观层面的政策建议,又要有具体操作层面的举措方法。还有,中央提出八条规定,地方普遍叫好,但是有两个问题,一是能不能真正落实,二是能不能坚持下去,这涉及到体制、制度、机制问题。

四、加大研究成果转化力度。研究会要善于把高质量的研究成果转化为中央决策,有的也可能是部门决策。例如,我们可以和各部门共同合作,研究解决金融监管中的问题;例如,解决食品行业的多头监管问题等。我们研究成果重点是服务,要积极进行成果转化,真正使研究成果落实到为国家、为人民、为社会服务中去。至于蓝皮书的问题,我们要深入研究,可以继续做下去,打造成为研究会的品牌。

五、改进研究会的活动方式。这几年我们采取各种形式,内部交流、外部交流,都做得很好,还可以改进一下。起码有三点需要改进,一是要发挥系统的作用。我们是学会,不仅仅是行政学院,还有常务理事、理事怎么发挥作用,要好好研究一下。二是怎么更好的发挥会长、顾问的头脑作用。现在一年开一次会有点少,可以考虑改成半年一次。会议的内容应该与实际相结合,可以搞一些小型的专题研讨,充分发表意见,形成建议之后上报。题目定好以后,副会长、顾问带头研究,以充分发挥您们的指导作用,把握研究方向,提高研究质量。

六、加强重点研究成果的宣传推介。刚才有同志提出来,要有研究会的声音,对于一些重点课题的成果,我们可以开一个小型发布会进行宣传和推介。研究会作为"智库",不仅要服务于中央决策,而且也要引导社会舆论,当然在宣传上我们应该符合中央的精神。

七、必须进一步加强自身建设。这两年研究会在学院领导的关心下,在各位顾问、副会长的支持下,各个方面都很正规,包括制度建设、队伍建设等,但是还要进一步加强管理,学习兄弟学会、机构的经验,切实提高自身的管理水平。

最后,希望大家共同努力,齐心协力,把研究会办成一个能够为中央服务、为社会服务的一流"智库"。

凝心聚力建设一流智库[*]

（2013 年 3 月 7 日）

　　我很高兴出席今天中国行政体制改革研究会秘书处全体人员会议。刚才，会议宣布了研究会秘书处评选出来的先进人员名单，我为获奖者颁发了证书；与会每位同志都作了发言。我先对今天的会议作个简要的评价，总起来说，今天会议开得很好，具体为四个"好"：一是时机好。"一年之计在于春"。这是秘书处在蛇年春节之后召开的第一次全体会议，大家在一起畅谈研究会的建设发展，时机非常好。在前不久召开的研究会会长办公会议上，我对去年工作做了总结，对今年工作做了部署，并提出要把中国行政体制改革研究会建设成为一流智库的目标。秘书处对会长办公会精神学习贯彻得很好，今天又把大家集中起来谈认识、提建议，这对研究会全年工作乃至未来发展都是大有益处的。二是主题好。大家紧紧围绕如何把研究会办成一流智库这样的重大主题，开动脑筋，畅所欲言，相互启发，凝聚共识，这抓到了我们研究会的根本，抓到了方向，抓到了全局。三是形式好。这次会上既表彰先进又颁发证书，树立学习榜样，营造鼓舞士气、爱岗敬业的良好氛围；大家就如何把研究会建成一流智库建言献策，发言争先恐后、观点精彩纷呈，会议气氛热烈，会议形式别开生面、生动活泼。四是效果好。大家的发言，有思想、有观点、有具体建议，

　　* 本文系作者在中国行政体制改革研究会秘书处全体人员会议上的讲话。

发表了很多真知灼见,对我很有启发;我们对进一步办好研究会、建设一流智库,充满信心、充满动力、充满希望。

下面,我主要就如何把中国行政体制改革研究会办成一流智库讲一些意见。

一、研究会成立近三年来为建设
一流智库奠定了良好基础

近三年来,中国行政体制改革研究会在主管单位国家行政学院以及社会各界的关心支持下,秘书处全体人员共同努力,做了大量富有成效的工作,为建设一流智库打下了良好的基础,具体表现在以下四个方面:

(一)近三年来研究会形成了一批重要研究成果和品牌。首先,开展了一系列重大课题研究。研究会成立以来,始终坚持办会宗旨,紧紧围绕中心、服务大局,开展许多重大课题研究,取得了一批有影响力的研究成果,多篇研究报告得到了党和国家领导人的批示。其次,初步打造了一些品牌。包括一年一度举办的研究会年会和中国行政改革论坛,每次论坛都汇集众多知名专家学者以及政界领导,围绕行政体制改革的热点难点问题进行专题研讨,每年的论坛综述都在《人民日报》上作大篇幅报道,社会影响很好。蓝皮书系列品牌影响力也在逐步扩大。《行政体制改革蓝皮书》已经连续两年出版,《社会体制改革蓝皮书》已经形成成果,近期也将出版发行。再次,搭建了不少业务平台。研究会开拓了多方面业务发展领域,特别是成功创办研究会刊物《行政改革内参》。杂志社的同志们经过一年多的努力,成效明显,杂志发行数量不断增加。《行政改革内参》为研究会学术交流和课题研究提供了很好的平台,它既是展示研究会形象的窗口,又是研究会业务发展的阵地,更是今后创办一流智库的重要依托。任何一个智库都有自己掌管的刊物,我们一定要认真办好《行政改革内参》。

（二）同国内外各方面加强联系，为研究会发展开辟广阔渠道和空间。研究会在国内聚集了一大批有志于行政改革研究的专家、学者以及政府机关人员，他们或者是研究会的会员、理事、常务理事，或者是研究会的领导和顾问，其中有许多知名专家学者和省部级领导干部。研究会跟中央、省、市、县四级行政学院都有广泛的联系，全国行政学院系统大多是我们的会员单位，有的直接有业务联系，有的是通过刊物进行交流联系。在国际上，研究会 2011 年已经正式成为国际行政科学学会的会员。国际行政科学学会是联合国下属的世界顶尖学术机构，金判熙会长与我们建立了良好的合作关系，每年都邀请我们去参加会议。研究会也是国际行政院校联合会的会员单位。同时，研究会与联合国、世界银行以及德国、美国、新加坡等公共行政机构都有多方面的联系和合作。2012 年 10 月，研究会在广州市承办了国际行政院校联合会亚太区域会议，来自 10 个国家的 110 多名代表围绕"服务型政府建设与绩效评估制度研究"这个主题，展开了广泛交流和深入研讨。会议开得很成功，赢得了与会领导和嘉宾的一致赞誉，产生了良好的社会影响。这为我们智库建设奠定了良好的国际交流基础。

（三）通过近三年来的实践，积累了如何办好研究会的经验。研究会自成立以来，始终秉承办会宗旨，坚持正确定位，高举中国特色社会主义伟大旗帜，以邓小平理论和"三个代表"重要思想为指导，深入贯彻科学发展观，紧紧围绕党和国家中心任务，研究行政体制改革和政府管理创新理论和实践问题，为建立完善的中国特色社会主义行政体制、提高政府建设科学化水平、建设服务型现代化政府提供理论支撑与决策咨询服务。三年来，研究会的业务范围不断拓展。研究会的发展运作需要必要的资金支持，在社会各界的关心支持下，目前我们已经筹集了一批经费，建立了行政改革研究基金，专门用于行政体制改革领域的重要课题研究，有的已经取得阶段性成果。这些资金来之不易，我们一定要用完善的制度去管好用好,充分发挥它的应有价值和使命。

(四)初步形成了一支充满活力、素质较高的人才队伍。我今天听了大家的发言,看到这个队伍的综合表现,感到非常高兴,应该说研究会秘书处现有的人才队伍基本素质都很好,年龄上是老中青结合。一些同志有知识、有经验、有敬业精神,思想政治素质和业务素质都很好。年轻同志来研究会工作的时间有长有短,有本科、硕士、博士毕业生,年龄结构、知识结构和工作经历都很适合研究会的发展。研究会这三年所取得的成绩,与大家的学识、能力和敬业精神密不可分。从诸位刚才的发言可以看出,大家都是一心一意为国家、为人民做奉献。借此机会,我对大家为研究会发展作出的贡献和付出的辛劳表示衷心感谢。

二、把研究会建成一流智库面临的机遇和挑战

大家刚才的发言中都涉及了这个问题,总的说,研究会要建成一流智库既有机遇,也有挑战。目前主要有四大机遇:

第一,国内外形势变化提出了新任务。人类的发展从没有过当今这样的时代,科学技术突飞猛进,给人类的经济社会生活带来一些前所未有的新情况和新矛盾。比如网络,我们进入网络社会、网络时代,这在人类历史上是空前的。美国、欧盟、日本等发达国家和一些新兴经济体都面临不少困难。我们国内正处于全面建成小康社会的决定性阶段,这既是一个可以继续大有作为的战略机遇期,也是社会矛盾的凸显期。国际国内的新形势,都为我们建设一流智库提出了很多新的任务、新的课题。也就是说,把研究会建设成一流智库是客观发展的需要。

第二,党中央空前重视智库建设。三十多年来,我从国家计委到国务院研究室,最后到国家行政学院,虽然岗位几经变动,但一直主要做政策研究工作,用现在的话说,就是从事智库的工作。但是,过去社会上从来

没有把政策研究机构作为思想库、智囊团。去年 11 月,党的十八大明确提出要发挥思想库的作用。习近平总书记在中央经济工作会议上的讲话中更加明确地提出,要建设高质量智库。这说明党中央高度重视智库的建设。这是各类智库发展的极好时机。

第三,研究会能够充分依托全国行政学院系统发展壮大。其他的社团组织很难有如此有利的条件。全国行政学院系统既有理论工作者、又有实际工作者,研究会一定要充分利用这块重要阵地和资源加快发展。同时,研究会的会员、理事以及常务理事等丰富资源都是我们的依托。

第四,我们国家面临深化改革的重大任务,行政体制改革是重中之重。党的十八届二中全会专门审议通过国务院机构改革和职能转变方案,这是行政体制改革的重要问题,中央还明确提出要制定全面深化改革的规划和路线图。中国行政体制改革研究会工作要与党和国家的中心任务紧密结合在一起。我们要有问题意识、任务意识和使命意识。问题就是时代的旗帜,有问题就有研究的需求,就有研究的动力。特别是十三亿多人民为之奋斗的中国特色社会主义是蓬勃发展的伟大事业,完善中国特色社会主义经济、政治、文化、社会和生态文明体制,是其中的一个重要组成部分,这是人类历史上空前宏伟的事业。在这种情况下,我们要把研究会办成一流智库是时代的要求、人民的要求。

把研究会建成一流智库,我们也面临着不少挑战,至少有以下几个方面:

面临的第一个挑战,就是智库资源争夺战。要把研究会办成名副其实的一流智库,特别是办成世界一流智库是很不容易的。现在,各类智库都在积极行动,许多知名智库都在奋发作为。各类智库都在研究问题,都在争夺资源,都想跻身到一流智库的行列。所以,智库发展的竞争将是很激烈的。

面临的第二个挑战是,我们研究会刚刚建立不久,仍处于打基础的创业阶段。我认为最重要的是缺乏人才。虽然秘书处现在已经有二十位同志了,但办好智库最重要的因素是要吸收一些顶尖级的、在社会上有很大影响力的行政改革专家、学者和实际工作者,研究会还需要广纳贤才。

面临的第三个挑战是,我们办会模式还在探索之中。每个智库都有它的一套管理模式、组织体制、运行机制。现在世界上有各种各样模式的智库。美国的兰德公司是一种模式,它主要搞赚钱的咨询业务。布鲁金斯学会也是一种模式,它有固定的捐款来源,专门研究战略问题的,不受利益左右。中国社会科学院是一种模式,它有庞大的队伍,下面有多少个所、多少个中心,每个独立分支机构基本上靠自己去研究问题。中国工程院又是另外一种模式,上面是总部,下面多个研究院分布全国各地。社会科学院工经所是实行"百千万"人才队伍战略,它的核心层次仅100人左右,中间专家层1000人左右,通过这个1000人又在全国各地联系一万人,这就是工经所的体制。我们研究会到底要办成什么样的智库,还需要深入研究借鉴国内外智库的成功做法。

总之,现在党中央高度重视智库的发展工作,各智库都在努力使自己成为一流智库。在这种情况下,办好智库就不那么容易了,不付出一番艰辛努力,没有一套科学的、行之有效的模式就很难成为一流智库。我们面临的形势是挑战和机遇并存,要增强忧患意识和危机意识,增强紧迫感、使命感。

三、建设一流智库需要把握好的几个方面

(一)要明确发展目标。这就是我们要把研究会建设成为一流的智库,不是一般的学术机构、学术团体,而是高质量的智库。智库是生产和传播知识、思想、智力的机构。国外有的说是第五部门,这个部门是国家软实力的一个很重要的体现。我们的方向和目标是为党中央、国务院作决策咨询服务,也为各级政府、企业提供咨询服务。还有一个方面,就是

要为全国行政学院事业发展服务。这是别的研究会做不到的。也就是说，为中央和各级政府决策服务，为社会和企业提供智力支持，这是中国行政体制改革研究会的发展方向和目标。

（二）要围绕中心开展工作。我们研究会的章程规定得很明确，研究会要紧紧围绕党和国家中心任务、紧紧围绕行政体制改革的理论探索和实践创新这个中心课题去开展工作。这些是中心任务、中心课题。举办论坛、课题研究、树立品牌、办好刊物、开展交流活动等，都要紧紧围绕行政体制改革这条主线和中心任务。

（三）要多出优秀成果。智库就是要出高质量、有价值的研究成果。这是把研究会办成一流智库的最重要标志。要多为中央和地方提供咨询建议。我们每年都要从行政改革基金中拿出一笔资金重点资助课题研究，特别是组织对公共行政理论和实践中的重点、热点、难点问题进行有针对性研究。要充分发挥研究会会员、理事、常务理事的作用。当然，我们还可以吸引社会力量和企业界共同研究问题。这是建设高质量智库的主要任务。研究会要围绕全面建成小康社会和全面深化改革开放过程中的问题，有选择地开展重大课题研究，及时推出有价值、有分量、有影响力的研究成果，并要及时报送和转化研究成果。

（四）要精心打造品牌。首先，是全力打造中国行政改革论坛品牌。研究会每年举办一次行政改革论坛，这已经成为研究会的一个形象。要坚持把论坛办好，而且每年要有一批有影响力的成果。今年将举办第四届论坛。其次，要把研究会的几个刊物办好。《行政改革内参》要实行质量兴刊战略，努力提高刊物质量并要扩大发行量。研究会的《通讯》是联系会员、理事的重要纽带，一定要坚持办好。继续出版蓝皮书系列丛书，包括《行政改革蓝皮书》、《社会体制改革蓝皮书》。这些都要注重质量，突出特色。第三，积极打造其他有特色的品牌。包括开展公共行政理论和行政体制改革研究优秀科研成果评选，建设创新型、服务型、法治型、效能型政府优秀案例评选等活动。

（五）要拓宽合作平台。研究会自成立以来,已经与美国、德国、新加坡、澳大利亚、新西兰等国家有关机构开展合作,还与一些国际机构和组织建立了业务联系。要巩固深化这些合作联系,积极开展与公共行政理论研究和实践创新相关的学术交流活动。国际行政院校联合会、国际行政科学学会都希望同我们进行合作交流。我们研究会作为这两个国际学术机构的会员单位,也应该主动与之加强交流与合作。同时,还要继续开拓新的国际合作交流平台。

（六）要创新活动方式。研究会在发展过程中要注意总结经验。要善于积累资料,建设案例库、专家库。我们可以把政府创新案例库、行政改革研究专家库早日建立起来,并充分利用这两个资源库的作用。这是办好研究会的重要方面。

（七）要建立调研基地。应该集中力量联系若干个地区、若干个城市,不要今天跑这个单位、明天跑那个单位,那样工作联系容易断线,要选择一些能够相对稳定的地方作为调研基地,包括若干地方行政学院和市、县地方政府。这样有利于开展调研工作的连续性,提高调研水平和调研效果。

（八）要充分发挥系统作用。我们研究会现在有500多名会员,这些都是研究会宝贵的资源。他们中有享誉中外的行政领域专家、学者,有中央部委和地方政府的领导人员,也有知名企业家,要充分发挥他们的优势,为研究会建设高质量智库汇聚力量。我们要加强与他们的联系,包括召开专题讨论会,每次专题讨论会都要请相关方面的人员参加。要让理事、会员参与相关活动,这样才能增强他们对参加研究会活动的吸引力,才能发挥他们的智慧。要改变一年开一次研究会会长办公会的做法,根据实际情况,增加会长和有关常务理事专门研究重大课题的座谈会,以及时指导研究会的学术研究和决策咨询工作。

（九）要加强信息工作。信息工作是研究会的一项基础工作,是研究会更好履行职能,建设高质量智库的重要方面。要密切跟踪国内外公共行政科学发展动态,跟踪国内外行政体制改革与政府管理创新的理论和实践动态,及时反映国内外行政体制改革的热点、难点、重点问题。要充分发挥研究会网站的作用,加强宣传工作。要及时做好各类信息的收集、分析、整理工作,并印送研究会领导成员和有关单位。

四、进一步加强研究会秘书处自身建设

我们应该把研究会的工作当作一项事业来办,带着感情和激情投入到研究会这个大家庭里来。要把研究会建设成为一流智库,必须全面提高秘书处人员队伍的自身素质,包括政治素质、思想素质、业务素质。

一要坚持认真学习。要学习党的基本理论,学习党的方针政策,这样才能明确方向,提高本领。每个人都应该有读书学习计划,要坚持不懈学习,要博览全书。我向你们推荐一部书,即《群书治要译注》,这部十卷本的书我作为特邀顾问之一,是中央党校刘余莉教授组织多名专家用了一年多时间才编辑注释出版问世的,这是一部中华传统文化的精粹集成、治国安邦的经验汇编,是中华先贤留下的宝贵财富。

二要增强服务意识。研究会本身就是为行政体制改革服务的。秘书处每个部门、每个工作人员都要增强服务意识,积极开动脑筋,主动开展工作。做好每项工作都必须用心、专心、精心和耐心,这样才能提高工作质量和工作水平。服务意识反映着敬业精神和工作态度。

三要凝心聚力共事。大家要心往一处想、劲往一处使,同心协力、团结一致。要大力营造一个团结、和谐紧张、严肃、活泼的工作氛围。这样才能增加凝聚力,提高战斗力。

四要健全管理制度。要从多方面包括从精神方面、物质方面激励大家积极进取。各项制度包括工资制度、福利制度和奖金制度都要规范化。你们在这方面已经做了很大努力,通过评选"先进工作者"等活动把激励

制度建立起来了,要坚持把各项制度完善好、执行好。

让我们共同努力,为加快把中国行政体制改革研究会建成一流的智库而不懈奋斗!

责任编辑:郑牧野

封面设计:安宏川

图书在版编目(CIP)数据

行政体制改革论/魏礼群 著. -北京:人民出版社,2013.7

ISBN 978-7-01-012284-7

Ⅰ.①行⋯　Ⅱ.①魏⋯　Ⅲ.①行政管理-政治体制改革-研究-中国

Ⅳ.①D63

中国版本图书馆 CIP 数据核字(2013)第 144458 号

行政体制改革论

XINGZHENG TIZHI GAIGE LUN

魏礼群　著

人民出版社 出版发行

(100706　北京市东城区隆福寺街 99 号)

北京中科印刷有限公司印刷　新华书店经销

2013 年 7 月第 1 版　2013 年 7 月北京第 1 次印刷

开本:710 毫米×1000 毫米 1/16　印张:32.25

字数:420 千字　印数:0,001-5,000 册

ISBN 978-7-01-012284-7　定价:65.00 元

邮购地址　100706　北京市东城区隆福寺街 99 号

人民东方图书销售中心　电话 (010)65250042　65289539